Antónia Pusich

Uma Mulher Invulgar

Título original:
Antónia Pusich: Uma Mulher Invulgar

Autora:
Maria de Lurdes Caldas

Revisão:
Joana Baudouin

Paginação:
Patrícia Boleto

Capa:
Joana Carvalho

Imagem de capa:
Santa Barbara, António Joaquim de, 1813-1865
A. G. Pusich / Santa Barbara, lith.. - [S.l. : s.n.], 1858 ([Lisboa])

Biblioteca Nacional de Portugal – Catalogação na Publicação

CALDAS, Maria de Lurdes Martins, 1967-

Antónia Pusich : uma mulher invulgar. – 1ª ed. – (Fora de coleção)
ISBN 978-989-9124-54-7

CDU 929

Depósito Legal n.º AAAAAA/22

Impressão e acabamento:
?????

para
Minotauro
novembro de 2022

MINOTAURO, uma chancela de Edições Almedina, S.A.
Avenida Emídio Navarro, 81, 3D
3000-151 Coimbra – Portugal

Maria de Lurdes Caldas

Antónia Pusich

Uma Mulher Invulgar

Prefácio de Nikica Talan

MINOTAURO

Índice

Prefácio

Todos nós somos, por vezes, como Frei Tomás, mais propensos às pregações abstractas do que às acções concretas. Em todos nós, haverá uma coexistência mais conflituosa do que pacífica entre progressismo e regressismo. Tais tensões de suposta índole «esquerdista» («progressiva»?!) ou «direitista» («regressiva»?!), recorrendo a um discurso politicamente (in)correcto e (in)arcaico (?!), continuam a ser vividas quotidianamente dentro de cada um de nós, muito mais internamente divididos do que a protagonista desta biografia — Antónia Gertrudes Pusich (AGP), «uma mulher invulgar» e quase pessoanamente polifacetada.

Antes de abordarmos alguns aspectos peculiares do livro da Doutora Maria de Lurdes Caldas (MLC), reputada investigadora da História de Portugal (lembremo-nos apenas de *Os Medina e Vasconcelos: História de uma Família*, Lisboa, Escritório Editora, 2019), é de salientar que apresenta praticamente todas as facetas pusichianas, tanto biográficas como bibliográficas (jornalismo, poesia, ficção, música e teatro, mas também actividade política, pedagógica e feminista). É curioso, porém, todas estas facetas bibliográficas estarem de algum modo ao serviço da faceta biográfica por excelência. Como se, através da obra de Antónia Gertrudes, a autora abrisse caminho aos cantos mais recônditos da vida desta «mulher invulgar» do Portugal oitocentista.

Analisando pormenorizadamente a obra pusichiana completa, MLC consegue descobrir uma série de casos ou acontecimentos anedóticos que projectam uma luz diferente sobre a vida desconhecida da escritora luso-cabo-verdiana: sobre a sua aparência física, comportamento, hábitos (não raras vezes bastante excêntricos para a época), aspectos relativos aos seus três casamentos, ao seu grande amor (Rodrigo da Fonseca Magalhães), (que se saiba) nunca «consumado», situações mais ou menos delicadas dentro da família Pusich mais alargada (como adultérios e concubinatos), o facto curioso de a língua veicular de AGP não ser nem o português (língua materna da sua mãe), nem o croata (língua materna do seu pai), mas sim o italiano, a pertença (ainda que relativamente efémera) a uma loja maçónica feminina etc., etc. Tudo isto faz com que o texto desta «enciclopédia bio(biblio)gráfica» possa ser lido como uma espécie de biografia romanceada, muito embora MLC trate com todo o rigor os factos com que se depara nas numerosas fontes históricas consultadas. Aliás, MLC nunca obriga o leitor a aceitar irreflectidamente os seus pressupostos originais, deixando-lhe liberdade para construir um mosaico de conclusões aceitáveis, tanto ao nível do senso comum quanto a um eventual novo edifício bio(biblio)gráfico pusichiano potencialmente erigível por algum leitor mais ambicioso.

Acrescente-se a isto que, na sua monografia, MLC acompanha metodicamente não só a cronologia da vida de Antónia Pusich e de todos os elementos da sua família, como também o desenvolvimento de vários acontecimentos políticos de então, como a Revolução Liberal de 1820 e a brutal e duradoura guerra civil que se lhe seguiu. Tratou-se de uma guerra que marcou profundamente a vida de todos os membros da família Pusich, tanto mais que a família luso-croata estava intimamente ligada à casa real de Bragança, vivenciando com ela todas as divisões, que tanto condicionaram a evolução política posterior. A pessoa mais atingida foi a própria Antónia, cuja trajectória, tanto biográfica quanto bibliográfica, dependeu directamente dos constantes vaivéns político-ideológicos daquele tempo. Sendo partidária do regime absolutista, tinha de domar o seu carácter indomável para poder (politicamente) coabitar com os «esquerdistas» da época. Daí cenas cheias de tensão dramática, que deram origem a uma verdadeira saga política, ao mesmo tempo literária e cientificamente (historiograficamente) bem elaborada. Embora as simpatias da autora estejam obviamente do lado da «mulher invulgar», MLC mesmo assim não desiste do princípio da objectividade, o que mais uma vez faz com que o leitor sinta uma certa tensão criativa ao «consumir» o enciclopedicamente estruturado texto bio(biblio)gráfico de MLC.

Mas sendo a «George Sand portuguesa» (sentada à direita, e não à esquerda do Pai, como a sua «sósia» francesa) tão progressista para a época, porque é que caiu em esquecimento e desuso político-ideológico logo depois (parcialmente até antes) da morte?! A resposta, também desta vez é dada por MLC no final da sua monografia monumental. O esquecimento do Ser pusichiano (para parafraseando citarmos o célebre sintagma heideggeriano) deve-se ao Altar e ao Trono — dois pilares fulcrais da mundividência de AGP —, que foram pedra no sapato tanto de uma boa (se não a maior) parte do Portugal da época quanto de uma boa parte (se não a maior) do Portugal (e da União Europeia) de hoje. Ainda bem que MLC não caiu na cilada, insistindo perseverantemente (o pleonasmo é intencional) não numa «objectividade parcial» (já que não existe uma «subjectividade imparcial»), mas sim numa espécie de «parcialidade» aparente, extremamente objectiva.

> *Embora em vários dos seus escritos, tanto literários como jornalísticos, Antónia tenha manifestado o seu desejo de reconhecimento público, não especificou em que domínio da sua projecção gostaria de ver incidir esse reconhecimento. [...] De uma personalidade tão complexa e rica, não é fácil lavrar epitáfio.* (MLC)

Estamos absolutamente de acordo. Lavrar epitáfio a uma personagem do calibre de Antónia Gertrudes Pusich parece mesmo o trabalho de Sísifo. Maria de Lurdes Caldas, porém, conseguiu fazê-lo logo à primeira tentativa. Mas isso não é tudo! Ela também conseguiu o que só raros alcançam: matar dois coelhos de uma só cajadada, isto é, ao mesmo tempo lavrar epitáfio a AGP e a si própria.

Nikica Talan

Agradecimentos

Aos Arquivos Portugueses e às instituições que com eles têm colaborado na disponibilização em linha dos registos paroquiais de baptismo, casamento e óbito, dirijo uma palavra de louvor e agradecimento.

A Petra Bianki Pujo, conservadora-restauradora do Arquivo da Diocese de Dubrovnik, estou reconhecida pela rápida localização e digitalização do assento de baptismo de António Pusich, pai da biografada.

A Gabriela Cabral do Nascimento, agradeço o ter vertido para português a canção ao som da qual António Pusich embalava a sua «*dilleta*».

Sou igualmente grata a Boris Dumančić, primeiro-secretário da Embaixada da Croácia em Portugal, pelo entusiasmo com que acolheu este projecto e pela pronta resposta à solicitação de tradução de um documento em croata.

Ao Dr. Carlos Lobo Gaspar, devotado guardião da memória da sua tetravó, devo um agradecimento muito especial pela disponibilização de documentação relativa à sua ilustre antepassada.

Ao Prof. Nikica Talan, «descobridor oficial» de Antónia Gertrudes Pusich e divulgador-mor da literatura portuguesa na Croácia, exprimo a minha gratidão por ter prefaciado este livro. Só ele o poderia ter feito.

A meus Pais

Apresentação

Temos a certeza de que alguem um dia se occupará de nós[1]

Uma mulher nascida há mais de duzentos anos, numa faminta e perdida ilha de Cabo Verde, conquistou Lisboa em meados do século XIX. Os caprichos de um império andarilho e os entusiasmos ideológicos de um reino que se queria liberal, constitucional e regenerado projectaram-na para a capital da monarquia. De então em diante, a fortuna não a presenteou com muitos favores, e múltiplas dificuldades ferraram o seu quotidiano. A sua índole não era, contudo, afeita a vergar-se às duras provações, e aos desafios respondeu com uma tenacidade e vigor improváveis numa mulher da sua condição social. De todos conhecida, Antónia Gertrudes Pusich suscitou a estima de muitos, o antagonismo de outros, mas a indiferença de poucos. Uma vez que outras lhe eram vedadas, a imprensa foi a arena que escolheu para se fazer ouvir. A ânsia de contornar o silêncio imposto às mulheres e, eventualmente, também a necessidade de prover ao sustento dos filhos — o cerco movido à sua família, as viuvezes precoces

[1] Antónia Gertrudes Pusich (AGP), «Theatro de S. Carlos. Concerto musical», *A Beneficencia* (AB), n.º 12, 1.6.1854, p. 5.

e as derivas do último marido a isso a impeliram — levaram-na a fundar jornais, que dirigiu e redigiu. Ciente da importância da imprensa como construtora de opinião, fez das colunas dos seus periódicos uma tribuna em prol da instrução popular e, muito especialmente, da das mulheres. Inconformada perante a mediocridade do destino reservado ao seu sexo, combateu a posição de menoridade jurídica, social, política e intelectual reservada às mulheres e pugnou pelo reconhecimento da sua capacidade reflexiva e interventiva.

Todavia, assim que deixou este mundo, um pesado e imerecido esquecimento cobriu o seu nome. Aproveitando o bicentenário do seu nascimento, um compatriota do pai rompeu este silêncio e ressuscitou a sua memória. Em 2005, Nikica Talan publicou um extenso artigo, o qual, muito pertinentemente, intitulou «*In memoriam* à esquecida Antónia Gertrudes Pusich»[2]. Notoriamente rendido ao encanto de Antónia Pusich, o professor do Departamento de Língua, Literatura e Civilização Portuguesa da Universidade de Zagreb denuncia as poucas homenagens que lhe têm sido dispensadas, e que têm sido essencialmente toponímicas: algumas ruas com o seu nome e uma placa evocativa no prédio da Rua de São Bento onde viveu os seus últimos decénios e onde morreu. A Academia Cabo-Verdiana de Letras fê-la, entretanto, uma das patronas da instituição. Possa este volume juntar-se ao artigo pioneiro do académico croata[3] na sensibilização do público português e cabo-verdiano para o valor desta mulher, à qual nem sempre é fácil aderir. O seu universo mental, muito complexo e enformado por valores frequentemente conflituantes, e as suas inclinações político-ideológicas ajudarão a explicar o silêncio a que a votaram. Aos que, tradicionalmente, se revelam mais atentos às ideias progressivas — e que poderiam ser cativados pelos diversos pioneirismos

---

[2] *Studia Romanica et Anglica Zagrabiensia* (*SRAZ*), n.º 50, 2005, pp. 145–192.

[3] Talan publicou posteriormente em Zagreb uma biobibliografia de Antónia Pusich, que consiste numa versão acrescentada do seu primeiro estudo — *Antónia Pusich: vida e obra*, 2006.

de Antónia Gertrudes Pusich, sobretudo pelo seu feminismo —, a eles repugnará a sua ostensiva defesa do Trono (absolutista) e do Altar; aos outros, os mais conservadores, não suscitará tanto interesse a sua luta pela instrução universal e pela emancipação das mulheres. Por isso, o nome de Antónia se tem visto esquecido — ou quase — por uns e por outros.

Tão olvidada se acha Antónia Gertrudes Pusich, que a conhecemos, não pela sua obra, mas por via do que mais abominou — a revolução de 1820 e a guerra civil para que evoluiu. Foi ao estudar esse tempo fascinante e tumultuoso, e as suas reverberações no arquipélago de Cabo Verde, que deparámos com os Pusich — mormente com o pai, governador da então capitania, e com a sua filha predilecta, Antónia Gertrudes. Antónia advertia os que pudessem vir a interessar-se pela sua existência de que teriam de buscar elementos na biografia paterna, pois a ela a sua «fica sujeita, e intimamente ligada, como o fui áquelle de quem escrevo a vida, e que foi o auctor da minha»[4]. E tem sido essencialmente este livro, que Antónia publicou em 1872, que tem servido de fonte documental por vezes única — a quase todos os que têm escrito acerca de Antónia Gertrudes Pusich. Trata-se de um documento incontornável para a história das lutas pela implantação do liberalismo em Portugal e para a história do arquipélago de Cabo Verde — a ser, naturalmente, confrontado com muitas outras fontes, uma vez que a autora e o pai, acerca de quem escreve, não eram parte desinteressada nos acontecimentos relatados. Se verídicos são muitos dos sucessos que narra, outros — contrariando ou susceptíveis de contrariar a representação da imaculada integridade do pai — foram intencionalmente omitidos. Cabo Verde e o período conturbado da governação de António Pusich e da adesão à revolução liberal serão mesmo o exemplo mais paradigmático destes vieses. Também relativamente a datas e lugares se observam no livro várias imprecisões, umas de

[4] AGP, *Biographia de Antonio Pusich contendo 18 documentos de relevantes serviços prestados a Portugal por este illustre varão* e *Resumo da Historia da Republica de Ragusa e sua antiga litteratura*, 1872, p. 30.

maior monta que outras, que assinalaremos a seu tempo. Apesar da sua importância para a historiografia portuguesa, parece-nos, contudo, que a *Biographia de Antonio Pusich [...]* vem ocupando demasiado espaço na economia global das fontes documentais compulsáveis acerca dos Pusich — pai e filha. Ela é apenas uma de entre inúmeras outras fontes de diversa tipologia que integram os acervos dos arquivos e bibliotecas portugueses (e de Cabo Verde), e de que se destacam, pela sua importância para a biografia de Antónia Gertrudes Pusich, as seguintes: correspondência privada e oficial, requerimentos, processos individuais de militares, registos vitais, inventários orfanológicos, procurações, testamentos, consultas do Conselho Ultramarino e de várias repartições ministeriais, diplomas régios, opúsculos de acusação e de defesa — numa época em que a imprensa era cada vez mais usada como espaço privilegiado de confrontação político-ideológica, mas igualmente pessoal —, além, claro, da vasta produção literária e jornalística de Antónia.

Diversamente do comum das mulheres suas coetâneas, Antónia Gertrudes Pusich deixou uma considerável «pegada» documental. Publicou na imprensa periódica ao longo de quase três decénios e deu à estampa várias obras, de diferentes géneros literários. Toda esta produção, tal como a correspondência privada e a trocada com repartições públicas, contém profusos materiais biográficos. A partir dos anos 40, seguir-lhe-emos o rasto essencialmente através dos seus escritos nos periódicos coevos. Uma vez que Antónia entremeava os seus artigos de índole sociopolítica com considerações de natureza pessoal e alusões a aspectos da sua existência, os jornais da época (que não apenas os seus) constituem igualmente importantes fontes documentais. Além de nos darem a conhecer o seu pensamento, permitem-nos reconstituir a sua rede de relações e acompanhar alguns passos da sua vida e da dos seus filhos. É tão vasta a produção de Antónia Gertrudes Pusich, que foi necessário mondar as ervas que, não sendo daninhas, engordariam demasiado este volume. A sua bibliografia foi bastante escrutinada, mas essencialmente pelas múltiplas indicações biográficas que contém e pelo que revela dos sistemas de valores por que se norteava e dos seus *modi pensandi* e *operandi* relativamente à evolução da situação política em Portugal. Este é um estudo mais biográfico do que bibliográfico, pelo menos no que diz respeito a uma análise propriamente «literária» da sua obra.

Antónia Gertrudes Pusich não se ocultava; pelo contrário, dizia-se muito, talvez por, como afirmava, não se «envergonhar do que sentia»[5]. Demos-lhe, por isso, frequentemente a palavra, que Antónia usava num registo muito próprio, facilmente reconhecível nas abundantes citações directas que enriquecem este volume. Haverá, como em todas as vidas, recantos inexplorados e inexploráveis: uns, por pertencerem ao domínio do mais íntimo e recôndito; outros, por nos faltar informação, como acontece com os primeiros anos de vida de Antónia e, em certa medida, também com os últimos, quando a debilidade física lhe terá retirado a força e o ânimo para empunhar a pena.

Uma vez que o tempo de uma vida não esgota a ânsia de eternidade de que os humanos são possuídos, Antónia escreveu também para a posteridade, tal como, aliás, costumam fazer todos os que escrevem. Sabendo-se um vulto de maior grandeza, estava convicta de que seria objecto de interesse futuro e não ocultava o seu desejo de louvor e glória póstumos. Satisfaçamos-lhe este desígnio, conhecendo o que escreveu e como viveu.

---

[5] AGP, «Carta da Redactora dirigida ao Illmo Sr. Antonio Maria dos Santos Brilhante», 7.11.1853. AB, n.º 1 (2.ª série), 15.11.1853, p. 5.

I PARTE

Anos venturosos

Os pais

Joven, rico, bello e illustrado[6]

Foi na costa adriática, na bela República de Ragusa[7], que, a 15 de Dezembro de 1760, nasceu Antun Jeronim[8] Pušić António Jerónimo Pusich), no seio de uma família de comerciantes abastados. Segundo a filha, que o biografou, frequentou os melhores estabelecimentos de ensino em Itália, onde adquiriu erudição em vários domínios do conhecimento e das artes. À semelhança das elites educadas das principais capitais europeias, comunicava em várias línguas: para além do ilírico (croata) natal, falava e escrevia o alemão, o inglês, o francês, o grego, o italiano, o latim e o árabe (e, mais tarde, também o português). Terminados os estudos, viajou pela Europa, tendo privado em França com Napoleão Bonaparte. Quando regressou ao Piemonte, o embaixador português em Turim, D. Rodrigo de Sousa Coutinho, convidou-o a visitar Portugal, recomendando-o ao ministro da Marinha e Ultramar, D. Martinho de Melo e Castro. Com tal

---

[6] AGP, *Biographia de Antonio Pusich [...]*, p. 12.

[7] Na pequena urbe portuária de Ragusa Vecchia (Cavtat, em eslavo), na Croácia.

[8] Baptizado Antonius Vincentius (Antun Vicko, em croata; António Vicente, em português). Arquivo da Diocese de Dubrovnik-Sig. 7-10-Dubrovnik (Grad) — Liber Baptizatorum (1758–1798), fl. 42v.

protecção e não lhe faltando atributos de excelente cortesão, pois até em música e dança era versado, não lhe terá custado insinuar-se na corte portuguesa. Melo e Castro levou-o à presença da rainha, D. Maria I, que, encantada com aquele «joven, rico, bello e illustrado», o encarregou de várias aquisições no estrangeiro para o convento do Santíssimo Coração de Jesus, na Estrela, em cuja construção a soberana se revelava muito empenhada.[9] Cumprindo o que prometera à rainha, Pusich regressou de Itália com as peças encomendadas e ainda com outras, que ofereceu à monarca. Permitia-lhe esta liberalidade a «consideravel fortuna» que herdara do pai, Jerónimo Pusich (Jeronim Pušić). Tanto o convento como a zona onde estava a ser erguido, a Estrela, ficariam indelevelmente ligados a Pusich, que ali adquiriu propriedades e fixou a sua residência nos últimos anos de vida. D. Martinho de Melo e Castro assegurara a António Pusich que receberia elevados cargos e distinções, de acordo com o seu estatuto e conhecimentos, caso passasse ao serviço de Portugal. Também a rainha secundou o seu ministro no convite ao ragusano que vinha encantando a corte. Agradado com este bom acolhimento e com as perspectivas de uma progressão rápida na carreira militar, a 1 de Fevereiro de 1791, foi nomeado segundo-tenente da Armada Portuguesa e naturalizou-se português. Se tivesse permanecido com a nacionalidade ragusana, venceria, como estrangeiro, o dobro do soldo reservado aos nacionais. Admirando este desprendimento, D. Maria I ordenou que fosse matriculado como morador da Casa Real, com o foro de escudeiro-fidalgo, com 450 réis mensais de moradia.

Este é o historial do estabelecimento de António Jerónimo Pusich em Portugal que a filha escritora nos apresenta. Tudo indica, contudo, que António Pusich já anteriormente tinha pisado solo português e que essa abordagem tinha destoado do registo triunfante das posteriores. Ainda nos anos 80 do século XVIII, foram apreendidas mercadorias encontradas

[9] AGP, *Biographia de Antonio Pusich [...]*, pp. 11–13.

na câmara de um navio (*Gloria*) que tinha como destino Génova, e que era capitaneado por António Jerónimo Pusich. Parte da carga era «rigoroso contrabando», outra parte não tinha selo (ou seja, não pagara os direitos de entrada) e outra ainda não tinha sido objecto de despacho pelo Consulado-Geral de Saída. Ainda que tivesse afirmado que a mercadoria apresada lhe não pertencia, mas antes a um passageiro, António Jerónimo Pusich, como capitão do navio, foi considerado em infracção, e, por sentença de 6 de Março de 1787, foi condenado na perda das mercadorias e no pagamento do triplo do valor da fazenda contrabandeada (ou seja, em mais de um conto de réis).[10] É possível que Antónia Gertrudes desconhecesse esta prévia e pouco glamorosa incursão do pai pelo Reino de Portugal. Não constituía uma memória particularmente edificante, daquelas que se impunha introduzir nas conversas em família.

Quando António Pusich foi apresentado à corte, Portugal não era já para ele um país inteiramente desconhecido, e talvez não tivesse acolhido com grande entusiasmo uma proposta para aqui se fixar, se ela não tivesse provindo da rainha e do seu ministro. Contudo, a boa recepção na corte terá vencido alguma eventual hesitação inicial. Na Primavera de 1791, já António Pusich rumava a Ragusa para se despedir dos parentes.[11] Tanto o estimava a rainha portuguesa, que lhe ofereceu um anel para presentear sua mãe, Maria Bratich (Marija Bratić). A esta, também António entregou a administração dos seus bens, concedendo-lhe o respectivo usufruto. Nesta viagem, além de se desincumbir das tarefas de que o ministro da Marinha o encarregara — trazer para o País um fabricante de alcatrão, para dar início à produção nacional deste produto destinado à construção

---

[10] Autos de execução de dízima, 6.3.1787–27.8.1787. ANTT — Feitos Findos, JC, Letra A, mç. 14, n.º 92.

[11] Exposição de António Pusich a D. Miguel, s.d. [c. 1829], p. 1. AHU — Cabo Verde, cx. 102A, doc. 185.

naval[12], e obter informações no Arsenal de Veneza acerca de «tudo quanto podesse sêr util» à Real Fábrica de Cordoaria e ao Arsenal Real da Marinha —, teria recrutado, a expensas suas, os primeiros fabricantes italianos de seda que se haviam de fixar nas Amoreiras.[13] Em Dezembro de 1791, já António Pusich se encontrava em Génova. Deixara os seus assuntos resolvidos em Ragusa e passara por Veneza, dando cumprimento às instruções do ministro. Estava de regresso a Portugal, para onde viajaria a bordo do navio do irmão Elias Pusich, aguardando apenas bom tempo para se fazer ao mar.[14] Aportou ao Tejo em princípios de 1792 e, a 22 de Fevereiro, apresentou-se para entrar ao serviço, iniciando a sua carreira na Marinha Portuguesa. Três meses depois do seu regresso, a rainha fê-lo cavaleiro-fidalgo, e, logo a seguir, agraciou-o com o grau de cavaleiro da Ordem Militar de Cristo.

Desconhecemos a ponderação de um título de nobreza apresentado por Pusich na decisão da soberana, mas é de crer que não tenha sido diminuta. O mesmo se pode supor da dispensa das *provanças* concedida a Pusich no processo de habilitação à Ordem de Cristo. Trata-se de uma certidão emitida, ao que parece, pelo Reitorado e pelo Conselho da República de Ragusa, atestando que D. António Jerónimo Pusich era «Nobre da Cidade Episcopal de Ston» (*Nobilis Civitatis Episcopalis Stagnensis*).[15]

---

12 Este fabricante de alcatrão trazido por António Pusich — contra a legislação do seu país, que proibia a saída destes técnicos — instalou no pinhal de Leiria a dita fábrica. Terá sido pelo facto de o introdutor deste fabrico ser um natural de Ragusa que os fornos de produção de alcatrão tomaram então a designação de *ragusanos*.

13 É pelo menos o que diz a filha (*Biographia de Antonio Pusich [...]*, p. 17). António Pusich, contudo, não alude a esta angariação na supracitada exposição a D. Miguel. Já desde o reinado de D. João V que a manufactura de seda estava instalada na zona — inicialmente, em São Bento; posteriormente, no Largo do Rato, e, depois, na Praça das Amoreiras.

14 Ofício de João Piaggio a Martinho de Melo e Castro, 19.12.1791. AHU–CU–Reino, Cx. 17A, pasta 14.

15 AGP, *Biographia de Antonio Pusich [...]*, p. 103.

(O documento traz a data de 10 de Julho de 1791, ou seja, Pusich solicitou-o (forjou-o?) quando se deslocou ao País natal para se despedir da família e contratar o técnico de alcatrão. Detenhamo-nos um pouco no citado documento. Ainda que os alvarás de nobreza de Ston fossem confirmados pelo reitor da República como recompensa de serviços — essencialmente diplomáticos, políticos e económicos — prestados por naturais de Ston geralmente residentes fora de Ragusa, eles não alcançavam qualquer importância junto da muito elitista nobreza de Dubrovnik. Só no estrangeiro estes títulos assumiam relevância, facilitando o desempenho das missões diplomáticas daqueles a quem eram concedidos (e sabemos a importância da diplomacia para a conservação da independência da pequena República de Ragusa). A posse de um título de nobreza abria na Europa de então muitas portas e constituía um precioso elemento de reconhecimento social dos seus detentores nos países onde se estabeleciam.[16] Parece ter sido o caso de António Pusich junto da corte portuguesa. A sua rápida aproximação da rainha e o convívio da sua família com os Bragança eram tributários das próprias características pessoais do ragusano, dos serviços prestados à Coroa e/ou à família real, mas, igualmente, da exibição deste título. No entanto, António Pusich não consta da lista de cidadãos de Ston a quem foi concedido o título de nobre. Como terá, então, alcançado a carta que certificava a sua posse, e que Antónia Gertrudes transcreveu na *Biographia [...]*? Stjepan Ćosić levanta mesmo a hipótese de António Pusich ter obtido um alvará de nobre de Ston forjado, a fim de ascender rapidamente na hierarquia militar portuguesa e de lhe ser conferido um título de nobreza em Portugal, o que conseguiu logo em 1793.[17] Os Pusich não integravam o restrito número de famílias que compunham a muito exclusiva nobreza de Ragusa. Constituíam, sim, com outras famílias de armadores e comerciantes, um patriciado com poder

[16] Cf. Stjepan Ćosić, «The nobility of the episcopal town of Ston (*Nobilitas civitatis episcopalis Stagnensis*)», *Dubrovnik Annals*, vol. 5, 2001, pp. 111–112.

[17] *Ibid.*, p. 113.

económico e reconhecimento social, vivendo *à lei da nobreza*, mas sem, contudo, pertencer ao restrito grupo das famílias intermatrimoniáveis que governava a antiga República de Ragusa.[18]

Antónia Gertrudes afirma que António Pusich «era aliás tambem nobre por seu pae», dizendo a seguir que trataria apenas a grandeza dos feitos paternos e não os da sua nobre ascendência.[19] Desconheceria que a origem nobre ostentada pelo pai era ilusória e que o título que exibia teria sido forjado com o intuito de o usar como veículo de ascensão social, a fim de auferir privilégios junto da corte portuguesa? É de crer que a tão perspicaz Antónia Gertrudes tenha tomado conhecimento da mui pouco nobre nobreza paterna, dado que, por mais de uma vez, invocou os pergaminhos familiares sem nunca os precisar, e adiantando de seguida que era aos foros de fidalguia advindos do merecimento que reconhecia mais valor. Há, aliás, uma série de outras inexactidões na biografia que escreveu, que, ou decorrem de informações fantasiosas veiculadas pelo pai ou foram orientadas pelo desejo de inflacionar o prestígio da família. Parece, por exemplo, não corresponder à verdade que a sua avó materna descendesse de um príncipe sérvio refugiado em Ragusa no século XV, conforme afirma constar dos anais daquela república.[20]

Retomemos a trajectória de António Pusich nos seus primeiros anos em Portugal. A 16 de Dezembro de 1792, foi promovido a primeiro-tenente da Armada. Permaneceu embarcado até Novembro de 1796, altura em que aportou na capital. Até embarcar de novo, o que só aconteceu no final do ano seguinte, passou por mais uma promoção —

---

[18] Eduardo de Arantes e Oliveira, «António Pusich, chefe de esquadra da Armada Real e governador de Cabo Verde», em Academia de Marinha, *Memórias*, vol. 34, 2004, pp. 359, 366, 368.

[19] Cf. *Biographia de Antonio Pusich [...]*, pp. 10–11.

[20] Eduardo de Arantes e Oliveira, *op. cit.*, p. 365.

ao posto de capitão-tenente, em Junho de 1797[21] — e pelo casamento. Ele, que até então se conservara um celibatário impenitente — a despeito das muitas e belas mulheres que conhecera e com as quais confraternizara nas suas viagens pela Europa —, parece não ter resistido aos encantos de uma «formosa e innocente donzella» que avistou no Paço. Ana Maria Isabel Nunes, que fora «educada com aquelle recato com que nossos antigos educavam suas filhas, longe dos theatros e assembléas»[22], era filha de Gertrudes Rosa da Costa[23] e do capitão Manuel Nunes, que Antónia Gertrudes dizia ter sido provido no posto de capitão-mor de Sintra e Ericeira. Em demonstração de apreço, D. Maria I teria agraciado este fiel servidor com o grau de cavaleiro das Ordens de Cristo e de Santiago e com a atribuição de vários ofícios. Manuel Nunes teria sido ainda um dos escolhidos para acompanhar a muito jovem noiva de D. João, D. Carlota Joaquina, na sua viagem de Espanha para Portugal (foi junto da família real portuguesa que Carlota Joaquina passou parte da sua infância e a sua adolescência, até atingir a idade para consumar o matrimónio com o príncipe D. João).[24]

---

[21] Estas são as datas que constam dos livros de registo da Marinha, nem sempre coincidentes com as que se encontram noutras fontes. Cf. AHMR — Livros Mestres IV e VII do Corpo da Armada Real, fls. 18v. e 5v.

[22] Este recato não obstou, no entanto, a que Ana Isabel Nunes e António Pusich tivessem sido pais do seu primogénito menos de cinco meses depois de contraírem matrimónio. Cf. assento da «atestação» de baptismo de João, 4.5.1798. ANTT — ADLSB-Lv B7-Cx 3 — LRB, paróquia de Belas (1792–1818), fl. 122.

[23] Ou Gertrudes Lider (?), como consta do assento de casamento de Ana Maria Isabel Nunes e António Pusich.

[24] Não sendo possível comprovar todos estes factos, alguns, pelo menos, parecem inverosímeis. Se o pai de Ana Isabel fosse capitão-mor, não deixaria de figurar como tal na documentação coeva. Ora, no assento de casamento da filha, Manuel Nunes surge somente como capitão. Seria ainda possível que tivesse sido nomeado posteriormente. Contudo, também Nuno Gonçalo Pereira Borrego não o menciona naquele posto no seu trabalho acerca das tropas irregulares portuguesas. Quanto às mercês honoríficas com as quais a rainha o teria distinguido, Arantes e Oliveira não encontrou o seu

Acerca do avô materno, Antónia Gertrudes Pusich dizia ainda que só não fora feito titular, porque não acompanhara a família real e a corte na fuga para o Brasil, permanecendo em Queluz a guardar as jóias da Coroa, aquando das invasões napoleónicas. Pela sua obstinação em não revelar o local onde se achava o tesouro, fora mesmo gravemente ferido.[25] Se teria ou não sido feito titular caso a corte se tivesse mantido em Queluz, pertence, naturalmente, ao domínio das conjecturas. A proximidade com os Bragança parece, contudo, ter sido real, como o atesta a casa onde posteriormente foi instalada a botica régia e que fora a de Manuel Nunes.

Quando António Pusich pediu a Manuel Nunes a mão da filha, esta, apesar de agradada com a iniciativa do gentil cavaleiro, pôs o seu pretendente a par de que não estava na disposição de abandonar a família e o País. E foi assim que, a 26 de Agosto de 1797 — e não a 25 de Agosto de 1795, como Antónia Gertrudes registou[26] —, se selou a união de António e Ana Isabel, a contento de todos — nubentes, família da noiva e família real. E aqui deparamos com o que parece mais um desacerto da *Biographia [...]* em relação aos factos. Os pais, António e Ana Isabel, casaram-se na Ermida de Nossa Senhora de Santana (Santa Ana) e não na capela real do Palácio de Queluz.[27] Foram testemunhas do acto o marquês de Marialva, D. Diogo José Vito de Meneses Noronha Coutinho, e o (segundo) marquês de Pombal, D. Henrique José de Carvalho e Melo, filho do todo-poderoso ministro de D. José.[28] Porque teria Antónia mencionado que os pais se tinham casado na capela do Paço? Com o intuito de mostrar maior

nome nas chancelarias das duas ordens militares. Cf. Nuno Gonçalo Pereira Borrego, *As Ordenanças e as Milícias em Portugal — Subsídios para o seu estudo*, vol. I, 2006, e Eduardo de Arantes e Oliveira, *op. cit.*, p. 368.

25 *Biographia de Antonio Pusich [...]*, pp. 14–15.

26 *Ibid.*, p. 88.

27 *Ibid.*, p. 16.

28 Assento de casamento de António Pusich e Ana Maria Isabel Nunes, 26.8.1797. ANTT — ADLSB-Lv C4-Cx 11 — LRC, paróquia de Belas (1771–1807), fl. 29v.

proximidade com a família real? Para conferir maior dignidade ao evento? Porque os pais lhe teriam feito chegar essa versão? Que Antónia não tenha tido acesso ao registo de casamento parece-nos provável, uma vez que, a tê-lo feito, não deixaria de mencionar os padrinhos, figuras ilustres. Ainda assim, desconheceria quem apadrinhara o matrimónio, ela que tão ciosa se revelou sempre a dar a conhecer a boa rede de relações familiares? Não parecendo crível, não devemos, todavia, descartar a hipótese. Da Ermida de Nossa Senhora de Santana, em Ponte Pedrinha (em Belas, sobre o rio Jamor), não encontrámos referências. Terão desaparecido todos os seus vestígios? Na época, Ponte Pedrinha era um local próximo (a algumas centenas de metros) mas separado do palácio e não tinha, naturalmente, sido ainda absorvido pela expansão urbana, já que Queluz não passava, então, de um povoado insignificante junto à residência real.

Quatro meses depois de se casar, António embarcou novamente, mas apenas por dois meses, durante os quais teve ocasião de se destacar no apresamento de uma corveta francesa, que passou a comandar até desembarcar em Lisboa, coberto de glória, a 6 de Fevereiro de 1798. No dia seguinte, foi-lhe entregue um brigue para comandar. Rumou então às ilhas de Cabo Verde, que, tão pouco tempo depois, se tornariam a sua residência de anos. A 26 de Junho, estava de regresso à capital e aos braços de Ana Isabel, dos quais só voltará a ver-se arrebatado pela morte desta, ocorrida muitos anos depois. Nem naquele ano nem nos dois que se seguiram, António Pusich voltou a embarcar ao serviço da Armada. O dia 18 de Março de 1801 foi certamente um dos mais fastos da sua vida. Nele foi promovido a capitão-de-fragata graduado e nomeado intendente-geral da Marinha de Cabo Verde, cargo criado para si e de que foi o único titular. As extensas atribuições inerentes ao cargo — independentes das do governador daquela capitania — gerariam graves conflitos e disputas de autoridade com o titular do cargo a partir de 1803, D. António Coutinho de Lencastre. A própria disparidade do vencimento de cada um — o do governador (1200 réis), figura mais grada da administração, não ultrapassando três quintos do do intendente (2000 réis) — avultaria os melindres do primeiro. Destas desavenças se dará conta a seu tempo. Já a meio da sua comissão no arquipélago, António Pusich foi novamente promovido, desta feita, a capitão-de-fragata efectivo. Mas isso foi já depois do nascimento de *Antonina*, sua «*dilleta*».

Infância e adolescência

Do pae delicias, que é delicias tuas.[29]

O NASCIMENTO, NUMA OBSCURA ILHA ATLÂNTICA

Antonina, mia dilleta,
Idol mio core amato,
Tu sei, figlia, il mio thesoro;
Per te vivo, per te moro,
Per te pace il cor avrá.[30]

Era ao som desta canção que a pequena Antónia adormecia ao colo do pai, o capitão-de-fragata António Pusich, intendente-geral da Marinha da

[29] Verso de um poema que o várias vezes ministro Rodrigo da Fonseca Magalhães, muito próximo dos Pusich desde, pelo menos, 1828, escreveu e dedicou a Antónia, numa carta que lhe dirigiu. Cf. *Biographia de Antonio Pusich [...]*, p. 55.

[30] *Ibid.*, p. 55. Uma tradução possível será: «Antonina, minha querida,/Ídolo meu amado coração,/Tu és, filha, o meu tesouro;/Por ti vivo, por ti morro,/Para ti paz o coração terá.» Agradecemos a Maria Gabriela Cabral do Nascimento a tradução deste excerto.

capitania de Cabo Verde. Não seria, certamente, usual um pai nascido em 1760 embalar uma filha e cantar-lhe o seu amor com tal enternecimento. Esta dedicação ajuda a compreender a inexcedível adoração de Antónia pelo pai, que constituiu o cerne da sua vida afectiva e o seu esteio moral. O verso que serve de epígrafe a este capítulo, e que faz parte de um poema que Rodrigo da Fonseca Magalhães dedicou a Antónia, consubstancia a reciprocidade deste amor.

Numa ilha montanhosa do árido arquipélago de Cabo Verde, Ana Maria Isabel Nunes, então no seu nono ano de casamento, dava à luz o quinto filho, uma menina que recebeu os nomes do pai e da avó materna — Antónia Gertrudes. Os irmãos João António, Maria do Carmo, Pedro António e Jerónimo António haviam-na precedido, mas seria ela a merecer a predilecção do patriarca da família e a atenção de futuros biógrafos. Para assinalar o nascimento da filha, António Pusich lançou a primeira pedra de uma capela com a invocação a Santo António dos Navegantes, no porto de São Jorge (ou da Preguiça), na ilha de São Nicolau.

Não se sabe ao certo quando nasceu Antónia. Não dispomos, para estes primeiros anos do século XIX, dos livros paroquiais da freguesia de Nossa Senhora do Rosário da vila de Ribeira Brava, onde foi baptizada. Sabemos que o foi nesta freguesia por referências posteriores, particularmente em registos vitais relativos a Antónia e aos filhos. A data de 1 de Outubro de 1805 como a do seu nascimento é-nos dada somente por Inocêncio Francisco da Silva, que a terá encontrado registada num caderno contendo composições poéticas de Antónia do decénio de 20, caderno ao qual teve acesso, mas de que parece ter-se perdido o rasto.[31] Esta informação tem sido seguida pela generalidade dos autores. Contudo, existe um documento que parece invalidar esta data. Referimo-nos a uma

---

[31] Cf. verbete «D. Antonia Gertrudes Pussich», em Inocêncio Francisco da Silva, *Diccionario Bibliographico Portuguez* (DBP), tomo I, 1858, p. 77.

certidão de baptismo requerida por Antónia nos anos 30.[32] De acordo com ela, Antónia foi baptizada a 10 de Novembro de 1804, o que faz retroceder cerca de um ano o seu nascimento. Teve como padrinhos o infante D. João, que se fez representar na cerimónia pelo bispo de Cabo Verde, D. frei Silvestre de Maria Santíssima, e Nossa Senhora do Rosário, que o irmão mais velho de Antónia invocou quando a tocou no acto de baptismo. Perante a existência desta certidão, ou recuamos um ano o seu nascimento ou aceitamos a possibilidade de estarmos perante um erro de transcrição. Eram frequentes os lapsos nos registos paroquiais, e tratando-se de um traslado, a probabilidade da sua ocorrência é maior.[33] Não havendo nenhuma razão para não aceitarmos a data do baptismo de Antónia apresentada pela certidão em forma passada pelo Bispado de Santiago de Cabo Verde (com as necessárias reticências, dada a sucessão de traslados), mas uma vez que Inocêncio afirma ter lido no caderno de poesia de Antónia que ela nascera em 1 de Outubro de 1805, pensamos dever situar o seu nascimento entre 1804 e 1805, ao invés de seguirmos somente o autor do *Diccionario Bibliographico Portuguez*, de quem, dada a dimensão da sua obra e a quantidade de informes biobliográficos que recolheu, nada nos assegura que não se tenha equivocado.

Por que motivo teria o intendente-geral da Marinha escolhido a ilha de São Nicolau para fixar residência durante a sua comissão em Cabo Verde? Esta não era nem a ilha mais povoada, nem a dotada de uma elite mais distinta, nem a que possuía um edificado passível de proporcionar maior

[32] Traslado da certidão de baptismo de Antónia (Gertrudes Pusich), [10.11.1804], 11.6.1835. AHMR — cx. 769.

[33] Aliás, esta certidão contém um erro evidente — o nome do irmão de Antónia, que aparece como João Carlos Pusich, em vez de João António Pusich. Se se tratou de uma desatenção de quem lavrou o assento original em 1804 (ou 1805), do vigário da igreja matriz da ilha de São Nicolau que fez a sua transcrição em 1808, do escrivão da Câmara Episcopal que, em Junho de 1835, passou a certidão em forma, ou ainda do tabelião que, já em Lisboa, fez o último traslado, não sabemos.

conforto a uma família habituada aos requintes da corte. A ilha-capital, Santiago, cuja reputação de insalubre não atraía os europeus[34], era a sede do poder político e administrativo, logo, aquela que acolhia o Governo-Geral. Dada a extensão das atribuições reconhecidas a Pusich, era expectável a superveniência de conflitos de autoridade com o governador, o que veio a suceder. Por estas duas razões, Santiago não cativaria Pusich. A ilha do Fogo, cuja elite tinha um perfil cultural vincadamente europeu e dispunha de edifícios comparativamente mais capazes de alojar condignamente os Pusich, parece também não ter seduzido o intendente-geral. O que teria então pesado a favor de São Nicolau? Possivelmente, o facto de se ter convertido numa «ilha episcopal» informal a partir do final do século XVIII. Apesar de a sede da Diocese permanecer na insalubre cidade de Ribeira Grande, na ilha de Santiago, os bispos passaram a residir em São Nicolau, criando uma tradição que haveria de converter a ilha na capital religiosa e cultural do arquipélago durante três quartéis de século. Foi sempre muito benigna a relação dos Pusich com os prelados e os sacerdotes em geral. Acolheram vários durante a primeira metade do século XIX, até à morte de António Pusich, ocorrida em 1838. Segundo a filha, António Pusich era profundamente devoto e possuía vasta erudição. Ora, entre todas as ilhas habitadas de Cabo Verde, só em São Nicolau podia encontrar interlocutor à sua altura e apenas entre os ministros da Igreja. Em princípios do século XIX, além de apoio espiritual, eram os únicos a poder providenciar o convívio intelectual susceptível de contrariar o exílio sociocultural que representava a sua comissão no arquipélago. Quando o pai ali desembarcou para desempenhar as funções de intendente-geral da Marinha, a família ficou provisoriamente alojada na residência que ali tinham os

[34] Santiago, a «infalível tumba dos Europeus», como lhe chamou António Pusich em 1803. Cf. «Ensaio Físico-Político da Ilha de São Nicolau, feito por António Pusich, Intendente da Marinha das Ilhas de Cabo Verde — Ano 1803», em «As ilhas de Cabo Verde no princípio do século XIX: Memórias de António Pusich, publicadas e anotadas por Orlando Ribeiro», *Garcia de Orta*, vol. IV, n.º 4, 1956, p. 629.

bispos da diocese. Quando a casa que intentava mandar construir estivesse concluída, mudar-se-iam.[35]

Foi então na Ribeira Brava que Antónia Gertrudes Pusich teve o seu berço. Minúsculo aglomerado implantado num vale — «como posta em hua cova circundada de montes altissimos», como António Pusich a descreveu —, a povoação tomou o nome da ribeira onde estava implantada. Os seus habitantes, que não divergiriam muito em número dos 3915 (1831 homens e 2084 mulheres) contabilizados por António Pusich em 1803[36], comprimiam-se numa pequena área cuja extensão não ultrapassava as 50 braças[37] (cerca de 91,4 metros). Apesar de o clima ser sadio, o relevo acidentado dificultava a circulação atmosférica, favorecendo a ocorrência de «crueis epidemias contagiosas». Mais de trezentas pessoas tinham sucumbido a uma dessas epidemias em 1804.[38] A Ribeira Grande não contava senão com «quatro edifícios regulares», um dos quais a igreja, havia muito arruinada. As restantes habitações consistiam em «choupanas fabricadas com pedra e barro, e cobertas com palha».[39] Sem qualquer arruamento, as «choupanas» dos habitantes distribuíam-se por «beccos». A presença dos prelados, além de assegurar maior assistência e orientação religiosa, foi marcando igualmente a organização do espaço «urbano»

---

[35] Ofício de Marcelino António Basto ao visconde de Anadia, 19.1.1802. AHU — Cabo Verde, cx. 53, doc. 31.

[36] Cf. *ibid.*, p. 628.

[37] António Pusich, *Observaçoens sobre o Ensaÿo Fisico, e Politico da Ilha de S. Nicolao/e q^e lhe podem servir de apendis/feito em 1803 com alguãs providensias q a D^ta Ilha exige p^ra o seu milhoram^to, e nas quaes observaçoens se citão os cap.^os e §§ do D^to Insaÿo Fisico, e Politico [...]* (manuscrito), s.p. [p. 1]. BNP — MR-PBA. 747//2.

[38] *Ibid.*, s.p. [p. 1].

[39] Cf. *Ensaio Fizico, e Politico da Ilha de São Nicoláo, feito por Antonio Pusich Intendente da Marinha das Ilhas de Cabo Verde, anno 1803* (manuscrito), fl. 1. AHU — Cabo Verde, cx. 54, doc. 72.

e esteve na origem de algumas das (poucas) obras que foram surgindo.[40] Quanto à organização administrativa da ilha, esta tinha como principal autoridade um capitão-mor, nomeado pelo governador, mas sem que este atendesse às propostas apresentadas pela Câmara, como a lei exigia. Vendo-se investido por patente régia, os capitães-mores tendiam a tomar o cargo por vitalício. E sendo geralmente recrutados entre oficiais mecânicos — frequentemente entre marinheiros e comerciantes —, pendiam a cuidar mais dos próprios interesses que dos dos seus administrados. Frequentemente, acumulavam com este cargo o de feitores da Fazenda Real. Não sendo usual sindicar-se a sua acção, cometiam impunemente arbitrariedades. A justiça era administrada por dois juízes ordinários que, tal como os restantes oficiais da Câmara, eram eleitos anualmente. Não possuindo a ilha habitantes que se distinguissem pelo grau de instrução ou pelo volume dos bens materiais que possuíam, era entre a «plebe» que todos eram recrutados, pegando na vara nos intervalos das suas actividades de pedreiros, carpinteiros e pastores. Não havendo uma casa para as sessões da vereação, era nas suas choupanas que as sessões camarárias tinham lugar, era nelas que decorriam as audiências e se dirimiam os litígios, apresentando-se os juízes «descalços e em mangas de camisa». O panorama humano da ilha era da máxima incivilidade, era de «brutalid.^{e}».[41] A população, constituída por 4544 habitantes[42], alimentava-se monotonamente de milho e feijão e ainda de leite azedo, cana-de-açúcar e bananas. António Pusich atribuía a este regime alimentar, desprovido de vegetais, a fragilidade do sistema imunitário daqueles

---

[40] André Dias Teixeira, *A ilha de São Nicolau de Cabo Verde nos séculos* XV *a* XVIII, 2004, p. 192.

[41] *Ibid.*, s.p. [pp. 2–3].

[42] Cifra de 1803. Em 1810, contaria 5500 habitantes. Cf. António Pusich, «Ensaio Físico-Político da Ilha de São Nicolau, feito por António Pusich, Intendente da Marinha das Ilhas de Cabo Verde — Ano 1803», p. 628. «Memória ou descrição físico-política das ilhas de Cabo Verde — 1810», p. 627.

ilhéus. Nem ao mar a população recorria para enriquecer de proteína animal esse regime pobre. A abundância de peixe não conseguia triunfar sobre a indolência da população, a não ser quando, em anos de seca, a fome a constrangia.[43] E, infelizmente, constrangia muitas vezes.

Quando Antónia nasceu, as dissensões entre o pai e o governador de Cabo Verde atingiam já uma dimensão apreciável. Entre a véspera de Natal e o final do ano de 1805, o bispo de Cabo Verde, D. frei Silvestre de Maria Santíssima, e outros dignitários religiosos atestaram por escrito a religiosidade do intendente da Marinha, a sua irrepreensível conduta pública e privada e o seu afã em morigerar a população da ilha de São Nicolau, incentivando-a a dominar a sua ociosidade e a trabalhar. Fora António Pusich quem lhes solicitara estas declarações, de modo a rebater o que acerca dele se tinha escrito e enviado à corte, com o intuito de o depreciar aos olhos do príncipe regente. «Pesoas malevolas, e inimigas do seu credito» tinham-no apresentado como irreligioso e sabotador das iniciativas do governo da Capitania. Acusavam-no de não praticar os ritos católicos, de não participar no «voluntario Donactivo» pedido pelas autoridades a fim de suprir a depauperada Fazenda Real e ainda de demover os outros de fazê-lo.[44] Na sua declaração, o padre Manuel Gomes da Fonseca, natural da ilha de São Nicolau, pessoa de certa idade e tendo já desempenhado diversas funções eclesiásticas, invocava Pusich como exemplo de «piedade, devoção, e modo de vida», e afirmava mesmo nunca ter conhecido nem ter jamais ido àquela ilha um europeu que tanto zelasse pelo «bem commum, e no augmento da Real Fazenda».[45] Também

---

[43] *Ibid.*, s.p. [p. 4].

[44] Requerimento de António Pusich, a D. frei Silvestre de Maria Santíssima, s.d. [c. Dezembro de 1805]. Declarações de D. frei Silvestre de Maria Santíssima e de outros dignitários religiosos, 24 e 28 de Dezembro de 1805. AHU — Cabo Verde, cx. 56, docs. 57 e 58.

[45] Declaração do padre Manuel Gomes da Fonseca, 27.12.1805. AHU — Cabo Verde, cx. 56, docs. 57 e 58.

os juízes e restantes oficiais camarários se pronunciaram, a pedido de António Pusich, acerca da sua conduta. Realçaram a sua acção em prol do bem público e da Fazenda Real e o seu empenho em inculcar o gosto pelo trabalho e moralizar a população da ilha que escolhera para residir.[46] Esta campanha de difamação foi uma das manifestações das contendas entre o intendente da Marinha e o governador, que só cessaram quando António Pusich substituiu Coutinho de Lencastre à frente do governo das ilhas, o que só veio a acontecer no final de 1818.

Não dispondo a Capitania de embarcações de guerra para defender o arquipélago de invasões e razias de piratas e corsários, São Nicolau, à semelhança de outras ilhas desprovidas de fortificações e peças de artilharia para os enfrentar, continuava a ser palco destas incursões, tal como das de navios de outras potências. Foi numa destas visitas indesejadas que o «excessivo amor» que Antónia devotava ao pai a terá feito correr grandes riscos. Num dia em que o intendente-geral da Marinha fora dirigir as operações de combate contra uns navios ingleses que tinham abordado a ilha de Santiago, Antónia, escapando à vigilância materna, saíra de casa e acercara-se do pai. Não podendo este ocupar-se da sua protecção, entregara-a ao cuidado de seu filho Pedro, irmão de Antónia. Não sabemos se este episódio decorreu na ilha de Santiago, como Antónia afirma, se na de São Nicolau: por um lado, Antónia refere que era ainda criança — o que nos levaria a situar o episódio nesta última ilha, onde viveu até aos 5 ou 6 anos —; por outro, diz que saíra do «quartel general», ou seja, da residência do governador. Ora, o pai tomou posse do cargo de governador-geral da Capitania apenas no final de 1818, e, mesmo que o combate com os navios ingleses tivesse tido lugar logo no princípio da sua comissão, Antónia Gertrudes não teria menos do que 13 ou 14 anos, isto é, seria já uma pré-adolescente ou mesmo uma adolescente. Ou se trata de uma confusão

[46] Declaração dos juízes e mais oficiais da Câmara da ilha de São Nicolau, 18.1.1.806. AHU — Cabo Verde, cx. 56, docs. 57 e 58.

de Antónia, que teria trocado a ilha de São Nicolau pela de Santiago, ou António Pusich costumava viajar até esta última ilha acompanhado da família, o que não nos parece verosímil, dada a inexistência de uma casa capaz de os acolher com alguma dignidade e conforto. Teria António Pusich, a quem nesta altura os recursos materiais não faltavam, alugado ali e feito mobilar uma? É possível. Esta demonstração de tão profundo amor filial — que atingia o extremo de preferir morrer ao lado do progenitor a conservar a vida sem ele — sensibilizara os comandantes dos navios ingleses, levando-os a presenteá-la. Um dos marinheiros ofereceu-lhe livros do fisionomista Johann Kaspar Lavater, poeta e teólogo suíço, iniciador da fisiognomonia. Antónia parece ter ficado particularmente agradada com este presente, afirmando ter-se dedicado muito ao estudo daqueles livros.[47]

Durante esta primeira comissão em Cabo Verde, o pai de Antónia foi promovido duas vezes: a 17 de Dezembro de 1806, à efectividade no posto de capitão-de-fragata; a 13 de Maio de 1808, a capitão-de-mar-e-guerra. Foi ainda durante o tempo da intendência da Marinha que António Pusich escreveu as suas primeiras obras acerca da economia, sociedade e cultura do arquipélago, que lhe valeram a entrada na Real Academia das Sciencias de Lisboa, instituição à qual as ofereceu. A filha Antónia considerava-as «pharol a quantos escriptos» surgiram depois acerca do arquipélago, o que, segundo ela, «facilmente se prova em vista das datas e dos escriptos».[48] Apesar de se desculpar da falta de qualidade da expressão, os textos de António Pusich apresentavam-se muito escorreitamente escritos.

Os últimos três anos da comissão de António Pusich foram de crise alimentícia no arquipélago. Só a ilha de São Nicolau registou seiscentas vítimas humanas. Não sabemos se a pequena Antónia era poupada à visão dos esqueléticos famintos deambulando a sua miséria até tombarem. Se os observou, certamente os gravou na memória. Mais velha, nunca

---

[47] AGP, *Biographia de Antonio Pusich [...]*, p. 32.

[48] *Ibid.*, pp. 18–19.

deixará de, nos seus artigos de imprensa, apelar às autoridades para que olhassem pelos pobres habitantes de Cabo Verde, socorrendo-os e zelando pelo seu progresso material. Estava-se em plena Guerra Peninsular, e desejando fazer os habitantes das ilhas de Cabo Verde participar no esforço de guerra nacional, o pai de Antónia desencadeou uma campanha a fim de convencer os que possuíam cavalos a que voluntária e gratuitamente os oferecessem ao Exército. Aliciando-os com a atribuição de uma medalha como recompensa pelo «patriotismo e fidelid.de», só em São Nicolau conseguira reunir dezoito animais, o que representara um grande esforço, uma vez que esta ilha passava por uma tormentosa seca e escassez de pastagens, e era reduzido o número de equídeos e de outras espécies que lhe tinha sobrevivido.[49] No ofício em que comunicou ao secretário da Regência e encarregado da pasta dos Negócios da Marinha e da Guerra, D. Miguel Pereira Forjaz, o resultado da sua angariação de donativos, António Pusich fez igualmente referência a uma remessa de carne salgada que seria transportada gratuitamente ao Rio de Janeiro no bergantim do irmão. Este irmão parece ter sido Nicolau Pusich, que, segundo a sobrinha Antónia Gertrudes, havia procurado António em Cabo Verde, relatando-lhe a situação deplorável em que se encontrava a sua casa e a pátria de ambos, depois da destruição perpetrada pelas tropas napoleónicas. António acolheu-o, tal como o faria posteriormente a outros emigrados ragusanos, que se lhe apresentaram em busca de apoio, nas ilhas e no Brasil.[50] Por uns autos de petição e justificação de Nicolau Pusich, datados de 10 de Novembro de 1818, ficamos cientes de que era natural de Ragusa, tinha 29 anos e vivia «de seo Neg.º [Negócio]». Encontrava-se em Portugal havia mais de doze anos e residia em Lisboa havia cinco. Estava casado com uma mulher portuguesa

---

[49] Ofício de António Pusich a D. Miguel Pereira Forjaz, 7.5.1811. O ofício tem anexa a «Relação das Pessoas q offerecêrão cavallos e q̌ forão condecoradas em retribuição, com as correspondes medalhas», de onde estes dados foram extraídos. AHU — Cabo Verde, cx. 59, doc. 67.

[50] AGP, *Biographia de Antonio Pusich [...]*, p. 20.

e morava na Rua da Conceição, freguesia de Madalena. Tratar-se-ia do mesmo tio paterno homónimo que Antónia diz que procurara seu pai em Cabo Verde, em 1810, quando ali era ainda intendente-geral da Marinha? O Nicolau Pusich dos autos de justificação, de acordo com o que o próprio afirmava, vivia em Portugal desde sensivelmente 1806. Ora, Antónia diz que o tio que procurara o pai em Cabo Verde o fizera em 1810, dando a entender que viera de Ragusa. Ou não se tratava do mesmo Nicolau, ainda que fosse da mesma família, ou Antónia Gertrudes, que escreveu a vários decénios dos acontecimentos, e que, quando estes tiveram lugar, contava apenas 5 ou 6 anos, não terá sido precisa no ano (como, de resto, não o foi relativamente a outras datações). Em Setembro de 1807, Nicolau Pusich obteve passaporte para viajar até Cabo Verde. Sabemo-lo pelo requerimento em que o solicitou, no qual se identificava como irmão de António Pusich, e em que justificava o pedido de passaporte com a necessidade de responder ao chamamento do irmão, com quem tinha de tratar de assuntos relativos à família e aos respectivos bens. Em Abril de 1810, Nicolau Pusich capitaneava o bergantim *Sancto Antonio, e Sancta Anna*, pertencente a sua cunhada Ana Isabel Nunes Pusich (teria esta designação algo que ver com os nomes do casal António e Ana Pusich?), e seguia de Cabo Verde para os arquipélagos dos Açores e da Madeira, depois para o Reino e, seguidamente, para a corte, no Rio de Janeiro.[51]

A FAMÍLIA NO RIO DE JANEIRO

Antónia tinha 5 ou 6 anos quando deixou as ilhas de Cabo Verde pela primeira vez. O pai terminara a sua comissão como intendente da Marinha, e é possível, e mesmo provável, que a família ansiasse por

---

[51] Passaporte passado por D. António Coutinho de Lencastre ao bergantim *Sancto Antonio, e Sancta Anna*, 24.4.1810. AHU – Cabo Verde, cx. 100, doc. 52.

regressar à corte. As crianças tinham crescido e urgia proporcionar-lhes uma educação adequada e alargar-lhes a rede de convívio àqueles no meio dos quais, esperava-se, se desenrolariam as suas vidas. Não sabemos se motivado essencialmente por esta premência ou se por um acto desinteressado de louvável integridade, António Pusich comunicou ao príncipe regente, D. João de Bragança, que entendia que o cargo para o qual tinha sido nomeado, a Intendência-Geral da Marinha de Cabo Verde, era de «absoluta inutilidade» naquele arquipélago. E era-o por três razões: por já estarem concluídos os trabalhos escritos que lhe tinham sido ordenados acerca das ilhas; por, como dissemos, se ter revelado impraticável a criação de um estabelecimento marítimo no arquipélago e pela impossibilidade de se prosseguirem as remessas de espécies botânicas, zoológicas e geológicas para o Rio de Janeiro, uma vez que as guerras napoleónicas as inviabilizavam. D. João manifestou-se muito receptivo a esta argumentação de Pusich e, em 1809, suprimiu o cargo. João António Pusich, um dos irmãos de Antónia, não se coibiu de deixar escrito que o príncipe regente não ocultava que havia muito queria nomear o pai governador de Cabo Verde, mas que, durante sete anos, um potentado das ilhas e os seus empenhos na corte tinham obstaculizado essa nomeação.[52] Não devemos, pois, descartar a hipótese de Pusich se ter manifestado pela supressão da Intendência-Geral da Marinha de Cabo Verde, pensando já numa futura nomeação para o governo das ilhas, nomeação que, naturalmente, almejaria, e que o seu protector, D. João, igualmente acalentaria. Não convindo a um governador partilhar o poder com o detentor de um cargo com tão extensas atribuições como o que ocupara, António Pusich não podia deixar de ver com muito bons olhos — e de recomendar — a sua extinção. Só em 1810 Pusich recebeu a comunicação da eliminação da Intendência-Geral e da ordem do príncipe regente para que se reunisse

[52] João António Pusich, *Notas criticas sobre os mais importantes artigos da Lei de 20 de Julho de 1822, condemnados pelo senhor Manoel Antonio Martins, em huma memoria que apresentou no Soberano Congresso*, 1822, pp. 7–8.

à corte, que, durante a sua comissão em Cabo Verde, se havia transferido para o Rio de Janeiro. Os Pusich deixaram então as ilhas, sem, contudo, rumarem imediatamente ao Brasil. Pagando o transporte de toda a família num navio mercante que se dirigia à capital do Reino e expondo-a a um ataque dos muitos corsários que então infestavam o Atlântico, António Pusich quis primeiro prestar contas do desempenho do cargo à Junta de Fazenda da Marinha. Foi um acto de coerência, pois sempre advogou que quem prestava serviço público devia ser sindicado quando cessava funções. Terminado o exame da documentação que levara consigo, a Junta concluiu que fora muito meritória e útil a acção de Pusich como intendente da Marinha, o que comunicou imediatamente ao príncipe regente. A família pôde então partir para o Rio de Janeiro, já não num navio mercante, mas num brigue da Armada Real, de cujo comando a Regência de Portugal encarregara Pusich. Fundearam ainda no porto de Vila da Praia, de onde Pusich escreveu a D. Miguel Pereira Forjaz, e desembarcaram no Rio de Janeiro em 16 de Junho de 1811. Ali encetaram mais uma fase da sua existência, até ao regresso da família ao arquipélago de Cabo Verde, no final de 1818.

Um dos primeiros actos de António Pusich uma vez regressado à corte — que corrobora a prioridade que a educação e o futuro profissional da descendência constituíam para a família — foi alistar os três filhos varões na Armada. Ainda no final de 1810, os muito jovens João António, Jerónimo António e Pedro António assentavam praça na Marinha Portuguesa como voluntários.[53] Nos anos que se seguiram, nasceram duas irmãs a Antónia Gertrudes: uma menina que morreu em 1812, em pleno Atlântico, numa viagem da família do Reino para o Brasil, e que desconhecemos se nasceu ainda em Cabo Verde ou já em Lisboa ou no Rio de Janeiro; e Ana Isabel, a ultimogénita de António Pusich e de

[53] AHMR — Livro Mestre VII do Corpo da Armada Real, fl. 61v; AHMR — Livro Mestre do Corpo da Marinha (volume II), fls. 235 e 251.

Ana Isabel Nunes, nascida a 30 de Março de 1814 e baptizada na paróquia de São José, no Rio de Janeiro, a 7 de Junho de 1814. À semelhança dos seus irmãos, teve como padrinho o príncipe regente, e como madrinha, a mulher deste, D. Carlota Joaquina.[54] Foi brincando com os filhos dos príncipes e com outras crianças da corte que Antónia e os irmãos viveram, despreocupadamente, os últimos anos da sua infância.

Entre a Intendência-Geral da Marinha de Cabo Verde e o Governo da mesma Capitania, António Pusich passou por um longo interregno no que a nomeações diz respeito. Em 1814, queixava-se de que se encontrava numa «fatal oçiozidade»[55] havia quase três anos. Essa ociosidade era contrária à sua predisposição para a acção e, claro, danosa para o seu bem-estar financeiro, além de «quazi pregiudicial ao seu proprio decoro». Residir na corte impunha consumos exigentes em recursos, e a família não poderia suportar por muito mais tempo a falta de rendimentos. Como o próprio mencionava ao ministro e secretário de Estado dos Negócios da Marinha e Domínios Ultramarinos, a quem solicitava o patrocínio para a sua pretensão junto do príncipe regente, sem um emprego não podia continuar a «subsistir nesta corte».[56] Por várias vezes, requereu ao então príncipe regente que o empregasse em algo, tratasse-se de um «Imprego Terestre [*sic*], ou Maritimo», pois saturava-o a «inação» em que vivia.[57]

---

54 Assento de baptismo de Ana (Isabel), 7.6.1814. Arquivo da Cúria Metropolitana do Rio de Janeiro-LRB, paróquia de São José, cidade do Rio de Janeiro (Setembro de 1813–Setembro de 1820), fl. 42. https://www.familysearch.org/ark:/61903/3:1:939F-GV99-3P?i=44&wc=M6ZY-JWL%3A131775101%2C131775302%2C143564601&cc=1719212

55 Exposição de António Pusich a António de Araújo e Azevedo, 19.4.1814. AHU — Cabo Verde, cx. 59.

56 Exposição de António Pusich ao marquês de Aguiar ou a António de Araújo e Azevedo (futuro conde da Barca), s.d. [post. Janeiro de 1814]. AHU — Cabo Verde, cx. 59, doc. 60-A.

57 Requerimento de António Pusich a D. João de Bragança, s.d. [1817]. AHU — Cabo Verde, cx. 63, doc. 19.

Não lhe bastava estanciar na corte; manifestava a sua vontade de regressar ao serviço régio. No Rio de Janeiro, os que cercavam D. João alegavam a naturalidade estrangeira de António Pusich para inviabilizar a sua nomeação para qualquer cargo. À falta de outro, era este o grande «estartagema» com que procuravam descredibilizá-lo aos olhos do regente. Ora, afirmava nos seus requerimentos ao príncipe, era vassalo português, pois fora nacionalizado, era casado com uma portuguesa e servia a Coroa havia mais de dois decénios.[58] Redigiu até um «Memorial» com as informações necessárias para habilitar o soberano a contestar os que alegavam a sua «inhabilidade civil», na sua tentativa de inviabilizar a sua nomeação para qualquer cargo. Como emprego marítimo, sugeria o comando da nova nau que se estava a terminar em Lisboa ou da fragata que se estava a construir na Bahia; como emprego terrestre, solicitava, entre outros, o governo de Cabo Verde, uma intendência de Marinha (que, entretanto, vagasse ou que se criasse, como a de Rio Grande, Montevideu, Santa Catarina, Pará e Espírito Santo) ou a Inspecção do porto de Setúbal. Ou seja, António Pusich ansiava por uma colocação, fosse ela no Reino, no Brasil, ou noutras paragens ultramarinas portuguesas. Terá sido, pois, com grande alívio e prazer que recebeu a notícia da sua nomeação para o governo de Cabo Verde.

Em 1817, juntamente com a arquiduquesa Leopoldina de Áustria, acabada de se casar com D. Pedro, o primogénito de D. João VI, chegou ao Brasil o convite para que António Pusich entrasse ao serviço do imperador austríaco, pai de Leopoldina. Não obstante o embaixador assegurar a Pusich que receberia o comando de uma esquadra e o título de conde, Pusich recusou, por se sentir obrigado para com o rei de Portugal. Não desistindo do seu intento, o embaixador abordou directamente D. João VI, no sentido de este desobrigar António Pusich do seu serviço. Contudo,

---

[58] Requerimento de António Pusich a D. João de Bragança, acompanhado de um «Memorial», s.d. [c. 1817]. AHU — Cabo Verde, cx. 63, doc. 19.

de acordo com Antónia Gertrudes, o rei ter-lhe-ia respondido que Pusich era dele, que dele tinha necessidade e que para ele reservava «maiores empresas».[59] De imediato, D. João VI o renomeou intendente-geral da Marinha de Cabo Verde e com tão vastos poderes, que, mais uma vez, D. António Coutinho de Lencastre, o governador da Capitania, passaria a «*ente nullo*». Igualmente o promoveu a chefe-de-divisão da Armada Real, lhe atribuiu uma comenda e uma pensão considerável, de que poderiam beneficiar sua mulher e filhas, se lhe sobrevivessem.[60] Contudo, António Pusich não chegou a suceder a si próprio na Intendência-Geral das ilhas de Cabo Verde, acabando antes por ser nomeado governador daquela Capitania, cargo que havia muito desejava e que várias vezes requerera, sem receber resposta.[61]

O que teria motivado esta alteração de propósitos teria sido, segundo Antónia Gertrudes, a tentativa de extorsão da ilha de São Vicente por parte do homem mais poderoso de Cabo Verde, Manuel António Martins, que requerera a ilha em sesmaria, e cujos interesses eram representados na corte pelo muito influente monsenhor Miranda (Pedro Machado Miranda Malheiros), desembargador do Paço e chanceler-mor do Reino. Quando António Pusich, a quem o rei pedira um parecer acerca da pretensão de monsenhor Miranda (isto é, de Manuel António Martins), se pronunciara desfavoravelmente, por entender que a ilha de São Vicente deveria ser explorada directamente pelo Estado, ganhara muitos inimigos, não só na corte, como também em Cabo Verde, onde Manuel António Martins, com toda a sua autoridade, pontificava.[62]

---

59 AGP, *Biographia de Antonio Pusich [...]*, pp. 21–22.

60 *Ibid.*, p. 22.

61 Requerimento de António Pusich, s.d. [ant. 6.2.1818]. AHM — cx. 212, pç. 18. Requerimento de António Pusich a D. João de Bragança, s.d. [c. 1814]. AHU — Cabo Verde, cx. 59, doc. 60-A.

62 AGP, *Biographia de Antonio Pusich [...]*, pp. 22–23.

António Pusich aceitou permanecer ao serviço da Coroa Portuguesa e começaram os preparativos da família para mais uma viagem e uma longa estada no arquipélago de Cabo Verde, que, afinal, contrariamente ao esperado, não se revelou assim tão duradoura. O ano seguinte, 1818, foi recheado de eventos importantes para a família. Ainda no Rio de Janeiro, a 6 de Fevereiro, com 13 ou 14 anos, Antónia Gertrudes assistiu à aclamação do novo rei, D. João VI, regente desde o agravamento da doença mental da mãe, a rainha D. Maria I. Antónia, que ficou impressionadíssima com a magnificência dos festejos, passado mais de meio século, continuava convicta de que tinham sido os mais sumptuosos a que alguma vez assistira, e, como referia, já tinha, até então, presenciado muitos.[63] No mesmo dia da sua aclamação e resistindo à pressão dos que o rodeavam, D. João VI nomeou António Pusich governador de Cabo Verde. Pouco tempo antes de partir com os pais e os irmãos para o arquipélago, um dos irmãos de Antónia Gertrudes, Jerónimo António, com apenas 18 anos, casou-se. Quando os Pusich se foram despedir da família real, a convite de D. João VI, o pai de Antónia apresentou as filhas ao rei, dizendo-lhe que eram suas afilhadas (de baptismo). O rei, olhando-as, identificou uma que o não seria — e não era, de facto, pois se tratava de Gertrudes Adelaide de Abreu, a jovem mulher de Jerónimo, recém-casada. O monarca teria então sorrido ao saber que Jerónimo se casara tão novo. D. Leopoldina, nora do rei, conversara em alemão com António Pusich acerca de Ragusa, que, como deixámos dito, fazia já parte do império austríaco. Antónia Gertrudes recordava que D. Pedro, presente nas despedidas, lamentara aquela nomeação, pois afastava António Pusich da corte, onde poderia ser muito prestável à Coroa. D. João VI teria apertado comovido a mão de Pusich, dizendo-lhe que contava poder continuar a usufruir dos seus bons serviços, pelos quais o recompensaria. A cena da despedida, revelando a conta e a estima recíproca do rei e do súbdito, suscitara, segundo Antónia,

[63] *Ibid.*, p. 23.

a invídia, que, passados alguns anos, aceleraria a morte do pai e a ruína de toda a sua família.[64]

Os Pusich continuaram tão próximos da família real que o seu filho João António, que permaneceu no Brasil — onde foi nomeado, em Fevereiro de 1818, lente efectivo de Matemática da Academia de Marinha do Rio de Janeiro[65] —, e a noiva, Maria Carlota Ward, se casaram na capela real. Nem Antónia nem a restante família estavam presentes aquando do nascimento do primeiro filho do casal, António, em 12 de Março de 1820, nem puderam assistir ao seu baptismo, celebrado no mês seguinte, na igreja-matriz de São José, no Rio de Janeiro. António Pusich partiu para a sua segunda comissão em Cabo Verde sem ser promovido ao posto seguinte, como era uso fazer-se, e sem o título de capitão-general, que o seu antecessor, depois de muitas instâncias, tinha obtido. Tinham sido as «incalculaveis opposiçoens» e as «cabalas» que sofrera no Rio de Janeiro que se haviam interposto. Apenas a bondade e o reconhecimento do rei seriam recompensa para tanto desgaste — pessoal, familiar e financeiro — que haveria de sofrer.[66]

DE NOVO EM CABO VERDE

Os Pusich embarcaram então rumo a Cabo Verde. O novo governador da Capitania levava como seus ajudantes-de-ordens dois dos filhos, Jerónimo António e Pedro António, que eram oficiais da Armada e que foram na altura promovidos a capitães-tenentes efectivos. Quanto ao seu outro filho varão, João António, muito dotado, ficou no Rio de Janeiro, como lente de Matemática e capitão do Real Corpo de Engenheiros. Também na música se destacou este irmão de Antónia, que chegou

[64] *Ibid.*, pp. 24–25.

[65] Decreto de 20.2.1818. AHU–CU–035, Cx. 25, D. 2120.

[66] Requerimento de António Pusich a D. João VI, 22.4.1822. AHM — cx. 212, pç. 18.

a ser muito elogiado pelo grande compositor Marcos António Portugal.[67] Depois de uma viagem atribulada — apanharam um temporal logo à saída do Rio de Janeiro —, a 14 de Dezembro, fundearam na ilha de Santiago. Quem viajou no mesmo navio que os transportou foi Manuel António Martins, que rapidamente se envolveria numa pugna de grande dimensão com António Pusich. Antónia afirma que a família foi euforicamente recebida no arquipélago. Além dos repiques de sinos e das salvas de artilharia costumeiros, aguardavam o novo governador os vivas e as «lagrimas de prazer d'aquelle povo, que o adorava como pae», recordando a sua acção benemérita junto dos doentes, a quem custeara o tratamento, e aquando das crises «famíneas» que assolavam recorrentemente o arquipélago.[68]

Eram usuais e quase protocolares as manifestações populares de regozijo pela chegada dos novos governadores. A ter sido mais participada e apoteótica a recepção ao novo governador, isso ter-se-ia eventualmente ficado mais a dever à vontade de manifestar hostilidade para com o seu antecessor do que propriamente ao entusiasmo pela pessoa concreta de António Pusich. Tendo residido alguns anos no arquipélago, o então intendente-geral da Marinha estivera essencialmente confinado à ilha de São Nicolau. Numa época em que as comunicações entre as várias ilhas do arquipélago eram raras, não é plausível que a figura de Pusich fosse sequer conhecida da população da ilha de Santiago, e muito menos tão popular como a filha faz crer — com a eventual excepção do seu muito minguado funcionalismo civil e militar. A não ser, claro, como tudo indica, que a população tivesse sido expressamente mobilizada pelos antagonistas de D. António Coutinho de Lencastre na capital de Cabo Verde, oficialmente, ainda a cidade da Ribeira Grande. Não podemos esperar de Antónia Gertrudes referências abonatórias a Coutinho de Lencastre. Não lhe era uma figura simpática, dadas as muito más relações entre o antigo

---

[67] AGP, *Biographia de Antonio Pusich [...]*, pp. 25–26.

[68] *Ibid.*, p. 26.

governador e seu pai, no tempo em que este ali desempenhara as funções de intendente-geral da Marinha da Capitania. Menciona o seu desleixo e inaptidão[69], a sua pouca instrução[70] e falta de preparação para desempenhar as funções de governador, que o deixavam mais sujeito a caprichos governativos do que a uma administração iluminada pela razão.[71] Antónia menciona o caso mais problemático da governação de D. António Coutinho de Lencastre. É assunto que não desenvolveremos aqui, por ser marginal à biografia de Antónia Gertrudes e por já o termos abordado circunstanciadamente num outro trabalho.[72] Aludimos somente ao desabafo magoado de Antónia Gertrudes na biografia do pai, comparando a acção governativa dos dois homens e as recompensas recebidas por ambos: «Veja-se como este mundo é!... o homem que foi um despota, e como tal saiu do governo d'aquellas ilhas com tanto desdouro, findou seus dias em descanso, com todas as honras e regalias; o que soube governar com intelligencia, bondade e honradez [...], prestando os mais valiosos serviços, e sendo adorado como pae d'aquelles povos, [...] terminou a gloriosa existencia sacrificado á inveja, e desceu ao tumulo coroado de espinhos».[73]

---

[69] *Ibid.*, p. 30.

[70] Se é verdade que D. António Coutinho de Lencastre não seria versado em tantos domínios como António Pusich, também o é que a sua expressão escrita era escorreita e revelava nalguns dos seus escritos alguma erudição. Embora não possamos assegurar que fosse o autor dos textos que assinava, não parece verosímil que existisse, à época, alguém residindo em Santiago com os conhecimentos de história e cultura clássica e das correntes filosófico-ideológicas coevas que pelo menos um texto de Coutinho de Lencastre evidenciavam. Referimo-nos à longa exposição (cerca de sete dezenas de páginas) que apresentou, em Outubro de 1812, ao conde das Galveias, então, ministro e secretário de Estado da Marinha e Domínios Ultramarinos (AHU — Cabo Verde, cx. 60, doc. 39).

[71] AGP, *Biographia de Antonio Pusich [...]*, pp. 27 e 29.

[72] Referimo-nos a *Os Medina e Vasconcelos: História de uma Família*, vol. 1 — *A chegada*, 2019, pp. 342–356.

[73] AGP, *Biographia de Antonio Pusich [...]*, p. 29.

Dois dias depois de desembarcarem em Santiago, o pai tomou posse do governo das ilhas. Conforme a tradição, foram o governador cessante e a Câmara da cidade de Ribeira Grande quem o empossou. Pusich terá desde logo adoptado uma postura magnânima perante Coutinho de Lencastre, protegendo-o de eventuais ofensas dos seus muitos inimigos na ilha-capital, que poderiam aproveitar o facto de já não contar com o poder que o antigo cargo lhe conferia, a fim de o sujeitar a descortesias ou mesmo a vexames. O novo governador e a família acolheram muito cordialmente Coutinho de Lencastre em sua casa, fazendo *tabula rasa* das graves incompatibilidades que tinham oposto Pusich e Lencastre no tempo em que o primeiro era intendente da Marinha e o segundo governador. Diz Antónia Gertrudes que o próprio D. António se surpreendera com o acolhimento que lhe foi dispensado: «nunca imaginára que meu pae fosse tão bom, que, esquecendo-se quanto elle por emulação fôra seu inimigo, o tratasse com tanta franqueza e amizade! Que ele estava confundido, e tão obrigado á nossa familia, que já de todo o coração nos amava!»[74] Tão bem acolhido se sentira o antigo governador, que oferecera mesmo uma «escravinha» a uma das filhas de António Pusich.[75] Apesar de se reivindicar de «*huma das mais distinctas Familias de Portugal que em todo o tempo tem servido*», D. António queixava-se com frequência de que a sua família vinha sendo preterida na obtenção de mercês régias. Aceitara a do governo de Cabo Verde, mas a sua governação fora tão longa (quinze anos!) quanto infeliz. Um dos filhos, o ainda muito jovem capitão D. Álvaro Coutinho de Lencastre, que acompanhara o pai a Cabo Verde, morrera na ilha de Santiago, em 1810; poucos anos volvidos, foi a mulher, a quem tinha mandado ir do Reino com os filhos, para os pôr a salvo das arremetidas napoleónicas, quem sucumbiu ao paludismo de Vila da Praia; entre uma e outra ocorrência, tinham sido os acontecimentos

[74] *Ibid.*, pp. 28–29.

[75] Ofício de António Pusich, ao [conde dos Arcos?], 30.5.1820. AHU — Cabo Verde, cx. 69, doc. 18.

de 28 de Dezembro de 1811[76]; e ao longo de quase toda a sua comissão, uma duradoura estiagem, das mais graves sofridas no arquipélago, que tantas vidas humanas ceifou.

Contrariamente a Coutinho de Lencastre, António Pusich revelou, desde o início da sua governação, uma grande determinação e energia para fomentar o desenvolvimento do arquipélago. Dirigindo-se por edital aos habitantes da ilha do Fogo escassos dias depois de tomar posse, incentivava-os ao «ódio á Indolencia» e ao «afferro ao trabalho, e á industria».[77] Sabia que induzindo a população ao trabalho, aumentaria o seu bem-estar, ao mesmo tempo que engordaria os delapidados cofres régios, agradando assim ao rei. Por sua vez, D. João VI reconhecia esta lealdade e competência, e voltou a promovê-lo, desta vez, a chefe-de-esquadra, em 13 de Maio de 1819. O que ambos desconheciam era que se tratava do «ultimo despacho que teve concedido pelos reis da terra».[78]

Três dias depois de o rei ter assinado a promoção do avô, Maria Gertrudes Adelaide de Abreu Pusich, a primeira filha de Jerónimo António, era baptizada na igreja paroquial de Nossa Senhora de Vila da Praia, onde os pais, à época, residiam. Foram seus padrinhos monsenhor Miranda (o antigo inimigo do avô na corte do Rio de Janeiro!), que se fez representar por Joaquim António de Matos, que em breve se casaria com

---

[76] Neste dia, um grande número de habitantes do interior da ilha de Santiago partira em marcha rumo a Vila da Praia, ao que parece, com o intuito de pedir a intercessão do novo ouvidor-geral junto do governador, para que extinguisse a contribuição geral que este lançara. Coutinho de Lencastre, entretanto avisado da aproximação daquela multidão, para a dissuadir de prosseguir a sua marcha, mandara disparar a artilharia. Apesar de só ter morrido uma pessoa, o acontecimento teve um impacto considerável e o governador foi chamado ao Rio de Janeiro a prestar contas do sucedido, acabando por convencer a corte da sua inocência e por regressar ao governo da Capitania. Uma exposição circunstanciada do 28 de Dezembro de 1811 encontra-se em Maria de Lurdes Caldas, *Os Medina e Vasconcelos [...]*, vol. 1, pp. 340–356.

[77] Edital de 27.12.1818. ANCV — SGG, lv. 105, fls. 37v-38v.

[78] AGP, *Biographia de Antonio Pusich [...]*, p. 42.

Maria do Carmo Pusich, e Maria Venância, cujo procurador foi Manuel António Martins, mais um grande opositor de António Pusich.[79] A escolha do padrinho e do procurador da madrinha de Maria Gertrudes Adelaide parecem indiciar um período de tréguas nas muito más relações entre os dois homens e António Pusich. Uma vez que Manuel António Martins não tinha conseguido impedir a nomeação de Pusich para o governo de Cabo Verde, talvez tenha, estrategicamente, procurado captar novamente a sua simpatia. Afinal, era a autoridade máxima na Capitania, e dependia dele para o deferimento de muitos requerimentos e para a prossecução das suas actividades, nem todas pautadas pela observância estrita das boas normas, fiscais e outras. Captar as boas graças dos novos governadores era, aliás, um procedimento observado pela generalidade dos notáveis locais. Por seu turno, também a António Pusich não convinha ter como inimigo impenitente o maior potentado das ilhas. Antónia Gertrudes recordará muitos anos depois que Martins, que a conhecia desde que viera ao mundo, sempre lhe fora afeiçoado, ou seja, não permitira que os desentendimentos com o pai se estendessem à descendência e afectassem as relações entre as respectivas famílias.[80]

Quanto à descrição comparativa do estado em que se encontravam as ilhas de Cabo Verde antes e depois da governação do pai, a que Antónia apresenta assemelha-se a tantas outras de predecessores e sucessores de António Pusich no governo da capitania, depois, província de Cabo Verde, o que nos leva a relativizar o alcance das benfeitorias introduzidas. Antes, as fortalezas e baterias ruíam por terra, os soldados, andrajosos, com o soldo em atraso e insubordinados, permaneciam sem preparação militar, os notáveis locais oprimiam a população, monopolizando os recursos, as receitas da Coroa eram defraudadas; depois, com a chegada dos novos governadores, erguiam-se baterias e fortins, pagava-se, vestia-se,

[79] Certidão extraída do assento de baptismo de Maria (Gertrudes Adelaide de Abreu Pusich), [16.5.1819], 5.5.1825. AHMR — cx. 790.

[80] AGP, «Ilhas de Cabo Verde», AB, n.º 33 (2.ª série), 15.5.1855, p. 3.

morigerava-se e instruía-se as tropas, reduzia-se a margem de espoliação da população pelos potentados das ilhas, e o rei, à distância de um oceano, podia repousar em paz no que dizia respeito à boa cobrança dos seus direitos. Em relação ao desempenho do pai à frente da administração da Capitania, Antónia Gertrudes não divergiu, como dissemos, desta propensão dos governadores ou dos que lhe eram próximos e favoráveis em louvaminhar as suas medidas e o respectivo alcance. Contudo, analisando-se a acção de António Pusich nos menos de dois anos e meio que esteve à frente do governo de Cabo Verde, parece poder reconhecer-se conformidade empírica nestes encómios, sobretudo no que respeita à administração económica e militar das ilhas. Inteligente, laborioso e cheio de vontade de agradar ao seu protector, D. João VI, não se poupou a estudar as dificuldades multissectoriais crónicas que caracterizaram quase toda a história da presença humana no arquipélago[81] e as maneiras de parcialmente as ultrapassar. Esta diligência excedeu o tempo da sua comissão. Vários anos depois de ter deixado o governo das ilhas, converteu-se numa espécie de conselheiro para os assuntos cabo-verdianos, sendo frequentemente solicitado o seu parecer pelo Conselho Ultramarino. O reconhecimento tácito da sua perícia em matéria ultramarina e sobretudo cabo-verdiana levou-o mesmo a requerer um lugar no referido Conselho, mas não foi atendido. Datam de 1824, ou seja, de três anos depois de deixar o arquipélago, dois dos seus trabalhos contendo propostas de reorganização da administração pública das ilhas: *Esboço sobre a Forma do Governo administrativo das Ilhas de Cabo Verde* e *Estado actual da Adeministração* [sic] *da Justiça nas Ilhas de Cabo Verde*. Não nos ocuparemos neste trabalho da actividade de António Pusich à frente do governo desta capitania, não apenas por não ser

[81] Exceptuando-se o século que se seguiu à chegada dos navegadores portugueses, quando os lucros do entreposto negreiro da Ribeira Grande, na ilha de Santiago, compensavam a falta de recursos naturais do arquipélago.

o pai, mas a sua filha predilecta, o objecto desta biografia, como por já lhe termos consagrado algumas dezenas de páginas em estudos anteriores.[82]

Se Antónia nasceu em Cabo Verde durante a primeira comissão do pai nas ilhas, no decurso da segunda, foi a sua irmã mais velha quem ali se casou. A 15 de Abril de 1820, no oratório do Quartel-General, em Vila da Praia, onde os Pusich residiam, Maria do Carmo Pusich contraía matrimónio com Joaquim António de Matos, sargento-mor e cavaleiro da Ordem de Cristo. Joaquim António de Matos teria nascido em Sebal Grande, presentemente, concelho de Condeixa-a-Nova.[83] Embora não pareça ter-se localizado com precisão o registo do seu baptismo[84], a data do seu nascimento deve ser situada em 1784 ou 1785, pois, por um documento de 11 de Outubro de 1827, ficamos a saber que contava então 42 anos. Trata-se da resposta do intendente-geral da Polícia da Corte e do Reino ao requerimento apresentado em Lisboa por Joaquim António de Matos no sentido de lhe ser passado passaporte para passar a Cabo Verde, Guiné e Brasil.[85] Era, pois, consideravelmente mais velho do que a sua noiva. Filho ilegítimo de António Inácio Martins de Matos e de Maria Joaquina Pimentel, ambos naturais da freguesia de Santa Cruz, em Coimbra, Joaquim António de Matos teria fugido do convento onde o pai o internara e rumado a Lisboa, sem dar mais notícias. Pinho Leal e Augusto Ferreira dizem que fora sempre aventureiro. Que o tenha sido, ninguém duvidará, uma vez que só europeus muito audazes e mesmo temerários ousavam

---

[82] Nos dois primeiros volumes da citada obra *Os Medina e Vasconcelos: História de uma Família*.

[83] Assento de casamento de Maria do Carmo Pusich e Joaquim António de Matos, 15.4.1820. ANCV — Registos Paroquiais, cx. 7, pç. 44 — LRC, paróquia de Nossa Senhora da Graça, ilha de Santiago (6.4.1807–22.5.1864), fl. 183.

[84] O facto de ter sido filho *natural* dificulta a localização do assento, uma vez que era frequente nestes casos constar apenas a filiação materna.

[85] Informação da Intendência-Geral da Polícia da Corte e do Reino acerca do pedido de passaporte por Joaquim António de Matos, 11.10.1827. AHU–CU–024–Cx. 101-A, D. 109.

estabelecer-se na Guiné no primeiro quartel do século XIX. Não sabemos o crédito a dar a estas informações, porquanto foram escritas mais de meio século sobre os sucessos narrados, e porque os autores não indicam as suas fontes, que presumimos serem orais.[86]

O que sabemos de fonte(s) segura(s) é que este cunhado de Antónia Gertrudes serviu várias vezes como governador da Guiné. Foi sempre protegido pelo sogro, tanto quando este era governador das ilhas de Cabo Verde e Terra Firme de Guiné, como depois do seu regresso ao Reino. Por sua vez, revelou-se um genro que nunca renunciou a colaborar com a família da mulher, mesmo quando esta passou por dificuldades na sequência da revolução de 1820. Logo em 1819, quando era ainda solteiro e desempenhava as funções de comandante interino da praça de Bissau — enquanto se aguardava a chegada do comandante efectivo, uma vez que o cargo era de nomeação régia —, chegou à Capitania a notícia de que tinha sido nomeado outro comandante para a praça (João Higino Curvo Semedo). O governador da Capitania e futuro sogro, António Pusich, logo fez saber ao ministro e secretário de Estado dos Negócios da Marinha e Domínios Ultramarinos que desaprovava aquela nomeação, uma vez que Joaquim António de Matos, pelo seu conhecimento da Guiné e pelas suas características pessoais, das quais destacava a rectidão e a diligência, se apresentava como o único capaz de retirar aquele estabelecimento do marasmo em que jazia.[87] Quando, alguns anos depois, sendo coronel

[86] Augusto Soares de Azevedo Barbosa de Pinho Leal & Pedro Augusto Ferreira, verbete «Serbal-Grande», em *Portugal Antigo e moderno. Diccionario Geographico, Estatistico, chorographico, Heraldico, Archeologico, Historico, Biographico e Etymologico de todas as cidades, villas e freguezias de Portugal e de grande numero de aldeias, Se estas são notaveis por serem patria de homens celebres, por batalhas ou outros factos importantes que n'ellas tiveram logar, ou por monumentos de qualquer natureza, alli existentes. Noticia de muitas cidades e outras povoações da Lusitania de que apenas restam vestigios ou sómente a tradição*, vol. 9, 1890, p. 69.

[87] Ofício de António Pusich ao conde dos Arcos, 7.5.1819. AHU–CU–049, Cx. 22, Ds. 20 e 22.

efectivo do Regimento de Milícias das Ilhas de Cabo Verde, requereu a promoção a coronel da Tropa de Linha, o sogro foi seu procurador no Reino. Então, Joaquim António de Matos era já cavaleiro professo das Ordens de Cristo e de Nossa Senhora da Conceição de Vila Viçosa e tinha servido por três vezes como governador, tanto interino como efectivo, da Praça de São José de Bissau. Além de ter desempenhado os mais elevados cargos administrativos na Guiné, tinha-se convertido num dos seus dois grandes potentados (à escala local) agrícolas e comerciais (o outro foi o cabo-verdiano de origem europeia Caetano José Nozolini), fundando e explorando *pontas*[88], armando navios e participando activamente no tráfico negreiro. Antónia Gertrudes Pusich omitiu esta última actividade nas referências que fez ao cunhado, por quem nutria enorme simpatia e gratidão. Recordemo-nos que as suas menções a Joaquim António de Matos datam da segunda metade do século XIX, quando o abolicionismo tinha captado já muitos adeptos, mesmo entre os sectores mais conservadores da sociedade portuguesa em geral. Desconhecemos se Maria do Carmo Pusich chegou a acompanhar o marido à Guiné; se o fez, a estada naquele estabelecimento doentio não foi prolongada. Sabemos que, em Agosto de 1821, o casal viajou em brigue próprio para Lisboa, e que Joaquim António de Matos alegara doença a fim de lhe ser deferida autorização para se ausentar da Capitania.[89]

Curiosamente, este cunhado de Antónia foi protegido do grande inimigo do sogro, Manuel António Martins, o homem mais poderoso de Cabo Verde. É provável que isso tenha acontecido apenas alguns anos depois do seu enlace com Maria do Carmo, quando Martins foi prefeito das ilhas e o nomeou sub-prefeito da Guiné. É pertinente dedicar algumas linhas às quezílias entre o governador António Pusich e o maior

---

88 Explorações agrícolas junto das margens dos braços de mar da Guiné, onde também se instalavam postos para escoamento da produção (*feitorias*).

89 Requerimento de Joaquim António de Matos, s.d.; Despacho da Junta Provisória, 4.8.1821. ANCV — SGG, cx. 27, pç. 9.

empreendedor e homem mais influente das ilhas de Cabo Verde.[90] E é-o sobretudo, porque nos permite sintonizar o desgaste que produziu em todos os Pusich. O pai de Antónia Gertrudes era o que se pode considerar um homem de família. Os seus momentos felizes, tanto quanto as agruras da sua governação, eram vividos intensamente por todos os elementos do seu muito coeso núcleo familiar. Os seus ajudantes-de-campo eram, como se disse, dois dos filhos, Jerónimo António («ajudante d'ordens») e Pedro António («ajudante de pessoa»), e mesmo a uma das filhas, Antónia, envolveu profundamente nos seus assuntos pessoais e profissionais, fazendo-a sua confidente e secretária.[91] Antónia afirmaria mais tarde a importância desta confiança paterna e da aprendizagem precoce da discrição. Pelo facto de as mulheres serem tradicionalmente representadas como pouco capazes de guardar reserva quando na posse de uma revelação sigilosa, Antónia congratulava-se de ter conquistado «credito varonil» pelo facto de saber respeitar o «deposito sagrado de alguma confidencia».[92]

Noutro lugar[93], discorremos pormenorizadamente acerca das várias batalhas travadas entre os dois homens em torno de duas questões muito sensíveis: a administração da urzela e a ilha de São Vicente. Agora, sintetizamo-las apenas, pois foram elas que levaram António Pusich a pedir ao rei a sua exoneração do governo de Cabo Verde. A urzela era um líquen usado na indústria têxtil que abundava no arquipélago e que tinha boa cotação nos mercados europeus. Constituiu durante todo este período o principal produto de exportação e o único susceptível de proporcionar bons réditos

[90] Manuel António Martins nasceu em solo europeu (no continente do Reino ou na Galiza). Contudo, por ter abordado as ilhas quando jovem, por ali se ter casado, fixado, desenvolvido o grosso da sua actividade económica e política e por ali ter morrido, pode ser considerado um vulto das ilhas.

[91] AGP, *Biographia de Antonio Pusich [...]*, pp. 48 e 56.

[92] *Ibid.*, p. 56.

[93] *Os Medina e Vasconcelos: História de uma Família*, vol. 1, pp. 446–447, 468–473 e 484–488.

à Fazenda Real. A distância do centro do poder e a crónica exaustão dos cofres públicos inviabilizara a exploração directa do líquen por parte da Coroa, que se viu forçada a arrendá-la. Em Cabo Verde, só um homem detinha capital e iniciativa suficientes para dirigir todo o processo, desde a apanha até à sua colocação nos mercados internacionais, especialmente, Lisboa e Londres. Esse homem era Manuel António Martins, como dissemos, o mais poderoso homem das ilhas.[94] Ao governador António Pusich repugnava a dimensão dos lucros e do poder que este monopólio de facto conferia ao administrador do contrato da urzela, que era, para mais, um dos seus maiores inimigos, depois de lhe ter frustrado o propósito de obter a ilha de São Vicente em sesmaria. Chegado ao governo da Capitania, Pusich opôs-se a mais este muito lucrativo negócio de Manuel António Martins, lançando um concurso público para a arrematação do contrato da urzela. Publicou um opúsculo intitulado *Notas criticas sobre os mais importantes artigos da Lei de 20 de Julho de 1822, condemnados pelo senhor Manoel Antonio Martins, em huma memoria que apresentou no Soberano Congresso*, que fez assinar pelo seu primogénito, João António Pusich. Nele, expunha as vantagens da arrematação para todos os agentes envolvidos, desde os apanhadores até aos cobradores dos direitos régios. Contrariamente, o monopólio encapotado da urzela detido por Manuel António Martins era apresentado como ruinoso para a Coroa e para o arquipélago. Chamava ao administrador do contrato — que, aquando da publicação do opúsculo, era deputado por Cabo Verde às Cortes Constituintes — «*Monopolista de Cabo Verde, Tyranno dos Povos, e Perseguidor do commercio*», pseudonomeando-o «*o Tartufo de Cabo Verde*».[95]

[94] Ou, nas palavras de uma sua descendente, o «Senhor das Ilhas». Referimo-nos a Maria Isabel Barreno, autora do romance histórico *O Senhor das Ilhas* (1994), que tem como figura central Manuel António Martins, seu tetravô.

[95] João António Pusich, *Notas criticas sobre os mais importantes artigos da Lei de 20 de Julho de 1822 [...]*, pp. 7–8 e 16. AGP, *Biographia de Antonio Pusich [...]*, pp. 23, 26–27 e 16–29.

A outra grande pendência entre António Pusich e Manuel António Martins continuava a ser a ilha de São Vicente. Nas suas *Notas criticas [...]*, o filho do governador defendia o povoamento da ilha, que descrevia como paradisíaca, tal a abundância e a excelência do seu porto. Nos anos pluviosos, era fertilíssima, produzindo toda a casta de legumes e até plantas de uso industrial, como o anil, o algodão e a urzela; os seus pastos eram excelentes e abundantes e o mar que a rodeava riquíssimo em peixe; possuía água potável em toda a extensão, bastando abrir-se poços pouco profundos; e, claro, dispunha do melhor porto de todo o arquipélago, seguro em todas as estações do ano. Com todas estas primícias e com um clima que era tão bom quanto o europeu, como se poderia apresentar impovoável a ilha, como sustentava Manuel António Martins? A importância geoestratégica das ilhas, na confluência das rotas oceânicas intercontinentais, tornando-as, em caso de guerra, um alvo a abater pelos inimigos, exigia que a ilha de São Vicente fosse povoada, que não se desprezasse o seu excelente porto e que se convertesse mesmo em ilha-arsenal do arquipélago. A continuar (quase) deserta como se encontrava só daria guarida a piratas, a inimigos e à ambição desenfreada de quem dela vinha tirando proveito económico, como se se tratasse de propriedade sua, ou seja, de Manuel António Martins e da sua família. Haviam introduzido muito gado na ilha, e este destruíra as plantações dos escassos habitantes. Martins prevaricava não apenas com a venda não declarada do gado e de alguns derivados, sobre a qual se eximia ao pagamento de quaisquer direitos, como também com a compra ilegal de urzela, pois, não havendo alfândegas na ilha, comprava o líquen e revendia-o nos mercados europeus sem pagar as taxas que legalmente recaíam sobre essa transacção.[96] António Pusich começara a envolver-se no povoamento de São Vicente em 1819, quando a ilha não ultrapassava os cerca de cento e vinte habitantes. No ano seguinte, já contava com três centenas de

[96] AGP, *Biographia de Antonio Pusich [...]*, pp. 5–7.

habitantes e os dízimos colectados tinham rendido à Fazenda 120 mil réis.[97] A ilha de São Vicente, contudo, não era tão rica como a família Pusich a descrevia. Na verdade, era desprovida de recursos endógenos, afora o seu precioso porto principal (Porto Grande), que, alguns decénios mais tarde, atrairia a navegação oceânica internacional e converteria conjunturalmente a ilha no principal propulsor do desenvolvimento do arquipélago.

Por muito bom governador que se tenha demonstrado — e foi, indiscutivelmente, muito superior ao seu antecessor —, a administração de António Pusich poderá não ter sido tão irreprovável quanto os filhos João e Antónia nos apresentam nos seus escritos. Não só os tempos eram muito conturbados, como o arquipélago de Cabo Verde era demasiado pobre, nem sempre estimulando a coadunação perfeita entre actos e considerações morais. A actividade económica paralela que os governadores tinham por costume manter concomitantemente com o desempenho da sua comissão nas ilhas afastava-os frequentemente do respeito pelos desejáveis critérios de equidade. Exemplos mais ou menos ostensivos de omissões de Antónia Gertrudes a respeito da acção governativa do pai são os que se prendem com a escuna *Infanta Dona Isabel Maria* e com a acusação de violação de correspondência de que tanto António Pusich como o filho Jerónimo foram alvo, e que levou mesmo o último à prisão e posterior julgamento no Rio de Janeiro (tendo acabado absolvido e visto o seu procedimento louvado). Relativamente à escuna, Antónia Gertrudes refere que fora tomada pelo pai ao «celebre corsario L'Artigas»[98] (José Gervásio Artigas). Se antes da sua segunda comissão em Cabo Verde António Pusich aprisionara ao independentista uruguaio a dita escuna, essa façanha parece permanecer de todos desconhecida. O que se sabe deste navio é que quem o comandava — um dos filhos do governador, Jerónimo António Pusich —

[97] *Ibid.*, p. 10.

[98] AGP, *Biographia de Antonio Pusich [...]*, p. 48.

sofreu várias acusações de violação da correspondência que transportava de Cabo Verde para o Brasil. O intuito dessas violações teria sido o de interceptar as queixas contra seu pai apresentadas por alguns notáveis das ilhas, entre os quais, algumas autoridades, impedindo-as de chegar ao conhecimento da corte, então, no Rio de Janeiro. Entre as queixas que Jerónimo Pusich conseguira desviar do seu destino, constava (1) a de participação de António Pusich no tráfico de escravos na Guiné, (2) a da aquisição, alegadamente através um testa-de-ferro, de uma escuna espanhola e sua posterior revenda à Fazenda Real, com grande margem de lucro, e (3) a da arrogância dos seus dois ajudantes-de-campo, os filhos Pedro e Jerónimo.[99] A alegada participação de António Pusich nestes negócios em Cabo Verde e na Guiné, a ter, de facto, existido, não deve ser dissociada do facto de Pusich ser natural de uma república que devera a sua prosperidade e independência ao comércio marítimo, de provir de uma família de comerciantes e armadores e de o comércio ter sido a sua actividade económica principal até entrar ao serviço da Coroa Portuguesa. António Pusich tinha, claro, outra perspectiva dos acontecimentos e não deixou de rebater qualquer destas acusações, reputando-as de meros embustes, congeminados por aqueles que se sentiam atingidos pela idoneidade da sua governação, e sobretudo pela questão da ilha de São Vicente, ou seja, por Manuel António Martins e seus sequazes. Será sempre difícil a um historiador — que não presenciou os factos e que dispõe apenas dos testemunhos contraditórios das diferentes parcialidades — aquilatar do fundamento destas imputações.

Não é crível que Antónia, que secretariava o pai, não tivesse tomado conhecimento destas e de outras acusações que lhe foram feitas durante os curtos anos do seu governo. Parece intencional a omissão de tudo o que

[99] Representações de Valentim Furtado do Livramento de Mendonça a D. João VI, s.d. [post. Agosto de 1819] e 22.12.1819. AHU — Cabo Verde, cx. 65, doc. 60, e AHU — Cabo Verde, cx. 71, doc. 9. Declaração de Francisco da Silva Brandão Banhos, 28.12.1819. AHU — Cabo Verde, cx. 71, doc. 9.

se apresentasse susceptível de macular a representação dessa governação, que Antónia constrói como em tudo irrepreensível. As denúncias contra o pai não eram senão reacções de desespero dos que viam a sua acção embaraçada por «essa rectidão, esse zelo e fidelidade» que norteavam o governador em toda a sua intervenção administrativa: «a grande opposição, que soffreu, era forte mas de poucos!... Era daquelles que estimavam Pusich como particular, [mas] aborreciam Pusich como governador».[100] A verdade é que, à semelhança dos seus antecessores e sucessores no cargo, também António Pusich foi um governador contestado. O eventual nepotismo e o aproveitamento pessoal de algumas facilidades que o cargo proporcionava não ofuscam, contudo, o inegável interesse pelo fomento do arquipélago e pela melhoria do estado civilizacional e das condições de vida dos seus habitantes. Terá mesmo sido dos governadores que, não obstante os escassíssimos meios de que dispunha, maior dinamismo conferiu à sua governação. Foi um incansável incentivador da população ao trabalho, melhorou a assistência hospitalar, protegeu as superfícies agricultadas, proibindo a livre deambulação do gado, mormente do caprídeo, cujo pisoteio e apetite destruía as culturas. Contudo, Pusich dispunha de muito minguados recursos e as secretarias de Estado não se lhe terão revelado muito favoráveis. Era essencialmente com a protecção do rei que Pusich podia contar, não com a dos seus ministros e repartições. Desgastado com esta comissão que tantos aborrecimentos lhe vinha causando e pelos bloqueios que as suas iniciativas de governo sofriam junto da corte, António Pusich solicitou a sua exoneração. Teria sido substituído por Luís Inácio Xavier Palmeirim, se, entretanto, a evolução política no Reino e no arquipélago não tivesse acelerado e mudado a direcção dos acontecimentos.

Do seu quotidiano e do da família em Cabo Verde durante esta segunda comissão do pai, Antónia quase não nos dá informes. Além de

---

[100] AGP, *Biographia de Antonio Pusich [...]*, p. 40.

nos revelar que era confidente do pai nos assuntos da governação e que o secretariava, tece somente alguns comentários acerca do fausto da residência familiar durante aqueles dois anos e meio, a propósito do saque de que foi alvo após a saída apressada da família, na sequência dos acontecimentos de Maio de 1821. Diz que «o quartel general» era «mobilado com aquella grandeza propria de um governador, que era rico e sabia conhecer o seu logar».[101] Quando à família é reconhecido pela justiça o direito de recuperar os seus bens pessoais deixados em Vila da Praia, Antónia Gertrudes interroga-se: «o que encontrámos nós de tantas riquezas?»: algumas peças de mobiliário apenas, entre elas, «algumas duzias de cadeiras [...] e uma grande meza de mogno para 60 talheres», um louceiro e um aparador valiosos.[102] Em vista da extrema modéstia das residências dos predecessores de António Pusich no governo de Cabo Verde, o aparato da sua instalação num arquipélago faminto deve ter suscitado verdadeiro assombro entre a população. Ter-lhe-á sido fácil sentar sessenta pessoas à mesa, numa colónia em que o funcionalismo era muito reduzido e o alto funcionalismo se restringia a três ou quatro figuras? Teria Antónia Gertrudes assistido nestes anos da sua adolescência a muitas recepções no palácio do governador? A sua *Biographia [...]* é quase omissa quanto ao ambiente doméstico e às relações do pai nestes anos. Menciona que em 1819 a família hospedou, por cerca de duas semanas, alguns elementos da família Mendonça Rolim de Moura Barreto, quando esta, de passagem para o Rio de Janeiro, permaneceu cerca de duas semanas na ilha de Santiago: Nuno José (futuro marido da infanta D. Ana de Jesus Maria, filha de D. João VI e de D. Carlota Joaquina, e futuro duque de Loulé), uma irmã e uma tia, e ainda os respectivos «creados», entre os quais se achava um poeta de ascendência africana — Menezes —, «bastante instruido, e estimado» dos hóspedes.[103] Alude também aos bailes que o pai

[101] *Ibid.*, p. 51.
[102] *Ibid.*, p. 52.
[103] *Ibid.*, p. 31.

oferecia «nos dias de gala» e para os quais convidava os notáveis locais ou que se encontravam na ilha, e as respectivas famílias. Antes do início do baile, cantava-se o hino nacional[104] defronte dos retratos dos reis e dos dos príncipes D. Pedro e D. Leopoldina, e durante o baile serviam-se refrescos.[105] Afirma ainda que algumas famílias e indivíduos se revelaram amigos fiéis quando se declarou em Cabo Verde a adesão ao movimento liberal e o céu se toldou para o pai. E pouco mais revela da rede de convívio da família durante os anos em que António Pusich foi governador de Cabo Verde.

[104] *Hymno patriotico Da Nação portugueza*, composto por Marcos Portugal no primeiro decénio do século XIX.

[105] *Ibid.*, p. 39.

II PARTE

A *ardente lava do infernal vulcão*

A revolução chega ao arquipélago

Não é já uma sombra passageira, é uma tremenda procela, que vae alto bramir!... desfecha o raio sobre o palacio do rei, e faz vacillar-lhe o sceptro nas mãos, e a corôa na fronte!...[106]

E eis que o «vulcão revolucionario»[107], depois de entrar em erupção no Porto em Agosto de 1820, galgou o Oceano e tomou Vila da Praia! A lava de jornais e folhetos pró-constitucionais que incendiavam a capital do Reino foi transportada a bordo de um bergantim dali regressado. Cumprindo a sua missão prosélita, rapidamente escoou pelas ilhas, inflamando alguns espíritos mais predispostos à mudança de regime. Entre eles, não se encontrava o governador das ilhas, António Pusich, para quem a existência de uma constituição não só não era uma prioridade, como limitaria os poderes de quem lhe convinha que os tivesse absolutos, ou seja, do rei, o seu grande protector. Ignorando a posição de D. João VI perante a formação da Junta Provisória do Supremo Governo do Reino e a sua disposição para dotar o País de um texto constitucional, António Pusich

---

106 AGP, *Biographia de Antonio Pusich [...]*, p. 43.

107 Exposição de António Pusich a D. João VI, s.d. [ant. 21.6.1825]. AHU — Cabo Verde, cx. 80, doc. 84.

decidiu aguardar pelas ordens régias antes de jurar as *Bases da Constituição*, aprovadas pelas Cortes. A notícia de que na Madeira, vizinha atlântica, já tinham sido juradas (em Janeiro de 1821), não tendo o respectivo governador, Sebastião Xavier Botelho, esperado pela prévia aprovação régia, dificultou a situação do governador de Cabo Verde. Face às crescentes pressões de algumas autoridades e influentes do arquipélago (a ilha da Boavista, feudo do seu arqui-inimigo Manuel António Martins, adiantara-se na adesão ao regime constitucional e ameaçava a secessão), acordara com eles que se aguardaria a comunicação da decisão do rei acerca do assunto e que se actuaria de acordo com esta. Se D. João VI aceitasse a redução dos seus poderes e o juramento de um texto constitucional, António Pusich faria aclamar o novo regime na Capitania por si administrada; se não, preferia abandonar o seu posto — como veio a acontecer — a trair o monarca. Não estando os ânimos disponíveis para aguardarem por mais tempo o parecer do rei, acordou-se em enviar um dos filhos e ajudante-de-pessoa do governador — Pedro António Pusich — à corte, ainda sediada no Rio de Janeiro, a colher as ordens do monarca, que tardavam. Pedro partiu num navio do cunhado Joaquim António de Matos (marido de Maria do Carmo Pusich, a irmã mais velha de Antónia) a 30 de Abril de 1821, mas, segundo a irmã Antónia, a sua viagem fora aceite pelas autoridades que pretendiam aclamar as bases do novo regime apenas com o intuito de fragilizar a posição assumida pelo seu pai. É possível que a aquiescência em enviar o major Pedro Pusich à corte tenha, de facto, tido a montante o desejo de o afastar do arquipélago e de Vila da Praia em particular, eventualmente, pela influência que deteria junto da tropa[108], uma vez que, logo no dia seguinte ao da sua partida,

[108] AGP, *Biographia de Antonio Pusich [...]*, p. 44.

os acontecimentos se precipitaram e o «brado *Constituição*»[109] ecoou na ilha capital do arquipélago de Cabo Verde.[110]

Antónia diz que a nova ordem política foi acarinhada por comerciantes e degredados que se tinham fixado nas ilhas.[111] É manifesta a sua intenção de denegrir o movimento insular de adesão ao liberalismo. Não foram nem comerciantes nem degredados os principais nomes dos que, na ilha de Santiago, defenderam a adesão ao regime constitucional e que aclamaram as bases da futura Constituição. O madeirense Manuel Alexandre de Medina e Vasconcelos, oficial do Exército, comandante militar de Vila da Praia, que havia estabelecido residência nas ilhas quase um quarto de século antes, protagonizou os acontecimentos e, no entanto, não era nem comerciante nem degredado. Sê-lo-á um seu irmão, três anos depois, e precisamente por ter abraçado as novas ideias.[112] Terá Antónia, que escreveu vários decénios depois dos acontecimentos, confundido os dois irmãos, Manuel e Francisco? Não é plausível, uma vez que, sendo este último poeta e tendo-lhe Antónia dedicado mesmo um poema-epitáfio, não o tomaria pelo irmão.

Na manhã de 1 de Maio de 1821, a tropa da guarnição, os oficiais camarários e o juiz ouvidor (que, em breve, se matrimoniaria com Antónia) e mais oficialato civil e militar da ilha de Santiago procuraram

---

[109] *Ibid.*, p. 43.

[110] Para um relato circunstanciado da adesão do arquipélago de Cabo Verde à causa liberal, *vd.* Maria de Lurdes Caldas, *Os Medina e Vasconcelos [...]*, vol. 2 — *Um Vulcão Revolucionário*, pp. 19–49.

[111] AGP, *Biographia de Antonio Pusich [...]*, p. 44.

[112] Referimo-nos a um dos principais poetas madeirenses do final de Setecentos e primeiros decénios de Oitocentos — Francisco de Paula Medina e Vasconcelos —, que morreu em Vila da Praia, em Julho de 1824, quando se encontrava a cumprir uma pena de degredo sentenciada pela alçada joanina que espalhou o terror na ilha da Madeira no Verão de 1823. Acerca da perseguição sofrida por este poeta na sequência da *Vila-Francada*, *vd.* Maria de Lurdes Caldas, *Francisco de Paula Medina e Vasconcelos: A Vida Tormentosa de Um Poeta Mação*, Funchal, Direcção Regional da Cultura, 2021.

o governador na sua residência. Ali lhe apresentaram petições das repartições e corpos militares que representavam. Todas exigiam que as *Bases da Constituição* fossem juradas ainda naquele dia — dia com alguma relevância simbólica, pois era aquele em que se comemorava o achamento da ilha de Santiago de Cabo Verde, em 1 de Maio de 1460. De acordo com António Pusich, a iniciativa partira exclusivamente da Câmara Municipal da Praia e do comandante da praça, Manuel Alexandre de Medina e Vasconcelos. Este, no seu discurso, preveniu o governador de que, juntamente com os seus homens, defenderia, até às últimas consequências, o movimento de adesão da ilha ao sistema constitucional. Depois de mais alguns discursos, sucederam-se os costumeiros vivas — à Igreja, a D. João VI e à família bragantina, e ao Governo da Regência, mas igualmente às Cortes e à futura Constituição —, acompanhados de salvas de artilharia. O programa continuou depois na igreja-matriz, onde a vulnerabilidade administrativa e militar de António Pusich o forçou a ler em voz alta as *Bases da Constituição*. Antónia, sempre presente junto do pai, terá assistido muito compungida a este acto, que sabia contrário à vontade paterna. Seguiu-se o juramento de defesa do texto constitucional, um *Te Deum* entoado pelo deão e mais descargas de mosquetaria. O resto do dia passou-se a repetir estas solenidades (à excepção do *Te Deum*, claro está) — na Câmara de Vila da Praia e perante os comandantes de outros corpos militares que ainda não haviam jurado as *Bases da Constituição*. Se Cabo Verde acordara absolutista[113], quando o sol se pôs, era já uma capitania constitucional.

Havia ainda que decidir o modelo de governação da Capitania até à chegada de Lisboa das competentes determinações e que destino dar ao governador, que, não o podiam esquecer, tinha sido nomeado pelo rei. Manter-se-ia António Pusich à frente da administração ou eleger-se-ia uma junta governativa? E, caso se votasse pela criação da junta, quem

[113] À excepção da ilha da Boavista, que se antecipara na adesão à causa liberal.

a presidiria? O governador? Mais uma vez, foi o comandante da praça que dirigiu as operações, propondo a António Pusich que regressasse à sua residência (quão ansioso por fazê-lo estaria!) e convidando o ouvidor-geral, João Cardoso de Almeida Amado, a dirigir o acto eleitoral. As forças-vivas presentes — as de Vila da Praia, que eram essencialmente as favoráveis ao novo regime — votaram por maioria simples a instituição de uma junta governativa, da qual não faria parte o governador. No dia seguinte, elegeram-se os quatro «deputados» da Junta Provisória do Governo, escolhendo-se para a presidir um influente local, que era muito respeitado por todos e constituía uma espécie de reserva moral da Capitania, o comerciante e coronel Joaquim José Pereira. Apesar de ter aceitado a eleição para o cargo, Joaquim José Pereira, que era, politicamente, um moderado, manifestara-se no mês anterior contra a alteração do *statu quo* administrativo até à chegada das determinações régias. Mesmo na véspera, pronunciara-se pela manutenção de António Pusich à frente do governo da Capitania. Nos meses seguintes, quando a situação se tornar crescentemente insustentável para o antigo governador, Joaquim José Pereira não deixará de lhe providenciar o apoio possível, conforme Antónia Gertrudes Pusich, grata, relatará na biografia do pai.[114]

Entre os restantes quatro eleitos para a Junta, encontrava-se o ouvidor-geral da Capitania, desembargador João Cardoso de Almeida Amado, a quem foi atribuída a «pasta» da Justiça. Importa aludir ao importante papel desempenhado nestes meses e nos seguintes por este ouvidor-geral, que se revelará incansável a proteger o governador e a sua família até ao embarque para o Reino, só verificado no final do Verão. João, que se casará com Antónia Gertrudes no ano seguinte, parece nesta altura já muito próximo dos Pusich. Formara-se em Direito, na Universidade de Coimbra, havia apenas dois anos, e fora colocado em Cabo Verde como ouvidor-geral. À semelhança do que acontecia na carreira militar, também

---

[114] AGP, *Biographia de Antonio Pusich [...]*, p. 41.

as comissões no Ultramar aceleravam a progressão na magistratura.[115] Tal como os Pusich, foi apanhado a meio da comissão pelo «incendio revolucionario»[116] que se estendeu a Cabo Verde e, apesar de jovem, revelou grande prudência e diplomacia na gestão do processo de adesão da Capitania ao liberalismo. Aparentemente simpatizante da causa constitucional — ou, simplesmente, mostrando navegar a onda liberal a fim de ir amenizando os excessos dos mais impacientes e arrebatados e dirigir os acontecimentos numa direcção mais moderada, enquanto se aguardava por uma posição oficial do rei —, João Cardoso de Almeida Amado foi, nesta Primavera e Verão de 1821, o elemento ponderado que conseguiu ir refreando os ânimos mais exaltados. Como dissemos noutro lugar, «a este "jogo duplo" do jovem ouvidor e à sua combinação de arroubo constitucional e prudência se deverá certamente em boa parte a acalmia em que decorreu todo o processo do juramento da Constituição, da nomeação da Junta Governativa e do afastamento não violento do governador.[117] É possível que João Cardoso de Almeida Amado, por sua vez, estivesse a ser orientado por António Pusich, que seria, em breve, seu sogro. A sua proximidade à família era já muito grande. Atesta-o o facto de, alegando sair de Vila da Praia em correição pela Província, a ter acompanhado à ilha de Maio e de ali se ter acoitado até embarcar para o Rio de Janeiro.

Na semana que decorreu entre o juramento das *Bases da Constituição*, a 1 de Maio, e a partida dos Pusich, a 7 de Maio, Almeida Amado desdobrou-se em diligências junto da recém-instituída Junta para garantir a segurança do governador e da família e assegurar-se de que não seria alvo de qualquer hostilização. Recordando aos seus colegas da Junta que

---

[115] José Subtil, «Os desembargadores na transição para o liberalismo (1820–1834)», em *Dicionário dos Desembargadores (1640–1834)*, 2010, p. 38.

[116] Exposição de António Pusich a D. João VI, s.d. [ant. 21.6.1825]. AHU — Cabo Verde, cx. 80, doc. 84.

[117] Maria de Lurdes Caldas, *Os Medina e Vasconcelos [...]*, vol. 2, p. 35.

o governador se revelara disponível para aceitar o que as autoridades da capital do arquipélago decidissem, obtivera deles esse reconhecimento. No dia 3 de Maio, António Pusich recebeu da Câmara da Praia a comunicação oficial de que já não era governador, por se ter elegido uma junta que passaria de ali em diante a assegurar essas funções. No ofício em que lho participaram, dirigiam-se, já não ao governador da Capitania, mas ao «Ex.mo Sñr Antonio Pusich, Chefe de Esquadra d'Armada Real».[118] Prontamente o (ex-) governador respondeu que aceitava aquela decisão, com o intuito de manter a ordem pública, mas que só ao rei, que o nomeara, reconhecia o direito de o exonerar.[119] Dispensado, restava a Pusich colocar-se, e à sua família, a salvo de provocações e ultrajes estimulados pelos seus opositores locais (mormente pelos parciais de Manuel António Martins), ansiosos por humilhar o governador «estrangeiro» (desconheceriam que fora concedida a Pusich a nacionalidade portuguesa em 1791?). Desistiu da ideia de aguardar na capital a chegada das instruções do rei e embarcou, com a mulher e os filhos, para a vizinha ilha de Maio, menos tomada de fervor constitucional. Justificou a partida como mais um sacrifício para manter a tranquilidade pública.

Muito provavelmente já conhecedor da intenção dos Pusich de abandonarem a capital e procurarem a ilha de Maio, João Cardoso de Almeida Amado solicitou à Junta autorização para se ausentar durante os meses que se seguiriam, uma vez que não era conveniente expor-se às febres sazonais que tão severamente acometiam Vila da Praia na estação das chuvas que se aproximava. Foi com o consentimento da Junta que o ouvidor-geral acompanhou os Pusich no seu entreacto no Maio. Estaria João Cardoso de Almeida Amado apaixonado por Antónia Gertrudes? Teriam encetado já o seu namoro? Antónia, que contava então 16 ou 17 anos e era uma

[118] Ofício da Câmara de Vila da Praia a António Pusich, 3.5.1821. AHU — Cabo Verde, cx. 70, doc. 38.

[119] Ofício de António Pusich aos oficiais da Câmara de Vila da Praia, 3.5.1821. AHU — Cabo Verde, cx. 70, doc. 38.

jovem muito diferente das demais — pela instrução, pela energia, pelo brilho — espertaria facilmente o interesse do sexo oposto, mormente num meio onde escasseavam europeias, para mais, vindas da corte. Por sua vez, João, recém-bacharelado por Coimbra, oferecer-lhe-ia oportunidades de convívio e intercâmbio cultural que não encontraria facilmente nos jovens da elite local.

A despeito da sua intenção de aguardar em Cabo Verde as instruções régias, António Pusich acabou por embarcar com a família alguns meses depois para o Rio de Janeiro, onde contaria encontrar o rei. Contudo, quando ali chegou, a 6 de Setembro, já havia muito que D. João VI deixara o Brasil e retornara ao Reino, depois de mais de treze anos de ausência. A família não pôde igualmente reencontrar João, uma vez que este regressara com o rei a Lisboa. E foi assim que António Pusich deu antes de tempo por terminada a sua segunda comissão em Cabo Verde. A malquerença de alguns inimigos locais e os ventos de mudança que chegavam do Reino tinham-lhe levado o cargo por que esperara vários anos. Iniciava-se uma nova fase na vida dos Pusich, a partir de agora, muito pontuada pela adversidade.

O regresso a Lisboa

O que encontrámos nós de tantas riquezas?[120]

Naquele meio-tempo, ao tomar conhecimento de que o rei regressara a Portugal dois meses antes, a família acabou por dirigir-se a Lisboa, fundeando no Tejo a 21 de Setembro. Mas também em Lisboa a sua presença parecia não ser desejada. António Pusich foi impedido de desembarcar, pois, tendo-se inicialmente recusado a jurar as *Bases da Constituição*, não era benquisto pelo *Soberano Congresso*. Pusich escreveu ao rei e ao ministro da Marinha e Ultramar, dizendo não poder continuar retido com a família a bordo e, uma vez que estava ciente de apenas ter cumprido os seus deveres de fiel vassalo, solicitava permissão para o seu desembarque imediato ou a sua prisão e posterior comparência em conselho de guerra. D. João VI intercedeu então junto das Cortes Gerais, Extraordinárias e Constituintes para que Pusich e a família pudessem desembarcar. Com tão elevado patrocínio, acabaram por fazê-lo com uma guarda de honra muito especial: quem pessoalmente se dirigiu a bordo a receber a família foram alguns dos mais eminentes homens do Sinédrio e dos novos poderes — entre eles, Manuel Fernandes Tomás, Francisco Manuel de

[120] AGP, *Biographia de Antonio Pusich [...]*, p. 52.

Aragão Trigoso e Manuel Borges Carneiro. Foi «já como amigos» que os acompanharam no desembarque e foi a esse título e no de estadistas que continuaram a visitar António Pusich e a solicitar-lhe colaboração. Apesar do abismo ideológico que a separava destas figuras principais dos primórdios do liberalismo em Portugal, Antónia Gertrudes refere-se a Manuel Fernandes Tomás como ao «nome illustre», o «grande tribuno», de «nobres qualidades». Também o deputado e secretário das Cortes Constituintes e, posteriormente, da Câmara dos Deputados, Luís António Rebelo da Silva, «amigo intimo» de João, um dos irmãos de Antónia, era apreciador da obra de António Pusich em Cabo Verde. Assim sendo, Antónia reserva-lhe e aos citados membros do Sinédrio uma consideração muito superior à que lhe haveriam de merecer outros defensores do regime liberal: «É innegavel que os portuguezes liberaes d'aquelle tempo eram *portuguezes!* [...] tinham em vista a grandeza do nosso Portugal; nutriam um pensamento nacional, que os levou a sacudir um jugo estranho».[121]

Quem, pela mesma altura e pelo mesmo motivo, permaneceu a bordo sob prisão foi o futuro secretário do Conselho Ultramarino e futuro compadre de António Pusich, o tenente-general Francisco de Borja Garção Stockler, governador dos Açores. O futuro barão de Vila da Praia e o pai de Antónia Gertrudes passaram a partilhar o mesmo palmarés: tinham sido os únicos governadores ultramarinos a não se disponibilizarem a jurar as *Bases da Constituição* e, em consequência, a sofrerem represálias por parte das novas autoridades.

A CORRIDA AOS BENS DA FAMÍLIA

Os primeiros tempos do novo regime haviam sido, no entanto, de reconhecimento dos bons serviços prestados pelo pai, que «gozava em Lisboa

---

[121] AGP, *Biographia de Antonio Pusich [...]*, p. 50.

os louros de seu triumpho». Contudo, enquanto a família se ia procurando adaptar aos novos tempos e figuras, em Cabo Verde, os seus bens eram alvo de saque por parte do comandante militar de Vila da Praia:

> O quartel general, mobilado com aquella grandeza propria de um governador, que era rico e sabia conhecer o seu logar, foi occupado pelo commandante da praça; e ali se davam continuos banquetes, servidos com as nossas louças mais finas, e roupas de meza — licores, vinhos, tudo o que existia em nossa despensa, se repartia e estragava — até os vestuarios mais ricos, pois não houve tempo de salvar mais do que algumas pratas, joias e dinheiro.[122]

O juiz ordinário da Praia — de acordo com os Pusich, conluiado com o poderoso Manuel António Martins, que, tendo-se sentido acossado pelo antigo governador, vira na mudança de regime uma oportunidade para o seu desagravo —, determinara o arresto aos bens que a família Pusich deixara em Vila da Praia quando passara à ilha de Maio. Esses bens consistiam em mobília e vestuário. O ouvidor-geral da comarca, futuro marido de Antónia Gertrudes, considerara o embargo nulo e mandara-o levantar. Contudo, a junta governativa que governava provisoriamente a Província, pressionada por Manuel António Martins, ia condescendendo em prorrogar a restituição dos bens dos Pusich, mesmo depois de uma portaria régia a ter determinado. António Pusich solicitou então ao rei um novo diploma que instruísse explicitamente o novo governador de Cabo Verde, João da Mata Chapuzet, no sentido de remover os obstáculos que iam sendo colocados à execução da sentença que julgara improcedente o embargo.[123] Num ofício dirigido ao conde de Subserra, (super) ministro

---

[122] *Ibid.*, p. 51.

[123] Requerimento de António Pusich, s.d. [ant. 20.5.1824]. AHU — Cabo Verde, cx. 75, doc. 15.

dos Negócios do Reino, da Marinha e da Guerra, Chapuzet mencionava que Pusich tinha intencionalmente omitido no seu requerimento que, se a sentença de desembargo não tinha sido executada, isso se tinha ficado a dever ao facto de o processo ter sido encaminhado para uma instância superior (Casa da Suplicação) e não a qualquer falta de diligência da sua parte.[124]

Como procuradora do pai, Antónia Gertrudes pediu uma certidão de teor da sentença, proferida a 5 de Agosto de 1823.[125] O juiz, Francisco dos Reis Borges, considerara que, uma vez que não se estava perante nenhuma das três situações que poderiam determinar o embargo — demanda, dívidas ou suspeita de fuga —, não só não havia lugar a embargo de bens, como o embargante deveria ser condenado ao pagamento das custas judiciais e dos danos causados ao embargado. Manuel António Martins foi responsabilizado pelas perdas verificadas, pelo transporte dos bens para Lisboa e por outras indemnizações que o embargado entendesse requerer.[126] Recém-casada, Antónia Gertrudes regressou ao arquipélago — acompanhando o marido, o desembargador João Cardoso de Almeida Amado, que ali continuou a desempenhar as funções de ouvidor-geral. Na qualidade de procuradora do pai, instou junto do seu sucessor no governo das ilhas para que que citasse o arqui-inimigo de António Pusich e a sentença fosse executada. O novo governador, João da Mata Chapuzet, cujas relações com Manuel António Martins eram excelentes, não se terá revelado muito expedito a satisfazer a pretensão de Antónia Gertrudes. Estaria pouco acostumado a uma mulher com a sua tenacidade, que, requerimento após requerimento, se impacientava com o protelamento

---

[124] Ofício de João da Mata Chapuzet ao conde de Subserra, 20.5.1824. AHU — Cabo Verde, cx. 75, doc. 64.

[125] Requerimento de Antónia Gertrudes Pusich, s.d. [ant. 11.3.1824]. AHU — Cabo Verde, cx. 75, doc. 64.

[126] Traslado da sentença de Francisco dos Reis Borges, 10.3.1824 [5.8.1823]. AHU — Cabo Verde, cx. 75, doc. 64.

do arresto e o que lhe parecia serem as delongas do governador. Quando, no seu terceiro requerimento, Antónia se manifestou desagradada com a incompreensível inacção de João da Mata Chapuzet, respondeu este que, uma vez que a requerente era casada, a petição deveria ser acompanhada por uma declaração do marido consentindo na apresentação do requerimento. Gostaríamos que Antónia Gertrudes tivesse comentado a imposição do governador, mas, à distância de meio século, não se recordaria dela ou talvez não a tenha mencionado intencionalmente, uma vez que a maior parte dos seus leitores alinharia com o critério de João da Mata Chapuzet. Tendo este integrado as fileiras dos liberais exilados em Inglaterra e na Bélgica e sido posteriormente nomeado para o comando da Torre de São Julião da Barra na sequência da vitória liberal, era uma figura benquista dos vencedores da guerra civil, e Antónia Gertrudes nada ganharia em denegri-la.

Contrariamente ao que se esperaria, as duas partes, embargante (Manuel António Martins) e embargado (a família Pusich) entenderam-se, desconhecendo nós quais os termos do acordo. O que terá motivado António Pusich — ou Antónia Gertrudes, procuradora do pai — a desistir da reparação pelos danos sofridos terá sido a demora processual que se antevia, caso a família prosseguisse no seu intento de ser ressarcida, uma vez que a patente de Manuel António Martins — coronel de Milícias — impedia que fosse citado em Cabo Verde. Foi pelo menos esta a razão apresentada ao governador Mata Chapuzet pelo ouvidor-geral da Província e genro de Pusich, João Cardoso de Almeida Amado.[127] A situação financeira da família continuava, porém, desafogada.

[127] Ofício de João Cardoso de Almeida Amado a João da Mata Chapuzet, 19.5.1824. AHU — Cabo Verde, cx. 75, doc. 64.

O PRIMEIRO CASAMENTO

Recuemos um pouco. A família reinstalara-se em Lisboa no princípio do Outono de 1821 e, em Julho de 1822, sabemo-la a residir na freguesia de São Paulo. Na manhã do dia 2 deste mês, Antónia Gertrudes, contando 16 ou 17 anos, casou-se com o desembargador João Cardoso de Almeida Amado, dez a doze anos mais velho e, como dissemos, ouvidor-geral de Cabo Verde. O enlace foi celebrado na igreja paroquial de Santa Maria Madalena, em Lisboa, tendo os nubentes sido dispensados dos proclamas relativos à naturalidade de ambos. Testemunharam o acto o pai da noiva e o baiano Pedro Rodrigues Bandeira, deputado às Cortes Constituintes pela Bahia.[128] Curiosamente, este padrinho, rico comerciante, armador e senhor de engenhos, que foi titular dos mais elevados cargos na sua província e agraciado com títulos honoríficos, foi igualmente um político influente, que viria a patrocinar o movimento independentista no Brasil, que tanto haveria de desgostar António Pusich. Conheçamos um pouco do primeiro marido de Antónia Gertrudes. Era brasileiro, natural de Campo Largo, freguesia da capitania de Pernambuco. Ali fora baptizado e ali residira com a família até ir para o Reino concluir os estudos. Era filho de João Cardoso Amado Viana e de Benta Barbosa Caldas de Jesus. Do pai, apenas sabemos que, em Junho de 1823, era juiz dos Órfãos em Vila de Campo Largo da Constituição, comarca de Vila da Barra do Rio de São Francisco, e que, como a Câmara não dispunha ainda de casa própria, era na sua que a vereação camarária se reunia.[129] A família disporia de alguns meios ou não o teria podido enviar para o Reino, a fim de prosseguir os seus estudos. Em Outubro de 1814, com cerca

[128] Assento de casamento de Antónia Gertrudes Pusich e João Cardoso de Almeida Amado, 2.7.1822. ANTT — ADLSB-Lv C3-Cx 11 — LRC, paróquia de Madalena (1818–1858), fl. 18.

[129] Barbosa Lima Sobrinho (coord. e prefácio), *Documentos* do *Arquivo*, vols. 4 e 5, 1950, pp. 477–478.

de 20 anos[130], matriculou-se na Faculdade de Direito da Universidade de Coimbra, terminando a sua formatura cinco anos depois. Aprovado nos exames por unanimidade, parece ter sido um aluno aplicado. Terminados os estudos em Junho de 1819, e já com 26 anos, passou por Lisboa e regressou ao Brasil.[131] No final de 1820, encontrava-se no Rio de Janeiro a embarcar com destino a Cabo Verde, para onde tinha sido nomeado ouvidor-geral. Desembarcou em Vila da Praia a 2 de Fevereiro do ano seguinte e terá sido ali que começou a privar com os Pusich. Se bem que possível, não é provável que o conhecimento viesse do Brasil, do tempo em que todos ali haviam residido, pois os Pusich estavam na corte, no Rio de Janeiro, e os Amado, em Pernambuco, além de que João vivera em Coimbra nos anos anteriores. Chegado ao arquipélago pouco antes da *Primavera quente*, a primeira parte da comissão de serviço de Almeida Amado passou-se numa ambiência política muito conturbada, como vimos. Ou pelas vantagens que lhes adviria da mútua protecção — afinal, eram as duas principais autoridades na Província, ambas estranhas às ilhas e muito pressionadas para aderir à causa constitucional — ou porque Almeida Amado já estaria enamorado de uma das filhas do governador, as relações entre o primeiro e a família do segundo passaram a ser muito próximas. O regresso dos Pusich ao Reino interrompeu estas relações, mas por pouco tempo, pois também o ouvidor viajou, meio ano depois, para Lisboa, se bem que sob prisão.

---

[130] As menções à sua idade, já quando adulto, remetem para 1793–1795 o seu nascimento, parecendo o ano de 1794 o mais provável.

[131] Registos de matrículas de João Cardoso de Almeida Amado na Faculdade de Direito da Universidade de Coimbra, 1814–1819. PT/AUC/ELU/UC-AUC/B//001-001/A/005431. *Relação, e Índice Alphabetico dos Estudantes Matriculados na Universidade de Coimbra no Anno Lectivo de 1817 para 1818; suas naturalidades, filiações, e moradas*, Coimbra, Real Imprensa da Universidade, 1819, p. 33. Declaração do intendente-geral da Polícia, João de Matos e Vasconcelos Barbosa de Magalhães, atestando que João Cardoso de Almeida Amado não tinha antecedentes criminais, Lisboa, 19.8.1819. AHU_ACL_CU_005, Cx. 262, D. 18399.

Desconhecemos as causas da incompatibilização entre João Cardoso de Almeida Amado e Manuel António Martins. É provável que não lhes fosse estranha a proximidade do ouvidor com os Pusich. A acreditar na veracidade da queixa apresentada por Manuel António Martins, o ouvidor tê-lo-ia procurado a 9 de Fevereiro de 1822 na sua casa de Vila da Praia, «armado de uma bengala de estoque», e tê-lo-ia desafiado para um duelo. Pressionada por Martins, a Junta Provisória do Governo de Cabo Verde suspendera o ouvidor e mandara-o deter em regime de prisão domiciliária. Sem perder tempo, Almeida Amado oficiara a Junta no sentido de lhe ser permitido deslocar-se a Lisboa para apresentar a sua defesa pessoalmente perante o rei. Receosos das consequências que poderiam advir da sua imprudência — pois não tinham mantido preso, mesmo sem o ouvir, o mais alto funcionário judicial da Capitania?! —, os membros da Junta anuíram, e Almeida Amado embarcou, sob prisão, para o Reino.[132] O ouvidor foi recebido pouco amistosamente em Lisboa. José da Silva Carvalho, que sobraçava então a pasta da Justiça e que não podia ainda saber que aquele preso acabara de ser eleito deputado por Pernambuco às Cortes, oficiara o ministro da Marinha para que este entregasse à Intendência-Geral da Polícia o ouvidor, que se encontrava detido num bergantim fundeado no Tejo.[133] Rapidamente, contudo, vieram instruções para que aguardasse em liberdade o julgamento. Teria Amado contado com a protecção do futuro sogro, próximo do rei? Ou teria sido a notícia da eleição que mais pesara na decisão?

O ouvidor aguardou em Lisboa a sentença e foi durante este interregno forçado no desempenho da sua comissão em Cabo Verde que se casou com Antónia Gertrudes Pusich. Morava então na Rua de São Julião, freguesia de Madalena, onde, como deixámos dito, se celebrou o casamento, em

132 Manuel António Martins apresentou outra versão: teria sido a Junta a tomar a iniciativa de mandar preso para Lisboa o ouvidor.

133 Despacho de José da Silva Carvalho, 18.3.1822. AHU — Cabo Verde, cx. 71, doc. 3.

princípios de Julho. Alguns meses antes, soubera que tinha sido eleito deputado por Pernambuco. Não parece, no entanto, ter chegado a tomar assento no Congresso. As únicas menções que lhe são feitas nas actas das sessões das Cortes são relativas ao processo resultante da queixa que contra ele apresentara Manuel António Martins. É possível que o Verão de 1822 tenha sido de alguma apreensão para os recém-casados. Contudo, em Setembro, chegou a notícia por que ansiavam: João fora absolvido por falta de provas[134], podendo regressar a Cabo Verde e terminar ali a sua comissão de serviço. Quem não partilhou deste contentamento foi Manuel António Martins, pouco acostumado a ver-se estorvado nos seus intentos, ainda que por um tribunal, e nada satisfeito com o regresso à Ouvidoria-Geral de um magistrado que lhe era desafecto. Também ele deputado às Constituintes (pelo círculo de Cabo Verde), aproveitou a tribuna para se insurgir contra a deliberação dos juízes, que considerou produto de empenhos («*Quanto nos vale o patronato!*»). Na sessão de 21 de Outubro, numa das suas muito raras intervenções parlamentares, fez ler um texto em que revelava a sua indignação perante a absolvição de Almeida Amado. Apesar de ter estado «*a ponto de ser a victima da imprudencia e das verduras de um moço*», já o havia perdoado, atendendo à sua juventude e imaturidade. Afinal, a grande responsabilidade fora de quem mandara administrar a justiça em Cabo Verde «a um rapaz recemformado, ainda nas verduras, e paixões de uma solta mocidade». Aos juízes, todavia, exigia-se que exercessem a justiça e não que se movessem por outras considerações, deixando-se manipular. Martins solicitou ao Congresso que se debruçasse sobre o processo e que, se concluísse pela prevaricação dos magistrados, os suspendesse e processasse. Mais importante ainda, pediu que a Almeida Amado fosse retirada aquela Ouvidoria.[135]

---

[134] *Diario do Governo*, n.º 263, 7.11.1822, p. 1993.

[135] *Diario das Cortes Geraes, Extraordinarias e Constituintes da Nação Portugueza: Segundo anno da Legislatura*, tomo XVII (1 de Agosto–4 de Novembro), 1822, pp. 852–853.

Tendo conseguido ver-se livre do sogro, Manuel António Martins não pretenderia ver os seus movimentos em Cabo Verde tolhidos pelo genro.

A defesa do marido de Antónia Gertrudes não se fez esperar. Datada de 25 de Outubro, ou seja, de apenas quatro dias depois da sessão parlamentar em que tinha sido lido o texto de Martins, a *Resposta fundada em doze documentos á Indicação que o Senhor Deputado por Cabo-Verde Manoel Antonio Martins Fez em 22 de Outubro*[136], *Contra o Desembargador Ouvidor Geral da mesma Provincia João Cardoso de Almeida Amado* foi publicada ainda naquele ano de 1822. Nela, Almeida Amado negava que tivesse desafiado Martins para um duelo e revelava uma série de contradições na acusação que este lhe fizera. Tendo ou não desafiado Manuel António Martins — o que só os próprios e eventualmente alguns circunstantes sabiam —, João Cardoso de Almeida Amado pôde regressar à Ouvidoria de Cabo Verde e terminar a sua comissão. Fê-lo acompanhado da mulher, a quem a vida passaria a reservar grandes e tormentosos contratempos.

A DISPERSÃO E A MORTE DOS IRMÃOS

Se 1822 foi um ano de altos e baixos, pontuado pelo casamento de Antónia Gertrudes e pelo processo em torno do alegado «desafio» de Almeida Amado, o ano seguinte foi de grande infortúnio para a família, que se viu substancialmente reduzida. Como refere na biografia do pai, a partir de então, «a família feliz e numerosa [...] começou a dividir-se, para nunca mais se tornar a unir n'este mundo!»[137] Até ao regresso a Lisboa, em 1821, a família mantivera-se sempre próxima. Somente o primogénito, João, capitão do Corpo de Engenheiros e lente da Academia de

[136] Trata-se de um lapso, pois a «Indicação» de Manuel António Martins foi lida em 21 de Outubro.

[137] *Biographia de Antonio Pusich [...]*, p. 53.

Guardas-Marinhas do Rio de Janeiro, permanecera no Brasil. Jerónimo, Maria do Carmo, Pedro, Ana Isabel e Antónia tinham acompanhado os pais a Cabo Verde quando António Pusich para ali fora despachado governador. Os acontecimentos políticos no Reino e as suas ressonâncias no Ultramar separariam os irmãos, dois dos quais para sempre. Antónia, Ana Isabel, Pedro e Jerónimo retornaram com os pais a Lisboa, como dissemos. Desconhecemos se Maria do Carmo, que, entretanto, se casara em Vila da Praia, permaneceu junto do marido ou se acompanhou a família. Alguns anos depois, encontramo-la a residir em Lisboa, apesar de o marido permanecer na Guiné. João acompanhou D. João VI e a corte no seu regresso ao Reino. Não encontrando aqui um lugar vago para leccionar, concorreu para o governo da Guiné. Talvez a família ainda acreditasse no regresso de António Pusich ao governo de Cabo Verde, e assim, caso fosse nomeado governador da Guiné, além da proximidade geográfica, João poderia contar com o apoio paterno nos assuntos administrativos, uma vez que o governo da Guiné estava subordinado ao de Cabo Verde.[138] Não tendo obtido este governo, a estratégia familiar direccionou-se para Angola. João António demandou o governo de Benguela e o pai solicitou o de Angola[139], do qual o anterior era subalterno. João foi mais bem-sucedido (ou malsucedido, se atendermos ao desfecho da sua experiência benguelense) do que o pai, que viu um despacho ministerial indeferir-lhe o pedido, com a indicação de que aquela capitania-general já tinha sido atribuída. Caía assim por terra a esperança de manter

[138] Somente em Março de 1879 se reconhecerá autonomia administrativa à novel província da Guiné.

[139] Requerimento de António Pusich ao rei, D. João VI, solicitando o governo de Angola e, em caso de indeferimento, a comenda da Ordem de Nossa Senhora da Conceição de Vila Viçosa e uma pensão para a mulher e as três filhas, equivalente às perdas sofridas com o fim abrupto da sua comissão em Cabo Verde, s.d. [ant. 21.6.1825]. AHU — Cabo Verde, cx. 80, doc. 84.

(relativamente) perto e unida toda a família. O rei bem tentava proteger os Pusich, mas as circunstâncias tinham mudado.

E assim partiram os dois irmãos em Fevereiro de 1823, acompanhados de Maria Carlota Ward, a mulher «de Nação Ingleza»[140] com quem João se casara na capela real do Rio de Janeiro. Antónia Gertrudes alude à dor causada pela separação da família, até então muito unida, afirmando que fazia parte da orientação ministrada pelos pais não se permitirem questiúnculas entre irmãos.[141]

Quando João e Pedro desembarcaram em Benguela, encontraram-na dominada por um clima de insurreição. Vários notáveis locais abraçavam a causa separatista e a união de Benguela com o Brasil, que, em processo de independentização, ia acalentando o projecto (fá-lo-ia até à assinatura do Tratado Luso-Brasileiro de 29 de Agosto de 1825, em cujo artigo 3.º se estipulava que D. Pedro não aceitaria propostas de colónias portuguesas para integrar o seu império). Não ocultando o seu desígnio, os separatistas tinham já representado às Cortes no sentido da sua desvinculação a Portugal. Além de outras considerações de índole mais ideológica, as afinidades culturais, a proximidade geográfica, que facilitava uma protecção mais rápida em caso de necessidade, e o facto de o Brasil ser um mercado assegurado para o muito lucrativo comércio negreiro, tornavam atraente esta mudança de soberania. No final de Abril de 1823, com os novos governadores de Benguela (João António Pusich) e Angola (Cristóvão Avelino Dias), desembarcaram as forças expedicionárias portuguesas solicitadas pelo anterior governador da Província para dissuadir eventuais veleidades emancipatórias e secessionistas. Poucos dias depois de ter tomado posse, em carta ao seu "homólogo" de Angola, João António Pusich relatava o estado de insurreição latente em que encontrara o distrito, onde

140 Como a refere o assento do seu segundo casamento, com António José de Mesquita.

141 *Biographia de Antonio Pusich [...]*, p. 53.

medravam sentimentos antilusos e pró-brasileiros, a ponto de se ter discutido se se permitiria o seu desembarque e o das tropas.[142]

Os homens do Batalhão Expedicionário que tinham acompanhado o novo governador e que tinham ficado destacados em Benguela acabaram por desembarcar, mas logo foram cedendo às febres endémicas que ali grassavam. As baixas sucediam-se e, a 3 de Junho, já nenhum oficial ou praça se encontrava «em pé».[143] O primeiro a cair doente foi o próprio comandante da 1.ª Companhia da tropa expedicionária, capitão Vicente Miguel Vieira, que descreveu com as mais negras cores as circunstâncias em que se encontrava a unidade sob seu comando. Do novo governador do distrito de Benguela, João António Pusich, dizia que «tendo melhorado recahio», e desabafava: «isto não he terra he hum abismo»![144]

A 19 de Julho de 1823, João António Pusich reassumiu, ainda combalido, o governo do distrito de Benguela, depois de mais de dois meses acamado. Dizia-se ainda incapaz de fazer uso da pena, a não ser para assinar o seu nome. Eram «emmensas testemunhas» que o levavam a crer que se preparava uma conspiração para o depor.[145] Pedro António Pusich, seu irmão e ajudante-de-campo, não resistiu à malária e morreu em 18 de Agosto. No final desse mês, já João António requeria a D. João VI autorização para regressar ao Reino ou a colocação noutra possessão com um clima mais benigno. Alegava não ter desfrutado de qualquer bem-estar físico desde que desembarcara em Benguela, e que a «forte obstrucção de Basso» que o afligia o impedia de desempenhar as suas funções. O baço

---

[142] Ofício de João António Pusich a Cristóvão Avelino Dias, 8.5.1823. AHU — Angola, cx. 142, doc. 40.

[143] Ofícios de Cristóvão Avelino Dias a Manuel Gonçalves de Miranda, 2.6.1823 e 23.6.1823. AHU — Angola, cx. 142, docs. 50 e 55.

[144] Ofício de Vicente Miguel Vieira a Luís António de Mendonça, 15.6.1823. AHU — Angola, cx. 142, doc. 55.

[145] Ofício de João António Pusich a Cristóvão Avelino Dias, 24.7.1823. AHU — Angola, cx. 143, doc. 6.

atingira proporções tais que afectava os órgãos em redor, perturbando-lhe a digestão.[146]

Neste ínterim, por cartas que recebera do pai enquanto aguardava a decisão régia, João António tomou conhecimento da reposição do absolutismo. Logo se apressou a manifestar ao Ministério a sua congratulação por se ter calcado «a Idra da Constituição de 1822 masquera de huma vertigenoza Democracia.»[147] Não teve, contudo, tempo para desfrutar do alívio dos contratempos que se colocavam ao desempenho das suas funções governativas, alívio que a mudança de modelo de regime augurava. As deserções nas duas companhias de Linha de Benguela iam-se sucedendo. Uma vez que os desertores encontravam protecção nalguns habitantes, estipulou que todos os que acolhessem trânsfugas ou que, tendo tomado conhecimento da deserção, a não comunicassem ao Governo, ficavam sujeitos, entre outros, aos mesmos castigos aplicados aos desertores.[148] Esta postura dura e justiceira exacerbou o já grande descontentamento que grassava na tropa. No dia seguinte, 7 de Novembro de 1823, as companhias de Infantaria e Artilharia depuseram o governador e prenderam-no. De madrugada, entre as 5 e as 6 horas, quando João António e Maria Carlota Ward ainda se encontravam deitados, um grupo de soldados armados de baionetas forçou a guarda da residência, subiu as escadas e irrompeu pelo quarto, apontando armas e dando voz de prisão ao governador. Encaminhado de seguida para a fortaleza de São Filipe de Benguela, ali foi mantido em isolamento durante quarenta e oito horas. A 9 de Novembro, depois de lhe terem furtado 16 contos de réis que tinha em casa, os sublevados conduziram João António a um bergantim,

[146] Requerimento de João António Pusich a D. João VI, 31.8.1823. Atestado de doença passado a João António Pusich, 26.8.1823. AHU — Angola, cx. 142, doc. 91.

[147] Ofício de João António Pusich ao conde de Subserra, 6.10.1823. AHU — Angola, cx. 143, doc. 10.

[148] Cópia do bando mandado publicar por João António Pusich, 6.11.1823. Ordem-geral de João António Pusich, 6.11.1823. AHU — Angola, cx. 143, doc. 23.

onde foi levado com a família para Luanda.[149] O governador de Angola decidiu mantê-lo preso com homenagem até que recebesse o resultado da devassa em curso. Três factores concorreram para esta decisão de Cristóvão Avelino Dias: o temor de que os ânimos em Benguela se exaltassem caso João António Pusich regressasse como governador; querer apurar se eram verdadeiras as acusações de venda de cargos e de postos militares e ainda a falta de cumprimento das suas ordens pelo governador de Benguela. Para Avelino Dias, esta última razão era, por si só, suficiente para justificar a prisão de Pusich.[150]

Mais uma vez, é difícil aquilatar a correspondência entre os acontecimentos e as acusações dos inimigos dos Pusich, ou seja, perceber até onde o ressentimento e o propósito manifesto de descredibilizar se possam ter anteposto à intenção de expor desapaixonada e objectivamente os factos. Deixariam os Pusich que a ânsia pecuniária se sobrepusesse às boas práticas da governação? É verdade que já por outras vezes membros da família tinham sido denunciados por violarem as leis da concorrência e por usarem em benefício próprio os meios de que dispunham como titulares dos cargos para os quais haviam sido nomeados. Também António Pusich tinha sido objecto de denúncias por prepotência e por ganhos ilícitos durante o seu governo de Cabo Verde. Apesar de a apreciação destas denúncias nos suscitar cautela, uma vez que os seus autores eram inimigos assumidos de António Pusich, podemos interrogar-nos acerca da origem dos recursos que lhe permitiam viver de acordo com o estatuto que vinha alcançando. Sabemos que o comércio tinha sido a actividade económica de eleição dos Pusich em Ragusa e que alguns elementos da família continuaram envolvidos em Portugal no lucrativo comércio marítimo. Uma vez ao serviço da Coroa portuguesa, e canalizando a sua descendência masculina

[149] Ofício de João António Pusich a Cristóvão Avelino Dias, 19.11.1823. AHU — Angola, cx. 143, doc. 38.

[150] Ofício de Cristóvão Avelino Dias ao conde de Subserra, 20.11.1823. AHU — Angola, cx. 143, doc. 38.

para o oficialato militar, António Pusich teria abdicado dos proventos que auferia nas viagens pelos principais portos comerciais europeus. No entanto, a família parece ter continuado a viver muito desafogadamente, tanto no Rio de Janeiro como em África. Explicarão as mercês régias, entre elas, a comenda atribuída por D. João VI, e o soldo de António Pusich essa abastança? Talvez, sobretudo se lhes acrescentarmos uma eventualmente copiosa herança paterna. Contudo, era comum na época os governadores ultramarinos zelarem paralelamente pelos seus interesses particulares durante as suas comissões de serviço, fazendo-o uns com maior probidade do que outros.

Regressando a Luanda e aos últimos dias de João António Pusich, decorridos no interior da fortaleza de São Miguel, estes parecem ter sido essencialmente ocupados a descrever e a comentar os factos ocorridos em torno da sua deposição e prisão. Em 19 de Novembro, ainda estava vivo e a oficiar Cristóvão Avelino Dias. Diz-nos a irmã Antónia Gertrudes que João também escreveu ao governo do Reino e ao pai, relatando os sucessos. Não sabemos em que dia morreu nem a causa da sua morte, apenas que ocorreu entre 19 de Novembro e 22 de Dezembro de 1823, um mês antes de perfazer 26 anos.[151] Antónia estava convicta de que se devera a envenenamento, meio que os seus opositores teriam encontrado para «subtrair-se ao castigo das leis» e para se livrarem definitivamente daquele governador incómodo. O que ignoravam era que a correspondência em que João António Pusich expunha os factos já tinha sido enviada para o Reino.[152] Antónia Gertrudes revela-se muito crítica do procedimento do governador de Angola durante todo este processo. Teria sido por medo que Cristóvão Avelino Dias pactuara com os insurrectos. Desprovido de apoio militar — pois as febres tinham dizimado o corpo expedicionário —, temera ter o mesmo fim que o governador de Benguela.[153]

---

[151] AGP, «O genio tem por patria o universo», AB, n.º 35, 15.6.1855, p. 4.

[152] *Biographia de Antonio Pusich [...]*, p. 54.

[153] *Ibid.*, p. 54.

João António Pusich governou a praça somente cinco meses, ou antes, três, se subtrairmos os dois em que a doença o reteve na cama e o governo foi interinamente entregue a outro militar. Se o pai estivesse à frente do governo de Angola, como solicitara, ter-lhe-ia não só moderado os ímpetos justiceiros ou outros, decorrentes da sua juventude e inexperiência político-administrativa, como lhe teria prestado a ajuda militar de que dispunha a fim de neutralizar os seus oponentes. Por outro lado, a restante família, que o teria acompanhado e que parecia não ter sofrido gravemente com as condições climáticas e sanitárias das ilhas de Cabo Verde, talvez se tivesse ressentido das oferecidas pela costa de África. Foi o que aconteceu com Pedro, que resistiu às carneiradas de Vila da Praia, mas que, ainda no Verão de 1823, sucumbiu às febres de Benguela. Quanto a João, não sabemos se morreu envenenado, como cria a irmã[154], se pelo impaludismo de que sofrera nos meses anteriores — se bem que apresentasse algumas melhoras no seu estado de saúde quando foi deposto e preso —, se por qualquer outra maleita ou acidente. Também a pequenina Ana Nunes Pusich, filha de João António e de Maria Carlota, perdeu a sua curta vida durante a tormentosa comissão do pai em Benguela, sem que tenhamos notícia da causa da sua morte. Pobre Maria Carlota Ward, que se viu repentinamente sozinha com um filho pequeno num território estranho e hostil! Em que ambiente fúnebre não terá ocorrido o seu repatriamento, já viúva e sem um dos filhos! Ter-lhe-á o seu segundo marido, António José de Mesquita, natural de Lobrigos, com quem contraiu matrimónio alguns anos mais tarde (a 19 de Abril de 1828), proporcionado um quotidiano mais estável?

A notícia da morte de Pedro, de João e da filha deste deixou, naturalmente, a família muito desgostosa. Antónia Gertrudes atribuía as maleitas físicas que Ana Isabel Nunes adquiriu posteriormente ao costume de, procurando o isolamento, se abeirar de um tanque existente numa quinta

---

154 *Ibid.*, p. 54.

que a família possuía na estrada de Chelas, permanecendo ali sentada sobre pedra a chorar a morte dos filhos. A zona, cercada de arvoredo, era húmida, o que explicava, de acordo com Antónia, o surgimento de uma dor ciática crónica. Ana Isabel tornou-se depressiva e nunca mais recuperou a saúde, física e mental.[155]

Quanto à viúva de João António, requereu ao rei que lhe fosse integralmente paga a pensão que lhe tinha sido atribuída no Rio de Janeiro, no valor de 280 mil réis anuais, e que lhe havia sido reduzida para metade.[156] Argumentava com os serviços que ela própria havia prestado na corte, como criada da família real, e com os do marido, que durante quinze anos servira como capitão do Real Corpo de Engenheiros, lente de matemática na Academia de Marinha e governador de Benguela. Sem outros recursos para sustentar e educar o único filho — António Pusich, como o avô paterno —, Maria Carlota Ward Pusich pedia para ele uma mercê, como recompensa pelos serviços prestados pelos pais.[157]

No final de 1823, dos três filhos varões de António Pusich restava apenas um, Jerónimo António, capitão-tenente da Armada e antigo ajudante-de-campo do governador seu pai em Cabo Verde. Também para ele este ano foi pouco fausto. No contexto dos conflitos que opunham

155 *Ibid.*, pp. 54–55.

156 Tinham sido atribuídas duas pensões a Maria Carlota Ward, quando o marido, João António Pusich, capitão engenheiro e lente da Academia de Guardas-Marinhas no Rio de Janeiro, rumara a Coimbra a fim de prosseguir os seus estudos na Universidade. A 18 de Dezembro de 1821, as Cortes haviam ordenado que, dessas duas pensões — uma de 200, a outra de 80 mil réis —, apenas a última, de menor montante, passasse a ser assegurada pelo Tesouro Nacional enquanto João António frequentasse o mesmo estabelecimento de ensino. Cf. Cortes Gerais, Extraordinárias e Constituintes da Nação Portuguesa, ordem n.º 432, 18.12.1821, em *Collecção dos Decretos, Resoluções e Ordens das Côrtes Geraes, Extraordinarias e Constituintes da Nação Portugueza, desde a sua installação em 26 de Janeiro de 1821*, 1822, p. 308.

157 Requerimento de Maria Carlota Ward Pusich a D. João VI, s.d. ANTT — Ministério do Reino, mç. 856, proc. 64.

os independentistas do Brasil às forças leais a Portugal, o almirante Cochrane tomara-lhe o navio que comandava, o bergantim-escuna *Maria*, na costa do Maranhão. Uma vez que se encontrava ao serviço da causa régia, Jerónimo solicitou ao rei uma indemnização pela perda dos bens que se encontravam no interior do bergantim na altura em que foi capturado, e que eram, além dos mantimentos para a viagem que faria a Lisboa, cinco barris de carne salgada, algumas dúzias de talheres, alguns serviços de jantar, de chá e de café, de várias origens, quatro bacamartes de bronze, tartaruga em folha para pentes, duas presas de marfim e um saco com livros destinados a seu cunhado Joaquim António de Matos. Avaliou todos estes bens em mais de 1500 réis. Infelizmente para Jerónimo, o seu requerimento não foi deferido.[158] Também o não foram aqueles em que pediu um governo subalterno, o de Porto Santo ou o de Bissau, que se encontravam vagos na altura. Em Novembro de 1823, dirigia-se desesperadamente ao «primeiro Ministro de Estádo» para que lhe arranjasse uma colocação. O ministro acalentara-lhe a esperança, mas a colocação tardava. Se não era vontade do rei nomeá-lo governador, então, que lhe fosse atribuído o comando de um qualquer navio, pois encontrava-se «pobre como Jó», sem recursos sequer para comprar uma farda (a sua, roubara-lha Cochrane).[159]

O DEBUTE NA POESIA E NA MATERNIDADE

A 16 de Fevereiro de 1825, a família viu-se aumentada com o nascimento de João, filho de Antónia Gertrudes e de João Cardoso de Almeida Amado. O casal morava então no Largo da Estrela, com forte probabilidade, em casa dos pais de Antónia. A 3 de Março, com cerca de três semanas,

---

[158] Requerimento de Jerónimo António Pusich a D. João VI, 14.10.1823. Despacho da Majoria-Geral ao mesmo requerimento, 24.1.1824. AHU_CU_009, Cx. 176, D. 12733.

[159] Requerimento de Jerónimo António Pusich a ? [conde de Subserra?, conde de Palmela?], 8.11.Novembro de 1823. AHU_CU_049, Cx. 23, D. 1642.

João foi baptizado na freguesia de Santa Isabel, tendo sido seus padrinhos os avós maternos. Apesar de alguns autores, entre os quais, o genealogista Jorge Forjaz, apresentarem outros filhos do primeiro matrimónio de Antónia[160], João terá sido o único filho comum ou pelo menos o que sobreviveu à primeira infância. O facto de não se encontrarem referências aos assentos de baptismo dos outros supostos filhos nem de se lhes fazer qualquer alusão nos diferentes documentos reforça a convicção de que João terá sido, de facto, o único filho do casal. Aliás, Antónia Gertrudes mencionou num texto de 1848 que tinha seis filhos[161] e não se referiu nunca a outros tidos com Almeida Amado. E quando, em 1855, alude num poema a um filho sepultado no Cemitério dos Prazeres[162], é quase certamente ao primeiro que teve com o segundo marido e que morreu bebé (até porque este cemitério não existia durante a vigência do seu casamento com o antigo ouvidor de Cabo Verde). Até à morte de Ana Isabel Filomena, sua segunda filha (do terceiro casamento), nunca Antónia Gertrudes faz referência a outros filhos mortos, a não ser o supramencionado João.[163]

Antónia Gertrudes já então escrevia. Não o sabemos por ela, que se revela muito omissa quanto a estes anos, mas por Inocêncio Francisco da Silva, que afirma ter encontrado a data do nascimento de Antónia

160 Antónia, Alfredo, Maria e Ema (por lapso, o autor redigiu Ana em vez de Ema). Cf. Jorge Forjaz, *Genealogias das Ilhas do Fogo e Brava e de Bissau — Subsídios*, vol. 2, 2019, p. 270. Parece ter havido uma confusão entre os filhos de Antónia Gertrudes Pusich e os de seu filho João António Pusich (de Almeida Amado). Na genealogia dos Pusich apresentada por António Pedro de Sousa Leite, que parece ser a fonte das referências aos supracitados Antónia, Alfredo, Maria e Ema, elas reportam-se à descendência do primogénito de Antónia Pusich. Cf. António Pedro de Sousa Leite, *Livro de Linhagens* (manuscrito), 1955, pp. 19–20. Agradecemos ao Dr. Carlos Lobo Gaspar ter-nos facultado a consulta deste manuscrito.

161 No «Prologo» a *Olinda, ou a Abbadia de Cumnor-Place*, 1848, p. 8.

162 AGP, «Uma visita aos Prazeres», AB, n.º 44, 1.12.1855, p. 4.

163 Assento de baptismo de João (António), 3.3.1825. ANTT — ADLSB-Lv B17-Cx 15 — LRB, paróquia de Santa Isabel (1821–1826), fl. 256v.

Gertrudes num pequeno caderno de 58 páginas, que se encontrava na posse de um amigo, e que continha a sua produção poética lírica entre 1823 e 1825. Esta informação de Inocêncio, que cria que as poesias do dito caderno eram autógrafas[164], permite-nos situar temporal e geograficamente o início da produção poética de Antónia: contava entre 17 a 19 anos, já era casada e foi na Praia, em Cabo Verde, que debutou. É ainda Inocêncio quem nos dá a conhecer uma composição poética desta altura. Referimo-nos à poesia-epitáfio que dedicou a outro vate, Francisco de Paula Medina e Vasconcelos, poeta do Funchal, que Antónia Gertrudes teve oportunidade de conhecer em Cabo Verde, quando ele ali cumpria o desterro a que um tribunal miguelista o condenara[165]: «Medina, cuja voz alta e sonora/D'heróes cantou os feitos sublimados,/Cumprindo as leis de carrancudos fados/N'esta campa infeliz se esconde agora.»[166]

Dispomos de muito poucos informes do seu primeiro casamento, e mesmo estes circunscrevem-se ao assento de baptismo do único filho, que nos revela o local onde a família residia, como deixámos dito. Antónia observou nos seus escritos um quase mutismo relativamente ao primeiro consorte. Na *Biographia de Antonio Pusich [...]*, faz referência, *en passant*, ao ouvidor-geral de Cabo Verde, João Cardoso de Almeida Amado, sem, contudo, o mencionar como seu marido.[167] Como também notou Nikica Talan[168], é surpreendente que a referência ao primeiro marido surja apenas no contexto da recepção da revolução liberal em Cabo Verde e não

---

164 Inocêncio Francisco da Silva, verbete «D. Antonia Gertrudes Pussich», DBP, tomo I, p. 77.

165 Francisco de Paula era irmão do citado Manuel Alexandre de Medina e Vasconcelos, comandante militar de Vila da Praia, que, na Primavera de 1821, ali desencadeou o movimento de adesão à revolução liberal, como deixámos exposto.

166 AGP, «Medina, cuja voz alta e sonora», em Inocêncio Francisco da Silva, verbete «Francisco de Paula Medina e Vasconcellos», DBP, tomo III, 1859, p. 25.

167 AGP, *Biographia de Antonio Pusich [...]*, p. 45.

168 Cf. «*In memoriam* à esquecida Antónia Gertrudes Pusich», p. 154.

no do seu matrimónio. O silêncio ensurdecedor em torno de Almeida Amado terá contagiado igualmente o filho de ambos, que não colocou à descendência os apelidos do avô paterno, apenas os da mãe (Luna) e da avó paterna (Pusich). Como se todos na família pretendessem apagar a memória do antigo ouvidor de Cabo Verde... Algo de muito grave terá incompatibilizado Antónia e João: divergências políticas?, traição amorosa? Pelo testamento de Antónia Gertrudes, datado de quase sessenta anos depois, tomamos conhecimento de que o marido tinha sido nomeado juiz desembargador da Relação da Bahia.[169] Desconhecemos, contudo, se chegou a tomar posse do cargo. João da Mata Chapuzet, que era governador de Cabo Verde quando Almeida Amado ali terminou a sua comissão, informa-nos de que serviu como ouvidor da Província até Março de 1825, altura em que regressou ao Brasil natal.[170] Henrique Lopes da Cunha, que o substituiu no cargo, tomou posse a 18 de Março. É provável que Almeida Amado só depois desta data tenha rumado ao continente americano. Tê-lo-á Antónia Gertrudes acompanhado? O filho de ambos nasceu, como se disse, no mês anterior e foi baptizado em Lisboa a 3 de Março, quando o pai ainda se encontraria em Vila da Praia. Almeida Amado não sumiu apenas do quotidiano dos Pusich; após a sua comissão em Cabo Verde, desapareceu igualmente da documentação dos arquivos portugueses, o que poderá ter ficado a dever-se ao seu retorno ao Brasil ou, simplesmente, à sua morte, que terá ocorrido não muito tempo depois, uma vez que Antónia voltou a casar-se em 1829.

---

[169] Desta comissão temos notícia pelo testamento de Antónia Gertrudes, que surge como «viuva em primeiras nupcias» de João Cardoso de Almeida Amado, desembargador da Relação da Bahia. Cf. testamento público de Antónia Gertrudes Pusich, 12.3.1883. ANTT — Ministério da Fazenda/Finanças, Arquivo das Secretarias de Estado, cx. 305, proc. 14274.

[170] Ofício de João da Mata Chapuzet a Joaquim José Monteiro Torres, 28.7.1826. AHU — Cabo Verde, cx. 85, doc. 17.

E tudo a guerra levou

Deus nos livre das guerras civis, que são a ruina das nações.[171]

Antónia, que parece ter permanecido em Lisboa coabitando com os pais e mais família, manteve-se muito próxima de António Pusich, continuando a secretariá-lo. Um dia em que copiava uns documentos, viu-o abeirar-se do retrato de D. Pedro, um dos retratos da família real que ornavam as paredes de uma das salas da residência familiar, e dirigir-se-lhe assim: «*oh! principe, que futuro se prepara a ti e a esta nação!*»[172] António Pusich, muito pesaroso com o evoluir dos acontecimentos no Brasil e com a separação face a Portugal, confidenciou-lhe dias depois o que D. João VI lhe dissera a propósito, na sua recente ida ao Paço, de onde regressara muito consternado. Entrementes, o rei morreu, e esta morte abalou profundamente o pai, que determinou luto carregado a toda a família e aos criados. Durante um ano, não se ouviram em casa nem canções, nem as cordas do piano, e a família privou-se de receber os íntimos e as pessoas de «alta consideração». A morte de D. João VI foi muito chorada em casa

---

171 AGP, *Biographia de Antonio Pusich [...]*, p. 74.

172 *Ibid.*, p. 56 [a itálico no original].

dos Pusich, que perderam não apenas um rei, mas um amigo, o padrinho dos seus filhos e um grande protector da família. Bem anteviu António Pusich que os ventos que se perfilavam no horizonte trariam tempestade, quando, regressando do derradeiro beija-mão ao falecido rei, exclamou: «Ah, meu rei! começam o teu descanso, e os nossos trabalhos! pouco te sobreviverei.»[173] Os «trabalhos» não se fizeram, de facto, esperar. Após a morte do rei, a família retirou-se para a quinta que possuía em Chelas (Quinta de Santa Catarina) e ali passou a estação invernosa. António Pusich só regressou à casa do Largo da Estrela em Novembro de 1827. Um dos assuntos de que se ocupou foi o da formação do neto órfão. Com a morte de João António em Benguela, fora nomeado tutor do filho deste. Nesta qualidade, requereu que o neto fosse admitido em regime de pensionato no Real Colégio Militar, uma vez que não dispunha de rendimentos. Não tendo o seu pedido sido ainda alvo de despacho nem o processo tido qualquer andamento, em Setembro de 1828, através de um procurador, requereu que toda a documentação entregue fosse levada à presença do rei, então, D. Miguel.[174] Rapidamente se conheceu o despacho, que satisfazia a pretensão de Maria Carlota Ward e de António Pusich quanto à questão do regime de pensionato[175], mas não no que dizia respeito ao ingresso de António no Colégio da Luz antes de perfazer a idade mínima estipulada, que era 9 anos. Em vão, tinham solicitado a dispensa de idade no requerimento de admissão, alegando que a criança, embora contasse apenas 8 anos, evidenciava «signaes de uma tal vivacidade e espirito» que parecia mais velha.[176] Ainda em Setembro, a família conheceu mais um revés: o requerimento no qual António Pusich pedira o governo

173 *Ibid.*, pp. 56–57.

174 Requerimento de António Pusich, 15.9.1828. AHM — cx. 497, pç. 56.

175 Ofício de João José da Cunha Fidié a Cândido José Xavier, 20.2.1828. AHM — cx. 375, pç. 38.

176 Requerimento de Maria Carlota Ward Pusich a D. Isabel Maria, 22.3.1828. Despacho do Ministério da Guerra, 20.9.1828. AHM — cx. 375, pç. 38.

da Madeira ou dos Açores foi indeferido.[177] Curiosamente, e apesar das suas poucas simpatias pelo regime liberal, talvez tivesse sido então provido num destes cargos, se não se tivessem precipitado os acontecimentos que conduziram à aclamação de D. Miguel, que, a despeito das muito boas relações com os Pusich, não concedeu qualquer mercê ao antigo protegido do pai e da avó. Antónia Gertrudes, que não ocultava a sua simpatia por D. Miguel, não deixou, contudo, de mencionar o facto na biografia do pai. Quer durante a regência de D. Isabel Maria, quer durante o reinado de D. Miguel, António Pusich mereceu a consideração daqueles membros da família reinante, sem, contudo, lhes ter granjeado qualquer nomeação, como era «forçoso confessar». Fora somente a D. Maria I e a D. João VI que devera as suas nomeações e promoções.[178]

Não obstante a proximidade ideológica com D. Miguel, Antónia terá sobreposto a amizade às desinteligências políticas e às preferências de regime. Este separar de águas será, aliás, um dos princípios que respeitará ao longo de toda a sua vida. Ainda em 1828, terá assegurado a liberdade a três figuras proeminentes do liberalismo — Rodrigo da Fonseca Magalhães, que rapidamente assumiria grande protagonismo político, o padre Marcos[179] e o oficial da Armada Isidoro Francisco Guimarães[180] — e ainda a Joaquim Lacerda, primo dos Correia de Lacerda, «amigos intimos» de Antónia. Teve para tanto a ajuda do

---

177 Ofício de Cândido José Xavier a Carlos Honório de Gouveia Durão, 15.2.1828. AHU — Cabo Verde, cx. 30, doc. 7.

178 AGP, *Biographia de Antonio Pusich [...]*, pp. 57 e 56.

179 Sacerdote que aderiu cedo aos princípios constitucionais e sofreu, depois da *Vila-Francada*, o desterro para Mesão Frio e o exílio, de onde regressou para integrar as hostes de D. Pedro e participar no Cerco do Porto, onde se destacou pela sua acção religiosa, sanitária e logística. Já depois da tomada de Lisboa pelos liberais, dirigiu a reforma religiosa de 1833. Cf. Francisco Carromeu, «O romantismo político do padre Marcos (1820–1851)», *Lusitania Sacra*, 2.ª série, n.os 19–20, 2007–2008, pp. 30–32.

180 Que mais tarde seria governador de Macau e visconde da Praia Grande.

cabo-verdiano Júlio Cândido Ferreira, cunhado de Manuel António Martins, o grande inimigo de seu pai, de quem atrás nos ocupámos.[181]

Em 1829, os acontecimentos familiares mais marcantes parecem ter sido os casamentos de Antónia Gertrudes, que, entretanto, enviuvara de João Cardoso de Almeida Amado, e da sua irmã mais nova, Ana Isabel. À semelhança de Antónia, também a ultimogénita dos Pusich se casou muito jovem, com apenas 15 anos. O noivo, António Nicolau de Moura Stockler, era o único filho varão do barão de Vila da Praia, Francisco de Borja Garção Stockler — o antigo governador dos Açores, com quem António Pusich se cruzara no Tejo uns anos antes, quando ambos regressavam malquistos pelo novo regime, por terem resistido a jurar as *Bases da Constituição* nas capitanias que governavam. António Nicolau aderiu à causa de D. Miguel, em cujo exército combateu, e, perdida a guerra, exilou-se em Itália, à semelhança do infante. Por ora, ainda residia no palácio que a família possuía em Lisboa, na Calçada dos Barbadinhos. Foi numa ermida existente junto da residência do noivo que o enlace de Ana Isabel e António foi celebrado, a 28 de Novembro, tendo tido como uma das testemunhas o pai da noiva.[182] Os laços de afinidade entre os Pusich e os Stockler reforçar-se-iam no ano seguinte, com mais um casamento. Jerónimo António Pusich, que enviuvara de Gertrudes Adelaide e Abreu, que desposara muito jovem em São Salvador da Bahia, casou-se na tarde de 6 de Janeiro de 1830 com Maria Margarida de Mendonça Stockler, irmã de seu cunhado António Nicolau. A Ermida de Santo António foi novamente o templo escolhido para a celebração do enlace. As testemunhas foram António Pusich e o chefe-de-esquadra José Maria

---

181 AGP, *Biographia de Antonio Pusich [...]*, p. 59.

182 Assento de casamento de Ana Isabel Pusich e António Nicolau de Moura Stockler, 28.11.1829. ANTT — ADLSB-Lv C13-Cx 46 — Livro de registos de casamentos da paróquia de Santa Engrácia (1825–1842), fl. 64v.

Dantas Pereira.[183] Sempre muito próxima de Antónia Gertrudes, Maria Margarida será, muitos anos depois, sua colaboradora em *A Assembléa Litteraria*, o primeiro jornal que fundará. Muito antes disso, logo em 1830, as duas jovens mulheres viram um soneto seu integrado numa miscelânea poética coeva. Tanto o soneto de uma como o da outra celebravam o reinado de D. Miguel. Antónia evocava-o como «Astro brilhante da Immortalidade». Os poemas foram transcritos à mão, provavelmente pelo organizador da colectânea, e Antónia figurava como «D. Antonia Gertrudes Pussick Teixeira», isto é, aparecia mencionado o seu apelido de casada.[184] Uma vez que não se encontra o caderno de poesias que Inocêncio conheceu, é possível que este soneto — «De Magestosa Purpura adornado» — seja o poema mais antigo de Antónia Gertrudes consultável em arquivos e bibliotecas portugueses.

O SEGUNDO CASAMENTO

A flôr de meus verdes annos
Poude então desabrochar!
Mas a guerra com seus damnos
O tronco veio seccar!...[185]

Pouco antes do casamento da irmã Ana Isabel, Antónia Gertrudes celebrou o seu segundo matrimónio. Viúva de João Cardoso de Almeida

---

[183] Assento de casamento de Jerónimo António Pusich e Maria Margarida Stockler, 6.1.1830. ANTT — ADLSB-Lv C13-Cx 46 — LRC, paróquia de Santa Engrácia (1825–1842), fl. 66v.

[184] AGP, «De Magestosa Purpura adornado», [colectânea de poesia], s.d. fl. 56. BNP — MR-COD. 8603.

[185] AGP, «O mez de fevereiro. Canção mysteriosa», *A Beneficencia*, n.º 6, 1 de Fevereiro de 1854, p. 3.

Amado e com 24 ou 25 anos, casou-se com o oficial do Exército Francisco Henriques Teixeira, no Outono de 1829. Muito mais velho e indefectível miguelista, Francisco podia proporcionar-lhe (e ao círculo familiar próximo) a almejada segurança, perdida com a morte de D. João VI e muito valorizada em tempos tão conturbados. Veremos a seu tempo como este enlace se terá revelado uma menos-valia, uma vez alteradas as relações de força entre liberais e absolutistas. Apesar das compatibilidades ideológicas entre ambos, não terão sido elas que a mobilizaram, de acordo com Antónia: «Não foi a politica, foi uma justa affeição, que me uniu a um homem honrado e distincto, que tendo mais vinte annos do que eu podesse, na falta de meus paes, guiar a minha mocidade»[186]. Apesar de protegida pelos pais, tratando-se de uma mulher resoluta e de convicções arraigadas, não parece que Antónia fosse uma mulher facilmente «orientável». A situação favorável em que Francisco se encontrava — na qualidade de seu «maior»[187] ajudante-de-ordens, era dos mais próximos de D. Miguel — terá constituído um importante atractivo, a somar às suas qualidades morais, que Antónia toda a vida celebrou.

Causa alguma estranheza o facto de Antónia ter datado erradamente o seu casamento com Francisco, e assim confundindo alguns dos que sobre ele escreveram (e que, levianamente, não consultaram o assento de casamento). Na *Biographia de Antonio Pusich [...]*, afirma que se casou em 1830[188], quando o fez no ano anterior. Não se esquecendo as pessoas, habitualmente, da data em que celebraram o(s) seu(s) casamento(s), é razoável interrogarmo-nos se se tratará somente de um lapso tributário de uma pequena traição da memória, uma vez que Antónia escreve à distância de alguns decénios, ou se Antónia «empurrou» intencionalmente para 1830

[186] AGP, *Biographia de Antonio Pusich [...]*, p. 58.

[187] É assim que surge mencionado no assento de casamento de Antónia Gertrudes Pusich e Francisco Henriques Teixeira. Cf. ANTT — ADLSB-Lv C5-Cx 13 — LRC, paróquia de Lapa (1811–1829), fl. 393v.

[188] AGP, *Biographia de Antonio Pusich [...]*, p. 58.

o seu segundo casamento (estaria viúva há muito pouco tempo?), que se celebrou a 26 de Outubro de 1829, na igreja da Lapa, em cuja freguesia o noivo residia. Contrariamente a outras celebrações familiares, no registo desta não encontramos o nome de António Pusich entre as testemunhas, mas antes os de António Henriques, tesoureiro da igreja da Lapa, e de Jerónimo José Carvalho de Aguiar.

Quem era, então, Francisco Henriques Teixeira? Nasceu em Elvas, a 9 de Novembro de 1783, filho de Mariana Bárbara, igualmente natural de Elvas, e de António Henriques Teixeira, nascido em Santiago do Cacém.[189] Tinha cabelo castanho-claro[190] e olhos «pardos» e mediria cerca de um metro e meio, o que, para a época, não era uma altura incomum em homens portugueses. Assentou praça a 11 de Junho de 1798, seis ou sete anos antes de Antónia Gertrudes nascer. Contava então 15 anos. Foi avançando regularmente na carreira militar: era cadete, em 1802; alferes, em 1809; tenente, em 1813; capitão, em 1820; major, em 1823.[191] De acordo com a informação semestral dos seus comandantes, a sua conduta civil era «excellente em todo sentido», e, na militar, primava igualmente pelo zelo, inteligência e actividade. Era muito aplicado no serviço, cumpria com energia e prazer o que lhe era determinado e sabia disciplinar os seus inferiores hierárquicos. O comandante de um dos seus regimentos manifestava ter nele «as melhores esperanças».[192] O novo comandante do mesmo regimento fazia-lhe os mesmos rasgados elogios,

---

[189] Assento de baptismo de Francisco, 16.11.1783. ADPTG-Disco externo PRQ_ELV [n.º 1] — registos de baptismos (1779–1789), fl. 112. No assento de casamento de Francisco e Antónia, no entanto, a mãe do noivo surge como Hermogénia Teresa (?) de Almeida.

[190] Surge num registo como «loiro». PT/AHM/G/LM/B-05/03/1288.

[191] Declaração de José Benedito de Melo, 27.3.1821. ANTT — Ministério do Reino, mç. 736, proc. 68.

[192] AHM — cx. 2032, pç. 18.

acrescentando que era respeitador das hierarquias e conseguia disciplinar os seus inferiores sem usar de demasiada severidade.

A *Vila-Francada*, na qual se terá revelado particularmente expedito, aproximou-o ainda mais do futuro comandante-em-chefe do Exército, D. Miguel, e o rei despachou-o ajudante-de-pessoa do filho, em Junho de 1823. Ainda neste ano, foi agraciado com a comenda da Ordem de São Bento de Avis[193], por ter prestado relevantes serviços «p.r occasião da glorioza impreza tentada p.a restituir á Minha R.l Pessoa os Dir.tos da Soberania, e aos Meus Subditos a paz, e prosperid.e de q̇ se achavão privados por procedim.tos de huma facção desorganizadora»[194]. A comenda, de lotação de 400 mil réis, foi, pois, atribuída em reconhecimento e recompensa pela sua participação na *Vila-Francada*[195]. Francisco Henriques Teixeira exerceu ainda as funções de chefe-de-divisão da Secretaria Militar do infante até 8 de Maio de 1824. Em 1867, Antónia Gertrudes Pusich, viúva do segundo marido havia mais de trinta anos, pediu ao director do periódico *Illustração popular* que lhe permitisse evocar «um nome, intimamente ligado á verdadeira historia do Senhor D. Miguel de Bragança, e dos acontecimentos de 1823, até 1832», que, estranhava Antónia, não aparecia nas biografias publicadas no periódico (realista) *A nação* nem na *Illustração popular.* A ter sido tão importante, como revelava, a sua participação naqueles anos das lutas de regime, antes e durante a guerra civil, é, de facto, surpreendente a presença discreta

193 Também o hábito de São Bento de Avis tinha sido solicitado por Francisco em 1821, tendo obtido a respectiva certidão em Abril de 1825.

194 Alvará de D. João VI, 5.11.1825. ANTT — RGM, D. João VI, liv. 21, fl. 65.

195 Francisco Henriques Teixeira acabaria por não chegar a usufruir desta mercê, pois, afinal, não se encontrava «vaga Com.da alg.a daq.la lotação [Comenda alguma daquela lotação]», pelo que, no ano seguinte, como compensação, solicitou ao rei a concessão de dez moios de terra do «Lizirão» (lezíria). Requerimento de Francisco Henriques Teixeira a D. João VI, 1824. ANTT — Ministério do Reino, mç. 736, proc. 68. Diploma de D. João VI, 19.2.1825. ANTT — RGM, D. João VI, liv. 20, fl. 57.

do principal ajudante-de-campo de D. Miguel na documentação coeva não militar. Com esta «evocação», que se desdobrou por alguns números do jornal, e com as referências que lhe fez na *Biographia de Antonio Pusich [...]*, Antónia Gertrudes construiu uma imagem de Francisco Henriques Teixeira muito favorável e, por ventura, próxima da real. A par dos importantes, mas áridos, registos militares, constituem as principais fontes documentais relativas a este indefectível colaborador de D. Miguel e projectam alguma luz, de um ângulo diferente, sobre os episódios mais marcantes das lutas pela instauração do liberalismo em Portugal. Se é verdade que Antónia não presenciou os acontecimentos da *Vila-Francada* e da *Abrilada* — residia ainda com o primeiro marido em Cabo Verde —, viveu, muito de perto, toda a guerra civil, tendo acompanhado nestes anos as deslocações do marido, que, além de ajudante-de-ordens de D. Miguel, comandava uma das principais unidades fiéis do exército realista. Seu filho Miguel nasceu mesmo no «campo da guerra»[196], em Peniche. Muito sabia Antónia Gertrudes Pusich do que se passara, das acções de bravura de uns e de cobardia de outros, da lealdade de uns e da traição de outros. Por isso, a sua voz foi incómoda sempre que aludiu — e fê-lo algumas vezes — à actuação menos louvável de alguns.

Além do pai, Antónia Gertrudes imortalizou o seu segundo marido, aquele que mais respeitou e, eventualmente, mais amou. Atentemos, então, no que nos relata da participação de Francisco no golpe de Estado. O Regimento de Infantaria n.º 23, conduzido pelo então capitão Francisco Henriques Teixeira, aguardava em Arroios por D. Miguel — que fora a Queluz despedir-se de D. Carlota Joaquina —, para se dirigir a Vila Franca. O infante e o seu regimento fiel partiram à uma da madrugada. Durante o dia, o rei, D. João VI, toda a corte, oficiais e pessoas de «todas as classes» foram-se-lhes reunindo, e «por tal modo caíu a Constituição de 1820, sem ser derramada uma só gota de sangue». O comandante do

[196] AGP, sem título (continuação), *Illustração popular*, vol. 2, n.º 16, 1867, p. 62.

Regimento 23, Manuel Gregório Pereira de Sampaio, que D. João VI faria visconde de Santa Marta, indicou Francisco Henriques Teixeira ao rei, «como o unico homem capaz de persuadir os seus soldados, e guiar a causa com superior intelligencia, coragem e lealdade».[197] D. João VI nomeou-o então ajudante-de-ordens e de pessoa do filho Miguel, como se disse, e ainda major e comendador da Ordem de São Bento de Avis.

Antónia Gertrudes relevava igualmente o protagonismo de Francisco Henriques Teixeira na *Abrilada*, afirmando mesmo que, a 30 de Abril, fora o seu marido quem salvara «esta nação de maiores conflictos». E o que fizera Francisco Teixeira? Ao tomar conhecimento de que, em nome de D. Miguel, se tinham efectuado determinadas prisões — e apesar de se encontrar doente, pois um coice do cavalo de D. Miguel ferira-lhe seriamente uma perna —, dirigira-se ao paço e ali obtivera de D. Miguel a libertação dos presos, que se encontravam em Peniche. Apesar de terem sido capturados por ordem sua (por ter sido «mal aconselhado», diz Antónia, que absolve sempre as pessoas dos monarcas das suas responsabilidades, quando agem manifestamente mal), D. Miguel cedera perante os argumentos de Francisco, que, falando-lhe «com aquella franqueza de um soldado, um subdito, um amigo fiel», obteve a dita libertação. Entre os militares soltos encontrava-se Teles Jordão, um dos aclamadores da Constituição de 20. Na sequência da *Abrilada*, em Maio de 1824, Francisco Henriques Teixeira — que servira durante toda a Guerra Peninsular, e fora ajudante-de-ordens de generais ingleses, merecendo-lhes oito louvores — foi mandado prender na Torre de São Julião da Barra, onde permaneceu por dezoito meses, durante os quais foram reconhecidos pelos seus opositores políticos «a sua innabalavel coragem, e nobreza de caracter».[198] Não obstante a sua aparentemente escassa instrução literária — sabia francês e tinha alguns conhecimentos

[197] AGP, sem título, *Illustração popular*, vol. 2, n.º 13, 1867, pp. 49–50.

[198] *Ibid.*, pp. 49–50.

de geometria —, Francisco parece ter sido o único dos três maridos a merecer a admiração de Antónia Gertrudes. Todas as referências que lhe fez denotam a elevada consideração em que o tinha.

Depois da prisão, que durou dezoito meses, Francisco Henriques Teixeira conheceu o exílio em Vila Boim, Elvas. Em 1826, juntou-se ao marquês de Chaves e foi provido no posto de quartel-mestre general do exército de D. Miguel. Passou depois à emigração em Espanha, onde foi muito bem acolhido pelo rei, Fernando VII, irmão de D. Carlota Joaquina. Com o regresso de D. Miguel a Portugal, Francisco foi chamado e autorizado a regressar ao País, de onde saíra por ter abraçado a causa miguelista. Em 19 de Setembro de 1828, pediu a D. Miguel que o restituísse no posto de seu ajudante-de-ordens.[199] Foram-lhe atribuídas várias comissões, entre elas, a de inspeccionar as ordenanças (era maioritariamente irregular o exército realista) e a de formar o novo regimento de Infantaria de Lisboa (uma vez que o Regimento 4 se tinha «revolucionado»). Quando uma esquadra francesa, em 1831, ameaçou bombardear Lisboa, Francisco acorreu a Belém a avisar D. Miguel, que o incumbiu de dialogar com os franceses. Usando da sua diplomacia, não só modificou os ânimos desfavoráveis do almirante barão de Rossen, levando-o a poupar a cidade, como lhe mereceu as seguintes palavras: «Se todos que cercam o vosso rei, fossem como vós, mr. Teixeira, D. Miguel ficaria sendo o rei de Portugal». Antes de deixar Lisboa, o almirante foi mesmo a casa de Francisco despedir-se. O casal morava então na Rua São João da Mata, à Estrela. Reconhecido a Francisco pela sua diligência, e vendo que o cavalo em que montara para ir a Belém pô-lo a par do que se estava a passar não se encontrava em bom estado, D. Miguel ofereceu ao seu ajudante-de-ordens «um lindo cavallo negro em que montava».[200]

---

[199] Requerimento de Francisco Henriques Teixeira a D. Miguel, 19.9.1828. AHM — cx. 66, pç. 2.

[200] AGP, sem título (continuação), *Illustração popular*, vol. 2, n.º 14, 1867, p. 55.

Noutra ocasião, Francisco Henriques Teixeira revelara novamente o seu bom carácter e intrepidez. Tendo sido nomeado presidente do conselho que investigaria a revolta dos soldados do Regimento 4, vendo que o conselho de guerra intentava condenar à morte os implicados na sublevação, procurara D. Miguel. Pelas 5 horas de uma madrugada de Agosto de 1831, de uma janela do Palácio de Queluz, avistara-o passeando pelos jardins. Saltando pela janela, abordara-o, em defesa dos oficiais e dos soldados que aguardavam, presos, a bordo da nau *Cabria*, a sentença de morte. Fez ver a D. Miguel que, se alguém devia sofrer punição, era o comandante do Regimento, que se acobardara, refugiando-se numa cavalariça, quando deveria ter enfrentado os seus subordinados sublevados, e que fora ouvido a dizer que brevemente passaria a integrar as forças de D. Pedro. Sensível ao que lhe narrava o seu ajudante-de-ordens, D. Miguel poupara a vida dos insurrectos e distribuíra-os por várias unidades.[201]

A 30 de Junho de 1832, Francisco Henriques Teixeira anteviu o desembarque das forças liberais em Arnosa de Pampelido, a escassos dias de se concretizar. Numa recepção dada nesse dia no Paço da Ajuda, aconselhara o conde de Barbacena a deixar-se «de cordões» (Barbacena criara-os nas praias das Maçãs e Ericeira, a fim de impedir o desembarque do exército liberal) e a prestar atenção ao Porto. Poucos meses depois, e a alguns dias da sua morte, quando se encontrava já muito doente, traçara o que previa vir a ser o percurso das forças liberais para tomar Lisboa. E esse traçado correspondeu à marcha das tropas vitoriosas até à capital do Reino. Como refere Antónia Gertrudes, o marido traçara muitos planos de guerra e entendia-os bem.[202]

A 7 de Outubro de 1832, pouco tempo antes de o pai adoecer, nasceu Miguel Pusich Henriques Teixeira, que, à semelhança de tantos infantes nascidos nos últimos anos de 20 e nos primeiros de 30, também foi

---

[201] *Ibid.*, p. 55.

[202] AGP, sem título (continuação), *Illustração popular*, vol. 2, n.º 16, 1867, p. 62.

apanhado por esta quase monomania onomástica. No assento do seu casamento com a madeirense Júlia Umbelina, faz-se menção à freguesia do Lumiar como a da sua naturalidade[203], confundindo-se o local do nascimento com o do (segundo) baptismo. Uma vez que a mãe acompanhou as forças miguelistas e que estas estiveram na época estacionadas em Peniche, Miguel ali nasceu. Foi inicialmente baptizado em casa, por um cura da vila de Peniche, e só posteriormente, a 29 de Setembro de 1833, recebeu o baptismo numa igreja, a de São João Baptista, no Lumiar, quando Antónia já residia na Torre do Fato. Foram padrinhos Nossa Senhora e D. Miguel, que se fez representar na cerimónia pelo conde do Cartaxo.[204] Miguel não foi, contudo, o primeiro filho de Francisco e Antónia. Um outro menino antecedeu-o, mas morreu quando era ainda muito pequeno. Não sabemos quando nasceu, mas terá sido antes de meados de Abril de 1831 (porquanto, nesta altura, Antónia ainda produzia leite para amamentar o seu sobrinho Francisco, nascido a 13 de Abril). Quando adoeceu, D. Miguel, que era seu padrinho, ordenou que fosse tratado «com o maior disvello» em Queluz e, não tendo sobrevivido, promoveu-lhe «um pomposo funeral em coches da casa real».[205] Quanto ao primeiro filho de Antónia Gertrudes, João António Pusich de Almeida Amado, tido com o antigo ouvidor de Cabo Verde, encontrava-se matriculado no Colégio Militar em 1832. Precedera-o na instituição o seu primo António Joaquim Pusich de Matos, filho de Maria do Carmo Pusich (a primogénita de António Pusich e de Ana Isabel Nunes). Com 12 anos, contudo, João António enlevou-se pela Marinha e fez-se aspirante. Cedo trocará, no entanto, a vida militar pela civil. Em Setembro de 1839, sendo aspirante a guarda-marinha,

---

[203] Assento de casamento de Miguel Pusich Henriques Teixeira e Júlia Umbelina de Ornelas, 8.5.1858. ABM-D2/B1/E16/PE/1253 — Livro 16.º de registo de casamentos da paróquia de São Pedro (1847–1859), fls. 152v-153.

[204] Assento de baptismo de Miguel, 29.9.1833. ANTT — ADLSB-Lv B10-Cx 4 — LRB, paróquia de Lumiar (1818–1833), fl. 144.

[205] AGP, sem título (continuação), *Illustração popular*, vol. 2, n.º 16, 1867, p. 62.

pedirá demissão do serviço, apresentando como argumento a sua inaptidão física.[206] Alguns anos depois, também Miguel Pusich Teixeira frequentará o Colégio Militar e, à semelhança do irmão mais velho, também não fará carreira no Exército.[207]

Enquanto caminhava com o exército realista de Peniche para Vila Nova de Gaia, Francisco Henriques Teixeira adoeceu, pois padecia da bexiga. O general que comandava as tropas ordenou que fosse encaminhado para o hospital militar, em Pombal, ao que D. Miguel se opôs, mandando expedir uma ordem, na qualidade de comandante-em-chefe do Exército, para que fosse permitido ao seu ajudante-de-ordens, já tenente-coronel, partir para Lisboa, pois encontrava-se doente.[208] Francisco foi recuperar para casa, onde continuou a ocupar-se do regimento de Infantaria que comandava. O *cholera morbus*, contudo, surpreendeu-o e, em oito horas apenas, roubou-lhe a vida. Morreu a 9 de Junho de 1833, com 49 anos e 5 meses.

Se não foi morto por nenhum liberal, Francisco Henriques Teixeira foi-o pela peste trazida, de facto, por um navio «liberal» (*London Marchant*) procedente de Ostende, que transportava o general Solignac e duas centenas de homens que vinham participar na guerra ao lado dos pedristas. Com estes homens, chegou, a 1 de Janeiro de 1833, o cólera. O hospital militar do Porto recebeu vários doentes belgas coléricos; a 6 de Janeiro, já havia casos diagnosticados entre os habitantes da Foz, e, a 10, entre os da cidade do Porto. Sucederam-se os casos de progressão súbita da doença, em que os atingidos morriam repentinamente. Mas foi sobretudo a partir de Fevereiro que a doença se propagou mais velozmente.

---

206 Requerimento de João António Pusich de Almeida Amado a D. Maria II, 27.9.1839. AHMR — cx. 718.

207 Associação dos Antigos Alunos do Colégio Militar, *Meninos da Luz: Quem é Quem*, 2006, pp. 65 e 69.

208 Ordem de D. Miguel a Manuel Joaquim Brandão de Melo, 20.12.1832. AHM — cx. 688, pç. 13.

Em Agosto, altura em que o surto se encontrava debelado, tinham já morrido cerca de três mil e seiscentas pessoas, uma das quais, Francisco Henriques Teixeira. Segundo Bernardino António Gomes, delegado português à Conferência Sanitária Internacional de Constantinopla, o Porto foi o primeiro ponto da Península Ibérica a receber a nova doença asiática. Atendendo à mortalidade registada e ao total da população das duas principais cidades do País, o surto foi mais mortífero em Lisboa do que no Porto. Encontrando-se a cidade sitiada pelas tropas fiéis a D. Miguel, também estas não escaparam à epidemia.[209]

Antes de expirar, Francisco manifestou um último desejo: o de que Antónia levasse o filho de ambos à presença de D. Miguel, «seu principe e amigo, e como afilhado lh'o entregasse, com suas ultimas despedidas, e protestos de inabalavel fidelidade».[210] A 10 de Junho de 1833, o governador de Armas da Corte e Província da Estremadura comunicava a morte, «de molestia epidemica», de Francisco Henriques Teixeira, sepultado naquele dia no cemitério de Campo de Ourique[211] (Cemitério dos Prazeres). Informava ainda que lhe tinham sido prestadas honras fúnebres pela 1.ª Divisão do Exército de Operações.[212] D. Miguel recebeu a notícia da morte de Francisco quando estava a passar revista às tropas em Oliveira de Azeméis. Ao sargento que lhe entregou o ofício com a informação, terá dito: «bem sei! vossês perderam um pae, e eu mais ainda!». Quatro meses depois, a 11 de Outubro, aquando da retirada das tropas realistas, D. Miguel, avistando, em Loures, Antónia Gertrudes com o bebé ao colo, parou, acariciou-o e disse de modo a ser ouvido: «vá crescendo para ser

---

209 Bernardino António Gomes, *Apperçu historique sur les épidémies de choléra-morbus et de fièvre jaune en Portugal dans les années de 1833–1865*, 1866, pp. iv–vii.

210 AGP, sem título (continuação), *Illustração popular*, vol. 2, n.º 16, 1867, p. 62.

211 Construído naquele ano, dada a mortandade pelo *cholera morbus*.

212 Ofício do visconde de Peso da Régua ao duque de Cadaval, 10.6.1833. AHM — cx. 66, pç. 2.

tão honrado como seu pae».[213] E foi assim que, aos 27 ou 28 anos, Antónia se encontrou, de novo, viúva, e com dois filhos órfãos.

Quem morrera três anos antes, a 7 de Janeiro de 1830, fora D. Carlota Joaquina — sem alcançar todos os objectivos definidos pelas suas aspirações de protagonismo político, mas também sem assistir, alguns anos depois, à vitória definitiva das forças liberais, que teria deplorado. Na mulher do seu padrinho, Antónia Gertrudes deve ter apreciado a firmeza das suas convicções — afins das suas, no que respeitava o tipo de regime — e a determinação com que enfrentou e procurou mudar o rumo dos acontecimentos.

Pouco depois da morte do segundo marido, Antónia Gertrudes requereu a tutoria do filho Miguel. O menino tinha então um ano. Contrariamente ao que pelo menos nos últimos decénios de vida fará, Antónia assinou este requerimento (que parece não ter sido redigido por si) com o apelido Teixeira (Antónia Gertrudes Pusich Teixeira). A 5 de Julho de 1833, na sua casa do n.º 99 da Calçada da Estrela, assinou o termo de tutela, apresentando o pai, que ainda possuía duas propriedades na Estrela, como fiador.[214] Ainda em 1833, a mãe e uma das tias maternas de Antónia Gertrudes requereram o reconhecimento do seu direito à herança do pai, Manuel Nunes, havia muito falecido. Cumprindo o disposto no aviso régio de 9 de Março de 1814, estes bens — dinheiro e móveis — tinham ficado à guarda do Almoxarifado do Paço de Queluz, aguardando que os herdeiros se habilitassem todos à herança ou nomeassem um cabeça-de-casal. Havendo uma outra herdeira de Manuel Nunes, sua filha *natural* — Maria Umbelina da Conceição Nunes, casada, pensionista da Casa do Infantado —, o almoxarife do Paço, João Crisóstomo, hesitou em informar favoravelmente o requerimento das duas irmãs. Estas admitiram que conheciam a existência de uma outra irmã, que se ausentara havia

---

[213] AGP, sem título (continuação), *Illustração popular*, vol. 2, n.º 17, 1867, p. 66.

[214] Autos de provisão de tutela, 1833. ANTT — Feitos Findos, Juízo dos Órfãos de Lisboa, mç. 22, n.º 21, cx. 22.

muito e que, de acordo com o testemunho de várias pessoas, tinha morrido havia muito tempo. Em cerca de vinte anos nunca as irmãs haviam reclamado a herança. Se é verdade que, quando o pai faleceu, Ana Isabel Nunes Pusich se encontrava a residir no Rio de Janeiro, havia mais de dez anos que tinha regressado ao Reino. O almoxarife, a quem fora pedida informação acerca do requerimento apresentado, estranhava, por isso, que só passado todo aquele tempo viessem duas filhas reclamar a herança do pai, sem apresentarem uma procuração da terceira irmã ou o registo do seu óbito.[215] A demora na habilitação à herança justificar-se-á tanto pela agitação social e política dos anos anteriores, como pelo facto de a situação financeira muito desafogada em que ambas tinham vivido não as estimular a desencadear o processo de habilitação à herança. De maneira a dar sequência ao processo, as requerentes propuseram que a herança fosse dividida em três partes, duas das quais lhes seriam entregues, permanecendo a outra em depósito. Não sabemos se foram atendidas.

A QUEDA DOS PUSICH

A 24 de Julho de 1833 — *Julho fatal!..*[216]*/Mez d'agouro*[217] —, as forças do duque da Terceira entraram vitoriosas na capital do País. A despeito das instruções do comando das tropas liberais, a cidade ficou entregue à vingança ou simplesmente à pilhagem. Bem apelou o barão de Pernes, a cavalo, alto e bom som, as proclamações do duque da Terceira, no sentido de se manter a ordem e o sossego e de se evitarem as vindictas..., mas estas não se fizeram esperar. Antónia Gertrudes nunca perdoou que se

[215] Requerimento de Ana Isabel Nunes Pusich e Inês Adelaide Nunes, 1833. ANTT — Ministério do Reino, mç. 651, proc. 47.

[216] Decidimos manter o muito variável número de pontos (entre dois a quatro) que, presumivelmente, constituíam as reticências de Antónia Pusich. [N. do A.]

[217] AGP, «Julho e Agosto», *A Assembléa Litteraria* (AAL), n.º 35, 17.8.1850, p. 28.

tivesse abandonado a cidade aos malfeitores naquele dia — pois não tinham os presos da Cova da Moura fugido da prisão? Afirmando preferir lançar «um véo sobre o tenebroso quadro», não resistiu a apontá-lo, tal como a relatar os actos de violência e rapina que presenciou na casa da família. Quando Antónia descreveu os acontecimentos, a casa já era propriedade do conde de Tomar (António Bernardo da Costa Cabral), mas a memória dos acontecimentos continuava a flagelá-la. Foi no seu «palacio amarello», como era conhecida a grande residência da família na Calçada da Estrela, que presenciou a barbárie dos «Ladrões e assassinos» que colocaram a cidade a ferro-e-fogo.[218] Naquele dia 24 de Julho, o núncio apostólico, monsenhor Justiniani, mandara chamar António Pusich e aconselhara-o a acompanhá-lo a Itália, de modo a não sofrer represálias pelo facto de os dois genros terem combatido do lado perdedor.[219] Pusich recusara a proposta, pois, não se tendo envolvido com nenhum dos contendores e sendo estrangeiro, julgava-se ao abrigo de qualquer retaliação.[220] Durante a guerra civil, António Pusich manifestara-se «quasi neutral». Não tomara partido e não participara militarmente na contenda entre os irmãos desavindos. Tinha, contudo, as suas preferências de regime — e, por isso, Antónia menciona a sua «quasi» neutralidade —, que não

---

[218] AGP, *Biographia de Antonio Pusich [...]*, pp. 62–63.

[219] Já um núncio apostólico anterior, o cardeal Pacca, fora muito amigo de António Pusich, tendo representado D. João VI na cerimónia de baptismo de Maria do Carmo Pusich (a irmã mais velha de Antónia Gertrudes) como seu padrinho. Foi ainda este cardeal que conseguiu a Ordem do Esporão de Oiro dos Cavalos Doirados (Ordem da Espora de Ouro) para os três filhos varões de António Pusich, propondo-os ao papa para beneficiários, sem que, contudo, os jovens irmãos de Antónia Gertrudes Pusich tivessem contribuído para o engrandecimento da Igreja. Outros núncios apostólicos, como os cardeais Penachi e Franzoni, também eram amigos da família Pusich. Cf. AGP, *Biographia de Antonio Pusich [...]*, p. 62.

[220] *Ibid.*, p. 60. Contrariamente ao que fez noutros escritos, em que reiterou o portuguesismo de António Pusich, nesta passagem da *Biographia [...]*, optou por realçar a sua naturalidade estrangeira, de maneira a reforçar as razões pelas quais o pai não se tinha exilado.

teria abdicado de revelar.[221] Um documento em que as manifestou mais expressamente foi a extensa exposição que acompanhou o requerimento que dirigiu a D. João VI alguns meses depois da *Vila-Francada*. Pretendia uma demonstração régia de estima pela sua fidelidade e de aprovação pelos serviços prestados ao longo dos trinta e três anos que servira a Coroa, sobretudo aquando das suas comissões em Cabo Verde, muito em especial, a segunda, como governador da Capitania. A dado passo, imediatamente antes de narrar os acontecimentos que tinham conduzido à criação de uma junta governativa na cidade da Praia em Maio de 1822, revelava-se contrário aos princípios constitucionais, entendendo que a soberania assentava no rei e não na nação e que o poder executivo não deveria subordinar-se ao legislativo: «so em V.ª Mag.ᵉ [Majestade] reside o verdadeiro Poder Legislativo, e que tudo aquillo, que não he expressa e livremente sancionado por V.ª Mag.ᵉ, não deve ser adoptado nem obedecido». Algumas expressões que emprega no mesmo documento — «incendio revolucionario», «horrivel vulcão revolucionario» — denotam igualmente a sua muito pouca simpatia pelo movimento espontado no Campo de Santo Ovídio em Agosto de 1820.[222] Terão sido estas suas posições — mais ou menos discretamente divulgadas — que o terão feito alvo de represálias por parte dos que lhe eram desafectos. Protegido sempre pelo príncipe regente, depois rei D. João VI, António Pusich tinha todo o interesse em manter o *statu quo* na questão do regime. A filha, profundamente admiradora e influenciada pelo pai, possivelmente também seu mentor político, seguiu-lhe o pensamento. É pertinente perguntarmo-nos até que ponto a adesão dos Pusich ao absolutismo régio não se radicou, pelo menos em parte, na protecção que o rei lhes dispensava e que, com a limitação dos seus poderes, necessariamente ficaria comprometida, como, aliás, se veio a verificar. Terá sido um misto de convicção e pragmatismo.

---

[221] *Ibid.*, p. 57.

[222] ANTT — Ministério do Reino, mç. 675, proc. 34.

Antónia afirmava desconhecer se tinha sido o seu enlace com Francisco Henriques Teixeira, ou apenas a inveja ou ainda a incerteza do porvir, que tinham conduzido às perseguições de que seu pai passara a ser objecto. A campanha iniciara-se com uma peça publicada num periódico em Inglaterra, o *Paquete de Portugal*. Os seus autores — que Antónia estava convencida terem sido, anteriormente, visitas de casa dos pais — comentavam em tom crítico o brilho das suas recepções. E interrogava: deveria o pai ter deixado de organizar aqueles momentos de convívio, onde sempre tinham pontuado absolutistas e constitucionais, nacionais e estrangeiros? Por que razão haveria de ter diminuído os gastos com essas reuniões, se a sua fortuna material era considerável? Deveria ter emigrado com os liberais, se não fora até então perseguido (pelos realistas, leia-se)? Os que emigraram tinham-no feito porque sofriam a perseguição miguelista. Ora, o pai, que a não sofria e que continuava sendo estimado por D. Miguel, tal «como por todos os principes da Caza de Bragança», não tinha razões para deixar o País, expondo-se, e à sua família, a todos os desconfortos e constrangimentos. O pai não perseguira ninguém, não tinha integrado nenhum conselho de guerra que tivesse condenado alguém «*em caso grave*», nem fora beneficiado com nenhum posto ou mercê a seguir à revolução de 1820, antes ou depois de D. Miguel.[223] A este respeito, Antónia negligenciava um aspecto importante, que ajuda a compreender estas e outras perseguições de que António Pusich foi alvo. Além de dois dos seus genros (Francisco Henriques Teixeira e António de Moura Garção Stockler) terem sido destacados combatentes miguelistas, o facto de não ter, de moto próprio e rapidamente, aderido à causa constitucional enquanto estava à frente do governo de Cabo Verde, constituía um currículo pouco abonatório junto dos vencedores.

Aquando do assalto da casa, António Pusich fora poupado pela «infame populaça, que não tendo em vistas mais do que o roubo, e o gostinho

[223] AGP, *Biographia de Antonio Pusich [...]*, pp. 59–60.

de pisar os grandes»[224], não deixara, contudo, de usar de grande violência. De acordo com Antónia, a cunhada Maria Margarida Stockler só escapara de um tiro de espingarda por intervenção de um dos salteadores, que se compadeceu dela e da sua pequena filha. Também a ele se ficara a dever não ter o palácio sido incendiado. O compadecimento deste assaltante não obstou, contudo, que participasse na queima de móveis, apedrejamento de um espelho e furto de bens. Se bem que Antónia não pareça levá-lo em conta, a invasão e o saque devem inscrever-se, pelo menos parcialmente, no contexto retaliatório das atrocidades cometidas anteriormente pelos realistas.

Depois da profanação do «palacio amarello», António Pusich apresentou-se a Napier, pedindo-lhe autorização para residir na casa da quinta da Torre do Fato. Foi-lhe concedida e para lá se mudou, ao encontro da maior parte da família, que já ali se achava. Também Aires de Sá Nogueira de Figueiredo, a quem pertencia a quinta da Torre do Fato, ali permaneceu aquele tempo. A 3 de Agosto, contudo, forças miguelistas estabeleceram a sua guarda avançada junto da quinta. A família Pusich acolheu em sua casa quem lhe solicitou resguardo, independentemente do partido que seguiam. Definitivamente vencidas, a 10 de Outubro, as hostes realistas retiraram das proximidades da quinta e de outras zonas que bordejavam a capital. Foi então que António Pusich e parte da família retornaram à Estrela, enquanto Antónia Gertrudes partiu para Elvas, e sua irmã Ana se retirou com o marido. Regressado o pai à Estrela, foram-lhe restituídas as casas e bens que lhe tinham sido confiscados, pelo menos os que se tinham salvado da destruição. Entre os bens desaparecidos encontravam-se os livros de Antónia Pusich e documentos importantes, como «as scripturas de um bom praso». Tinham igualmente desaparecido os mapas que o marido elaborara com registos relacionados com as campanhas e a guerra civil. A família ficou igualmente sem receber uma herança valiosa,

[224] AGP, «Eleições», *A Restauração*, n.º 812, 18.6.1845, p. 4788.

do Brasil, porque tinham desaparecido os documentos requeridos para a habilitação[225] (esta herança era a do primeiro marido de Antónia, João Cardoso de Almeida Amado, e os documentos em falta eram os da confirmação do óbito do sogro, pai de João)[226]. Da vitória dos liberais em Julho de 1833 e do buraco negro que representou para a família, escreveu Antónia quase vinte anos depois: «Julho fatal!../Mez d'agouro,/[...]/De meus agros infortúnios/As paginas tu abriste!.../Trocaste um porvir ditoso/Em porvir medonho e triste!../O explendor que o berço deu/Teu influxo escureceu!../[...]/Em ruinas converteu/Quanto o Ceo me concedeu!../[...]/Terrenos bens me usurpaste».[227]

Com a morte de Francisco, Antónia Gertrudes perdeu os avultados rendimentos que o marido recebia da Coroa, entre eles, uma comenda «assaz rendosa» e dois ofícios — um dos quais o de escrivão da receita da sisa das carnes — que passaram ao filho do casal, o pequeno Miguel Pusich Henriques Teixeira. Foi por temer perder o soldo do marido, que receberia por inteiro, que não acompanhou os pais no regresso à casa da Estrela, optando estrategicamente por ir para junto da sogra, em Elvas. Só em Junho de 1834 regressou a Lisboa e à casa paterna. Fê-lo na companhia da infanta e ex-regente D. Isabel Maria, a quem Antónia nunca regateará elogios, pois foi, juntamente com o irmão Miguel, uma das suas protectoras.[228] Era de grande tristeza e ansiedade o ambiente doméstico, na sequência da Convenção de Évora-Monte[229], que selara o fim da

---

225 AGP, *Biographia de Antonio Pusich [...]*, pp. 64–65.

226 Carta de Antónia Gertrudes Pusich para Rodrigo da Fonseca Magalhães, s.l. [Lisboa], s.d. [post. 1851–ant. 10.1.1854], p. 1. BNP — MR, Esp. 21, cx. 80.

227 AGP, extracto do poema «Julho e Agosto», AAL, n.º 35, 17.8.1850, p. 28.

228 «Serei eternamente grata aos favores, ás distincções, com que a senhora infanta D. Izabel e o senhor D. Miguel de Bragança me honraram sempre, especialmente durante meus infurtunios, quando longe de meus paes». *Ibid.*, pp. 65–66.

229 Tomando conhecimento da entrada vitoriosa do duque da Terceira em Lisboa, D. Miguel estacionou em Santarém, a fim de preparar as suas forças para atacar a capital. Saldanha (que, mais tarde, Antónia tanto encomiará) foi, no entanto, cercando

guerra, com a definitiva vitória liberal e a expulsão do País de D. Miguel de Bragança:

> meus adorados paes [...] viram elles chegar suas infelises filhas, uma (eu) viuva com dois filhos orfãos e sem fortuna; outra (minha irmã D. Anna) com seu marido auzente, pois fôra para a Italia, tendo três filhos menores; a esposa de meu irmão Jeronimo[230] com duas filhas d'este, e elle na India, emfim toda esta numerosa familia, filhos, netos, parentes em diversos graos, e antigos servos, se reuniu em torno do seu chefe, e unico esteio!... Era uma tribu infeliz, escapando aos horrores das tempestades [...][231]

A mãe, «antes tão forte de animo» (teria já recuperado parcialmente da depressividade que a acometera depois da morte de João e Pedro), ensimesmara-se. A seu pedido, toda a família regressou à casa da Torre do Fato. Ao mencionar este regresso, Antónia não deixou de introduzir um parêntesis menos dramático, dizendo que constava que era ali que D. João V se despojava da real indumentária para, sob disfarce, se acercar do convento de Odivelas.[232] Em 1835, Antónia habilitou-se ao montepio do pai. Sendo filha legítima de António Pusich e de Ana Maria Isabel Nunes e encontrando-se viúva e sem perceber qualquer pensão por parte do falecido marido, reunia as condições para beneficiar do montepio

Santarém e dificultando o abastecimento de víveres à cidade. Terceira, que, depois de entrar em Lisboa, partira para norte, foi descendo o País e, ao aproximar-se de Santarém, forçou D. Miguel a fugir para sul, aquartelando-se em Évora. Por isso se assinou aqui a Convenção (ou Concessão) de Évora-Monte.

230 Maria Margarida de Mendonça Stockler.

231 AGP, *Biographia de Antonio Pusich [...]*, p. 66.

232 *Ibid.*, pp. 66–67.

paterno.[233] António Pusich incutiu nos filhos o mesmo espírito previdente de que era dotado. Apesar de ser solteiro e não ter filhas legítimas que pudessem beneficiar dos descontos que fizesse, Pedro António Pusich canalizava parte do seu vencimento para o montepio militar. Dele parece ter beneficiado a sua irmã Ana Isabel, a quem, logo em 1825, se fez o assentamento daquela pensão (Pedro morrera em Benguela dois anos antes). Ana Isabel era, à época, a única das irmãs que ainda se encontrava solteira e, por isso, nas circunstâncias de a receber.[234]

Quanto a Maria do Carmo (a irmã mais velha de Antónia Gertrudes), parece ter sido a única das filhas de António Pusich a quem nunca afligiram constrangimentos financeiros. Vivia em Lisboa com o único filho, António Joaquim Pusich de Matos, que estudava no Colégio Militar. Tudo indica que já há vários anos vivesse separada do marido, Joaquim António de Matos, que permanecera em África e ali constituíra uma outra família, sem que, no entanto, alguma vez tivesse deixado de prover ao sustento de Maria do Carmo e do filho António Joaquim. Não se conhecem referências documentais a Maria do Carmo em Bissau, onde o marido estabeleceu uma relação conjugal prolongada com Júlia da Silva Cardoso, uma poderosa mulher da Guiné, de quem teve filhos. Apesar de, com forte probabilidade, Antónia Gertrudes ter tomado conhecimento da existência desta família paralela do marido da irmã, nunca mencionou o facto nos seus escritos nem ele parece ter diminuído a enorme consideração e simpatia que sempre devotou a este cunhado. Aliás, foi a ligação de Joaquim António de Matos a Júlia da Silva Cardoso que, muitos anos volvidos, valeria a Antónia Gertrudes Pusich um rendimento suplementar (e também uma longa maratona burocrática), quando a sua situação financeira era angustiante. Este é um assunto ao qual retornaremos. Por ora, dizemos

233 Requerimento de Antónia Gertrudes Pusich Teixeira a D. Maria II, 27.6.1835. AHMR — cx. 769.

234 Ofício de Joaquim José Monteiro Torres ao marquês de Viana, 16.5.1825. AHMR — cx. 769.

apenas que o cunhado de Antónia Gertrudes, à semelhança dos Pusich, terá aderido à causa de D. Miguel. Di-lo, entre outros, José Joaquim Lopes de Lima, que, antes de ser deputado, foi secretário do Governo-Geral de Cabo Verde, do qual o da Guiné era subalterno, e pôde conhecer muito bem as figuras cimeiras da Província e as suas predilecções de regime.[235]

Algumas referências de Antónia Gertrudes na biografia paterna confirmam-nos que a coabitação de Joaquim António de Matos e Maria do Carmo Pusich se cingiu aos primeiros anos de casamento e que, muito antes da sua morte, também ocorrida na capital, em 1840, Maria do Carmo já residia em Lisboa, se bem que em sua casa e não na dos pais. Uma delas é a sua presença na Torre do Fato, num serão em família e com os amigos e vizinhos Maria do Patrocínio Vieira de Abreu de Vasconcelos e o marido, Aires de Sá Nogueira de Figueiredo (irmão do visconde de Sá da Bandeira), plausivelmente no Inverno ou início da Primavera de 1835. Maria do Carmo, a irmã mais nova, Ana Isabel, e uma sobrinha cantavam ao piano uma ária de uma ópera italiana, quando terão visto passear-se pelo salão «uma dama em galas», o que as levou a gritar de susto. A «dama em galas» já teria sido anteriormente avistada naquela casa, por uma caseira, uma irmã desta e uma criada da família, tendo as três morrido pouco depois. Não era, certamente, uma visão reconfortante e foi interpretada como mais um dos maus presságios acerca da morte da mãe de Antónia. O pai prenunciara que a sua companheira de quarenta anos morreria na casa da Torre do Fato. Para além dos seus padecimentos morais, que eram resultado da adversidade que recaíra sobre a família, Ana Isabel Nunes vinha igualmente sofrendo de hemorragias. Tendo-se agravado o seu estado, a família mandou chamar um reputado médico de então, mas, enquanto aguardava a sua chegada, um cirurgião das redondezas operou a mãe. A operação terá corrido tão mal que, quando

[235] Correspondência de Joaquim José Lopes de Lima a Francisco Simões Margiochi, 25.5.1834. AHU — ACL-SEMU-DGU-RC-Cabo Verde, cx. 53.

o médico finalmente chegou, recomendou à família que Ana Isabel Nunes fosse sacramentada, pois a sua morte estava iminente. Adiantou ainda que, se a cirurgia não tivesse tido lugar, a doente poderia ter vivido largos anos. Assim, sobreviveu apenas uma semana, tendo-se finado a 4 de Maio, depois de se despedir da família. Foi sepultada no cemitério do Lumiar. Antónia recorda a beleza e a elegância da mãe, e igualmente o seu brio e orgulho, que lhe permitiram resistir à desventura. Fora, segundo a filha, um modelo de coragem e de resignação cristã.[236]

Seis dias depois de a matriarca da família se ter despedido da vida, uma neta, a quem deram o nome da avó (e da mãe), não tardou a anunciar a sua chegada ao mundo.[237] Na falta de uma parteira, foi Antónia Gertrudes quem assistiu ao parto. Nos anos seguintes, foi a pequena Ana Isabel o principal refrigério para o sofrimento do enlutado avô. O seu casamento durara quarenta anos e fora uma «exemplarissima união», cujo fim destroçou aquele que lhe sobreviveu, António Pusich. Por pressão de Antónia e das irmãs (mais uma vez, a confirmação da presença de Maria do Carmo em Lisboa), o pai regressou à casa da Estrela, onde visitas amiúdes lhe poderiam distrair o pesar pela morte da mulher.[238]

Impõe-se um parêntesis em torno do matrimónio de Ana Isabel Pusich e António Nicolau de Moura Stockler. Casaram-se, como se disse, em 1829, e, entre 1831 e 1835, tiveram pelo menos três filhos: Francisco, António e Ana, esta última, a menina que Antónia ajudou a nascer. Durante a guerra, Ana Isabel e o primeiro filho acompanharam

---

236 AGP, *Biographia de Antonio Pusich [...]*, pp. 68–70.

237 Antónia Gertrudes menciona oito dias, mas o assento de baptismo da menina regista seis. Estando este temporalmente muito mais próximo do acontecimento, talvez deva merecer-nos mais confiança (apesar de a proximidade temporal não ter logrado evitar os inúmeros erros e imprecisões que enxameiam os registos paroquiais, como é sabido). Cf. assento de baptismo de Ana (Isabel), 17.5.1835. ANTT — ADLSB-Lv B11-Cx 4 — LRB, paróquia de Lumiar (1834–1852), fl. 10.

238 AGP, *Biographia de Antonio Pusich [...]*, p. 71.

António Nicolau, combatente por D. Miguel. Depois da Convenção de Évora-Monte, António exilou-se em Itália — pelo que Antónia adianta, para escapar às represálias dos vencedores.[239] No assento de baptismo de Ana, em Maio de 1835, o casal aparece como residente na Torre do Fato. Será que António de Moura ainda não tinha partido? Quando o fez? E por que razão partiu sem Ana Isabel? Pelo facto de os filhos serem ainda muito pequenos? Encontrar-se-ia Ana Isabel grávida ou puérpera? É provável, mas, mesmo anos depois, quando António Pusich e Ana Isabel Nunes morreram, e António Nicolau mandou chamar os três filhos, Ana Isabel permaneceu em Portugal. Não só os não acompanhou, como terá tido ainda pelo menos mais dois filhos[240]: do jurista João António Lobo de Moura, deputado às Cortes, diplomata e futuro visconde de Moura, teve, em 1840, João Eduardo Lobo de Moura, igualmente jurista e um dos homens do Cenáculo; de D. Nuno Manuel, conde de Bobadela, teve Maria das Dores Manuel em 1848. Uma vez que a mãe era casada (António Nicolau sobreviveu-lhe, morrendo apenas em 1865), a paternidade destes filhos seria atribuída ao marido, António de Moura Stockler, pelo que João e Maria foram registados como filhos de mãe incógnita.[241] A relação entre os Stockler e os Pusich, ou pelo menos entre os Stockler e Antónia Gertrudes não parece ter sofrido grandemente com a separação de António Nicolau e Ana Isabel, nem com as maternidades extraconjugais desta. Demonstram-no o facto de uma irmã de António, Maria Margarida, que se casara com Jerónimo Pusich, ter-se mantido muito próxima de Antónia, da qual foi colaboradora em dois dos jornais por ela fundados, *A Assembléa Litteraria* e *A Beneficencia*. Já nos finais dos anos 50, vemos a mesma cunhada pedir-lhe que intercedesse a favor de um compadre junto

239 AGP, «O genio tem por patria o universo», AB, n.º 35 (2.ª série), 15.6.1855, p. 4.

240 Cf. Jorge Forjaz, *op. cit.*, p. 265.

241 Assento de baptismo de João (Eduardo), 13.10.1840. Assento de baptismo de Maria, 27.2.1848. ANTT — ADLSB-Lv B12-s/cx — LRB, paróquia de Mercês (1840–1848), fls. 14 e 103, respectivamente.

de António Feliciano de Castilho, de quem Antónia era amiga, correspondente e colaboradora.[242] Por seu turno, o cunhado continuou a merecer a Antónia as mais respeitosas referências[243], e quanto ao primogénito do casal, o sobrinho Francisco, devotava-lhe mesmo grande afecto, pois fora ela quem primeiro o amamentara.[244] Quanto aos filhos adulterinos da irmã, Antónia não lhes faz menção nos seus escritos.

O TERCEIRO CASAMENTO A E MORTE DO PAI

No solo cahida… ai triste,
Sem amparo fiquei só![245]

Com 30 ou 31 anos e viúva havia três, Antónia Gertrudes voltou a casar-se, desta feita, com um partidário das — e combatente pelas — ideias liberais, José Roberto Garcês de Melo Araújo Fernando e[246] Almeida. José Roberto era cavaleiro-fidalgo e oficial do exército de D. Maria II. Filho do igualmente cavaleiro-fidalgo Jerónimo de Melo Fernando e Almeida e de Ana Teodora da Silva Abreu Magalhães, também era viúvo quando se matrimoniou com Antónia, a 6 de Abril de 1836. Foram testemunhas do enlace o major de Infantaria José Manuel Sacoto Galache, do Ministério

---

242 Carta de Antónia Gertrudes Pusich para António Feliciano de Castilho, Luz, 25.7.1859, pp. 1–6. ANTT — CC, cx. 63, mç. 2, n.º 145.

243 Quando menciona a sua morte, em Itália, qualifica-o de «honrado». Cf. AGP, *Biographia de Antonio Pusich […]*, p. 79.

244 Cf., por exemplo, AGP, «O genio tem por patria o universo», AB, n.º 35 (2.ª série), 15.6.1855, p. 4.

245 AGP, «O mez de fevereiro. Canção mysteriosa», AB, n.º 6 (2.ª série), 1.2.1854, p. 3.

246 Se bem que no assento de casamento surja «*de* Almeida» e não «*e* Almeida», esta é a fórmula mais presente na documentação coeva alusiva ao terceiro marido de Antónia Gertrudes Pusich e aos respectivos descendentes, motivo por que a usamos neste estudo.

e Secretaria de Estado dos Negócios da Guerra, e o alferes José António da Silva Sanches[247], do extinto Batalhão Provisório de Cabo Verde.[248] À semelhança do que acontecera com o seu segundo casamento, também este se apresentava muito favorável do ponto de vista da relação de forças política na época em que foi celebrado. Antónia escolheu os dois últimos maridos do lado para que a sorte das armas pendia. Teria este intento presidido à sua escolha? Afirmava-se afortunada por ter sido objecto das intenções matrimoniais de José Roberto — «Foi sorte minha tornar a casar; um cavalheiro de illustre nascimento, empregando os maiores excessos, alcançára a minha mão d'esposa»[249] —, não nos revelando, contudo, se o amor tivera algum papel importante no seu assentimento. Antónia precisava de protecção — para si e seus filhos — e o casamento com um homem «do sistema», que tinha sofrido a emigração com Palmela e Terceira, colocá-la-ia, e à família, ao abrigo de mais vindictas. Seria pelo menos o que se esperava. Acerca do seu casamento com José Roberto, Antónia diz que resultou da pressão de outros («persuadida a ligar seus destinos a um official» liberal)[250], mas as maiores pressões terão sido as decorrentes da precariedade financeira que a ameaçava — viúva e com parte dos bens paternos sequestrados — e da dificuldade que antevia de garantir aos filhos uma posição favorável.

Mais uma vez, contudo, o que parecia vir facilitar a sua vida e a da família rapidamente se revelou tormentoso, tendo-se o triénio 1836–1838

---

[247] Assento de casamento de Antónia Gertrudes Pusich e José Roberto Garcês de Melo Araújo Fernando de Almeida, 6.4.1836. ANTT — ADLSB-Lv C13-56 — LRC, paróquia de Santa Isabel (1830–1842), fl. 163.

[248] Trata-se do batalhão miguelista, sublevado, que, em Março de 1835, saqueando e matando, tinha colocado a ferro-e-fogo Vila da Praia, em Cabo Verde. Foi a actuação deste batalhão que levou ao afastamento do grande inimigo de António Pusich (Manuel António Martins) da Prefeitura (Governo) de Cabo Verde.

[249] AGP, *Biographia de Antonio Pusich [...]*, p. 72.

[250] AGP, sem título (continuação), *Illustração popular*, vol. 2, n.° 17, 1867, p. 66.

revelado particularmente doloroso para Antónia. Logo no ano em que se casou, Antónia foi protagonista de mais um drama. José Roberto envolveu-se na Revolução de Setembro e terá sido persuadido a sair imediatamente do País, sem aguardar a permissão que solicitara. Dirigiu-se a Itália, onde foi preso, em Livorno, por se suspeitar que tinha viajado com o fito de matar D. Miguel, que ali se encontrava exilado. Foi então que a intervenção de Antónia se revelou decisiva. Logo em Setembro de 1836, «voou» para Roma a interceder pelo marido, «soffrendo em dez mezes de peregrinação os mais arduos incommodos». O arcebispo de Évora contactou D. Miguel[251], que, encontrando-se em Tivoli, percorreu os quilómetros que o separavam da Cidade Eterna, a fim de se encontrar com a viúva do seu antigo ajudante. Recebeu-a em casa do marquês de Lavradio, colocado como agente diplomático português em Roma durante o reinado/*usurpação* miguelista. D. Miguel deu dinheiro a Antónia e acelerou a partida de Itália de José Roberto e Melo. Isto, como Antónia não deixou de frisar, mesmo sabendo que o seu terceiro marido combatera pela causa de seu irmão e de sua sobrinha. Antónia relatou ainda outro episódio deste encontro. Tendo-se ela feito acompanhar pelo filho do seu segundo casamento, D. Miguel acariciara-o e, antes de o abençoar (era seu padrinho), comentara com o marquês de Lavradio: «é o vivo retrato do meu Teixeira». Antónia, claro, recebeu estas manifestações de amizade de D. Miguel como «as mais honrosas distincções».[252] Devia, pois, ao «amigo d'infancia»[253] e a Carlos Alberto (o rei da Sardenha, que se exilaria no Porto em 1849) a libertação de José Roberto. Antónia revelava-se igualmente muito grata a Bilioti (ou Billiote), o chefe da polícia

[251] Ficando mais uma vez patente a relação privilegiada dos Pusich com os altos dignitários da Igreja.

[252] *Ibid.*, p. 66.

[253] Assim se refere a D. Miguel no poema que lhe dedicou após a sua morte. Cf. AGP, «Á saudosa memoria do Sr. D. Miguel de Bragança: Homenagem», *Illustração popular*, vol. 2, n.º 21, s.d., pp. 81–82.

de estrangeiros de Livorno, que a cumulara de gentilezas. E tão grata se manifestava, que o imortalizou numa das suas peças (*Constança. Drama em 3 actos*), dando o seu nome a uma das personagens, caracterizada como «modelo de virtudes e alta beneficencia».[254] Quem lhe movera uma furiosa perseguição, por julgá-la uma «temivel revolucionaria», fora o cônsul português em Livorno.[255] Nesta viagem, Antónia Gertrudes passou também por Londres, onde endereçou uma carta ao então responsável pelos Negócios Estrangeiros britânico, lorde Palmerston, que lhe respondeu.

Quando finalmente regressaram a Portugal, dez meses depois de Antónia ter partido com os filhos, o marido foi preso por *chamorro*: ou seja, em Itália, sofrera, porque o criam um liberal radical; em Portugal, porque o supunham partidário da Carta Constitucional.[256] Não havia uma unidade no pensamento liberal, antes diferentes correntes, que, mobilizadas para um objectivo comum — o fim do absolutismo —, depressa manifestaram as suas divergências logo que esse objectivo congregador foi atingido. Do seu tormento durante a prisão de José Roberto, Antónia disse:

> Mas eu padeci mais ainda, pois elle gemia n'uma prizão, e eu affrontava os mais duros trabalhos, a quem nem por sonhos imaginei que podesse resistir! Por soes e chuvas, em longos caminhos, no rigor das estações, com os meus filhinhos, um nos braços outros ao lado! Pude salval-o, sendo eu a sua unica advogada!!... unico amparo d'elle e dos innocentes filhinhos![257]

---

[254] AGP, «Observações», em *Constança. Drama em 3 actos*, 1853, s.p.

[255] AGP, sem título (continuação), *Illustração popular*, vol. 2, n.º 17, 1867, p. 66. *Biographia de Antonio Pusich [...]*, p. 72.

[256] *Biographia de Antonio Pusich [...]*, pp. 72–73.

[257] *Ibid.*, p. 73.

Antónia não se inibia de se revelar como a salvadora do marido. Ele, que não «conservou [...] a coragem, o sangue frio». Foi então que contou com a protecção de D. Fernando e dos que na altura detinham o poder, e que intervieram para libertar José Roberto. O então visconde de Sá da Bandeira, «a quem a politica não endureceu o nobre coração», salvou o marido das perseguições que lhe moveram os seus próprios correligionários políticos.[258] Os Pusich tinham sido vizinhos de um irmão de Sá da Bandeira (Aires de Sá Nogueira de Figueiredo) na Torre do Fato, onde este residia no seu palácio e quinta. Além de vizinhos, eram muito amigos, tendo sido a cunhada de Sá da Bandeira, Maria do Patrocínio, e uma sua tia, quem acompanhara a família no luto pela morte da mãe de Antónia. É possível que, transcorridos alguns anos, tenha sido esta amizade que valeu a protecção de Sá da Bandeira ao terceiro marido de Antónia.

Nesta altura, Antónia encontrava-se no final de mais uma gestação e teve de enfrentar um parto muito difícil, que foi acompanhado pelo facultativo António Joaquim de Sousa Freitas. Mas a dor mais acutilante foi a sofrida com a morte de um dos seres que manifestamente mais amou. António Pusich, que, depois da morte da mulher, fixara de novo residência na Estrela, ali permanecera com as duas irmãs de Antónia, ambas com os maridos longe — o da mais velha, na Guiné; o da mais nova, em Itália —, a nora e os netos. Quando tratou do processo de inventário dos seus bens (Ana Isabel Nunes deixara um herdeiro menor, António Ward Pusich, o filho de João António Pusich e de Maria Carlota Ward), percebeu, com surpresa, que a contadoria da Marinha não lhe tinha registado o soldo dos últimos anos. A justificação para o facto era terem-no considerado abrangido pelo decreto de Setembro de 1833, de acordo com o qual passaram a ser considerados como demitidos todos os oficiais militares que não se haviam reunido adentro das linhas de Lisboa durante o cerco dos partidários de D. Miguel, concentrados muito próximo da casa

[258] *Ibid.*, pp. 73–74.

da Torre do Fato. Ora, questionava Antónia Gertrudes, esperava-se que um quase octogenário, rodeado de dezassete mulheres e crianças, «rompesse por numerosas falanges enthusiasmadas, e procurasse entrar em Lisboa?!» Porque não tinham avisado seu pai da existência do decreto? Porque não o tinham oficiado para se recolher à capital, quando era do conhecimento das chefias militares que se encontrava na Torre do Fato, aliás, com autorização do almirante Napier? Apanhado de surpresa, o golpe atingiu profundamente o pai. Ao vizinho Aires de Sá Nogueira sucedera o mesmo, mas este vivera o tempo necessário para assistir à reparação da situação causada por tão arbitrário decreto.[259] Sabendo-se demitido da Marinha, António Pusich sucumbiu moralmente, ao que se terá seguido o colapso físico. Dizia Antónia que a sua robustez física era tal que teria atingido a idade centenária se estes acontecimentos não lhe tivessem apressado o fim da vida. De nenhuma doença padecia; apenas «se resentia [*sic*] de um leve tremor nervoso na mão direita». A genética era-lhe favorável, pois a mãe morrera com 110 anos. Fora a «ardente lava do infernal vulcão» político, cozinhada com sentimentos de invídia e cupidez que o levara precocemente à sepultura.[260] Perguntava-se Antónia se este tratamento indigno reservado ao pai teria tido origem no facto de, uma vez finda a guerra, ter acolhido as filhas e os netos, ou seja, as mulheres (no caso de Antónia, a viúva) e os filhos de duas importantes figuras das forças miguelistas. Ou tê-lo-ia tido na boa relação de António Pusich com D. Miguel? Mas, acrescentava, essa boa relação era extensível às infantas irmãs de D. Miguel e à imperatriz D. Leopoldina, primeira mulher de D. Pedro; o próprio D. Pedro o convidara a regressar ao governo de Cabo Verde...

Como fará sempre que estavam em causa determinações régias que considerava reprováveis, Antónia responsabilizava os conselheiros dos

[259] AGP, *Biographia de Antonio Pusich [...]*, pp. 74–75.

[260] *Ibid.*, p. 86.

monarcas. No caso, tinham sido os de D. Pedro, que, aproveitando-se do seu afastamento do Reino, tinham conseguido manietá-lo. Estava convicta, ou assim o manifestava, de que D. Pedro teria revogado o decreto logo após a Convenção de Évora-Monte se o seu próprio infortúnio pessoal e a conflitualidade reinante não tivessem absorvido a sua atenção. Afirmava respeitar «a memoria do imperador» e acreditar que, se ainda vivesse, saberia distinguir entre os súbditos os merecedores da sua confiança.[261] Os seus «queixumes [...] não se dirigem, por modo nenhum, contra o augusto regente que assignou um decreto fatal», mas antes «contra aquelles que, aproveitando a confusão e o ardor de uma guerra civil, causaram a ruina de uma familia inteira — o que decerto não teria acontecido se tres mezes depois do infausto decreto» não tivesse ocorrido a morte do duque de Bragança.[262] Quando a revogação chegou, o mal estava consumado. É possível que Antónia estivesse mesmo convencida da inocência de D. Pedro e de que agira apenas por mau aconselhamento; mas também o é que se forçasse nesta convicção para não ferir a susceptibilidade dos seus descendentes e da família real em geral, de quem era protegida.

António Pusich morreu repentinamente às 3 horas da manhã do dia 7 de Fevereiro de 1838[263], na casa da Estrela, sem testamento nem sacramentos[264], por não ser esperada a sua morte. Tinha 77 anos e deixou cinco herdeiros: os filhos Jerónimo António Pusich, ausente em Goa, Maria do Carmo Pusich, Antónia Gertrudes Pusich Teixeira e Ana Isabel Pusich Stockler, e um neto menor de 18 anos, António Ward Pusich, filho de João António Pusich. Antes, pedira a uma criada para que chamasse Antónia, que estava noutro quarto. Mas, desta derradeira vez, «*Antonina*» não pôde comparecer, nem chegou mesmo, na altura, a ser informada

---

261 *Ibid.*, pp. 76–77.

262 *Ibid.*, p. VI.

263 Assento de óbito de António Pusich, 7.2.1838. ANTT — ADLSB-Lv O11-80 — LRO, paróquia de Santa Isabel (1833–1843), fl. 144v.

264 *Ibid.*, fl. 144v.

de que o pai a convocava. Encontrava-se no complicado trabalho de parto da filha Antónia (Pusich de Melo). E António Pusich finou-se, sem ter junto de si a sua «*dilleta*». Quem coabitou com os Pusich até à morte do patriarca foi frei José Rebelo, capelão e confessor da família, que muitos anos antes e, segundo Antónia Gertrudes, por sugestão de António Pusich, acompanhara a Espanha as infantas portuguesas Maria Isabel e Maria Francisca, que se matrimoniaram com Fernando VII e seu irmão Carlos.[265]

Antónia acabou por sobreviver ao pai quarenta e cinco produtivos — mas penosos — anos, nos quais, no seu inexcedível amor filial, se manifestou sempre muito reconhecida a quem participava da mais cara das suas causas — a do reconhecimento público da dimensão do pai. Não deixará mesmo de evocar José Estêvão (Coelho de Magalhães), um dos deputados da ala parlamentar mais à esquerda, co-fundador de *A Revolução de Septembro*, a quem considerava «verdadeiro liberal», «nobre campeão da honra e do merito», por ter diligenciado no sentido de se fazer uma justificação, naturalmente apologética, em que várias figuras depuseram em homenagem a seu pai.[266] O juiz da justificação foi José Bernardo da Silva Cabral, o primeiro conde de Cabral, irmão de António Bernardo da Costa Cabral. Entre vários outros cargos e distinções, José Bernardo da Silva Cabral virá a sobraçar a pasta da Justiça e dos Negócios Eclesiásticos. Antónia diz que foi anos depois da justificação que José Bernardo passou a integrar o rol dos amigos da família, tal como seu filho, Eduardo Augusto da Silva Cabral, segundo conde de Cabral, que apadrinhará Eduardo, um dos netos de Antónia. O pai tinha sido,

[265] *Ibid.*, pp. 69–70.

[266] Aquando da reacção absolutista, José Estêvão emigrou juntamente com outros liberais e participou no desembarque do Mindelo. Foi depois eleito deputado em várias legislaturas, destacando-se pelos seus dotes oratórios. Uma sobrinha de Antónia — Maria das Dores, filha de Ana Isabel Pusich e do conde de Bobadela, D. Nuno Manuel — teve-o como padrinho de baptismo.

«alfim, desafrontado pelos proprios liberaes», que lhe tinham retirado «da fronte inanimada a injusta corôa de espinhos, e cingindo-a de loiros».[267] A reabilitação do nome paterno só em parte satisfazia Antónia, uma vez que o reabilitado não a testemunhara.

AS ÚLTIMAS GESTAÇÕES E A SEPARAÇÃO

A 5 de Fevereiro de 1839, perante o juiz de Paz da freguesia de Santa Isabel, reuniu-se o conselho de família do menor António, filho de João António e de Maria Carlota, a fim de inventariar os bens do casal António Pusich e Ana Isabel Nunes Pusich, de que era cabeça-de-casal a filha primogénita, Maria do Carmo Pusich. No ano seguinte, foi a própria Maria do Carmo a findar os seus dias e a avolumar o luto da família. Foi por volta da uma hora do dia 17 de Fevereiro de 1840, quando contava apenas 38 anos.[268] A irmã mais velha de Antónia deixou um filho, de 17 anos, António Joaquim Pusich de Matos, cuja morte, um quarto de século mais tarde, envolveria Antónia, na qualidade de sua herdeira, num processo de habilitação a uma ilha do arquipélago dos Bijagós. É possível que a morte do avô e da mãe tenha alterado a sua trajectória, levando-o à costa de África. Desconhecemos a data em que este sobrinho de Antónia deixou o Reino e se fixou na Guiné, onde o pai residia pelo menos desde os anos 20. A morte de Maria do Carmo ocorreu no n.º 56 da Rua do Patrocínio, em Lisboa, casa onde Antónia Gertrudes residia ainda alguns meses depois, aquando do baptismo da filha Ana Isabel Filomena. Estaria Maria do Carmo a coabitar com a irmã e o cunhado José Roberto ou tê-la-á o casal acolhido por se encontrar doente e o marido estar ausente? Ou estaria a família de Antónia a residir na casa da irmã, casada com um

---

[267] AGP, *Biographia de Antonio Pusich [...]*, pp. 80–81.

[268] Assento de óbito de Maria do Carmo Pusich (de Matos), 17.2.1840. ANTT — ADLSB-Lv O11-80 — LRO, paróquia de Santa Isabel (1833–1843), fl. 173v.

homem abastado? Não seria fácil a José Roberto Fernando e Almeida, com o seu soldo de capitão de Infantaria, sustentar-se, à mulher, aos filhos desta e aos comuns.

Quem Maria do Carmo já não conheceu foi a sobrinha Ana Isabel Filomena, filha de Antónia e de José Roberto, que nasceu a 13 de Agosto e foi baptizada um mês e meio depois, contrariando a tradição familiar de um curto intervalo de dias entre o nascimento e o baptismo. Os padrinhos de Ana foram Nossa Senhora da Conceição e o cabo-verdiano Teófilo José Dias[269], figura proeminente das ilhas e inimigo de Manuel António Martins, o grande adversário do avô da menina, antes e durante o tempo da sua governação em Cabo Verde. Apesar de afastada das ilhas havia quase vinte anos, Antónia manifestará sempre um grande carinho pelo arquipélago onde nasceu e conservará as suas amizades cabo-verdianas.

No ano seguinte, Antónia e a irmã Ana Isabel requereram que lhes fosse verificada «a sobrevivencia da pensão de duzentos mil reis que, por Decreto de 25 de Novembro de 1824 fora concedida a seu Pai Antonio Pusich, hoje falecido, com sobrevivencia para sua mulher, e tres filhas». Tendo as duas requerentes apresentado a documentação exigida, foi-lhes confirmada a pretensão. Não pagaram os mais de 40 mil réis de direitos de mercê, uma vez que já tinha recaído sobre os 200 mil réis da pensão anual uma redução legalmente estipulada. Uma vez que a mãe e a outra irmã já tinham falecido, só Antónia Gertrudes e Ana Isabel Pusich beneficiariam da pensão.[270]

Antónia Gertrudes teve ainda pelo menos mais dois partos — de Maria Amélia, nascida a 7 de Junho de 1843, e de António, de quem não encontrámos o assento de baptismo, mas que sabemos ter nascido em Dezembro de 1846. Num dos seus artigos de fundo de *A Beneficência*,

---

269 Assento de baptismo de Ana (Isabel Filomena), 1.10.1840. ANTT — ADLSB-Lv B19-s/cx — LRB, paróquia de Santa Isabel (1834–1841), fl. 161.

270 Alvará de D. Maria II, 26.2.1841. ANTT — RGM, D. Maria II, liv. 13, fl. 210.

Antónia afirmava que o seu ultimogénito tinha nascido em Dezembro[271], não indicando o ano; contudo, em Julho de 1853, disse ter um filho de quase 7 anos, e, em 1 de Maio de 1854, ter «um pequenino que apenas conta 7 para 8 annos».[272] Ou seja, o mês de Dezembro em que o seu ultimogénito nasceu foi o de 1846. Está, pois, errada a data que consta do registo de casamento de António (com Maria do Carmo Amor), celebrado em 1865. Nele, diz-se que o noivo tinha 21 anos e que era menor de idade. Se tinha 21 anos, então, teria nascido em 1844, o que não coincide com a idade apresentada por Antónia Gertrudes.

Pelo assento de baptismo de Maria Amélia, ficamos a par de mais uma mudança de residência da família, que, em 1843, já não morava na Rua do Patrocínio, mas no Largo da Estrela, n.º 14, ou seja, muito próximo da que fora a casa dos Pusich. A madrinha de Maria Amélia foi Nossa Senhora das Dores e o padrinho, o major do Exército João Soares de Sousa Ferreira de Albergaria (a quem Antónia dedicará um poema no decénio seguinte[273]), que se fez representar na cerimónia por Miguel Pusich Teixeira, meio-irmão da baptizanda, que no ano seguinte ingressaria no Colégio Militar.[274] Neste assento de baptismo, José Roberto surge já como «capitão desligado do Exercito». No assento de óbito de Antónia, é mencionado como «capitão reformado».[275] Tê-lo-á sido compulsivamente? Terá sido por doença? Antónia revela-nos que tentaram utilizar o marido para a atingir, prendendo-o de novo, mas que, mais uma vez, ela o salvara, em 1846. Num dos seus frequentes desabafos acerca do poder destrutivo das guerras civis,

---

271 AGP, «Homenagem á virtude», AB, n.º 24 (2.ª série), 1.12.1854, p. 1.

272 AGP, «Educação e instrucção militar», AB, n.º 10 (2.ª série), 1.5.1854, p. 3.

273 AGP, «Memoria», AB, n.º 18 (2.ª série), 1.9.1854, p. 4.

274 Assento de baptismo de Maria (Amélia), 7.8.1843. ANTT — ADLSB-Lv B20-s/cx — LRB, paróquia de Santa Isabel (1841–1847), fl. 62. Associação dos Antigos Alunos do Colégio Militar, *op. cit.*, p. 69.

275 Assento de óbito de Antónia Gertrudes Pusich, 5.10.1883. ANTT — ADLSB-Lv 017 — LRO, paróquia de Santa Isabel (1883–1893), fl. 13.

diz: «Maldita politica promotora das luctas civis!», «Deus nos livre das guerras civis, que são a ruina das nações.»[276] Parecem ter sido os últimos anos da coabitação do casal. Na *Biographia de Antonio Pusich [...]*, não parece grande admiradora deste seu terceiro marido, contrariamente ao segundo, que evoca várias vezes ao longo da obra, e sempre realçando as suas qualidades morais e de militar. Não incluía José Roberto Fernando e Almeida no rol dos «homens grandes», que eram «superiores a todos os revezes».[277] Acerca dele disse que «nem todos os ânimos podem ser grandes nos grandes conflictos».[278] Relativamente a esta união, a desilusão terá sido proporcional à extensão do investimento emocional nela deposta. Aliás, dos três maridos, só o segundo merecia a Antónia menções lisonjeiras: o primeiro, ignorava-o; o último, dizia-o pusilânime, o que, vindo de alguém com a força de carácter e o desassombro de Antónia Gertrudes, revelava grande descrédito; só o segundo era credor das mais elogiosas referências, tendo-lhe dedicado mesmo uma pequena biografia (publicada na *Illustração popular*, e que temos vindo citando), onde desenrolava o seu currículo militar e protagonismo na defesa do absolutismo régio.

No respeitante à relação com os maridos, não dispomos de elementos suficientes para testar o grau de conformidade de Antónia Gertrudes Pusich com as grelhas de valores do seu tempo e meio social. Cremos, contudo, que uma mulher que ignorou o primeiro marido quando escreveu a biografia do pai (que é também, em grande medida, a sua) e que não se absteve de qualificar depreciativamente o terceiro, não participaria inteiramente do ideal de feminilidade então em voga. E, sendo tão opiniosa na imprensa, acataria passivamente tudo o que proviesse dos maridos? Uma mulher tão determinada e corajosa, capaz de enfrentar a opinião pública, aceitaria impassivelmente uma distribuição muito

---

276 *Biographia de Antonio Pusich [...]*, pp. 73 e 74.

277 *Galeria das senhoras na camara dos senhores deputados, ou as minhas observações*, 1848, p. 11.

278 *Biographia de Antonio Pusich [...]*, p. 41.

desigual do poder em sua casa, sobretudo quando é possível que beneficiasse de um ascendente intelectual sobre pelo menos os dois últimos maridos?

São escassos os elementos biográficos do último marido de Antónia, do qual não localizámos a data da morte. Foi, contudo, ainda durante a sua vida que começou a dar à estampa os seus escritos e se desenrolou a fase mais fértil da sua produção jornalística. Teria José Roberto autorizado a publicação de escritos da mulher? Estaria em circunstâncias de lha recusar? Terá este constituído (mais) um pomo de discórdia entre os dois? Por quanto tempo coabitaram ainda quando Antónia foi tomada de uma irreprimível ânsia de projecção — literária e política —, em meados do decénio de 40? Toleraria José Roberto a presença de Antónia em palestras e outras sessões públicas, nalgumas como oradora? Notemos que mesmo nesta altura, com o marido ainda vivo, mas vivendo já separados, Antónia não assinava as suas peças ou correspondência particular com o apelido de casada, mas somente com o nome de solteira — Pusich. Fá-lo-ia como um acto de afirmação?, de exibição de um apelido que tanto amava e de que tanto se orgulhava, por ser o paterno?, ou simplesmente por não se reconhecer no apelido de um homem por quem não tinha especial consideração? Numa época em que muitos — e falamos de homens — assinavam apenas com as iniciais do seu nome ou sob pseudónimo, Antónia, apesar de mulher e, como tal, "corpo estranho" na imprensa, já assinava com o seu nome as suas obras e peças do jornal. Mesmo envolvida nos seus afazeres domésticos e limitada pelas suas últimas gravidezes e partos, Antónia iniciava nestes anos a sua imparável conquista do espaço público.

III PARTE

À conquista do espaço público

A projecção

Sobre as ruinas do passado, se erguem as grandesas do futuro; e, se aos dias tenebrosos precedem brilhantes dias, também estes succedem àquelles[279]

A PUBLICAÇÃO DOS PRIMEIROS ESCRITOS

Para os anos 40, não possuímos muita informação relativamente à família. Sabemos que se ia acentuando a sua decadência financeira e que em vários momentos se viu exposta a grandes privações. Uma carta de Antónia datada de Maio de 1841 revela-nos que a falta de meios recuava ao tempo da sua coabitação com o terceiro marido. Desesperada, porque «exausta de todos os recursos» e muito proximo do «habysmo da indigencia»[280], viu-se na contingência de voltar a pedir apoio a Rodrigo da Fonseca Magalhães. Já antes ele lhe enviara uma quantia em dinheiro, tal como o fizera o rei, D. Fernando, a quem D. Manuel de Portugal (e Castro) expusera a questão do montepio de António Pusich, a que Antónia tinha

---

[279] AGP, *Biographia de Antonio Pusich [...]*, p. III.

[280] Carta de Antónia Gertrudes Pusich para Rodrigo da Fonseca Magalhães, 30.5.1841, pp. 1–2. BNP — MR, Esp. 21, cx. 80.

direito, como sua filha viúva, mas que continuava sem lhe ser atribuído. Desta vez, era um emprego para o marido — uma qualquer colocação remunerada — que Antónia lhe solicitava. Posto que o caixa do Contrato do Tabaco adiantara a José Roberto de Melo e Almeida que bastaria uma carta de recomendação do ministro do Reino, Rodrigo da Fonseca, para que fosse imediatamente contratado, Antónia pedia-a ao seu — e da família — amigo de longa data, que tinha elegido como principal benfeitor.[281]

Ana Isabel Pusich (Stockler), irmã mais nova de Antónia, recorria igualmente à «paternal bondade» com que Rodrigo da Fonseca a contemplava, para lhe pedir ajuda. Fazia-o sem a subtileza, a elaboração e a qualidade da escrita de Antónia, e com tão manifesta sem-cerimónia, que poderia ser reputada de rude, se uma grande e antiga amizade e confiança não a autorizasse a dirigir-se assim ao seu protector. A 16 de Março não sabemos de que ano, mas quase certamente dos decénios de 40 ou 50, escreveu-lhe queixando-se de que o director da alfândega onde Victor (um companheiro de Ana Isabel? um filho?) estava ou passaria a estar empregado lhe concedera somente cinco dias para se apresentar com o fardamento estipulado. Desprovida de meios para o adquirir, instou junto de Rodrigo da Fonseca para que a abonasse: «Peço a V. E. que se não póde mandar-me já todo o dinhr.º [dinheiro] que pedi me mande algum p.r este fim».[282] A 30 de Junho não sabemos igualmente de que ano, dirigiu-se novamente a Rodrigo da Fonseca, mas desta vez para interceder por um comerciante do Porto, que pretendia ser agraciado com o hábito de Nossa Senhora da Conceição de Vila Viçosa.[283] Numa outra missiva, assegurava ao seu benfeitor que não havia «incomodo» a que não se tivesse sujeitado para obter a sua independência financeira, mas as lições particulares que

[281] *Ibid.*, pp. 3–4.

[282] Carta de Ana Isabel Pusich (Stockler) para Rodrigo da Fonseca Magalhães, 16.3.?, p. 1. BNP — MR, Esp. 21, cx. 80.

[283] Carta de Ana Isabel Pusich (Stockler) para Rodrigo da Fonseca Magalhães, 30.6.?, p. 1 e anexo. BNP — MR, Esp. 21, cx. 80.

dava (de música?) mal cobriam as despesas da alimentação. Clamava, por isso, para que o amigo lhe valesse.[284] Assinava as suas cartas simplesmente com o primeiro nome próprio e o apelido paterno — Ana Pusich, sem o(s) apelido(s) do marido (Moura Stockler) —, como também Antónia Gertrudes passará por vezes a fazer no último quartel da sua vida.

Foi nestes anos em que a sua situação financeira se foi agravando que Antónia iniciou a sua projecção. Publicou pela primeira vez os seus poemas em periódicos coevos e deu início à actividade de periodista, pela qual figura nos anais da imprensa em Portugal como a primeira mulher *redactora* (redactora principal ou, como talvez disséssemos hoje, chefe-de-redacção) e proprietária de jornais. Se em 1849 se lançará com jornais seus eventualmente também por imperativos de sobrevivência[285], nos primeiros anos do decénio, os dividendos auferidos cingiam-se à satisfação que lhe dava saber-se lida e actuante para lá do confinado espaço doméstico. Inocêncio afirma que, a partir de 1841, se encontram na imprensa vários textos de Antónia Gertrudes Pusich.[286] De facto, data desse ano a primeira obra que lhe é atribuída — *Elegia á morte das infelizes*

---

[284] Carta de Ana Isabel Pusich (Stockler) para Rodrigo da Fonseca Magalhães, 23.?.?, pp. 1–2. BNP — MR, Esp. 21, cx. 80.

[285] Não podemos afirmar categoricamente que o facto de ter sido a primeira mulher em Portugal a fundar e a dirigir jornais tenha sido somente (e já não seria pouco) um desafio pessoal de projecção. É possível que a procura de meios de subsistência, de que Antónia desesperadamente carecia, tenha constituído um importante estímulo. Todavia, algumas das suas afirmações suscitam-nos perplexidades. Num número do seu segundo jornal, declarou que «sustentando nós todo o trabalho da redacção de um periodico de Beneficencia sem lucro algum, não podemos prescindir das assignaturas precisas ao costeamento de um jornal que dá tantos exemplares gratuitamente aos pobres» (sem título, AB, n.º 10, 15.3.1853, p. 8). O facto de oferecer muitos exemplares pode indiciar que o seu empreendimento jornalístico era lucrativo. Por outro lado, em mais do que uma ocasião, Antónia afirmou não retirar qualquer proveito financeiro da sua actividade como empresária da imprensa, apenas cuidados e aborrecimentos.

[286] Inocêncio Francisco da Silva, «D. Antonia Gertrudes Pusssich», DBP, tomo I, p. 77.

victimas assassinadas por Francisco de Mattos Lobo, na noute de 25 de Julho de 1841. No final de 1858, Antónia afirmava contar já com dezasseis anos de escritos publicados: seis dramas, quatro comédias, um romance, um poemeto e outras produções poéticas e em prosa, várias delas dispersas por diferentes periódicos. Tinha também outras obras ainda não dadas à estampa, entre elas, a biografia do pai. Terá começado a publicar, pois, nos primeiros anos de 40. Como afirmava ter sido António Feliciano de Castilho quem lhe quebrara as resistências, é possível que tenha sido na *Revista Universal Lisbonense* que se tenha estreado. Contudo, não vemos o seu nome em nenhuma das peças do tomo do jornal referente ao ano de 1842 (tomo que congrega os anos de 1841–1842). Teria escrito sob pseudónimo, usando outras iniciais que não somente as do seu nome? Uma vez que não se conhecem as colecções completas de todos os periódicos surgidos nos decénios de 30 e 40, não sabemos se Antónia teria publicado algum poema anteriormente que não tenha ainda sido identificado. O pseudónimo não parece ter sido, contudo, um recurso a que Antónia gostasse especialmente de deitar mão. Era demasiado corajosa, combativa e crente na verdade e pertinência do que defendia para se ocultar sob um pseudónimo. É possível, contudo, que o tenha feito ocasionalmente.

Apesar de ter decidido não incluir rubricas de moda nos periódicos que fundou, em 1843, era ainda assinante de um que as contemplava. Referimo-nos a *O Correio das Damas, Jornal de Litteratura, e de Modas*, onde, em Outubro de 1843, publicou um soneto dedicado ao amigo António Feliciano de Castilho[287], que muito admirava e a cujo incentivo para dar a conhecer as suas criações literárias se mostrava muito reconhecida. Em 1844, escreveu um drama — *Julia*, que parece ter-se perdido, mas ao qual Antónia aludiu no primeiro número do seu terceiro jornal, *A Cruzada*, dizendo que fora lido, entre outros, «pelo nosso amigo

[287] «Soneto», *O Correio das Damas, jornal de litteratura, e de modas*, tomo V, n.º 22, 25.10.1843, p. 173.

e illustre collega Bordalo»[288] (provavelmente, Francisco Maria Bordalo). Neste ano, publicou ainda o poema *O sonho, os gemidos, e os rogos da classe inactiva que recebem a par dos effectivos dedicados ao governo de Sua Magestade Fidelissima em nome da mesma classe.* Os muitos anos de conflito tinham agravado no País o estado de crise generalizada — financeira, económica e social. As preocupações de Antónia com a injustiça social centravam-se então essencialmente nas famílias que, em consequência da guerra civil, apresentavam uma trajectória socioeconómica semelhante à sua, isto é, famílias de oficiais militares, em que a morte dos homens — maridos e pais — tinha deixado as viúvas e as filhas com o sustento e/ou a educação muito comprometidos. Neste poema, um dos de mais marcada denúncia social, Antónia relata um sonho. Encontrando-se prosternada junto da campa de seu pai, no Cemitério dos Prazeres, implorava pela sua intercessão ante a divindade a favor dos netos — dos «filhinhos/Meos queridos, em misera orphandade» —, quando, à meia-noite, um terrível bramido e uma escuridão opressa antecederam o seguinte espectáculo: as campas abriram-se e delas saíram sombras, às quais se juntaram outras, entretanto entradas no cemitério. Entre estas, destacava-se a de D. Tomás de Mascarenhas, morto em defesa da causa da rainha. D. Tomás, dirigindo-se a D. Pedro de Bragança, narrou-lhe a existência miserável que suportavam havia treze meses as famílias dos militares mortos ou dos que, tendo sobrevivido à guerra civil, se encontravam na reforma. Disse ao imperador e rei que, já que as súplicas feitas aos céus não vinham obtendo satisfação, era hora de os militares mortos irem buscar suas viúvas e filhas para as conduzirem à morte, uma vez «Que vida em penas equivale a inferno!» Antes, enquanto orava junto à sepultura do pai, Antónia Gertrudes também tinha reclamado para si e para os filhos, que sofriam «em misera orphandade», esta mesma sorte, pedindo «Que a sorte nos melhore n'esta vida/Ou prompta morte nosso

[288] AGP, «A Portugal», *A Cruzada* (AC), n.º 1, 1.11.1858, p. 1.

mal termine». Ouvindo D. Tomás, D. Pedro mostrou-se solidário e comprometeu-se a advogar junto da rainha, sua filha, e dos seus ministros, a causa dos militares reformados e das viúvas e órfãos dos que tinham tombado. Foi então que Antónia Gertrudes despertou do seu sonho e sono e lhe pareceu descortinar na aurora que raiava o cumprimento da promessa de D. Pedro.[289] O cemitério, espaço especialmente consagrado à morte, foi sempre, para Antónia Gertrudes, o «campo da egualdade»[290], o «campo onde a igualdade mora», onde, «malgrado a vaidade, é tudo pó!», para reis e indigentes[291], porque a morte, «eterna lei, [...] iguala a choça/ao palacio do rei!..»[292]

Este sonho que tivera em Setembro de 1843 e que publicara em 1844 cumpriu-se. Muito reconhecida ao Executivo cartista de então, chefiado pelo duque da Terceira, pela reposição dos vencimentos e pela sua obra em prol da paz civil, Antónia dedicou-lhe um hino em louvor do despacho a favor daqueles que tinham sido privados da sua fonte de subsistência. A gratidão e a verdade, que considerava «divindades» às quais prestava vassalagem, «virtudes tão bellas e tão precisas á ordem social», davam-lhe ânimo para se expor «sobranceira á censura dos ingratos, e inimigos da verdade»: «Ao governo que sabio nos-rege/Tributemos louvor, gratidão!»[293]

---

[289] AGP, *O sonho, os gemidos, e os rogos da classe inactiva que recebem a par dos effectivos dedicados ao Governo de Sua Magestade Fidelissima em nome da mesma classe*, pp. 5–8.

[290] *Ibid.*, p. 5.

[291] AGP, *Saudade (Á memoria da virtuosa Rainha de Portugal a Senhora D. Estephania. fallecida em 17 de Julho de 1859. Dedicada a seu augusto e saudoso consorte El-Rei o Senhor D. Pedro V)*, s.d., p. 13.

[292] AGP, «A Sua Magestade El-Rei O Senhor D. Fernando e Seus Augustos Filhos em saudosa memoria de Sua Magestade a Rainha A Senhora D. Maria Segunda», AB, n.º 2 (2.ª série), 1.10.1853, p. 5. O poema foi posteriormente publicado na *Illustração popular*, n.º 32, 1866, p. 3.

[293] AGP, três últimas estrofes do «Hymno», poema dedicado ao Executivo chefiado pelo duque de Palmela, *A Restauração*, n.º 811, 17.6.1844, p. 4785.

Ainda em 1844, escreveu *Olinda, ou a Abbadia de Cumnor Place*, que só veio a dar ao prelo quatro anos depois. No ano seguinte, e apesar do tempo que a pequena Ana Isabel Filomena lhe tomava, Antónia conseguiu escrever e/ou publicar mais algumas obras: uma lenda — «A Torre do Fato. Lenda popular», saída na *Revista Universal Lisbonense*, de que era principal redactor António Feliciano de Castilho[294] — e um «Psalmo lyrico», publicado num número do periódico cartista-cabralista *A Restauração*. Da primeira, Antónia dirá na biografia do pai que foi inspirada na sua permanência na casa da Torre do Fato, uma vez consumada a vitória liberal.[295] Quanto ao segundo, trata-se de um poema de cariz marcadamente político, onde Antónia lamentava o sofrimento da rainha, D. Maria II, nos primórdios do seu reinado e durante as guerras que tinham oposto as diferentes facções liberais: «Rainha excelsa! tu feliz não foste/Quando ao throno subiste!/Do Augusto Pae a morte lamentável/Banhada em pranto viste!/E os filhos, a quem déste a liberdade/Contra ti conspirados!/Que dias de terror! por mãos cruentas/Te-foram signalados!» Contudo, os tempos eram de mudança — a Carta outorgada por D. Pedro fora restaurada na sequência do golpe de Estado de 1842 — e Antónia congratulava-se com o facto de, na altura em que escrevia, a soberana ter já quem orientasse o País no caminho da religião e da paz. Essa figura era Costa Cabral, a quem chamava o «heróe» que unira a nação, pondo fim às divisões fratricidas: «Graças Costa Cabral! a teu denodo!/Tu nos-deste a ventura!/Tu unindo a nação deste-lhe a força!/A patria hymnos entôa!» No poema, Antónia apelava ainda ao voto na direita política, por entender que era o mais conforme ao desejo de Deus:

[294] *Revista Universal Lisbonense*, n.º 48, 19.6.1845, pp. 577–578. Em 1848, a lenda foi novamente publicada, desta vez, no Brasil, em *Lisia poetica ou collecção de poesias modernas de auctores portuguezes, publicada por José Ferreira Monteiro*, tomo II, 1848, pp. 199–202. Cinco anos depois, Antónia Gertrudes Pusich voltará a publicá-la em AB, n.º 17, 1.7.1853, pp. 3–5.

[295] AGP, *Biographia de Antonio Pusich [...]*, p. 67.

«A vós cumpre tambem, lusos briosos,/Do heróe seguir o exemplo!/Na urna eleitoral nossa ventura/Se-confirme no templo!/A direita é o lado a Deus mais charo!/A patria assim vos-dicta!/Os esforços c'roai de um ministério/Que a pátria felicita!»[296]

No número do dia anterior de *A Restauração*, Antónia tinha afirmado que a escrita era a «distracção que mais amo».[297] Tê-lo-ia eventualmente sido nos anos precedentes e sê-lo-á até ao final da sua vida; contudo, muito mais do que um simples entretenimento, escrever foi a via que escolheu de projecção para o — e de intervenção no — espaço público (outras não lhas tolerariam) e que usou como instrumento de proselitismo — pedagógico, moral, religioso. Em meados dos anos 40, Antónia Gertrudes era uma mulher com poder e que sabia que o detinha. Voltou a colaborar na *Revista Universal Lisbonense*, com o poema «As comadres»[298], cujo tema é o contraste entre o desafio alegre e festivo feito pelas «comadres» para a comemoração do Carnaval e a tristeza profunda em que a poetisa estava mergulhada, que se manifestava na sua produção poética. Afirmava que fora algo acontecido no mês de Maio que espoletara aquele imenso sofrimento. Apesar de não o identificar, é possível que aludisse à morte da mãe, ocorrida em 4 de Maio de 1835. Contudo, o facto de também evocar a infância perdida e o tempo passado, feliz, pode levar-nos a pensar que recordava, em seu pensamento, os acontecimentos de 1 de Maio de 1821, em Vila da Praia, Cabo Verde, quando o pai fora forçado a afastar-se do governo da Província, acontecimentos que marcaram o princípio do fim do tempo ledo e despreocupado de Antónia. Outros poemas que publicou em 1845 na *Revista Universal Lisbonense* foram «Primavera de

[296] AGP, «Psalmo lyrico», *A Restauração*, n.º 819, 27.6.1845, p. 4817.

[297] AGP, sem título, *A Restauração*, n.º 818, 26.6.1845, p. 4813.

[298] AGP, «As comadres», *Revista Universal Lisbonense*, n.º 28, 29.1.1845, pp. 336–337. Antónia transcreverá o poema alguns anos depois, em AAL (n.º 5, 9.2.1850, pp. 196–197).

um triste» e «O incenso da poesia. Ao sancto espirito»[299]. Para epígrafe deste último, Antónia retirou um fragmento de uma conversa publicada entre Jean Reboul e Alexandre Dumas, quando este visitou o poeta em Nîmes, onde Reboul tinha um negócio de padaria: «*Oh! si je n'avais pas eu la poésie pour me plaindre et la religion pour me consoler, que serais-je devenu, ô mon Dieu!*»[300] É significativo que Antónia Gertrudes tenha escolhido este trecho, pois consubstancia a importância que, durante toda a sua vida, a poesia e a religião terão como bálsamos para todos os seus padecimentos. Da poesia, cuja «chave» lhe fora ofertada pelo «Céo», escreveu que era o «unico lenitivo de minhas angustias unico thezouro, de que o mundo injusto não me poude privar»[301]. Viveu-a como salvatério, uma vez que a entendia como do domínio do astral. Já a Terra, quando o poeta para ela «seus vôos inclina», nada lhe oferecia que não a visão do «vil egoismo, a treva maligna/E a torpe ignorancia»[302]. Neste poema — «Mysterios da Poesia» —, que dedicou «ao Illus.mo Snr.....», certamente seu condiscípulo nas instâncias váticas, aludia à dimensão lenitiva da poesia. Era a poesia que, pelo diálogo com o sublime, a subtraía ao desterro da existência terrena; era uma dádiva divina para alentar os mortais: «Doire as sombras da morte a poesia,/Dê-lhes vida essa luz que é do Céo.»[303] Os seus poemas, como, alguns anos depois, os seus artigos nos jornais que fundou, eram os seus respiradouros. Por maioria de razão, a religião era o seu mais poderoso analgésico. Perante a sua dolorosa vivência na Terra

---

299 *Revista Universal Lisbonense*, n.º 36, 27.3.1845, pp. 432–433, e n.º 42, 8.5.1845, p. 506.

300 Em *Poésies par Jean Reboul de Nîmes. Précédée d'une préface par M. Alexandre Dumas. Et d'une lettre a l'editeur par M. Alphonse de Lamartine*, 1836, p. XIII. O fragmento surge como epígrafe ao poema de Antónia Pusich «Primavera de um triste», *Revista Universal Lisbonense*, n.º 36, 27.3.1845, p. 432.

301 AGP, *Biographia de Antonio Pusich [...]*, p. 91.

302 AGP, «Mysterios da Poesia», AB, n.º 19 (2.ª série), 15.9.1854, p. 5.

303 AGP, «Um cypreste», *Almanach de Lembranças Luso-Brasileiro para o anno de 1854*, 1853, p. 150.

e como prémio para toda a sua desventura, Antónia alimentava a crença de que a aguardavam experiências mais felizes numa dimensão pós-terrena.

Ainda em 1845, o periódico *A Restauração* convidou os homens de letras portugueses a escrever um texto tendo como tema inspirador a lenda do judeu errante. Antónia Gertrudes Pusich foi dos primeiros autores — ou o primeiro — a remeter a sua produção. No número 730 do jornal, publicava-se o texto, explicando-se que se fazia pela «prioridade de remessa» e por ter sido escrito por uma mulher. O que o jornalista acrescentava terá deixado Antónia Gertrudes muito satisfeita: «Esta inspiração faria honra a um poeta distincto, e é admiravel para uma senhora, embora conhecida por varios ensaios, mas que nunca se levára a tamanha altura. Quem sabe o modo como, em meio de pesados trabalhos domesticos, e com o espirito absorvido por forçosas ocupações estranhas, esta Sr.ª rouba momentos ao somno e ao descanço para escrever as suas inspirações, reconhece verdadeiramente o merito que similhantes versos incerram.»[304]

O COMBATE POLÍTICO: MIGUELISTA, MAS... CABRALISTA

Mais tarde, em 1850, Antónia publicará o poema nas páginas de *A Assembléa Litteraria*[305]. Entre produção literária, participação em polémicas na imprensa e intervenção política, 1845 foi um ano de actividade especialmente intensa para Antónia Pusich. Em Junho de 1845, respondeu a uma «extravagante ameaça» que lhe fizera *A Revolução de Septembro*. O chefe-de-redacção de *A Restauração* já havia defendido a sua colaboradora; contudo, Antónia, que não tinha o hábito de entregar a outros a sua defesa, respondeu ao jornal que a afrontara. Pela sua resposta, percebe-se que terá pelo menos parcialmente tido a ver com o facto de, sendo ela

---

304 «O judeo errante», *A Restauração*, n.º 730, 6.3.1845, p. 4464.

305 No número 26, de 23.2.1850.

mulher, escrever acerca de assuntos políticos. Antónia pedia ao jornal que a informasse em que código se proibia às mulheres escrever sobre política e perguntava por que motivo não aplicava o mesmo julgamento de condenação às mulheres setembristas que tinham usado a sua pena para o mesmo fim. Num tom levemente sarcástico, que não lhe era usual, afirmava-se surpreendida, pois cria que em Portugal, à semelhança de outros países constitucionais, houvesse liberdade de imprensa e de opinião. E concluía que «a Revolução não quer consentir aos outros a liberdade de que ella abusa! (isto é que é uma *Revolução* de principios!)» Pois não usava aquela folha de extrema deselegância a falar da rainha? Congratulava-se pelo facto de ser vítima das ameaças de *A Revolução de Septembro*, de integrar o rol dos injuriados pelo jornal e ainda de, com as suas intimidações, lhe dar pretexto para escrever — «distracção que mais amo» — e para, através dos seus escritos, ser útil ao País. Adiantava que o medo era um sentimento que lhe era desconhecido, habituada que fora a lidar com a guerra e com revoluções desde 1821, quando seu pai deixara o governo de Cabo Verde. Se nem as muitas conturbações revolucionárias que presenciara e vivera a tinham quebrantado, não seria certamente *A Revolução de Septembro* que almejaria consegui-lo. E terminava contundentemente:

> Se a sua facção se-julga forte, que importa a fraca voz de uma sr.ª! (que vergonha! mostrar medo até de uma sr.ª!) melhor iria se se-calassem, pois nisso dariam a intender que não fasiam caso das minhas voses, ou que sabiam cumprir as leis de cavalheiros! Agradeço-lhe a importancia que me-dá, e finaliso o meo discurso disendo á Revolução que póde guardar as suas ameaças para intimidar os lavadouros do seo prélo, pois senhoras nobres não se-levam com grosserias e por mim as ameaças são um estimulo que desafia e augmenta a minha coragem.[306]

[306] AGP, sem título, *A Restauração*, n.º 818, 26.6.1845, p. 4813.

E será sempre assim, de facto. Quanto mais arremetida, mais Antónia se alentava para o combate e maior contundência envergava. Acontecerá várias vezes, como veremos. Servindo-se novamente das páginas de *A Restauração*, quatro dias depois, respondeu mais uma vez à *Revolução de Septembro*, que a acusara, a 27 de Junho, de ter qualificado de bêbedos e aventureiros os que, em política, lhe eram contrários.[307] O jornal aludia a um artigo relativamente extenso, no qual Antónia Gertrudes apelava ao bom-senso dos realistas para que não se deixassem seduzir pela neutralidade e menos ainda pela oposição ao ministério cartista. Pedia-lhes que alinhassem com ele, uma vez que viviam finalmente seguros sob a protecção daquele Executivo, não temendo já proclamar-se realistas (pensaria certamente também em si), nem necessitando «expatriar-se para salvar as vidas». Nesta peça, Antónia aproveitou ainda para «disparar» sobre o autor, aliás, sobre o tradutor de *Épitre aux mules de Don Miguel*, opúsculo em verso aparecido em 1829[308], cujo assunto ou pretexto era o acidente sofrido por D. Miguel e duas das suas irmãs no ano anterior, quando viajavam de Queluz para Caxias e a carruagem onde seguiam se voltou. O folheto foi traduzido sob o título *Ás Mulas de Dom Miguel. Epistola Traduzida livremente de M.r Viennet*. Entre as liberdades que o tradutor se permitiu conta-se a introdução de um verso aludindo a Antónia Gertrudes: «Orneai, ó *Mulas* a favor de *Aonia*». Conforme o tradutor explicava em nota de rodapé, *Aonia* era «uma Senhora filha do Ragusano *Puzisch*, que offereceu varias poesias da sua lavra ao rei Miguel».[309] Tratava-se, claro, de Antónia, que, passados anos, na supracitada peça no periódico *A Restauração*, evocou a dita *Epistola*, para comparar a oposição anticartista aos cartistas, dizendo que o seu autor (ou tradutor livre) não integrava as fileiras destes últimos, «pois os cartistas são inimigos generosos

---

307 AGP, sem título, *A Revolução de Septembro*, n.º 1268, 27.6.1845, pp. 2–3.

308 Jean-Pons-Guillaume, *Épitre aux mules de Don Miguel*, Paris, Eugène Renduel, Éditeur-Libraire, 1829.

309 *Ibid.*, p. 4.

no campo; e amigos verdadeiros na paz, são cavalleiros em Serra». Desafiava ainda: «conto que me entôe novos, e eguaes louvores».[310] No mesmo artigo, Antónia fizera menção às manifestações populares de 1842, em que os intervenientes (anticartistas) teriam sido movidos a álcool.[311] Fora essencialmente esta alusão que suscitara os comentários de *A Revolução de Septembro.* Num número posterior de *A Restauração*, Antónia respondeu-lhes, afirmando que usara «termos mais polidos» e que os aplicara somente à «plebe armada», ao «povo desenfreado», não aos «grandes» que ainda respeitava. Não fora também aos homens de 1838 que as suas palavras se tinham destinado, mas aos que, no momento em que escrevia, formavam a oposição. Nas suas refutações à *A Revolução de Septembro*, presenteou-nos com datas e factos que ajudam a compor a sua biografia nos anos 30. No que diz respeito à sua «influencia no govêrno realista», afiançava o que mais tarde deixaria escrito da biografia do pai: a influência que tivera fora usada somente para salvar da perseguição muitos liberais. Os presos políticos que ajudara, tanto em Elvas como em Peniche, os emigrados, o Recolhimento de São Cristóvão (que dizia ter salvo de uma acusação), as muitas lágrimas que por muitos liberais igualmente chorara — era esse o seu activo político, não o que lhe imputavam. Relativamente à sua ida a Itália, um processo de 1838 e a respectiva sentença respondiam por ela, pois continham documentos que esclareciam os motivos e as condições da sua viagem àquele país. Entre esses documentos, encontravam-se (1) a carta que recebera de lorde Palmerston, então ministro britânico dos Negócios Estrangeiros, como resposta à que lhe endereçara de Londres; (2) a carta que recebera do barão da Torre de Moncorvo, a quem expusera as razões da sua saída de Portugal; (3) a carta do prefeito de Marselha; (4) as duas que dirigira a Miguéis de Carvalho, encarregado português de Negócios na Santa Sé.

---

310 AGP, «Eleições», *A Restauração*, n.º 812, 18.6.1845, p. 4789.

311 *Ibid.*, p. 4789.

De que iniciativa e dinamismo dava provas esta mulher na primeira metade do século XIX! Ainda acerca dos serviços que teria prestado à causa de D. Miguel, refutava-os, afirmando que

> Não me-era preciso prestar a D. Miguel serviços para merecer-lhe as honras que lhe-deveu sempre a viuva do seo maior valido; acompanhei-o em todo o tempo da guerra, e indo a Roma por circumstancias extraordinárias, lhe-merecia a finesa de accreditar mais na minha palavra do que na chusma enredadôra que o persuadia que eu codusia [*sic*] o seo algoz, enviado pelo govêrno de Portugal![312]

Este «algoz» era, como vimos, o seu terceiro marido, José Roberto Garcês de Melo Fernando e Almeida. E perguntava por que razão a acusavam de hipocrisia, quando tinha aparecido a público como viúva de um destacado realista (o seu segundo marido, Francisco Henriques Teixeira).[313] E ainda que não tivesse aparecido como viúva de realista, mas como cartista, simplesmente, não lhe reconheciam o direito a «mudar de opinião»?! E insinuando a mudança de partido dos que, então, a acusavam, perguntava ainda se essa sua eventual mudança não lhes parecia «licita», a eles, que tinham transitado do cartismo para o setembrismo.[314] Ainda que tivesse servido D. Miguel, adiantava, tinha pelo menos servido o rei, ao passo que os setembristas que a acusavam tinham traído a sua rainha, D. Maria II. E reconhecia que nunca se revelaria «ingrata aos beneficios» que recebera de D. Miguel. A sua lhaneza e integridade eram tais que reconhecera que, desde a aclamação da Constituição, havia mais de vinte anos, só então, ou seja, num governo constitucional (cartista), a população podia beneficiar de prosperidade, paz, ordem e segurança. Do governo

---

312 AGP, sem título, *A Restauração*, n.º 821, 30.6.1845, p. 4822.

313 Referência ao supracitado artigo «Eleições».

314 AGP, sem título, *A Restauração*, n.º 821, 30.6.1845, p. 4822.

em funções recebera «a justiça que os outros nunca me fiseram; o bem de ver acolhidos ao abrigo de uma boa educação a um filho, e tres filhos menores que tenho». E, uma vez que «tudo se tem perdido», apelava a todos para que se unissem no apoio ao único governo que lhes trouxera a paz e a ordem. Antónia terminava esta resposta dura ao periódico *A Revolução de Septembro* com a confissão pública de que continuava realista, «falando em favor do altar e do throno» (nos seus escritos, o Altar surge sempre colocado antes do Trono — primeiro, Deus; só depois, a realeza). A paz e a ordem social eram dos valores que mais acalentava, ou não tivesse sido, nos últimos três quartos da sua vida, uma vítima da turbulência daqueles decénios.[315]

Um mês depois desta resposta ao órgão dos setembristas, Antónia Gertrudes Pusich escrevia mais uma carta contundente, que *A Restauração* publicou em 9 de Julho de 1845. Desta vez, o alvo era uma mulher, igualmente de letras, que, poucos anos depois, viria a integrar o elenco das suas colaboradoras em *A Assembléa Litteraria*. Nos dias anteriores, Maria José da Silva Canuto — uma mulher notável nascida alguns anos depois de Antónia e que iniciara a sua colaboração na imprensa periódica ainda nos anos 30 — publicara em *A Restauração* um poema em que aludia a «tyrannos mil» e a «mil e um tyrannos», que continuavam a fazer padecer o País.[316] Servindo-se de um tom muito sarcástico e algo violento, na sua carta, Antónia Gertrudes pedia a Maria José Canuto que lhe explicasse, «em prosa, por ser mais appropriada a assumptos politicos», quem eram os «mil e um tyrannos» que mencionara). Afirmava ironicamente que o público gostaria de conhecer o pensamento da «auctora em direito público». Antónia parecia esquecer-se que também a ela não repugnava usar o registo poético em escritos de natureza política, como o comprova o poema «Psalmo lyrico», atrás parcialmente transcrito, publicado no mês

[315] *Ibid.*, p. 4822.

[316] Maria José Canuto, «Psalmo civico 1», *A Restauração*, n.º 827, 7.7.1845, p. 4847.

anterior no mesmo jornal. Com Maria José Canuto, Antónia emparelhou a sua frota de sarcasmo, que geralmente deixava ao largo. Assumindo-se como defensora dos cartistas, dizia ainda que, por outro poema de Maria José Canuto, percebia que era constitucional e que o «tyranno» de que falava era D. Miguel. O que não entendia, mas queria fazê-lo («aprender até morrer»!), e por isso apelava à misericórdia da poetisa para lho esclarecer, era quem eram os mil tiranos dos «mil e um tyrannos» de que Portugal continuava a ser vítima, ou seja, quais «os mil tyrannos que sucederam a D. Miguel». Afinal, depois de D. Miguel, não tinham governado o País apenas liberais, se bem que de diferentes facções? A quais deles qualificava Canuto de tiranos?[317] A carta de Antónia surgia antecedida por um comentário do director do jornal, no qual este, certamente constrangido, pois tratava-se de duas colaboradoras, procurava apaziguá-las. Reputava Antónia Gertrudes Pusich e Maria José Canuto mulheres «de superior esphera», que se vinham revelando na luta em prol das mulheres. Dizia ainda estar convencido de que o verso em que Maria José Canuto aludia a «mil tyrannos» não se dirigia a determinadas figuras políticas, mas à luta partidária.[318] Quem poderia supor que, quase quarenta anos depois, haveria de ser Maria José Canuto a proferir o elogio fúnebre de Antónia Gertrudes Pusich?!

Se em Julho de 1845 era o poema de Canuto que movia Antónia, em Agosto eram já as eleições gerais. Usando mais uma vez as colunas do órgão cabralista, congratulava-se com a vitória do «partido da ordem», ou seja, com a vitória dos sequazes de Costa Cabral: «pronunciando o meo voto á face do Universo inteiro, em vez de um voto (que seria o meo se eu fosse homem) pude ter a gloria de levar á urna muitos votos em favor do governo».[319] Fizera campanha inicialmente junto dos realistas, por estar convicta de que a sua «voz teria alguma força», alertando-os para

317 AGP, sem título, *A Restauração*, n.º 829, 9.7.1845, p. 4855.

318 *Ibid.*, p. 4855.

319 AGP, sem título, *A Restauração*, n.º 863, 19.8.1845, p. 4992.

os perigos que os espreitariam caso o partido governamental não fosse reeleito. Nesta peça, Antónia Gertrudes revela-se muito crítica da facção realista que se unira à oposição numa coligação negativa. A traição de alguns não a surpreendera, pois já no tempo de D. Miguel não tinham dado grandes provas de fidelidade; agora da de outros, como Álvaro Xavier da Fonseca Coutinho e Póvoas, que fora um destacado chefe das forças leais a D. Miguel, já não dizia o mesmo. Não podia Antónia antever que o general Póvoas havia de, dois anos volvidos, durante a *Patuleia*, levar a sua oposição ao partido cabralista ao ponto de participar em operações militares contra o Governo. Lamentava que os realistas, tendo vindo a ser bem acolhidos por ele, se lhe opusessem, a ele que, contrariamente aos governos anteriores, não os humilhara, antes lhes estava concedendo empregos (e, no seu caso, repondo pensões). Considerava-os «realistas degenerados», «escravos de seos inimigos», «judas», que se cobririam de «eterno oprobrio». Parecendo olvidar o tratamento reservado pelos absolutistas aos constitucionais quando se encontravam no poder, criticava também as «oppressões, fomes, e injurias» a que os liberais vitoriosos tinham condenado os vencidos (como ela). Acerca dos resultados eleitorais, dizia, com uma falta pouco cristã de caridade: «que horrivel era o desespero dos condemnados! E que prazer o nosso!» E terminava, reiterando que, para não ser tomada por traidora, «cá me-vou incostando á direita anhelante da gloria que o Senhor destina aos Seos».[320] É improvável que uma mulher informada como era Antónia desconhecesse os métodos intimidatórios e violentos pelos quais esta vitória retumbante tinha sido alcançada, e que, aliás, haveriam de constituir uma das molas propulsoras da *Maria da Fonte*. Foi, pois, regozijo de pouca dura.

Este «encostar» à direita do constitucionalismo monárquico entendê-lo-ia Antónia apenas como um mal menor, como uma deriva ditada pelas necessidades da sobrevivência e por deveres de gratidão a quem

---

320 *Ibid.*, p. 4992.

lhe repusera meios de subsistência e a quem de alguma maneira a vinha protegendo e à sua prole? Ou poder-se-á identificar uma evolução no seu pensamento político? Terá alguma vez sido realmente seduzida pelas vantagens da separação de poderes e da limitação do poder régio ou ter-se-á mantido até ao fim uma incondicional do trono absoluto? Monárquica *à outrance*, mas miguelista ainda? Em 1848, afirmava: «ingenuamente declaro, que em politica sou retrograda; (e retrogradando avanço!....)»[321] Se era, de facto, «retrograda» na questão do regime, noutros domínios — desde o programa que queria para desenvolver o País até à defesa da participação intensa das mulheres na definição e prossecução desse programa — revelar-se-á muito progressista, como veremos. Quanto ao partido que tomara na questão sucessória, Antónia não escondia a sua predilecção por D. Miguel. Se bem que se tenha abstido de hostilizar D. Pedro — não só porque os monarcas reinantes eram seus descendentes, como porque, por princípio, preservava da sua crítica as figuras régias —, manifestou o seu miguelismo em vários dos seus escritos, literários e não literários. Num poema que dedicou a D. Miguel aquando da sua morte, em 1866, considerou-o um mártir: «Ao amigo d'infancia o pranto d'alma;/Ao martyr exilado — a crôa — a palma!»[322] O facto de considerar D. Miguel um mártir era já uma posição política muito firme e ousadamente assumida. A partir de certa altura, Antónia parece, contudo, censurar menos o ideário liberal, ou pelo menos parte dele, do que a impreparação do grosso da população portuguesa para receber os conteúdos desse ideário. Preocupava-a que o odre não estivesse ainda preparado para receber a infusão das novas ideias: «Era mister que os homens de Estado antes de intentar proclamar n'um paiz a liberdade, e essas leis mais favoraveis aos povos do que aos Reis, instruissem e moralisassem primeiro esses povos onde hiam derramar novas doutrinas»; «porém os

[321] AGP, *Galeria das senhoras na camara dos senhores deputados [...]*, p. 5.

[322] AGP, «Á saudosa memoria do Sr. D. Miguel de Bragança: Homenagem», em *Illustração popular*, vol. 2, n.º 21, s.d., p. 82.

grandes confiáram demais na boa indole do povo: onde não ha instrucção a boa indole fica em bruto como o diamante que não é lapidado»[323]. Se, por um lado, admitia gostar de reis[324], por outro, parecia entender que o grande argumento para a defesa do regime monárquico era o atraso civilizacional dos povos para tomar nas suas mãos os seus destinos.

No princípio de 1846, publicou mais um poema encomiando Costa Cabral. Dedicou-o à mulher do poderoso ministro da Justiça, entretanto feito conde pela rainha: «Psalmo Lyrico Offerecido á Ill.ma e Ex.ma Condessa de Thomar». Depois de descrever com as mais retintas cores a guerra civil, celebrava o pronunciamento de 27 de Janeiro de 1842, que restaurara a Carta Constitucional, e cantava Costa Cabral como o campeão da paz, da estabilidade do Trono e do prestígio do Altar: «Graças Costa Cabral!/Salvaste a Patria/Que em teus braços descança!»[325] Novos episódios de guerra civil, estavam, contudo, à espreita, desta vez com origem em levantamentos populares. Mais uma vez também, foi necessária a intervenção estrangeira para apaziguar o País. As revoltas da *Maria da Fonte* e da *Patuleia*, de 1846–1847, numa fase inicial, foram essencialmente de reacção social, mas descambaram na organização de verdadeiros batalhões populares e num estado incontrolado de guerra, de que os miguelistas procuraram tirar partido. A população passava privações de toda a ordem, agravadas pela diminuição dos salários, pela escassez e aumento do custo dos bens de primeira necessidade e pelo agravamento tributário. Ao natural descontentamento que a deterioração das suas já miseráveis condições de vida suscitava, juntou-se a regulamentação acerca do sepultamento dos mortos, obrigando a que se fizesse em cemitérios e não em templos religiosos, como até então. A revolta rural, inicialmente

323 AGP, «Asylos de mendicidade, e infancia desvalida», AB, n.º 7 (2.ª série), 3.3.1854, p. 2.

324 Uma das razões que apresentava para simpatizar com D. Fernando era «porque nós gostamos de Reis». Cf. AGP, «Ultimo saráu artistico», AB, n.º 12, 15.4.1853, p. 5.

325 AGP, «Psalmo Lyrico Offerecido á Ill.ma e Ex.ma Condessa de Thomar», *A Restauração da Carta*, n.º 20, 27.1.1846, p. 76.

espontânea, depressa passou a ser fomentada e dirigida também pelos partidários de D. Miguel, dando origem a um maremoto político contra António Bernardo da Costa Cabral. Formaram-se várias juntas com a participação de setembristas e de cartistas descontentes com Costa Cabral. Mas mesmo estas revelaram dificuldade em controlar as guerrilhas. A rainha procurou uma solução de compromisso e nomeou Palmela, que conseguiu momentaneamente apaziguar os ânimos e moderar as juntas. Porém, Maria II, para quem o duque de Palmela estaria a ir longe demais nas suas projectadas reformas, fez uma inflexão e preparou com cartistas e cabralistas uma acção de força. Afastou Palmela com um golpe de Estado, a 6 de Outubro de 1846 — esperando-o no Paço e levando-o a pedir a demissão. A *Emboscada*, no entanto, custaria mais uns meses de grande instabilidade social (a *Patuleia*). O Governo saído dela, chefiado por Saldanha, a quem haviam suplicado o regresso a Portugal, declarou sem efeito decretos do governo de Palmela e suspendeu as eleições e as Cortes, o que levou à reconstituição das guerrilhas camponesas, depressa enquadradas por setembristas e miguelistas, que partilhavam o mesmo ódio aos Cabrais. O País apresentou-se novamente muito dividido, com o Porto, o Algarve e algumas localidades do Alentejo e do centro contra o Governo do Reino, e a zona centro e, sobretudo, Lisboa controlada pelas forças de Saldanha. Perante o impasse militar e político, Saldanha solicitou a intervenção estrangeira, ao abrigo da Quádrupla Aliança. Foi mais uma vez esta a pôr termo à guerra civil. As forças setembristas da Junta Provisória do Governo Supremo do Reino (ou, simplesmente, a Junta do Porto) acabaram derrotadas, deixando Antónia Pusich certamente satisfeita.

Neste ano, publicou vários outros poemas, quase todos de temática religiosa: «A mulher» e «Poesia. Cantico de amor e devoção ao glorioso Sancto Antonio», na *Revista Recreativa*[326]; «Corpos Christ. Humilde cantico de festa», na já citada colectânea *Lisia poetica ou collecção de*

---

326 *Revista Recreativa*, vol. 1, 1846, pp. 43–44 e pp. 58–59, respectivamente.

poesias modernas de auctores portuguezes, publicada por José Ferreira Monteiro[327], no Brasil; e «Psalmo á Paixão do Senhor», no periódico *A Restauração da Carta*, tendo este sido corrigido pela poetisa num número posterior do jornal.[328] O ano de 1847 parece ter sido silencioso quanto a Antónia Gertrudes. A turbulência política e o nascimento do seu ultimogénito, António, poderão ajudar a compreender este silêncio. A família alargava-se, mas não os recursos. Na qualidade de única herdeira do montepio do pai, Antónia Gertrudes requerera o pagamento do vencimento desde 16 de Setembro de 1833 — data do decreto de má-memória para a sua família — e até 23 de Junho de 1834, quando António Pusich fora demitido da Armada, por desafeição à causa de D. Maria e por se encontrar abrangido pelas disposições do citado decreto. De acordo com o regulamento do montepio da Armada, os oficiais demitidos ou degredados eram considerados mortos a partir da data da demissão, motivo por que tinham cessado os abonos. Pedido parecer ao procurador-geral da Coroa, este manifestou-se parcialmente favorável à pretensão de Antónia. Era de opinião de que tinha direito a receber o vencimento do pai referente àquele período, mas não integralmente, apenas na sua metade, conforme o citado regulamento.[329] Foi uma vitória parcial, não obstante ter ajudado a colmatar, ainda que muito conjunturalmente, as limitações financeiras da família.

UM EXCURSO PELO PARLAMENTO

Em 1848, talvez estimulada pela efervescência revolucionária que animava a Europa, efeito conjugado da crise económica e do descontentamento

---

327 Tomo II, 1848, pp. 239–240.

328 AGP, «Psalmo á Paixão do Senhor», *A Restauração da Carta*, n.º 78, 8.4.1846, pp. 307–308, e n.º 83, 17.4.1846, p. 326.

329 Parecer de José de Cupertino de Aguiar Ottolini, 27.5.1848. PT/AHPGR/ /PGR/05/04/06/002.

social e da difusão dos ideais liberais pela imprensa, Antónia regressou cheia de vigor aos temas políticos. Já a residir em São Bento, foi especialmente assídua às sessões parlamentares, dedicando-lhes mesmo uma pequena brochura, que titulou *Galeria das senhoras na camara dos senhores deputados, ou as minhas observações*. Não será difícil imaginarmos a estranheza e o repúdio que a presença continuada de uma mulher nas galerias do Parlamento suscitaria, nem os ditos malévolos e jocosos que a propósito se teriam multiplicado. O opúsculo foi suporte para muitas considerações *a latere* acerca da sua vida e para respostas aos que procuravam desconsiderá-la. Em jeito de aviso à navegação, começava por dizer que as suas observações eram dadas à estampa antes do inicialmente projectado. Pensara torná-las públicas conjuntamente com algumas reflexões morais, que há muto escrevera; contudo, acicatada pela má-língua de um deputado, antecipara a sua publicação.[330]

> Pois sois vós, homens indignos do logar que occupais, sois vós que antecipaes a publicação destas observações [...] e não soffrereis os golpes da minha penna se vos houvesseis conduzido como homens de bem! mas tivesteis a miseravel idêa de proferir expressões de que eu jurei, e hei-de vingar-me! quero, e posso desafrontar-me!... portanto preparai as costas para sofrer os golpes, não dos punhaes que o medo (companheiro inseparavel do crime) vos fez senhor! não da foice da Maria da Fonte[331], como ouzasteis chamar-me; porém de uma arma mil vezes mais terrivel de quantos punhaes, quantas foices [...][332]

---

330 *Ibid.*, pp. 3–4 e 13.

331 «Quanto á lembrança de me chamarem Maria da Fonte [...] todos sabem que esta não é a minha bandeira!», dizia à frente. *Ibid.*, p. 5.

332 AGP, *Galeria das senhoras na camara dos senhores deputados [...]*, p. 4.

E a arma com que intrepidamente ousava afrontar quem previamente a afrontara era o cálamo: «Dizei o que vos parecer, que eu vou escrevendo tambem o que entendo»[333]. Entre as muitas (des)considerações de que havia sido alvo, a que mais a atingira fora a de que faltava ao cumprimento dos seus deveres maternais a fim de estar presente nas sessões. A estas acusações, respondeu:

> quero pois declarar que frequentei as Côrtes sem nunca faltar aos deveres do meu estado de mãi; porque sahia, depois de haver tractado e arranjado a minha pobre choupana, deixando os meos filhinhos entregues ou aos cuidados de sua mestra, ou de uma creada muito capaz; e não tendo eu poupado fadigas, nem diligencias, para lhes não faltar (como não lhes tem faltado jamais, louvor a Deus) o precioso alimento, sem encommodar pessoa alguma; e só com sacrifios meus, pois não tenho genio de ser pesadas [*sic*] á sociedade![334]

Era só, absolutamente só, que provia ao seu sustento e ao da prole, mas por ora, apesar da modéstia dos seus rendimentos e da sua habitação, Antónia Gertrudes estava ainda em condições de manter uma criada. Devia parecer bizarro, mesmo aos mais bem-intencionados — e muitos não o seriam —, que uma mulher que levava havia decénio e meio uma «vida triste, e trabalhosa», que perdera toda a sua anterior riqueza material, que não frequentava locais de lazer, fizesse questão de assistir a muitas sessões parlamentares. Uma coisa era visitar o palácio das Cortes em dias festivos ou no princípio e no final das legislaturas, quando muitos dignitários, entre os quais os reis e suas comitivas, marcavam igualmente presença; outra, era assistir às sessões parlamentares com uma

[333] *Ibid.*, p. 4.

[334] *Ibid.*, p. 5.

atenção própria de quem se interessava pelos assuntos do Estado e pelo andamento dos que lhe diziam mais directamente respeito, como o da situação, ainda não inteiramente resolvida, das pensões às viúvas e órfãos de combatentes mortos durante a guerra civil. Como a própria admitia, «Não ha quem por ahi me tenha visto em theatros, assembléas, passeios, ou outro qualquer divertimento; e todos me viram frequentar as côrtes». As considerações que dava ao prelo tinham resultado da sua própria observação directa de muitas sessões, feita «com todos os meus cinco sentidos».[335] E que revelaram então os sentidos de Antónia Gertrudes Pusich do quotidiano parlamentar? Na Câmara dos Pares, de nomeação régia, mantinha-se, dizia, «o decoro, e a dignidade» que correspondiam à «alta cathegoria» dos seus membros.[336] Já a dos Deputados, assemelhava-se a um hospício de alienados: sucediam-se «os berros, as expressões agrestes, e insolentes; os saltos, e batidas nas carteiras; [...] um frenesi tal» e um contínuo riso insano.[337] E, claro, também as ofensas a quem não estava presente para se defender.[338]

Contrastava com esta a conduta do presidente da Câmara dos Deputados, na altura, um dos irmãos de Costa Cabral, o jurista João Rebelo da Costa Cabral, que procurava, pela persuasão, aplacar os ânimos e moderar os excessos, por vezes com sucesso. Nem todos os deputados e ministros, contudo, se portavam de maneira tão indigna e dissonante com o elevado cargo que desempenhavam. O presidente do Conselho de Ministros, duque de Saldanha, e o ministro da Fazenda, Joaquim José Falcão, distinguiam-se pela qualidade do discurso, pela correcção e delicadeza de expressão e pelas boas intenções que os animavam. A este último — a quem reconhecia o mérito de ser movido pelo bem, mas que, sozinho, não podia fazer muito pelas arruinadas finanças do País —, desresponsabilizava-o

335 *Ibid.*, pp. 3 e 5.

336 *Ibid.*, p. 11.

337 *Ibid.*, p. 6.

338 *Ibid.*, pp. 12 e 11.

da falta de pagamento integral da pensão que lhe era devida como viúva de um militar. Embora vítima da situação, assacava culpas à primolegislação liberal, que havia permitido que alguns absorvessem a riqueza do País. E que não se atirassem todas as culpas para a guerra civil; esta apenas acentuara a crise espoletada pelo «liberalismo (ou antes egoismo) de nossos primeiros financeiros constitucionais»: quando se iniciara, «já não existiam nem conventos, nem lesirias, nem outras muitas riquezas nacionaes; e a divida externa, e interna estava por pagar!» Ciente de ter tocado um ponto nevrálgico, terminava com um «Passemos avante»![339]

Na oposição, encontrou também deputados cuja participação nas sessões se pautava pela decência. Citava o nome de alguns, como o barão de Ourém, a quem reservou os maiores encómios. Ou porque apreciasse efectivamente o seu desempenho ministerial ou por ter ele apresentado um projecto que visava beneficiar a situação das viúvas e órfãs de militares ou ainda por ter sido portador de uma representação das mesmas «pensionistas de consideração», o barão foi a figura a quem dispensou mais espaço e louvores. Afirmava que tinha sido «o único deputado que especialmente se lembrou de nós» e lamentava que não tivesse sido acompanhado por nenhum outro no sentido de se apressar a resolução do atraso no pagamento das pensões. Não tinha dúvidas de que, se o anterior ministro da Fazenda, Marino Miguel Franzini[340] — liberal que fora amigo de seu pai e protector da própria Antónia Gertrudes —, fosse deputado, certamente apoiaria o barão de Ourém nas suas diligências a favor das viúvas e órfãs dos militares.[341]

Antónia Gertrudes destacava ainda outros parlamentares. A Correia Caldeira, que se iniciara naquela legislatura e tinha sido eleito secretário,

---

[339] *Ibid.*, p. 7.

[340] Filho do italiano Michele Franzini, que foi professor de D. João VI e que António Pusich trouxera para Portugal. Os Franzini teriam ficado para sempre unidos aos Pusich por uma grande amizade. Cf. *Biographia de Antonio Pusich [...]*, p. 14.

[341] AGP, *Galeria das senhoras na camara dos senhores deputados [...]*, p. 9.

enaltecia não apenas os dotes oratórios e o facto de ter introduzido nos seus discursos o assunto das pensões, como a sua delicadeza de maneiras e o seu aspecto físico, que descrevia como «agradavel». Seria certamente incomum na época uma mulher aludir por escrito à beleza de um homem, sobretudo de uma figura pública. Também nesta ousadia Antónia se revelou pioneira. A propósito da estreia do conde de Linhares no Parlamento, como deputado, dizia que «ostentou a dignidade propria do seo elevado nascimento». Os discursos de António Maria Fontes de Pereira de Melo lograram igualmente uma referência elogiosa: eram «longos, e bem ataviados». O facto de ter sido eleito pelo círculo de Cabo Verde, arquipélago-natal de Antónia, onde seu «pai tanta gloria adquirio» e onde o irmão Jerónimo ainda desempenhava funções, não foi estranho a esta especial menção.[342]

Para Antónia Gertrudes, a poesia era, como geralmente o é para os poetas (e não só), um reduto inexpugnável de elevação, e por isso inacessível aos apenas tocados pela dimensão matérica. Maltratar a poesia — e Antónia considerava que ela tinha sido maltratada no Parlamento por Cunha Souto Maior, «que não admittia que o poeta podesse ser politico, nem economico» — suscitava-lhe viva condenação. Por isso, se regozijou com a derrota de Cunha Souto Maior na Câmara dos Deputados, ele, que era «muito cavalleiro em nascimento, e muito civilisado, mas muito tribuno em Côrtes». Embora lamentasse a ausência de Garrett para trucidar Souto Maior, congratulava-se que, ainda assim, tivesse sido objecto de «uma derrota igual á que os cruzados deram aos Mouros que ousaram profanar o sagrado recinto da cidade santa!»[343] A poesia, como a religião (católica romana, precise-se) eram, para a poetisa, intocáveis.

Antónia assistiu igualmente à sessão de encerramento da Legislatura, na qual esteve presente a família real e em que D. Fernando discursou. Nestes dias, a entrada também se fazia por convite, e Antónia recebeu

[342] *Ibid.*, p. 10.

[343] *Ibid.*, p. 12.

dois, ambos de filhos do conde de Terena — António Emílio Correia de Sá Brandão, futuro ministro da Justiça, e seu irmão Francisco Brandão de Melo. Comentou que a afluência de povo às galerias — de homens e de mulheres, pois a presença dos reis e respectivas comitivas, constituindo um espectáculo paralelo, atrairia também estas últimas — contrastava com a escassa presença tanto de deputados como de pares do Reino. Terá sido das muito raras vezes que Antónia se permitiu, se bem que brevemente, deixar nos seus escritos comentários à indumentária de alguém, assunto que considerava menor e do qual não se ocupava. Deu-nos a saber que a rainha trajava de azul-claro e branco e que lhe ornava a fronte um diadema de brilhantes.[344]

Terminava o excurso pelo Parlamento, com um «Supplemento ás minhas observações». Nele, regressava ao tema da maledicência, desafiando para um duelo alguém que, cobardemente, lhe havia enviado uma carta anónima: «a todos aquelles que tiverem tido a mesquinha lembrança de falar contra mim, lanço a luva para provarem o que disserem». Duelo... de pena, pois que outro, como mulher, lhe estava interdito: «a todos que quiserem guerra comigo; pois não fujo!... e declaro que a arma é a penna; o campo a imprensa, que é aquelle onde milito; já que as leis da sociedade me prendem as mãos, e empedem que eu empunhe outras armas!...»[345] Era-lhe abominável a cobarde difamação anónima: «a honrosa opinião publica que tantos, e tão grandes sacrificios me tem custado; a guerra tenebrosa, e traiçoeira de um, ou outro miseravel, que não ousa combater-me face a face [...] Despresando pois tão miseraveis, tão covardes inimigos»[346]. Os ataques pessoais tinham o condão de predispor Antónia Gertrudes Pusich para o combate. Se bem que não procurasse as polémicas, também não fugia delas, sobretudo nesta fase da sua vida, quando se encontrava ainda casada, mas, provavelmente, já separada

344 *Ibid.*, p. 13.

345 *Ibid.*, pp. 14–15.

346 *Ibid.*, p. 5.

de José Roberto. Optou (poder-se-á falar de opção?) por duramente viver a sua versão «varonil», prescindindo da vivência plena de mulher, como admitiu, em tom sofrido de desabafo num número do seu primeiro jornal, *A Assembléa Litteraria*, ao aludir aos «immensos sacrificios que é mister fazer (sendo mulher) para sustentar um caracter varonil!...»[347]. Como mulher de letras especialmente interventiva, sentiu necessidade de acautelar a respeitabilidade e estima sociais, cuja perda arrastaria consigo a dos filhos, e sobretudo a das filhas. Não ousou comprometer-se ao ponto a que o fez a sua muito admirada George Sand, que, do vestuário à vida afectiva e sexual, fez rupturas mais drásticas.

GUERREAR IDEIAS E NÃO PESSOAS

> *Aquelles que só por convicção seguiram um partido, são sempre dignos de contemplação, e nunca se podem julgar criminosos.*[348]

A meio do seu quinto decénio de vida, Antónia Gertrudes ressumava força, aquela que lhe advinha do que entendia ser a verdade. Tinha perfeita noção do poder da palavra, mormente da palavra escrita e impressa, e interpelava todos os que pensava deverem ser interpelados, exigindo-lhes explicações, desafiando-os a justificarem posições que assumiam e que considerava contrárias ao bem comum ou pelo menos ao das classes menos protegidas. Se «contra as tyrannias e injustiças, filhas d'humanas ambições, não pude reagir, porque não nasci homem»[349], a voz não concedia que a abafassem. A sua divisa era, e continuaria a ser uma

---

347 AGP, «Declaração sincera», AAL, n.º 24, 26.1.1850, p. 191.

348 AGP, «Necrologio», *A Beneficencia*, n.º 7 (2.ª série), 3 de Março de 1854, p. 4.

349 AGP, *Memoria ao benemerito Duque d'Avila e de Bolama Fallecido em 4 de Maio de 1881*, 1881, p. 7.

vez «estabelecida» como directora e redactora dos jornais que fundaria, «sempre a mesma — vencer, ou morrer».[350] O registo era assertivo, combativo, mas não acintoso: «eu não ostento, nem nos meos escriptos, nem nas minhas acções, um espirito jocoso, ou critico»[351]; «detestamos a critica, e os sarcasmos»[352]; a «critica é arma de que nunca usaremos senão como defensiva»[353]. O sarcasmo não figurará, de facto, nos artigos que assinará nos seus jornais, senão pontualmente e nunca como arma política de arremesso; as poucas vezes que o usou foi apenas como resposta a críticas ou comentários percebidos como especialmente injustos. O gosto de elogiar sobrepunha-se em Antónia Gertrudes ao de criticar: «gosto mais de louvar do que de censurar: para sátyra, nenhum geito, ou propensão tenho; só a verdade, ou a provocação, me faz entrar na arena»[354]. E entrou algumas vezes, como temos visto. Afirmava, todavia, não manter ressentimentos face aos que divergiam das suas perspectivas e posicionamentos. Gabava-se de ter amigos não só entre os liberais da ala mais conservadora, como Rodrigo da Fonseca Magalhães, mas também entre os radicais. Apesar das suas convicções fortes, não era rígida a ponto de reivindicar qualquer monopólio da verdade. Mesmo a muitos dos que tinham estado do lado oposto da guerra fratricida, cujo desfecho ditara a sua ruína financeira e a descida na hierarquia das posições sociais, reconhecia que tinham agido por patriotismo, ao serviço da nação e em coerência com o seu pensamento político. Na *Biographia de Antonio Pusich [...]*, chegou mesmo a conceder o honroso qualificativo de «patriotica» à revolução de 1820.[355] Tratar-se-ia de uma concessão às vitoriosas correntes liberais e/ou aos monarcas portugueses, que eram, afinal, descendentes

[350] AGP, «A Portugal», AC, n.º 1, 1.11.1858, p. 1.

[351] AGP, *Galeria das senhoras na camara dos senhores deputados [...]*, p. 14.

[352] AGP, sem título, AAL, n.º 28, 23.3.1850, p. 223.

[353] AGP, sem título, AAL, n.º 5, 1 de Setembro de 1849, p. 39.

[354] AGP, *Galeria das senhoras na camara dos senhores deputados [...]*, p. 12.

[355] AGP, *Biographia de Antonio Pusich [...]*, p. 43.

de D. Pedro? Ou antes a coerência com o que sempre defendera — que «aquelles que só por convicção seguiram um partido, são sempre dignos de contemplação, e nunca se podem julgar criminosos», como escreveu no necrológio do conde de Barbacena, um amigo de longa data da família, ministro da Guerra de D. Miguel e uma das grandes figuras do partido realista, que acabara de morrer?[356] António Feliciano de Castilho, que Antónia muito respeitava enquanto homem e literato, fora um liberal que execrara violentamente D. Miguel, para cujo partido o coração e a razão de Antónia sempre tinham pendido. Em 1834, Castilho escrevera um dos mais contundentes poemas contra o *usurpador*:

> Em hora má do porto desaferres,
> Ó Principe das Trevas, cujo Nome
> He do Bardo Fiel deffeso á Lyra.
> Em tres vezes má hora a proa infanda
> Cometta o mar com as Furias por Nereidas,
> Por Galerno os tufões, e ao leme a Parca.
> Possa a brisa da terra aos teus ouvidos
> Só levar ais dos teus e Vivas nossos.
> Possas tu não sentir nas asas d'ella
> Mais que orvalho de lagrimas, que nutra
> Na aridez da tua alma agros abrolhos.
> Vomitára-te o Oceano em nossas praias
> Monstro devorador; leve-te o Oceano.
> Cumpriste o encargo teu; jaz nua a terra,
> Sangue os rios, ruinas as Cidades.[357]

---

[356] AGP, «Necrologio», AB, n.º 7 (2.ª série), 3.3.1854, p. 4.

[357] António Feliciano de Castilho, *Epistola ao usurpador ex-infante Miguel Maria do Patrocinio na sua saída de Portugal* (extracto), 1834, p. 1.

Antónia, que não escondeu nunca de que lado estivera durante as lutas que conduziram à implantação do constitucionalismo em Portugal, parece ter convivido muito bem com o antimiguelismo de Castilho, que, aliás, apesar da sua inicial militância, optou por manter-se arredado das lides políticas, por considerá-las incompatíveis com as da escrita. Já aqueles que tinham feito da guerra e do pós-guerra palco e instrumento para salvaguardarem o seu quinhão do bolo, mereciam a Antónia a mais veemente repulsa, tal como o contorcionismo florentino de algumas figuras suas contemporâneas, que transitavam de um para o outro extremo do espectro político. Afirmava não nutrir rancores políticos: «Não conheço odio politico: não combato opiniões senão com a arma franca e leal do raciocinio»[358]; «hoje, e sempre, alheia a odios que não podemos, nem queremos nutrir, tendo amigos verdadeiros que muito presamos em todos os partidos»[359]. Nos seus escritos, afirmava repetidamente que o combate de ideias devia fazer-se pela pena, na imprensa, e não pelas armas em lutas fratricidas.

Numa época de muito limitado reconhecimento da mulher enquanto sujeito político, Antónia Gertrudes oscilava entre a afirmação da neutralidade partidária e o empenhamento político e social. Assumia por vezes que tinha convicções políticas, e arraigadas; outras vezes, negava-as. Quando começou a dispor dos seus próprios jornais, o que aconteceu ainda no decénio de 40, deu frequentemente vazão à sua irreprimível pulsão de intervenção política, embora insistindo que a linha editorial das suas folhas era apolítica. Podemos afirmar de Antónia Gertrudes Pusich que era uma mulher intrinsecamente política, plausivelmente desde a juventude. O pai tinha-a versado em matérias de interesse público e fizera-a sua confidente em assuntos administrativos e políticos. Desde cedo conviveu com muitas figuras com responsabilidades governativas, que

---

358 AGP, *Galeria das senhoras na camara dos senhores deputados [...]*, p. 5.

359 AGP, «Manifesto a Sua Magestade o Senhor D. Pedro V», AB, n.º 40 (2.ª série), 1.10.1855, p. 3.

integravam a rede de sociabilidade familiar — tanto as que partilhavam a simpatia paterna pela ordem absolutista como as que viriam a desempenhar importantes funções na nova ordem constitucional. No palacete da Estrela, já depois do regresso de Cabo Verde, esteve presente nos muitos serões de convívio promovidos pelos pais, durante os quais pôde assistir (e, provavelmente, participar) ao debate de ideias entre pessoas de diferentes quadrantes político-partidários.

Talvez por isso, não parecesse uma pessoa dotada de grande rigidez intelectual. Contudo, domínios havia aos quais não estendia a sua abertura e tolerância. Mais ainda do que a questão do regime, a religião — a católica apostólica romana — apresentava-se-lhe incontestável. Apesar de se afirmar contra os excessos de jejuns e penitências[360], não ocultava a viva antipatia que lhe suscitavam não apenas os anticlericais, que em Portugal também iam engrossando as suas fileiras, como mesmo os que eram destituídos de fé. Preocupava-a que o livre-pensamento ateu estivesse a ganhar adeptos em Portugal: «E o nosso Portugal que foi tão crente,/Tão fiel ao seu Deus,/A maligna influencia já ressente/Grassar nos filhos seus!..../ Mãe do Eterno! Sob'rana padroeira/Do nosso Portugal!/Do povo teu afasta a atroz cegueira!/Calca a serpe infernal!»[361] Muito prosélita, Antónia queria a religiosidade, e essencialmente o catolicismo, adoptados por todos os habitantes do planeta. Note-se como qualificava de «serpe infernal» a descrença e o ateísmo. Dois anos antes desta manifestação em verso de proselitismo e de intolerância religiosa, tinham-se vivido

---

360 Num dos artigos editoriais que dedicou às irmãs de caridade, criticava um sacerdote «menos competente, por quanto pelo seu fanatismo imolava á força de abstinência, jejuns, e penitencias aquellas victimas resignadas!...» E inquiria: «seria isto comprehender a pura, salutar, e benefica religião do Cruxificado?!...» Cf. «Irmãs da caridade», AC, n.º 3, 15.10.1858, p. 17.

361 AGP, «Deprecação», em *O Christianismo. Semanario religioso*, n.º 32, 7 de Agosto de 1852, p. 199. O poema foi posteriormente publicado em AB, n.º 3, 1.12.1852, pp. 3–4.

em Portugal os tempos da acesa polémica gerada pelo primeiro volume da *Historia de Portugal* de Alexandre Herculano. Não só o historiador não tinha contemplado na sua obra «a fabula», a «tradição absurda», a «ninharia», o «conto de velhas», a «historieta» da aparição de Cristo em Ourique, como mencionara, *en passant*, tratar-se de uma falsidade histórica.[362] Ao depurar de «lendas fradescas» a sua *Historia de Portugal*, colocara-se na mira de quantos liam o seu exercício de objectividade como manifestação de heresia.[363] De Braga e, depois, de outros pontos do País, não se fizeram esperar as invectivas contra Herculano, acusando-o de heresia e impiedade. Logo Herculano, que, durante a época de maior perseguição ao clero regular e aos seus bens, fizera ouvir a sua voz crítica contra a situação de vulnerabilidade a que ficavam expostos. Se as referências na obra tinham suscitado a ira e a contundência verbal de uma parte do clero, a resposta, que, embora tardiamente e a contragosto, foi forçado a redigir — sob a forma de uma carta dirigida ao cardeal-patriarca, em que condenava os excessos dos clérigos que, «incapazes de sentimentos de moderação», procuravam «excitar» contra ele «as paixões odientas de um fanatismo» ultrapassado[364] — provocou uma polémica generalizada em torno do assunto, entre os que defendiam a verdade histórica e os ressentidos com ela.

Apesar da delicadeza do tema, sobretudo para uma incondicional defensora do Altar, Antónia Gertrudes não deixou de o abordar nas colunas do jornal que então dirigia. Herculano terminara o seu primeiro opúsculo de resposta (*Eu e o Clero*) a 30 de Junho de 1850; em Agosto, já Antónia Gertrudes e alguns dos seus colaboradores participavam na controvérsia. Ocultando parte do seu pensamento acerca da questão da aparição de Cristo a Afonso Henriques (que, no entanto, qualificava como «tradicção proveitosa», pronunciou-se sobre «o resentimento» [*sic*]

---

362 Alexandre Herculano, *Eu e o Clero*, 1850, pp. 7, 8, 14, 7, respectivamente.

363 *Ibid.*, pp. 4–5.

364 *Ibid.*, p. 3.

do Sr. Herculano pela afronta» que um sacerdote de Braga lhe dirigira. Criticava o clérigo que fizera do púlpito uma plataforma de ódio e não de amor e caridade cristãs; se lhe repugnara a explicação dada pelo historiador à lenda de Ourique, era «o escripto, mas não o escriptor» que deveria ter combatido. Não se tratando Herculano de um anticlerical primário nem estando em causa um dogma da Igreja — porque, se fosse esse o caso, já Antónia tomaria outra posição —, a reacção do sacerdote de Braga indignara-a. Por um lado, afirmava a liberdade de pensamento e expressão — «o historiador é livre, e livre é a sua opinião» —; por outro, estabelecia limites a essa liberdade: ela era legítima, mas só «em tudo que não agrave os dogmas da Religião que professâmos». Mesmo alguma contundência nalgumas passagens do opúsculo de Herculano atribuía-as Antónia ao «genio superior», que «não é de gêlo — é de fogo». E protestava a sua admiração por Herculano, «escriptor sublime».[365] Ainda neste número do jornal, Antónia justificava o atraso de alguns dias na edição com a sua falta de saúde.[366]

É possível que a obsessiva religiosidade de Antónia tenha suscitado a hostilidade e o menosprezo de alguns homens de letras e da política. Contudo, num exercício revelador de grande respeito pela liberdade de expressão, Antónia Gertrudes Pusich consentiu na publicação, num dos seus periódicos, de um artigo que em pouco destoaria do discurso de um tribuno republicano. A sua autora era Mariana Cândida da Fonseca Dine (em solteira, Mariana Cândida de Lima da Fonseca Pinto). Filha do professor proprietário da cadeira régia de Filosofia em Bragança, e ela própria professora primária, muito trabalhou para custear os estudos de seus filhos. No final dos anos 40, publicou uma tradução que fizera do francês de uma obra literária. Segundo um seu descendente, manteve uma polémica com D. Martinho Lourenço de Almeida no Teatro

365 AGP, «O senhor Alexandre Herculano e o Clero», AAL, n.º 35, 17.8.1850, pp. 25–26.

366 AGP, sem título, AAL, n.º 35, 17.8.1850, p. 32.

de São Carlos, tendo este resistido a apenas duas sessões de confronto[367] (o que não nos custa a crer, dada a excelência do discurso de Mariana da Fonseca Dine). Mais «avançada» em matéria religiosa, nem por isso Mariana Dine se viu privada das páginas de A *Cruzada*, o último jornal fundado por Antónia. Atente-se no seguinte extracto, dos mais progressistas dos jornais de Antónia Gertrudes Pusich em assuntos de religião:

> É preciso que assentem, por uma vez, no que é religião, e o que deve constituir as bases da educação; qual será mais util ao progresso; se dar á infancia mestras que saibam o que é sociedade, e que por conseguinte lhes ensinem as maximas do legislador Sublime. — Dae a Deus o que é de Deus, e a Cezar o que é de Cezar — ou mulheres hypocritas, e fanatizadas pelos confessores que lhes imbuem uma religião erronea, maximas contrarias á liberdade do pays.[368]

O AMOR

> *Essa divina affeição não muda, porque a alma onde se entranhou não pode mudar: é fogo que cinzas podem cobrir, mas nunca extinguir.*[369]

O ano de 1848 foi também de incursão de Antónia Gertrudes pelo romance. Nele, deu à estampa *Olinda, ou a Abbadia de Cumnor Place*, que Maria Leonor Machado de Sousa considera «o único autêntico romance gótico português, com traições, castelos, subterrâneos, ruínas,

[367] José Luís Sepúlveda, *Família Dine. Monografia*, 2008, s.p.

[368] Mariana da Fonseca Dine, sem título, AC, n.º 2, 15.11.1858, p. 13.

[369] Carta dirigida por Antónia Gertrudes Pusich a Rodrigo da Fonseca Magalhães, s.l. [Lisboa], s.d. [post. 1851–ant. 10.1.1854], p. 1. BNP — MR, Esp. 21, cx. 80.

narcóticos, fugas acidentadas, salteadores, mortes, tempestades e até um espectro».[370] Trata-se de um romance em verso, que surgiu na sequência da leitura por Antónia Gertrudes da tradução de uma obra de Walter Scott — *Kenilworth* —, que lhe fora dada a ler por um amigo, o conselheiro José Manuel de Almeida Araújo Correia de Lacerda.[371] O prior de Santa Isabel, José Jacinto Tavares, e os irmãos António e José Feliciano de Castilho tinham sido quem a incentivara a dar à estampa esta «obrasinha», que escrevera havia já quatro anos. Sem a protecção do rei, do patriarca e de outros, por falta de meios, ela não teria começado «a girar no mundo litterario», tal «como muitas outras que tenho creado».[372] Escrevera a obra «em curtos momentos que de noite eu tirava ao preciso descanço, quando finda a minha lida domestica, adormecia meus innocentes filhinhos! A cada instante interrompidas as minhas idêas com o despertar da mais pequenina de minhas tres filhas, a minha Amelia, (de cujo semblante Olinda é o retrato).»[373] Amélia, a sua ultimogénita, nascida em 1843, era ainda bebé quando escreveu este romance. Antónia atribuía, pelo menos parcialmente, o tom carregado desta obra ao cansaço gerado pela acumulação das tarefas domésticas com as decorrentes da escrita: «Por todas essas rasões, e talvez pelas pungentes magoas da minha alma, esta obra (como quasi todas as outras minhas) saíu tão funebre, e sentimental!»[374] A personagem masculina principal congregava o que a autora gostaria de ver reunido num marido/amante: «um ente qual eu desejaria ter merecido n'este mundo» e que só logrou «encontrar no espaço immenso por onde vaga a ardente phantasia!..» Eduardo é o protótipo do companheiro que Antónia gostaria de ter tido. Que revelação

[370] Cf. Maria Leonor Machado de Sousa, *O «horror» na literatura portuguesa*, 1979, p. 48.

[371] AGP, «Prologo», em *Olinda, ou a Abbadia de Cumnor Place*, p. 5.

[372] *Ibid.*, pp. 3–4.

[373] *Ibid.*, p. 7.

[374] *Ibid.*, p. 7.

límpida, frontal e corajosa do desencanto perante todas as suas experiências matrimoniais! Ou seja, mesmo o segundo marido de Antónia, Francisco Henriques Teixeira, o único cujos carácter e conduta lhe mereceram referências elogiosas, ficou aquém do que apreciava num consorte. Esta confissão reforça a percepção de que as suas escolhas matrimoniais, pelo menos as duas da maturidade, foram mais ditadas pelas circunstâncias políticas e pela situação muito vulnerável em que se encontrava, do que pela conformidade com as suas aspirações.

Uma passagem do romance *Dois Mysterios*, que publicará no ano seguinte e que será das suas obras mais ricas em apontamentos biográficos, revelará que a vivência do amor-paixão foi uma dimensão afectiva que ficou por preencher na sua vida. Quando a personagem Hermínia («Irminia») a confronta com o facto de também ela ter amado, pois que se casou, a narradora (Antónia) responde que do facto de se ter casado não se podia inferir que tivesse amado.[375] Que uma mulher nascida em princípios de Oitocentos tenha usado o espaço de um prólogo a um romance para fazer esta dupla confissão — de aspiração ao amor e de frustração perante três empreendimentos conjugais — confirma a sua incomensurável coragem e modernidade. Não afirmava Antónia que «nunca duvidei dizer o que sentia porque nunca tive de me envergonhar do que sentia»?[376] Não era já a jovem Antónia quem assim se exprimia, mas uma mulher sofrida, que, perante o infortúnio e a sucessão de desilusões, tinha desistido da sua feminilidade, para poder movimentar-se num mundo masculino.

E, no entanto, Antónia amara, e intensamente. E continuava a amar, pois «essa divina affeição não muda, porque a alma onde se entranhou não

---

[375] AGP, «Dois Mysterios», romance publicado em folhetim, AAL, n.º 13, 27.10.1849, p. 101.

[376] AGP, «Carta da Redactora dirigida ao Ill.mo Sr. Antonio Maria dos Santos Brilhante», 7.11.1853. AB, n.º 1 (2.ª série), 15.11.1853, p. 5.

pode mudar: é fogo que cinzas podem cobrir, mas nunca extinguir»[377]. O objecto da sua paixão fora um vulto extraordinário, como não poderia ter deixado de ser para merecer tão intensa afeição a uma mulher como Antónia. Dotado de viva inteligência, também ele poetava, e também fundara, dirigira e escrevera jornais. Não só a sua escrita, como igualmente os seus dotes de grande tribuno, distinguiam-no entre correligionários e opositores. Partilhava com Antónia o horror à turbulência sociopolítica e a rejeição da violência como meio para acelerar o progresso social e a história. Mais velho do que Antónia dezassete ou dezoito anos, Rodrigo da Fonseca Magalhães era ainda um homem relativamente jovem e pleno de vigor quando se conheceram. Não sabemos quando despontou a paixão, que foi recíproca. Podemos, no entanto, situá-la entre 1828 e 1835. 1828, porque terá sido o ano em que Antónia conheceu Rodrigo ou em que, pelo menos, ele estabeleceu relações de amizade com os Pusich; 1835, porque foi o ano em que o nomearam ministro do Reino, e Antónia afirmou que a profunda atracção mútua nascera antes de Rodrigo ter alcançado a projecção política que posteriormente granjeou.[378] Terá nascido antes, durante ou depois do segundo casamento de Antónia, ocorrido em Outubro de 1829? Tendo acompanhado o marido durante a guerra, e tendo-se Rodrigo desdobrado entre Portugal e Inglaterra, naqueles anos conturbados, é provável que tenha sido antes. Antes ou depois, Antónia era já uma mulher com o coração tomado quando se casou com Francisco Henriques Teixeira. Aliás, nunca fez qualquer referência ao amor como móbil deste enlace. Admirara, respeitara e gostara muito de Francisco Henriques Teixeira, mas não o amara. A paixão por Rodrigo da Fonseca Magalhães pode também ter acontecido já depois da viuvez e do final da guerra, entre o Verão de 1833 e o de 1835, quando Rodrigo foi feito ministro do Reino. Inclinamo-nos, contudo, mais para a primeira hipótese.

---

[377] Carta de Antónia Gertrudes Pusich para Rodrigo da Fonseca Magalhães, s.d. [post. 1851–ant. 10.1.1854], p. 1. BNP — MR, Esp. 21, cx. 80.

[378] *Ibid.*, p. 7.

O trauma da guerra e do seu desfecho, a viuvez recente, a existência de dois filhos órfãos muito pequenos (um ainda bebé) e o facto de só ter regressado a Lisboa em Junho de 1834, se não impossibilitavam a exaltação amorosa, não constituíam certamente circunstâncias favoráveis para o seu desabrochar. Tenhamos presente que em 1828 — quando, pela sua associação ao lado então poderoso, detinha influência — Antónia se empenhou pessoalmente para que Rodrigo da Fonseca e dois outros liberais não sofressem a perseguição absolutista. Ainda assim, Rodrigo partiu, como tantos outros, para Londres, pois a violência da intolerância miguelista já se anunciava, e Antónia não poderia continuar a assegurar-lhe a sua protecção.

Rodrigo da Fonseca Magalhães, que, pouco tempo depois, adquiriria grande prestígio e notoriedade, terá correspondido plenamente a este amor. Num registo poético que adoptou circunstancialmente numa carta que lhe dirigiu, Antónia exortava o já várias vezes ministro: «Recorda essa estima que na edade dos incantos te mereceo a mulher a q.[m] [quem] terias dado um throno em teu coração». Na mesma carta, evocava as «duas almas nobres que um dia se compreenderão» e «esse divino sentir que tão generosam.[te] outr'ora V. Ex.[a] me facultou!».[379] Se Antónia se encontrava viúva – de João Cardoso de Almeida Amado, no caso de a paixão remontar aos últimos anos de 20; de Almeida Amado e de Francisco Henriques Teixeira, na eventualidade, menos provável, de ter nascido após a guerra civil – e se Rodrigo a amava, por que motivo não tinham vivido esse amor? Antónia esclarece-nos: «aquella innocente, e nobre simpathia que em tempos mais felizes, para mim, pude ter a ventura de lhe merecer [...] sagradas leis contiveram no recintho augusto da mais pura amizade»[380]. Que «sagradas leis» tinham justificado tal contenção? Ouçamos novamente Antónia: «Não podeste então fazer a sua [dela, Antónia] felecid.[e] porque

379 *Ibid.*, pp. 6–7, 1, 4–5.

380 *Ibid.*, pp. 1–2.

tu e ella respeitarão esses laços divinos q.^e te prendiam a uma virtuosa Esposa, e tu não estavas no lugar q.' hoje ocupas». Rodrigo era, pois, casado quando o amor os inflamou. Era-o desde 1823, quando contraíra matrimónio com Inácia Delfina Cândida do Rego Barreto, uma das filhas do multicondecorado general Luís do Rego Barreto, que fora seu comandante no Regimento de Infantaria n.º 15 e que viria a ser agraciado por D. Maria II com o título de visconde (de Geraz do Lima). Contudo, quando escrevia esta carta, a mulher de Rodrigo não constituía já um impedimento, pois morrera em 1838: «considerações sagradas nos afastaram então... considerações terrenas hoje nos afastam...» Rodrigo enviuvara, tendo desaparecido as «considerações sagradas»; permaneciam, contudo, as «considerações terrenas». Se bem que Antónia não as discrimine explicitamente, elas seriam o seu estado civil, os seus deveres familiares – uma vasta prole dependente – e a posição a que Rodrigo ascendera, que contrastava com a sua situação financeira: «circunstancias me fizerão perder essas fosforicas aparencias que aos olhos da verdadeira filosofia nada valem». O envelhecimento de ambos e naturalmente do seu amor, sujeitos que estavam à inexorável «estragadora mão do tempo», seria certamente mais uma dessas «considerações terrenas».[381] Mas mesmo o tempo não lograra apagar a sua paixão; seria menos fulgurante e ardente, pois fora sublimada em profunda amizade, mas existia ainda o sentimento que a espoletara:

> «Lembrase V. Ex.ª d'aquelle aperto de mão que outro dia eu lhe pedi [pidi?] me consentisse? elle quiz diser o que eu agora acabei de escrever; e as expressões que V. Ex.ª me dirigio então foi a desejada resposta; e por certo, poderia eu esperar menos?! Pois o tempo, as circunstancias; fossem quais fossem, poderiam mais que nossas almas? Não;[382]

---

[381] *Ibid.*, pp. 3–4, 2–3, 1.

[382] *Ibid.*, pp. 3–4. Apesar do sentimento que nutria por Rodrigo, Antónia não deixou de voltar a colocar-se no campo oposto, apoiando o grande rival político e pessoal de

A «resposta» de Rodrigo ao aperto de mão fora a «desejada», ou seja, terá sido a confirmação da persistência do seu amor. Só assim se compreende que, tendo dedicado poemas às principais figuras do novo regime, Rodrigo da Fonseca — que possuía a moderação, a tolerância, a capacidade de aproximar opostos, limando facciosismos comprometedores da ordem social e da paz[383], valores que Antónia tanto prezava — não tenha sido objecto de uma composição laudatória. A proximidade afectiva desaconselhava grandes manifestações públicas de admiração. Somente na carta que vimos citando, Antónia se terá permitido uma tão livre expansão dos seus sentimentos amorosos, passados e presentes, por Rodrigo da Fonseca. Noutras que lhe escreveu manteve um tom escrupulosamente cerimonioso, contrastante com o usado pela irmã Ana Isabel, que também se correspondia com Rodrigo. Terminava a carta reiterando o seu amor: «De V. Ex.ª *A mesma*»[384].

Esta longa, improvável e extraordinária carta — único dos seus escritos a iluminar-nos o túnel de acesso ao seu coração — não teve, todavia, apenas a intenção de comunicar desinteressadamente ao destinatário a perseverança do laço afectivo que em tempos os unira. Ela recordou-o, sim, mas com um propósito bem definido: o de obter do poderoso ministro o apoio necessário para a ultrapassagem de um impasse que obstaculizava a recepção da sua herança brasileira. Esta herança a que teria direito como viúva do seu primeiro marido era de tal modo avultada que estava cônscia da impossibilidade de a obter somente para si, e propunha partilhá-la com o Estado. Para preencher todos os requisitos para a habilitação à herança, faltava-lhe somente aceder ao assento de óbito do sogro, João Cardoso Amado Viana. Apenas na nona (e antepenúltima) página da carta

---

Rodrigo dos anos 40, António Bernardo da Costa Cabral. Foi mais uma manifestação da independência intelectual que sempre apregoou e praticou.

383 Cf. Maria de Fátima Bonifácio, *Um homem singular: biografia política de Rodrigo da Fonseca Magalhães (1787–1858)*, 2013, pp. 17–18, *passim*.

384 *Ibid.*, p. 10 [itálico nosso].

expôs o assunto que a motivara. Talvez com o intuito de estimular o tão ocupado ministro, adiantava que, antes de a revelar na imprensa, o poria a par, ou a Fontes Pereira de Melo, de «uma descuberta» que lhe haviam feito e que, depreendia-se, seria do interesse do Governo.[385] Numa carta posterior, Antónia retornará à questão da herança. Fora «Castilho José» (muito provavelmente, José Feliciano de Castilho, que residia no Brasil e de quem era amiga) quem descobrira a existência desta herança. Antónia pedia a Rodrigo da Fonseca que instasse junto do seu colega ministro dos Negócios Estrangeiros, visconde de Atouguia (que era muito desfavorável a Antónia), para que este obtivesse do embaixador ou cônsul português no Brasil a resposta a três perguntas: quando tinha morrido o seu primeiro sogro, que bens tinha deixado e quem os vinha administrando. Em tempos, Rodrigo prometera-lhe fazer quanto estivesse ao seu alcance para a ajudar, e Antónia reclamava agora o cumprimento dessa promessa.[386]

Contrariamente ao que fará alguns anos depois com Costa Cabral, quando solicitava o apoio de Rodrigo, Antónia não o confrontava explicitamente com algum serviço que lhe pudesse ter outrora prestado. Mesmo à protecção que lhe dispensara em 1828 (dando-lhe assim tempo para fugir do País) só aludiu na biografia do pai, publicada muitos anos depois da morte de Rodrigo, ocorrida em 1858. Era ao sentimento que ambos tinham nutrido um pelo outro — e que parecia existir ainda —, que fazia apelo, não à recompensa de favores: «Essa q.' jovem, e talvez bella, outr'ora merecêo a tua estima, ainda a merece hoje velha, e abatida por inumeros desgostos, por isso mais enteressante deve ser a teus olhos a Mae extremosa e infeliz — aquella q.' no meio dos maiores revezes [reveses?] não sucumbe, nem se avilta».[387] Esta «talvez bella» é uma das raras

[385] *Ibid.*, pp. 10–11.

[386] Carta de Antónia Gertrudes Pusich para Rodrigo da Fonseca Magalhães, s.l., 10.1.1854, pp. 2–3. BNP — MR, Esp. 21, cx. 80.

[387] Carta de Antónia Gertrudes Pusich para Rodrigo da Fonseca Magalhães, s.l. [Lisboa], s.d. [post. 1851–ant. 10.1.1854], pp. 7–8. BNP — MR, Esp. 21, cx. 80.

menções à sua aparência física (sendo outra o poema que dedicou à sua trança, de que à frente se dará conta). Invocava aquele «sentimento antigo para obrigar esse coração que o nutrio a compadecer-se... não de mim, porem sim dos innocentes filhos que me cercão! P.ª mim não peço compaixão por que sou muito altiva... muito ambiciosa!.. Para mim reclamo ainda um reflexo d'esse divino sentir que tão generosam.te outr'ora V. Ex.ª me facultou!»[388]

Uma passagem desta carta é susceptível de nos causar alguma perplexidade. A que se reportaria Antónia quando afirmava: «estás em tempo de cumprir alguma cousa do m.to q.' outr'ora prometteras!..»?[389] O que fora este tanto que Rodrigo da Fonseca lhe assegurara que cumpriria? Casar-se com ela? Mas se era casado... Esperaria a morte da mulher para breve, comprometendo-se a matrimoniar-se logo após com Antónia? Em que circunstâncias e com que intento lhe teria feito tantas promessas? Teria o seu relacionamento ultrapassado, numa fase inicial, o «recintho augusto da mais pura amizade» em que depois o circunscreveram? Impedimentos legais, e porventura também morais, tinham inviabilizado o casamento, mas não constituíam, contudo, obstáculos intransponíveis a um relacionamento íntimo entre os dois. É curioso que Rodrigo, que, felizmente, tinha o hábito de conservar a muita correspondência que recebia, não se tenha desfeito desta carta, a única, entre as várias que possuía de Antónia Pusich, eventualmente comprometedora para ambos (e, dados os contornos da moral coeva, particularmente para ela). Em anotação marginal à carta, no canto superior esquerdo, pode ler-se «(Confidencial.)». Antónia, que sabia que a correspondência era aberta e lida pelos assessores dos ministros, acautelou-se. Esperaria que o destinatário a destruísse depois de lida? Não lho pediu, contudo. O orgulho, a altivez e a segurança que lhe advinha da boa consciência dos seus pensamentos e acções pô-la-iam

388 *Ibid.*, pp. 4–5.

389 *Ibid.*, p. 7.

talvez ao abrigo destas precauções. Se os coetâneos ficaram na ignorância deste amor e da sua dimensão — o que não é certo, dada a possibilidade da abertura indiscreta do sobrescrito que envolvia a missiva —, os porvindouros saberão que Antónia amou, e amou muito.

Ter vários filhos ainda muito jovens e inteiramente dependentes de si, a par de uma enorme vulnerabilidade financeira, desencorajaria certamente eventuais pretendentes a uma relação amoroso-conjugal, mesmo os mais sensíveis aos seus encantos. Já no seu quinto decénio de vida, Antónia não acreditava na possibilidade — senão «por milagre» — de um amor e comunhão terrenos absolutos e duradouros. O amor era a «maior ventura que póde existir cá na terra»[390], «tudo é nada em comparação de um verdadeiro sentir»[391], mas era uma existência de curto prazo, a que, fatalmente, se sucederiam «obstaculos, e dôres».[392] Desde logo, porque uma das partes do par amoroso — a masculina — não estava à altura do desiderato:

> não ha homem algum que tenha a generosidade de não abusar da paixão de uma mulher; em quanto duvidam do seu amor, ou quando receiam perdel-o, buscam desvelados os meios de o segurar... mas certos que estejam do seu triumpho!... Oh! fazem-se logo muito graves!... [...] até toda a sua delicadeza usada antes se converte em aspereza [...] todo o seu extremo se converte em desprezo.[393]

---

390 AGP, *Olinda, ou a Abbadia de Cumnor Place*, p. 6.

391 Carta de Antónia Gertrudes Pusich para Rodrigo da Fonseca Magalhães, s.l. [Lisboa], s.d. [post. 1851–ant. 10.1.1854] pp. 3–4.

392 AGP, *Olinda, ou a Abbadia de Cumnor Place*, p. 6.

393 AGP, *Dois Mysterios*, romance publicado em folhetim, AAL, n.º 13, 27.10.1849, p. 101.

No entender de Antónia, os homens podiam ser bons amigos, mas não bons amantes.[394] A propósito da morte da duquesa de Praslin e de toda a tragédia que a envolveu, publicou uns poemas num número do seu jornal. Devem ter agradado, pois pediram-lhe que escrevesse mais. Fê-lo, centrando-se na infidelidade masculina e na sua recepção por parte das mulheres vítimas do adultério dos maridos/amantes. Transcrevemos cinco estâncias do poema a que deu o título «Ainda á morte da Duquesa de Praslin»:

Uma excepção é aquelle
Que no amor é Cavalheiro!...
Que se não sabe ser firme
Seja ao menos verdadeiro!...

Com vil astucia despertam
Os mais ternos sentimentos,
Para depois castigal-os
Com os mais crueis tormentos!

O que não mata com ferro
Com [*sic*] esse Duque tyranno;
Mata-vos o fogo lento!...
Qual será mais inhumano?

Amai pois aos que professam
Da moral as leis sagradas;
Dos outros... acautelai-vos
Senão!... sereis desgraçadas![395]

---

394 *Ibid.*, p. 101.

395 AGP, «Ainda á morte da Duquesa de Praslin», AAL, n.º 24, 26.1.1850, p. 192.

Antónia antecedeu o poema de uma advertência, em que pedia aos seus leitores homens que não se melindrassem com algumas expressões dirigidas ao sexo masculino, e afirmava:

> eu não me queixo delles [dos homens]; antes me confesso a todos muito obrigada; talvez porque os tenho por amigos tão sómente[396]; e por isso não tenho razão de queixa: não entro em questão; como amigos acho-os muito honrados; será isto devido ao lugar que me propuz occupar na Sociedade, onde figuro mais de homem do que de mulher, ou talvez porque atinei com um segredo muito particular, excellente preservativo contra a peste da ingratidão: este não o posso descobrir [...][397].

Ficamos no desconhecimento desse «segredo muito particular», mas não no do preço pago por Antónia por ter ousado ultrapassar a esfera tradicional de intervenção das mulheres da sua condição social e por ter penetrado no espaço da intervenção pública: a automutilação de uma dimensão importante da vida — a sua feminilidade e a parceria amorosa e sexual. Se bem que tenha amado, terá com probabilidade sofrido a desilusão e a dor que a acompanha. O que diz do amor dos homens parece revelar um saber de experiência feito e não adquirido meramente por observação de vidas alheias ou em manuais ou romances. Quando, neste poema em cinco actos, deu ao par de protagonistas «a felicidade que só por milagre aqui se poderá encontrar», acabou, contudo, por «matar» as duas personagens, uma vez que «só no Céo se gosa em paz eterna, e imperturbavel, a verdadeira felicidade! [...] Só lá existe o premio, a corôa preciosa

[396] O mesmo afirmara, como vimos, no romance *Dois Mysterios*, quando, dirigindo-se à personagem Hermínia, teceu algumas considerações acerca do comportamento dos homens.

[397] AGP, «Declaração sincera», AAL, n.º 24, 26.1.1850, p. 191.

que Deus prepara aos bons; e que forçosamente deve ser precedida pela corôa de espinhos de nossos padecimentos»[398].

Ainda em 1848, Antónia publicou os poemas *Preces ou cantico devoto aos fieis portugueses* e *A Sua Magestade El-Rey Fidelissimo O Senhor D. Fernando II. No seu faustissimo dia natalicio no ano de 1848*. Neste, comparava o marido de D. Maria II a Alexandre Magno, com vantagem para o primeiro, pois, ao contrário do macedónio, fora pelo amor que conquistara o povo sobre o qual reinava. Em D. Fernando, Antónia encontrava o monarca português que mais se aproximava do seu ideal de príncipe esclarecido. Mais tarde, dirá em carta a António Feliciano de Castilho os requisitos que entendia serem exigíveis a um soberano: «Eis o q̀. entendo q̀. merecia ser um Rei!...»: um «homem que no meio de sérios e custosos trabalhos — lê o que lhe escrevem, responde, e atende!...» Em epígrafe à mesma carta, chegava mesmo a considerar que o «Sceptro e a magestade» deviam ser dados por Deus a um poeta, desabafando logo a seguir: «Oh!, se eu podesse eleger um por algum tempo!...»[399] É uma das raras (ou mesmo única) passagens dos seus escritos onde se pode inferir alguma desilusão (que naturalmente sentiria) face à acção (ou à inacção) dos soberanos em geral ou em relação aos portugueses em particular. Esta inabitual expansividade de Antónia relativamente ao desempenho dos que se sentavam no trono teve lugar, contudo, em correspondência privada, pois Antónia não se permitia apreciações públicas desfavoráveis dos monarcas — nem, para esse fim, concedia aos outros as colunas dos seus jornais. Se bem que nunca fizesse qualquer referência desprimorosa à família real, a muito rudimentar educação formal dos Bragança até à chegada de D. Fernando haveria de suscitar-lhe íntima desaprovação. Pois não fora ela durante a infância e a adolescência objecto dos cuidados paternos no tocante à instrução, tanto no Brasil, como no

---

398 AGP, *Olinda, ou a Abbadia de Cumnor-Place*, pp. 6–7.

399 Carta de Antónia Gertrudes Pusich para António Feliciano de Castilho, Luz, 25.7.1859, p. 1. ANTT — CC, cx. 63, mç. 2, n.º 145.

pobre e distante (da corte e do Reino) Cabo Verde? Não conhecia a literatura portuguesa e de outros países europeus e não falava outras línguas, além da materna? Antónia entendia que os monarcas deviam devotar-se inteiramente aos seus súbditos e ter uma sólida preparação. Aqueles cujo reinado conheceu não tinham beneficiado dela, à excepção de D. Pedro V e de D. Luís.

O silêncio de Antónia quanto à impreparação de D. João VI, D. Pedro, D. Miguel ou D. Maria II contrasta com as bem sonoras apreciações que recorrentemente fez — em poemas ou como redactora dos seus jornais — ao cuidado posto pelo rei consorte de Portugal na educação dos jovens príncipes, dois dos quais (D. Pedro e D. Luís), futuros monarcas, e ainda ao patrocínio a tantos artistas, entre eles, a própria Antónia Gertrudes, cujos jornais e outras obras se viram assinadas e promovidas pelo *Rei Artista*. As cortes da Europa Central não se assemelhavam à corte dos Bragança no Rio de Janeiro, onde D. Maria II passara a infância. Recordemo-nos da correspondência em que D. Leopoldina de Áustria lamentava à irmã a falta de ilustração da família do marido. Lembremo-nos igualmente como o próprio D. Pedro se manifestava tão desgostoso com as deficiências da sua educação formal e com a pouca aplicação da sua primogénita aos estudos: «Minha querida Maria. [...] q.do tu, minha filha, chegares a huma idade mais avançada tu não deixarás de conhecer que eu tinha muita razão de te desejar ver instruida, do defeito de não ter recebido uma educação conveniente eu o tenho sentido». D. Pedro percebia que a concepção da realeza estava em mudança e que não era já suficiente ser portador de «sangue dinástico». Uma monarca dos novos tempos devia ser «uma rainha assaz instruida».[400] Apesar da distância — D. Pedro encontrava-se então nos Açores, preparando a viagem para o Reino e o desembarque em Arnosa de Pampelido —, perseverava na

[400] Carta de D. Pedro para D. Maria da Glória, São Miguel, 10.6.1832, pp. 1–2. ANTT — Casa Real, cx. 7321, mç. 9, doc. 22.

preocupação com a instrução da filha herdeira e a dos restantes filhos. A progressão nos estudos e o incentivo a que superasse a preguiça que a dominava eram um dos tópicos recorrentes da correspondência trocada com a jovem D. Maria. D. Pedro parece não ter sido muito bem-sucedido neste esforço e, infelizmente, não viveu o suficiente para acompanhar a excelente preparação dos netos, promovida pelo genro. Não por acaso, Antónia Gertrudes passou a celebrar no marido de D. Maria — D. Fernando — não só as suas qualidades morais, como, essencialmente, a sua ilustração e a atenção conferida à formação intelectual dos infantes.

Fundadora, directora e redactora de um jornal

Os vindouros, se não os presentes, renderão justiça áquellas que primeiro ergueram o brado da liberdade intellectual, e o pendão da illustração feminil[401]

A ASSEMBLÉA LITTERARIA

O ano de 1849 foi fundacional — para Antónia Gertrudes e para o jornalismo em Portugal. Antónia fundou a sua primeira folha, e a imprensa periódica portuguesa registou o primeiro título fundado, possuído, dirigido e redigido por uma mulher. A 4 de Agosto, saía o primeiro número de *A Assembléa Litteraria, jornal d'instrucção.* Logo abaixo do título, lia-se o nome da sua «Proprietaria, e Redactora»: «D. A. G. Pusich» (Dona Antónia Gertrudes Pusich). Antes de Antónia, parece não ter havido em Portugal mulheres fundadoras de jornais, nem que se assumissem como

[401] AGP, sem título, AAL, n.º 4, 25.8.1849, p. 28.

suas directoras e redactoras principais. Catarina Álvares de Andrada[402], que virá a colaborar com Antónia em *A Assembléa Litteraria*, tinha, uns anos antes, dirigido e redigido um jornal (*L'Abeille*), fundado pelo marido em 1836. Durante o Setembrismo, Francisco de Andrada suspendera a publicação do jornal, tendo-a retomado somente em 1840. Inicialmente co-redactora e tradutora — o jornal era escrito em francês —, Catarina Álvares de Andrada só se reconheceu sua directora e redactora principal a partir de 1842, depois de o marido ter regressado a França, onde não o acompanhou.[403] Antónia não foi, pois, a primeira jornalista portuguesa. Foi, contudo, a primeira mulher a fundar, dirigir e escrever um periódico, assumindo-se desde o princípio como sua proprietária, directora e redactora.

Infelizmente, as bibliotecas nacionais (incluindo a Biblioteca Nacional) parecem não possuir a colecção completa do primeiro periódico criado por Antónia Gertrudes Pusich, faltando-lhe os dois primeiros números. O seu formato e apresentação não difeririam, contudo, dos dos seguintes, que se apresentam com cerca de 25 centímetros na vertical, cerca de 18 na horizontal, e oito páginas. O cabeçalho fornece muitas informações: o jornal pretendia-se hebdomadário, saindo aos sábados; vendia-se em quatro estabelecimentos de Lisboa, entre a Baixa, o Chiado e a Calçada do Combro; podia comprar-se avulso ou através de assinaturas mensais, trimestrais, semestrais ou anuais; as peças literárias ou anúncios de espectáculos eram publicados gratuitamente, ao passo que outros anúncios e correspondência eram pagos a 20 réis a linha; a correspondência era dirigida à redactora para o seu escritório, sito na Rua da Conceição, n.º 64 (Praça da Alegria, em Lisboa). O jornal tinha muito poucos anúncios pagos, vivendo das assinaturas. Os números começavam por um editorial,

---

402 Em solteira, Catarina Douthat. Cf. Rosa Esteves, «Imprensa periódica para mulheres na primeira metade do século XIX. Catarina de Andrada e o jornal *L'Ábeille* (1836 e 1840–53)», *Análise Social*, vol. XXII, n.os 92–93, 1986, p. 527.

403 *Ibid.*, passim.

escrito por Antónia Gertrudes (se bem que não assinado, como é comum nos artigos de fundo), frequentemente, acerca da importância da instrução da população em geral, e particularmente da das mulheres, uma vez que eram elas as formadoras dos jovens. O perfil dos colaboradores — vários dos quais assinando apenas com as iniciais dos seus nomes, o que, por vezes, dificulta a sua identificação — era relativamente heterogéneo e necessita de estudo. Várias mulheres colaboraram no jornal: Maria da Arrábida da Costa Sousa e Macedo, Catarina Álvares de Andrada, Maria José da Silva Canuto, Leopoldina de Vargas Ollero, Inês Carlota Casassa e outras, algumas das quais, parentes de Antónia Gertrudes, como Antónia Luísa Cabral de Teive Pontes, sua prima, e Margarida Stockler Pusich, sua cunhada.

Logo no editorial do terceiro número, o primeiro que possuímos, Antónia chamava a atenção para a importância do acompanhamento familiar das crianças, sobretudo do acompanhamento materno, criticando o hábito de se entregarem os mais novos exclusivamente ao cuidado de amas. Valorizava o aleitamento materno pelos benefícios para a saúde das crianças e pelos elos que precocemente estabelecia entre a criança e a mãe.[404] No número seguinte, prosseguia com o tema, esclarecendo que, quando falava na instrução das raparigas, se reportava às das classes média e baixa, que constituíam a maioria, uma vez que as da classe superior já tinham quem zelasse pela sua formação: «As nossas fidalgas esmeram-se em aperfeiçoar o espirito de suas filhas». Os antigos temiam que a alfabetização das raparigas as levasse a ler «livros perigosos» e a escrever aos objectos das suas paixões. A estes receios, Antónia Gertrudes respondia que era «mais facil resistir ao combate de sentimentos sustentado por meio da escripta, do que ao assalto de uma entrevista!...». Pior era, quando analfabetas, enviarem os seus recados por uma amiga. Acreditava que em Portugal este preconceito contra a alfabetização das mulheres estava

[404] AGP, «Educação», AAL, n.º 3, 18.8.1849, pp. 17–19.

praticamente vencido. Contudo, preocupava-a que a instrução das meninas estivesse entregue a mulheres que tinham recebido muito pouca educação formal e que não eram capazes senão de ministrar conhecimentos de costura, bordados e música, não ensinando a ler, escrever e contar. Resultava desta falta de preparação das mestras a escassez de conhecimentos das mulheres. Poucas sabiam expressar-se bem, tanto oralmente como por escrito. Desde que o objectivo fosse apenas exibir alguns conhecimentos muito superficialmente adquiridos, desenvencilhavam-se bem, e até brilhavam; mas quando se aprofundava qualquer assunto, «nem sabem dar uma razão do que dizem!..» Ora, enquanto não houvesse um número suficiente de mulheres com conhecimentos que as habilitassem a leccionar — havia no Reino algumas mulheres muito cultas, mas, por pertencerem aos estratos superiores ou por serem muito poucas, não preenchiam as necessidades —, Antónia sustentava que deviam ser professores homens a ensinar as meninas. Defendia igualmente a existência de escolas para raparigas e que as freiras se dedicassem à instrução das meninas: «Assim não serão inuteis, mas sim muito proveitosas, muito veneraveis na sociedade». Ainda no mesmo artigo, pronunciava-se contra o castigo físico como recurso pedagógico, tanto por ser danoso à saúde de quem o sofria, como por conduzir à desvalorização da palavra por parte dos mesmos jovens.[405] Noutra ocasião, mais de vinte anos volvidos, manifestar-se-á contra a pena de morte. Evocará, enaltecendo-as, as figuras de Saldanha — que a abolira por crimes políticos no Acto Adicional de 1852 à Carta —, Lamartine, Victor Hugo e Passos Manuel (a quem, certamente, não a uniam afinidades políticas e ideológicas) pelas suas iniciativas pela abolição de, quanto a si, tão injusta pena. Sustentava que a vida, dada por Deus, não devia ser retirada a ninguém, e muito menos por diferentes posicionamentos políticos.[406]

[405] AGP, «Educação», AAL, n.º 4, 25.8.1849, pp. 25–27.

[406] AGP, *Biographia de Antonio Pusich [...]*, p. 63.

Antónia sabia que estava a abrir caminho, a semear:

> os vindouros, se não os presentes, renderão justiça áquellas que primeiro ergueram o brado da liberdade intellectual, e o pendão da illustração feminil, que tremulará sobranceiro nos seculos, espancando até os ultimos vestigios das sombras da ignorancia. [...] Impavidas, ergueremos as laureadas frontes, e encarando o mais brilhante provir, proclamaremos — Liberdade intellectual ao sexo feminino [...].[407]

Neste quarto número do jornal, uma colaboradora, Antónia Luísa Cabral de Teive Pontes, revelava-se ainda mais radical: para além de instruídas, as mulheres deveriam dispor de autonomia financeira. Num elogio à parente e amiga Antónia Gertrudes, dizia que a acompanhava na «cruzada litteraria, e em defesa da liberdade intellectual» das mulheres. Criticava uma sociedade que condenava as mulheres à dependência económica dos homens. Por que razão não haveriam as mulheres de poder empregar-se em cartórios notariais ou como caixeiras? Ganhariam a sua independência, subtraindo-se à miséria, se não fossem herdeiras ou se permanecessem solteiras. Os homens que, então, viessem desempenhando aquelas funções seriam libertados para outras.[408]

No artigo de fundo do número seguinte, Antónia lamentava que as letras em Portugal se vissem privadas dos seus melhores, contrariamente ao que acontecia noutras paragens europeias. Os melhores cérebros, os mais capazes, em vez de empregarem os seus talentos e conhecimentos na elevação moral do povo e na sua educação, tendiam a envolver-se na vida política. Defendia que os governos, ao invés de investirem numa imprensa favorável, deveriam apoiar tanto os «escriptores moraes» como

---

[407] AGP, «Educação», AAL, n.º 4, 25.8.1849, p. 28.

[408] AGP, sem título, AAL, n.º 4, 25.8.1849, p. 29.

os «scientificos». Dependentes financeiramente do patrocínio dos governos, não incentivariam o povo à revolução (Antónia, a quem a guerra civil tanto arrebatara, tinha sempre no horizonte a ordem e a paz social).[409] Antónia incluía-se entre estes «escriptores moraes» que gostaria que fossem protegidos pelos poderes públicos. Entendia a escrita como um serviço público e de primeira necessidade. Era muito cônscia do peso da imprensa na formação da opinião, ainda que essa imprensa não chegasse a todos, e tinha uma visão utilitária da escrita. Entre o objectivo formador e moralizador e a estética, em Antónia, o primeiro levava dianteira. As suas peças jornalísticas e literárias, tão cheias de reflexões morais, valiam, quanto a ela, essencialmente como peças edificantes. O «suave perfume da moral»[410] era o que mais apreciava na produção literária. Acerca da nobre missão dos «escriptores publicos», escreveria no ano seguinte, nas páginas do mesmo jornal:

> A missão do escriptor público é a mais sagrada e gloriosa, mas tambem a mais arriscada, se elle a compreende em toda a sua extenção! Moralisar e illustrar os póvos, purificar a sociedade dos erros que a damnam, desterrar os abusos patenteando-os com próvas authenticas: defender o fraco, e o innocente, contra as oppressões do forte, e do perverso; exaltar a virtude, deprimir o vicio; e finalmente desligar-se de todas as terrenas considerações para conservar illeso o seu nome, livre e independente a sua penna; ensurdecer ás vozes do interesse, e até mesmo ás do coração... [...] O escriptor público imparcial não adquire fortuna, antes a perde, e os desgostos são infalliveis! Se os homens precisam ter um escudo de diamante [...] como poderá uma Senhora triumphar em lide tão afanosa?!.. E todavia é mister não vaccilar!.. Começada que seja

409 AGP, «A litteratura», AAL, n.º 5, 1.9.1849, p. 34.

410 AGP, «Publicação litteraria», AB, n.º 6, 15.1.1853, p. 8.

> a empresa devemos leval-a ao fim sem desaire! Faltar-nos-hão as forças phisicas, talvez, mas o valor e a rasão sobram-nos; e se em meio da lucta se esvaecer a vida, resta-nos a consciencia das acções que praticamos;[411]

Antónia acreditava que «o escriptor que se dedica a instruir e moralizar os povos, tem um futuro de immensa gloria! É como os Santos a quem só como taes o mundo os considera depois de mortos».[412] A este respeito, Antónia ter-se-á enganado. Não é pela sua «missão» de escritora moral que se vai falando de si; é antes por ter sido a primeira mulher portuguesa a lançar âncora no porto (pouco seguro) da imprensa periódica. Talvez o efeito tenha sido mesmo o contrário do que pretendia; talvez a profusão das suas exortações morais e religiosas tenha afastado muitos dos seus potenciais leitores coetâneos e contribuído para o seu quase esquecimento no século XX.

Nos artigos de fundo dos números seguintes, prosseguia no diagnóstico da situação das artes em Portugal. A literatura, embora não gozasse do apoio dos governos e dos «grandes», era das «maiores glorias nacionaes».[413] Portugal era, pois, um país onde «as sciencias e artes brotam e prosperam milagrosamente».[414] Antónia revelava-se muito empenhada e ciente da relevância da função social da imprensa e do seu poder para mudar mentalidades, chamar a atenção dos poderosos — instituições e particulares — e fazer o País sair do seu atraso civilizacional. Numa lógica de serviço público, fez das páginas dos três jornais que fundou uma plataforma para despertar da sua letargia quem detinha poder e meios — entidades públicas e privados — para proteger as artes e as ciências nacionais: «Será eterno o anathema que a ignorancia fnlminou [*sic*] contra

---

[411] AGP, «Conservatorio», AAL, n.º 34, 29.6.1850, p. 17.

[412] AGP, «Clamores no deserto», AB, n.º 18, 15.7.1853, p. 1.

[413] AGP, «Artes», AAL, n.º 6, 8.9.1849, p. 41.

[414] AGP, «A Portugal», AC, n.º 1, 1.11.1858, p. 1.

o genio em um paiz de tantos genios!.... [...] por ora temos visto premeados aquelles que se distinguem por este ou aquelle systema politico; mas aquelles que se distinguem por seu merito litterario ou artistico o que tem?.. Desgostos, miseria, abandono, e por muito favor — *louvores por sustento!*». E rogava: «attendão, protejam os artistas Portuguezes»![415] Que apelo desesperado aos poderes para que a auxiliassem e a todos aqueles que se ocupavam do que hoje chamaríamos as manifestações superiores da cultura! Júlio César Machado, que começava a marcar presença como escritor e cronista, e que colaborara, ainda adolescente, em *A Assembléa Litteraria*, insistirá, alguns anos depois, no mesmo ponto: «é tempo dos governos olharem em materia de premios e recompensas, a alguma cousa mais util do que um vulgar habito de Christo, ou algum titulo de barão! [...] Teriamos obras mais meditadas, e em vez de volumes possuiriamos livros.»[416] Quando Fontes Pereira de Melo era ministro da Fazenda, Antónia escreveu um texto com espírito, no qual, servindo-se da gíria desenvolvimentista da época, mostrava o seu desejo de «que o Ministro em regressando da sua viagem dê ao negocio das letras movimento – a *vapôr* antes que se evaporem as vidas dos atormentados credores. Hoja [haja] tambem nas secretarias *caminho de ferro* para taes justas pertenções»[417].

A política, sobretudo a partidária, foi programaticamente (quase) silenciada nos seus jornais. Contudo, por vezes, aqui e ali, Antónia Gertrudes revelava-se politicamente, ou pelo menos ideologicamente. No artigo de opinião do número 7 de *A Assembléa Litteraria*», continuação do do número anterior, dizia: «O systema liberal não melhorou, antes peiorou a sorte dos artistas em Portugal; e não devia assim acontecer, porque o governo representativo tem certa união, e dependencia d'esta

---

415 AGP, «Theatro de S. Carlos. Concerto musical», AB, n.º 12 (2.ª série), 1.6.1854, pp. 4–5.

416 Júlio César Machado, «Carta á Redactora da Beneficencia», AB, n.º 18 (2.ª série), 1.9.1854, p. 5.

417 AGP, «Agradecimentos», AB, n.º 45 (2.ª série), 15.12.1855, p. 7.

classe, indispensáveis [*sic*]! Precisa dos artistas para as eleições, precisa dos artistas para os batalhões, precisa dos artistas para as contribuições». E comparava a situação dos artistas durante o Antigo Regime com aquela em que se encontravam no regime constitucional: «Podêmos assegurar que no tempo do absolutismo eram os artistas mais considerados».[418] Apresentava as suas razões para esta asserção: D. Pedro extinguira a Casa dos Vinte e Quatro, e, passados quinze anos sobre o decreto que a dissolvera, não se tinha seguido a recomendação de D. Pedro aquando da extinção: que os municípios criassem uma nova instituição que enquadrasse os artistas.[419] Dava como exemplo ilustrador do abandono a que as artes estavam votadas em Portugal a situação com que uma vez se deparara: a de uma filha, já idosa, do grande escultor Joaquim Machado de Castro, que encontrara a mendigar. A pensão que antes recebia do Estado tinha passado a ser-lhe paga com irregularidade, até cessar de vez, condenando-a, literalmente, a estender a mão à caridade. Antónia perguntava quem se lembrava ainda das obras de Machado de Castro, que, não havia muito, gozara de grande estima nacional e internacional.[420] Outro caso que reportou, tão ou mais trágico que o da filha de Machado de Castro, foi o de João Macphail, artista que litografara o retrato de António Pusich e de tantas outras pessoas – desde reis (D. Pedro III, D. Pedro IV, D. Maria II, D. Fernando) e outros notáveis a figuras populares anónimas, representativas dos diferentes ofícios[421]. Tinham-se passado anos sem que Macphail e Antónia voltassem a ver-se, até que o pintor a procurou para lhe pedir que lhe arranjasse um bilhete para assistir ao curso de leitura repentina de António Feliciano de Castilho. Foi assíduo assistente e, quando terminou o curso, abordou novamente Antónia, a fim de lhe

418 AGP, «Artes», AAL, n.º 7, 15.9.1849, p. 49.

419 *Ibid.*, p. 49.

420 AGP, «Artes», AAL, n.º 6, 8.9.1849, p. 43.

421 A Biblioteca Nacional de Portugal possui uma vasta colecção de litografias de João Macphail, disponibilizando, digitalizadas, quase seis dezenas.

pedir que o deixasse retratá-la. Num país onde o talento era desprezado e em que os artistas estavam condenados à pobreza e à dependência, confessava-se agastado com a vida, que, dizia, terminaria em breve. Queria revelar-lhe as suas amarguras, porque a sabia sensível aos padecimentos alheios. Contudo, as interrupções a que aquela conversa esteve sujeita, o cuidado de Antónia em evitar-lhe uma narrativa certamente causadora de sofrimento e a falta de tempo da sua interlocutora, inviabilizaram o relato dos seus infortúnios. Em Abril de 1849, aos 35 anos, o litógrafo suicidou-se, atirando-se de um terceiro andar. Quando tomou conhecimento da sua morte, Antónia lamentou, naturalmente, não o ter ouvido. Cinco anos depois, transcreverá, em *A Beneficência*, um texto publicado naquele ano no *Imprensa e Lei*, em memória do falecido. A peça aparecia assinada simplesmente por «Os seus amigos», mas Antónia afirmava saber que o autor era o seu médico, António Maria dos Santos Brilhante, que chegará a colaborar no seu segundo periódico (*A Beneficencia*) e a quem à frente retornaremos. No seu artigo, Brilhante afirmava que João Macphail, que o retratara com António José de Lima Leitão, fora um dos primeiros litógrafos em Portugal.[422]

Felizmente, havia alguns particulares que iam suprindo, ainda que muito insuficientemente, a inércia governamental quanto à protecção dos artistas. D. Fernando, o marido da rainha, e o duque de Palmela eram dois mecenas, e por isso lhe mereciam os maiores encómios. Em Junho de 1850, regozijava-se com a recuperação do duque, que, antes, tinha estado muito enfermo, tecendo-lhe grandes louvores pela protecção que vinha dando às artes, à literatura e aos desvalidos[423]. Quando, alguns meses depois, Palmela morreu, voltou a dedicar-lhe um artigo de fundo de um número do jornal. Afirmava que Portugal perdera «o seu maior protector» das artes e das ciências, e os pobres portugueses, «o seu benigno

---

[422] António Maria dos Santos Brilhante, «Á memoria de João Macphail», AB, n.º 16 (2.ª série), 1.8.1854, p. 5.

[423] AGP, «O excellentissimo Duque de Palmella», AAL, n.º 34, 29.6.1850, p. 18.

amparo». Na linha que se impôs seguir, nada comentou da actividade política do morto ilustre, porque a memória da guerra civil – «lá está o nosso sangue!... Lá os nossos despojos!..» –, era ainda muito recente.[424] Uma «artista» de quem o duque de Palmela se apiedara fora Catarina Álvares de Andrada. Tinha sido directora e redactora do jornal em francês *L'Abeille*, como se disse, e, perante a falta de recursos, dirigira um colégio de meninas. Contudo, a doença privara-a desta fonte de subsistência.[425] A depressividade em que Catarina Álvares de Andrada caíra depois de adoecer e as alunas partirem cedeu perante o apelo de Antónia às mulheres talentosas, para que colaborassem no seu periódico: «Ao brado da Redactora da Assembléa Litteraria invocando á sociedade as Damas de espirito para ornarem com seus escriptos a nossa literatura», Catarina de Andrada respondera e publicara no jornal. Além de lhe dar visibilidade, Antónia apelava ainda que comparecessem ao concerto que o duque de Palmela, igualmente apiedado da triste sorte de Catarina de Andrada, lhe patrocinaria, cedendo-lhe uma sala do seu palácio do Calhariz. Catarina era, segundo se dizia no jornal, exímia executante de piano e harpa. As receitas do concerto reverteriam a favor da infeliz artista. Antónia sustentava que era «um dever salvar dos naufragios da vida uma pessoa que por seus talentos póde ser muito útil á Sociedade».[426]

O rei D. Fernando, além de artista multifacetado, era um patrono das artes. No caso de Antónia, assinava-lhe os jornais e outros escritos literários que ia publicando. Antónia, claro, manifestava-se-lhe reconhecida. Num número de *A Assembléa Litteraria*, dedicou-lhe um «Hymno», exaltando-o como protector das artes e das ciências.[427] Quando o primogénito de D. Fernando e de D. Maria II, D. Pedro, atingiu a maioridade,

---

[424] AGP, «O Duque de Palmella», AAL, n.º 39, 19.10.1850, p. 57.

[425] AGP, sem título, AAL, n.º 7, 15.9.1849, p. 50.

[426] AGP, «Ao publico, e em especial aos srs. assignantes deste jornal», AAL, n.º 20, 29.12.1849, pp. 159–160.

[427] AGP, «A Assembléa Litteraria», AAL, n.º 22, 12.1.1850, p. 169.

escreveu um «Manifesto a Sua Magestade o Senhor D. Pedro V», espécie de representação ao novo rei, tocando em diferentes pontos para os quais pedia a sua atenção e intervenção. Um deles era a difícil situação dos criadores.[428] A própria Antónia Gertrudes se congratulava quando «descobria» talentos, os estimulava a escrever e os dava a conhecer, como aconteceu com um aluno do Colégio Militar (P. L. G. Pires)[429], com António Mendes Leal ou com um actor do Theatro de D. Maria II, M. F. Correia[430]. Não foram apenas as suas composições poéticas e dramáticas que publicou nos seus jornais; promoveu igualmente a publicação da poesia de outros, mormente dos que ainda não dispunham da atenção e do reconhecimento públicos, ou estavam ainda a conquistá-los. Antónia pedia a protecção para as artes em geral. Contudo, o teatro, género por que se sentia muito atraída, também pelo seu potencial morigerador, mereceu-lhe uma atenção especial. Amiúde apelou, quer ao público — sobretudo «os grandes», que podiam frequentá-lo e dar o exemplo — quer aos empresários, para que acarinhassem o teatro, única maneira de garantir a subsistência dos artistas portugueses. Aos últimos, pedia que levassem à cena peças de autores nacionais.[431]

A VERSATILIDADE CRIATIVA

Neste ano de 1849 em que fundou o seu primeiro jornal, também viu uma das suas peças, um drama em três actos — *Constança, ou o amor maternal* — ser levada à cena. A 14 de Setembro, foi representada no Theatro do Gymnasio, na Trindade, em Lisboa. Escrito em apenas dois

---

[428] AGP, «Manifesto a Sua Magestade o Senhor D. Pedro V», AB, n.º 40 (2.ª série), 1.10.1855, p. 3.

[429] AGP, sem título, AAL, n.º 26, 23.2.1850, p. 205.

[430] AGP, sem título, AAL, n.º 7, 15.9.1849, pp. 51–52.

[431] AGP, «Civilidade christã», AB, n.º 2, 15.11.1852, p. 6.

dias, o drama alcançou grande sucesso. Tão «sublime triumpho»[432] deixou Antónia muito feliz e sensibilizada. O reconhecimento do público, no teatro, e dos seus leitores, nos jornais, era o que dava força de ânimo a Antónia Gertrudes para ultrapassar quotidianamente o seu infortúnio material. Eis como António da Costa recordava a estreia retumbante de *Constança [...]*»:

> Á noite enchente completa. Nos camarotes e na platêa, quasi que não havia um rosto desconhecido. [...] Cae o panno no fim do primeiro acto no meio de palmas. O mesmo no segundo. Ao findar o terceiro, bradam todos pela auctora; ha momentos de espera; a platêa rompe de novo a chamal-a. Apparece D. Antonia radiante de jubilo. Succedem-se as chamadas; era visivel a satisfação geral; pronunciava-se de todos os lados o seu nome, como se cada um dos desconhecidos quizesse apertar a mão da festejada.
>
> De repente, passando de radiante a commovida, volta de novo á scenna; mas d'esta vez, trazendo pelas mãos, uma de cada lado, as suas filhinhas, e exclama para o publico, tambem commovido, estas palavras:
>
> «São estas! São ellas!...»
>
> E abraça-as, ao estrepito de uma das nossas grandes ovações portuguezas.[433]

Adiantava ainda D. António da Costa que Antónia comentara ter sido esta estreia um dos dias mais felizes da sua vida.[434] Alguns anos depois, publicaria o drama como folhetim em *A Beneficencia*, dedicando-o «á Nação Portugueza». Afirmava ter testemunhas de como escrevera a peça em apenas dois dias, motivo por que havia falhas, que a encenação

[432] AGP, sem título, AB, n.º 19, 1.8.1853, p. 4.

[433] António da Costa, *A mulher em Portugal*, 1893, pp. 306–307.

[434] *Ibid.*, p. 307.

e a representação em palco — por Francisco Taborda — ocultavam. Uma vez que os empresários teatrais preferiam levar à cena traduções de dramaturgos estrangeiros, restava aos autores de originais nacionais publicarem as suas peças, a fim de as não verem morrer «afogadas em poeira, ou desfeitas pela traça».[435] *Constança [...]* mereceu-lhe um exercício de humildade. Era verdade que a estreia fora um estrondoso sucesso, mas atribuía-o ao facto de o público a ter poupado por se tratar de uma mulher, a primeira, dizia, a apresentar um drama. Se não tivesse sido a afeição dos amigos — pressurosos a aplaudi-la, prevendo as manifestações de desagrado do público — e a indulgência e o cavalheirismo dos literatos, a peça «teria cahido», pois lhe faltava o que suscitasse o entusiasmo do público.[436] Júlio César Machado, que fez uma crítica da peça em *A Beneficencia*, considerou-a não um drama, mas «uma lição, [...] um compendio, [...] um livro de moral» acerca do desempenho do (quanto a ele) principal papel da mulher: a maternidade.[437] Antónia lamentava ter escrito duas peças antes de ter adquirido o conhecimento do teatro coevo e do gosto do público. Afirmava que, caso persistisse na «mania de escrever para o theatro», haveria de temperar as cenas tristes com outras que agradassem à assistência. Ao seu drama *Constança [...]*, plena de sentimentalismo e moral, faltava este equilíbrio. Contava então já com sete peças: *Jerosalem Amessis*, *Julia*, *A Conquista de Tunis*, *Constança, ou o amor maternal, O Regedor de Parochia*, *Ashaverus*, *O Resgate de Placido*.[438] Peças de teatro que não apelassem às emoções mais básicas e que não contivessem a cor e o barulho do agrado do povo, causavam-lhe sonolência. Por este motivo, entendia que não se podia condenar os

---

435 AGP, sem título, AB, n.º 19, 1.8.1853, p. 4.

436 AGP, «O Templo de Salomão», AAL, n.º 13, 27.10.1849, pp. 97–98.

437 Júlio César Machado, «Constança, drama original em 3 actos», AB, n.º 10 (2.ª série), 1.5.1854, p. 7.

438 «Dramas, comedias, farças, proverbios, etc. originaes portuguezes, e imitações muito livres», AAL, n.º 17, 1.12.1849, p. 133.

autores e directores teatrais por produzirem e levarem à cena obras com estas características, uma vez que se arriscavam a que, levando obras de nível superior, elas não fossem representadas senão uma ou duas vezes, pois «o publico é o Juiz, e ao Juiz falta o preciso conhecimento da causa». E, sempre pragmática, advertia: «façam primeiro instruir o povo, sem cuja instrucção elle não saberá dar valor a cousa alguma; o nosso povo é por ora como uma creança que só gosta de rir, ver luzir, dançar, ouvir cantar».[439] Apesar de Antónia se interessar especialmente por teatro, que considerava uma grande escola de moral, esteve quinze ou dezasseis anos sem frequentar salas de espectáculo: «Transtornos politicos na lucta dos dois Reis Irmãos, mortes de pais, e de quasi todos os nossos parentes; desgostos mortaes que nos opprimiam a alma, não nos permitiam nem se quer lembrar os divertimentos!...» Contudo, «o tempo este grande Medico, a razão, esta benefica auxiliadora, e acima de tudo Deos de infinita Misericordia confortando-nos tem-nos com a precisa reflexão permittido que, sem jámais se extinguir, nossa dôr se modera [*sic*]»[440].

Passaria depois a frequentar teatros, não só como autora, mas também como crítica, uma vez que era redactora de um jornal. Num dos vários artigos em que se ocupou do Conservatório Real de Lisboa, criticou o comentário de uma mulher a quem ouvira dizer que o dito estabelecimento era imoral, porque preparava raparigas para o teatro. Antónia entendia que uma rapariga desvalida, a quem tudo faltava — fontes de subsistência, alguém que orientasse a sua educação —, se aprendesse a dançar no Conservatório, ficava habilitada para uma ocupação remunerada e seria ainda «util aos divertimentos publicos, sem escandalo», o que não aconteceria se ficasse entregue a si pelas ruas. Conservaria ainda a robustez física e desenvolveria o espírito. E quanto às outras alunas do Conservatório, essas, então, nem necessitavam de ir trabalhar para o teatro.

---

[439] AGP, «O Templo de Salomão», AAL, n.º 13, 27.10.1849, pp. 97–98.

[440] *Ibid.*, pp. 97–98.

Mas, ainda que fossem, «que mal d'ahi resultava? Não são os theatros precisos na sociedade, não só como casa de publico, innocente recreio, mas como eschola de moral, sempre que haja quem os saiba dirigir na escolha das representações?»[441] Porque passou por grandes apertos financeiros, Antónia revelar-se-á sempre muito atenta aos efeitos perniciosos da falta de recursos e insistirá na preparação dos jovens para a independência económica. Ninguém melhor do que ela conhecia a amplitude das voltas que a vida pode dar.

Além dos textos dramáticos, da poesia e das peças jornalísticas, em 1849, a criação de Antónia Gertrudes ainda se estendeu à música e ao romance: compôs uma valsa[442] e publicou, em folhetim, *Dois Mysterios*[443]. Este romance era, segundo a autora, «bazeado em acontecimentos historicos adornados com algumas vareações de poesia...»[444] Trata-se de uma obra aparentemente inspirada em *Frei Luís de Sousa*, de Garrett, publicado cinco anos antes, e recheada de elementos biográficos, que a autora não procurou ocultar, entrecortando frequentemente o enredo com reminiscências da sua vida nos anos 30. O romance será novamente publicado em folhetim em 1855, em *A Beneficencia*, segundo jornal fundado por Antónia Gertrudes.[445] Parece ter tido sucesso, pois a autora informava os leitores que havia muitos pedidos para que fosse reimpresso e já só existia um exemplar, o que possuía e deixaria aos filhos. Adiantava ainda que modificaria o final, acrescentando algo aos últimos dias da personagem masculina principal (ao contrário da primeira versão, Edgar morre no final). Introduziu personagens reais (o antigo caseiro do pai e a sua família, as freiras do convento de Chelas) e outras quase reais,

441 AGP, «Conservatorio. Eschola de Musica», AAL, n.º 8, 22.9.1849, pp. 58–59.

442 AGP, «Valsa», em *Album Musical contendo Quadrilhas de Contradanças, Walsas, Polkas, e varias outras peças de musica para Piano Forte*, n.º 2, s.d. [1849?], pp. 2–3.

443 Em AAL, números 3 (18.8.1849) a 21 (5.1.1850).

444 AGP, «Dois Misterios. *(Conculsão* [*sic*].», AB, n.º 45 (2.ª série), 15.12.1855, p. 6.

445 Entre os números 12 (15.4.1853) e 25 (1.11.1853).

como a protagonista, que apresenta traços em comum com Antónia: era filha de um italiano (Antónia era-o de um ragusano) e cria-se viúva de um miguelista (Antónia era-o). Até o repertório toponímico encontrava correspondência na sua vida: a quinta de Santa Catarina, em Chelas, a casa da Estrela, o Cemitério dos Prazeres, onde o pai e o segundo marido estavam sepultados.

Sempre à espreita de uma ocasião para um «pensamento moral»[446], a dada altura, Antónia Gertrudes interrompeu a narrativa para tecer algumas considerações acerca do que entendia serem as vantagens comparativas do campo relativamente à cidade. Contava que um dia, em princípios de Agosto de 1836, fora em passeio com os filhos para os lados de Santos, visitar Francisco Dias, um antigo caseiro do pai na Quinta de Santa Catarina, em Chelas. À chegada, Ana, a mulher do ex-caseiro, abraçara-a euforicamente, erguendo-a, pois havia muitos anos que se não viam. O consentimento desta manifestação de afabilidade revela um traço do carácter de Antónia Gertrudes, que será, aliás, frisado no seu elogio fúnebre — a sua afectuosidade, que lhe permitiu, circunstancialmente, neutralizar a distância socioeconómica que a separava da família do caseiro (Antónia não tinha ainda senão iniciado o acentuado declínio financeiro dos anos que se seguiram). Descreveu o quotidiano de Ana, que, a despeito dos seus mais de 40 anos, conservava uma cor saudável, dentes brancos e cabelo preto: erguia-se de madrugada para conduzir o seu jumento carregado de produtos que o marido e os filhos produziam nas suas terras, retornava a casa a tempo de preparar o pequeno-almoço da família, colhia depois a hortaliça que, no dia seguinte, tornaria a levar ao mercado da Praça da Figueira, e ocupava-se de outras tarefas agrícolas. E Antónia concluía: «no campo se encontram mulheres dignas de todo o louvor! E não se pense que são menos illustradas que as da côrte,

[446] Chegará mesmo a dar este título a uma das rubricas do seu segundo jornal (*A Beneficencia*).

ao contrario, como o luxo e a janella não lhes occupa o tempo, ellas estimam aproveitar as poucas horas que tem [*sic*] livres em ler; e seus livros são sempre de moral, e religião: são antigos, mas não lhes escaldam o cerebro, nem envenenam o coração!... Poucas raparigas do campo hoje não sabem ler. Suas mães cuidam muito na sua educação, mandando-as á mestra, que em todos os districtos ha alguma (assim fossem ellas mais illustradas)». Os divertimentos no campo eram igualmente saudáveis, porque mais inocentes. Reinava a modéstia, notável no trajar, ao contrário do que sucedia com as citadinas, que delapidavam o que tinham e o que não tinham para se vestir e ornamentar: «e é este flagelo a causa da perdição de tantas casas, e de tantas raparigas!...» Depois do almoço, Antónia e os filhos foram com Francisco Dias e a família visitar a horta do casal. Antónia chorara ao deparar com as abóboras que tinham tido origem nas sementes que o pai mandara vir de Génova, tal como com as sementes de outros frutos, que Francisco Dias persistia em cultivar «em memoria de seu antigo amo».[447]

Também em 1849, Antónia apresentou a sua contribuição para a *Collecção de poesias offerecidas aos assignantes da Revista Popular*. Sem título, somente com uma epígrafe, em cujo final se remetia o leitor para uma nota de rodapé, informava-se que, «a rogos de um seu amigo, condescendeu a ex.^{ma} sr.^{a} D. Antonia Pussich, em glosar esta quadra da opera-comica *O conselho das Dez*». Trata-se de uma composição de quatro estâncias com dez versos, sendo o último de cada uma um dos versos da quadra glosada. O quadro era o de um idílio amoroso, desfeito pela falsidade de um dos amantes. Contudo, o facto de a divindade ter intervindo para castigar e corrigir o malfazejo amante, traz à enamorada, que ainda o ama, a esperança num desenlace feliz.[448] Este será dos poucos exercícios

[447] AGP, «Dois Mysterios», romance publicado em folhetim, AAL, n.º 6, 8.9.1849, p. 45.

[448] AGP, «Quadro de amôr e ventura», em *Collecção de poesias offerecidas aos assignantes da Revista Popular*, 1849, pp. 46–48.

poéticos de Antónia Gertrudes Pusich em que o tom dominante, ordinariamente muito carregado, surge levemente aligeirado.

Em Novembro, uma afecção na garganta obrigou-a a atrasar uma semana a saída do número 17 de *A Assembléa Litteraria*. Continuará, aliás, a padecer desta parte do corpo. A partir de meados de Dezembro, aparentemente restabelecida, retomou a publicação semanal do jornal. A propósito de uma comédia que estreara no D. Maria II — *A Filha de Figaro* —, teceu algumas considerações acerca da «fraqueza de alguns Maridos que se deixam dominar por Mulheres pouco discretas [...] que não duvidam por sua leviandade sacrificar aos enfeites do corpo a formusura da Alma, e o credito de seus Maridos...»[449]. Já antes, na sua cruzada moralizadora, se servira do romance *Dois Mysterios* para manifestar o seu desdém pela coqueteria, e sobretudo com os imperativos da moda, por vezes pouco respeitadores da anatomia feminina. Fazendo referência aos vestidos da heroína, Hermínia, dizia que «pouco justos estavam, pois [...] não gostava de opprimir o corpo só para agradar aos olhos dos outros: porque, dizia ella, opprimir o espirito para agradar a Deos é uma virtude; mas opprimir o corpo só para agradar aos homens é uma loucura imperdoavel».[450]

No seu penúltimo número deste ano, *A Assembléa Litteraria* publicava um poema de Francisco Gomes de Amorim, à época, ainda muito jovem (contava 22 anos) e no princípio da sua carreira de poeta, romancista e dramaturgo. O poema fora-lhe solicitado por Antónia, que o recebeu acompanhado de uma carta do autor, pedindo-lhe que a publicasse. Na carta, muito cavalheiresca, Gomes de Amorim — o futuro biógrafo de Garrett, de quem era amigo —, dizia que o seu poema destoaria como «cardo» no «Jardim» das colaborações do jornal e que «se alguma honra» lhe podia «caber de tal publicação (da Poesia) é tão sómente a de ser

---

449 AGP, «Theatro de D. Maria II», AAL, n.º 18, 15.12.1849, p. 144.

450 AGP, «Dois Mysterios», romance publicado em folhetim, AAL, n.º 12, 20.10.1849, p. 91.

escripta no Jornal de uma Senhora»[451]. Antónia Gertrudes ficou, naturalmente, muito agradada. O artigo de opinião deste número do jornal foi dedicado à memória de D. Mariana de Almeida, filha dos marqueses de Lavradio e condessa da Ribeira Grande, falecida algumas semanas antes. Personalidade que muito admirava pela sua piedade e altruísmo, Antónia louvou-a encomiasticamente, lembrando que muitos tinham beneficiado da sua filantropia: frades e freiras expulsos dos conventos, crianças e famílias desvalidas.[452]

A DENÚNCIA SOCIAL E A APOLOGIA DO MÉRITO E DA SOLIDARIEDADE

> *Os que vestem galas é que deverão envergonhar-se tendo mais do que precisam senão repartirem esses bens de que são depositarios com seus irmãos pobres.*[453]

A temática social esteve muito presente na produção jornalística de Antónia Gertrudes. Não serão muitos os números dos seus jornais que não abordam, com maior ou menor profundidade, a desigual distribuição dos recursos, os alicerces sobre que se erguia o tão hierarquizado sistema social do seu tempo, a importância relativa do mérito e do nascimento na economia da distribuição dos sujeitos pelo espaço social. Não dispondo de meios financeiros próprios que lhe permitissem acudir directamente aos desvalidos, usou a palavra escrita para sensibilizar quem os detinha. Ainda assim, e apesar de, no seu quotidiano, ser forçada a renunciar ao

---

451 Carta de Francisco Gomes de Amorim para Antónia Gertrudes Pusich, Lisboa, 12.12.1849. AAL, n.º 19, 22.12.1849, p. 150.

452 «Necrologia», AAL, n.º 19, 22.12.1849, p. 145.

453 AGP, «Processão de penitencia», AB, n.º 31 (2.ª série), 15.8.1855, p. 4.

conforto e de, nalgumas alturas, ter raiado a indigência, não se impediu de canalizar para os ainda mais desprovidos os muito escassos recursos de que podia dispor. O drama *Constança [...]*, que, como deixámos dito, levou à cena em 1849 e publicou em folhetim no seu segundo jornal, mandou-o editar em 1853, como testemunho de gratidão pelo êxito então alcançado, tanto junto do público, como dos críticos teatrais, que lhe haviam feito as mais elogiosas apreciações. Dedicou a edição «á Nação Portugueza», e consagrou o produto da sua venda à educação de uma menina.[454] Contava ainda publicar outra peça que já redigira — *Conquista de Tunes*, com a qual almejava obter ainda maior sucesso. Preterindo os empresários teatrais os originais portugueses a favor de peças importadas, não restava outra via aos autores dramáticos que dar à estampa os seus trabalhos.[455]

Também do mesmo jornal, *A Beneficencia*, dava «tantos exemplares gratuitamente aos pobres».[456] A beneficência era um assunto sempre presente nos seus periódicos, não exclusivamente daquele que lhe levava o nome. Qualificava de «escandalosa» a «indifferença» perante «a sorte dos seus similhantes».[457] Teria certamente gostado de gerir um grande programa assistencial, incorporado no que hoje chamamos políticas de solidariedade social. Um escrito em que estão bem patentes as suas preocupações sociais (se bem que também religiosas) foi aquele em que opinou acerca de uma pastoral do cardeal-patriarca, que ordenava que se fechassem as lojas nos dias santificados. Invectivando os lojistas que se negavam a conceder um dia de repouso semanal aos seus empregados, não respeitando a sua necessidade de descanso (e de cumprimento dos preceitos religiosos) — «E vós, avarentos egoistas, que obrigaes os

454 AGP, «Aos Senhores assignantes desta folha», AB, n.º 4 (2.ª série), 1.1.1854 (2.ª série), p. 8.

455 *Constança [...]*, s.p.

456 AGP, «Aviso!», AB, n.º 10, 15.3.1853, p. 8.

457 AGP, «Introdução», AB, n.º 1, 1.11.1852, p. 1.

operarios a trabalhar aos Domingos» —, desafiava-os a prescindirem dos seus funcionários e a substituí-los no desempenho das mesmas funções consecutivamente, sem descanso. Só assim fariam acreditar que não era por avareza, mas por amor ao trabalho ininterrupto, que constrangiam os empregados a não descansar ao domingo. Se estivesse ao seu alcance, castigaria os lojistas recalcitrantes, constrangendo-os a trabalhar «nos dias santos [...] no logar d'esses a que chamam *preguiçosos,* e mandam trabalhar».[458]

Se Antónia não questionava em bloco a ilegitimidade das assimetrias, era crítica da rigidez estrutural da sociedade portuguesa, de um sistema social que condenava os estratos inferiores à maior miséria material e moral. Em «O Genio Portuguez — Deos: Patria: Rei», encontramos talvez o seu manifesto mais igualitário e utópico. Durante a travessia oceânica, apenas com o mar e o céu por horizonte, sem a destruidora presença humana, regozija-se com a ausência da propriedade e da desigual distribuição dos recursos: «Aqui só reina a igualdade.../Aqui não ha — *teu* nem *meu*! —»[459] Pugnava pela educação das classes mais desfavorecidas e por mais alguma redistribuição, e entendia que o mérito devia sobrepor-se ao nascimento como critério de avaliação pessoal. Numa carta que dirigiu a Costa Cabral, numa altura em que passava por grandes

---

458 Começando este artigo por uma interrogação/exclamação indignada — «Aonde estamos nós, em Portugal, ou em Guiné?!, entre christãos civilisados, ou entre barbaros gentios?!» —, Antónia defendia que se cumprisse o determinado pela pastoral e que se guardassem os dias que a Igreja santificara. Aos que insistiam em manter as suas lojas ininterruptamente abertas, obrigando os empregados a trabalhar aos domingos, alegando que a população, por trabalhar nos outros dias, não podia fazer compras durante a semana, Antónia respondia, deitando por terra a argumentação, que ao domingo as lojas estavam «ás moscas», e propunha que solicitassem à Câmara Municipal da capital autorização para alargarem até à meia-noite o horário de abertura aos sábados. Cf. AGP, «A pastoral do nosso Eminentissimo Patriarcha», AB, n.º 16, 15.6.1853, pp. 1–2.

459 AGP, «O Genio Portuguez — Deos: Patria: Rei» (manuscrito), 31.7.1856, compilação de composições poéticas de vários autores, p. 119v. BNP — MR-COD. 9151.

privações, afirmava que não tinha o hábito de «incensar os grandes só por que o são na escala social, pois que respeitando a todos, tenho cá para mim que o merito real é que constitue a verdadeira grandesa»[460]. A transição dorida de casas apalaçadas para modestos apartamentos arrendados em prédios habitados por gente humilde tinha-lhe dissipado «os sonhos de grandeza» que outrora acalentara. Parecia, aliás, reconhecer baixo valor à riqueza material: «O que valem do mundo as riquezas,[461]/As grandesas da terra o que são?!/Edificios que o tempo despresa;/Metheoros de incerto clarão».[462] Não eram a classe e o estatuto ignorados pela própria morte?: «Ajoelhai, que a lei da morte/Dos mortaes iguala a sorte!/Lei suprema sempre igual!/Vêde os seculos passando,/Milhões de ossadas levando!/Qual vestio manto real?/Ninguem sabe diferençal-o/Que o rei iguala o vassalo/Em nascimento e morrer!»[463] E não seria pelo girar desfavorável da roda da fortuna que se deixaria abater:

> Hoje em vez de um palacio temos uma pobre choupana; temos o Céo;... temos o Universo em que vivemos, e a companhia dos grandes, e pequenos! são todos nossos irmãos, e nossos iguaes, são todos nossos amigos!... Sim, porque a philosophia nos torna sobranceiras a todas as quimeras do Mundo, e porque Deos se dignou distinguir-nos com um titulo que só elle póde conferir e que os homens não podem roubar.[464]

---

[460] Carta de Antónia Gertrudes Pusich para António Bernardo da Costa Cabral, Lisboa, 2.12.1866, pp. 1–2. ANTT — FCC, cx. 18, mçt. 7, doc. 2.

[461] Este verso termina com um ponto final; uma vez que se trata, com forte probabilidade, de um lapso tipográfico, corrigimos a pontuação para vírgula.

[462] AGP, «Um brado a Portugal! Um canto á Eternidade», AB, n.º 25 (2.ª série), 15.12.1854, pp. 1–2.

[463] AGP, «Lamentações», *Almanach de Lembranças Luso-Brasileiro* para o anno de 1857, 1856, p. 340.

[464] AGP, «A instrucção dos Principes», AAL, n.º 21, 5.1.1850, p. 162. O «titulo» a que se refere é o talento poético de que se cria dotada.

Em Fevereiro de 1850, Antónia congratulava-se por «offerecer» o seu primogénito — João António Pusich de Almeida Amado — ao ensino primário. Vendas Novas, a despeito dos seus 700 ou 800 habitantes, não tinha professor régio de primeiras letras, ao contrário de outras localidades menos povoadas, que havia ao redor. O Estado não conseguia atrair para ali um professor, dada a modicidade do vencimento, e por isso Antónia fazia dom do seu filho às crianças da localidade: «Temos um filho... folgamos em offerecel-o para ser o primeiro Mestre Regio da Villa de Vendas Novas! [...] existe empregado no Real Contracto do Tabaco, aonde ganha muito mais, e melhor pago do que no lugar de Mestre Regio».[465] Não era só o amor à instrução que a levava a fazer esta «oferta». A 30 de Novembro de 1849, o fiscal e dois guardas do Contrato Real do Tabaco, em Évora, tinham sido barbaramente assassinados, alegadamente por contrabandistas vindos de Espanha. O facto deixou Antónia receosa de que o filho, igualmente empregado no Contrato do Tabaco, viesse a ter o mesmo fim. A colocação de João António, então com 25 anos, num emprego menos bem remunerado, mas mais seguro, permitia-lhe cumprir dois propósitos: subtraía o filho ao perigo de morrer às mãos de contrabandistas, e dotava Vendas Novas de um professor, contribuindo para a escolarização dos portugueses. Sabia que o cargo de professor de primeiras letras não granjeava grande consideração; contudo, afirmava: «não nos desdouramos em ver nosso filho, e neto de um General, de um nobre por nascimento, e acções, assentado na Cadeira de Professor Regio ensinando meninos — não! Envergonhar-nos-hia-mos sim, amaldiçoal-o-hia-mos se o vissemos coberto de titulos, riquesas, e distinções tiranisar os seus similhantes!...»[466] A nobreza de nascimento era uma responsabilidade social, devendo dela provir o exemplo. Não era senão um «presente do acaso», que o presenteado, pela sua conduta, deveria mostrar merecer. A «nobreza

[465] AGP, «Falta d'instrucção em Portugal», AAL, n.º 26, 23.2.1850, p. 202.
[466] *Ibid.*, p. 202.

sem instrucção, e sem virtude» merecia-lhe «nenhuma consideração».[467] Por si só, um brasão ou um título herdado não deveriam conferir prestígio e poder àqueles que os possuíam, uma vez que

> a verdadeira nobreza existe nas boas acções de cada um [...]
>
> Não se entenda que neste discurso tentamos abater a nobreza de nascimento; nós tambem temos pergaminhos, tambem uma corôa em nosso Brazão d'Armas[468]... e todavia presamos ainda mais do que este presente do acaso (tantas vezes inutil, e até prejudicial) a gloriosa certeza de que aquelle que nos deixou a herança de um nome illustre, não commetteu jámais uma acção pela qual o deslustrasse. O nobre tem obrigação de dar o exemplo; deve por suas acções tornar-se digno do seu nome; e não entender que só pelo nome tem jús ao respeito, e aos sacrificios dos outros: nem se póde julgar mais do que aquelle que embora nasceu em humilde berço, e por suas acções se tem elevado; a gloria d'este é a nosso vêr muito mais brilhante porque luz com luz propria. Quizeramos antes que nossos filhos fossem diligentes artistas, do que fidalgos ociosos [...] Não será por certo com o nosso exemplo que elles hão de tornar-se pezados á sociedade...[469]

A despeito de protestar que privilegiava o mérito face à condição social herdada, Antónia era movida por considerações que pertenciam a um quadro mental ainda muito marcado pela prioridade conferida ao nascimento. Num escrito de 1848, entendia dever dar-se «a devida consideração ás familias que representam nomes», e, acerca da estreia do conde de Linhares no Parlamento, como deputado, dizia que «ostentou

[467] AGP, «A instrucção dos Principes», AAL, n.º 21, 5 de Janeiro de 1850, pp. 161–162.

[468] *Vd.* o que dissemos anteriormente a propósito do título de nobreza exibido pelo pai de Antónia Pusich.

[469] AGP, «Artes», AAL; n.º 7, 15.9.1849, p. 50.

a dignidade propria do seo elevado nascimento».[470] Já a «camara dos dignos pares conservou o decoro, e a dignidade que distinguem a alta cathegoria de seus illustres membros...»[471]. Agradava-lhe que a brindassem com pequenas distinções que lhe recordavam a infância e a adolescência, e os privilégios de que então a sua família desfrutava. Acerca da perseguição movida pelos liberais vitoriosos aos realistas derrotados, dizia que «familias grandes [...] nunca podem ser pequenas» e «as pedras de um grande edeficio distinguem-se bem»[472]. Antónia teria certamente gostado de casar os seus filhos com noivos de elevada categoria social, se não da nobreza hereditária, o que lhe seria mais difícil, pelo menos da nobreza político-institucional. Também a interrupção dos estudos dos filhos, motivada pelas dificuldades financeiras, lhe terá causado sofrimento, a ela, que tanto valorizava a instrução e que tanto se orgulhava pelo facto de o irmão João, aos 20 anos, já ser lente de Matemática. Esse desgosto está bem patente nos comentários que teceu num artigo de *A Beneficencia* acerca do sucesso do seu sobrinho Francisco Stockler em Itália. O exílio do pai, António Nicolau de Moura Stockler, na sequência da vitória das forças liberais, se desunira a família, acabara por ter um desfecho favorável no respeitante à educação dos filhos. O rei da Sardenha, Carlos Alberto — a quem Antónia sempre encomiará, por tê-la apoiado num dos muitos transes da sua vida[473] —, dera-lhes protecção, permitindo-lhes estudar em bons colégios e dedicar-se às letras. E Antónia pedia aos seus leitores que comparassem a sorte de seu sobrinho Francisco com a dos jovens que haviam permanecido em solo pátrio e aqui serviam, como, por exemplo, os seus filhos[474], precocemente entregues, por razões de sobrevivência, ao funcionalismo público. Alguns anos mais tarde, dar-nos-á conta de que

---

470 AGP, *Galeria das senhoras na camara dos senhores deputados [...]*, pp. 8 e 10.

471 *Ibid.*, p. 11.

472 AGP, «O genio tem por patria o universo», AB, n.º 35, 15.6.1855, p. 4.

473 Na libertação do seu terceiro marido, quando foi preso em Itália.

474 AGP, «O genio tem por patria o universo», AB, n.º 35, 15.6.1855, p. 4.

o sobrinho fora nomeado pelo rei da Sardenha professor de Aritmética e Desenho no colégio militar do Piemonte, onde estudara.[475]

Em 1850, parecia morar numa casa com jardim. É o que se depreende dos seus comentários ao despique poético em torno das rosas, que amadrinhou na sua folha: «é-nos mais grata aos olhos a encarnada; e tanto que d'ellas temos em nosso jardim um frondoso bosque, ornado tambem de baunilhas, e martyrios, etc»[476]. Em 1852, sabemo-la a residir no Lumiar, provavelmente numa moradia e não num prédio, que os não haveria nas proximidades do Paço, onde Antónia morava; mas já o estaria em 1850? O jardim de que falava a propósito da «guerra das rosas» podia ter sido o da casa do Lumiar, onde morou por estes anos. Contudo, não parece que, na época, fosse muito praticável vencer diariamente a distância que separava esta zona da cidade da redacção do jornal (no número 44 da Rua da Conceição, junto à praça da Alegria).

O ano começou fasto para Antónia (se bem que depressa se tenha ensombrado). *A Assembléa Litteraria* prosseguia a sua «illustre cruzada»[477] pela instrução dos portugueses e, muito especialmente, das portuguesas, e ia arregimentando cada vez mais mulheres para as suas hostes:

> Quando erguemos a voz a favor da illustração feminil, sustentando as columnas deste jornal a liberdade intellectual de que por tantos seculos temos sido barbaramente privadas, e a que temos tão sagrados direitos como os homens; affrontando as mais arduas difficuldades, preparámos neste mesmo jornal um campo onde os talentos se podessem livremente exercitar; e tentando derribar as barreiras de antigos errados preconceitos, para a justa, e gloriosa empreza de illustrar, e moralisar o sexo educador do genero

475 AGP, «Italia», AB, n.º 40, 1.10.1855 (2.ª série), p. 6.

476 AGP, sem título, AAL, n.º 30, 20.4.1850, p. 235.

477 AGP, «A Assembléa Litteraria», ALL, n.º 22, 12.1.1850, p. 169.

> humano [...] Abençoou Deos os nossos esforços! As Damas tem concorrido a alistar-se neste brilhante exercito [...][478]

E a sua redactora, a despeito do seu sexo, ia merecendo reconhecimento público. António Pio dos Santos dedicou-lhe um poema laudatório nas páginas da folha *O Jardim Litterario*, enaltecendo o seu talento literário e equiparando a dimensão da sua fé à da personagem bíblica de Judite, a quem a viuvez precoce também irmanava.[479] Por ambas as razões, Antónia terá exultado com o poema: «Vós, Pusich excelsa, luz brilhante,/Adôrno portentoso em litteratura./[...]/Mas leio do futuro os seus arcanos,/E lá Pusich, ilustre, portentosa,/Gozavas d'alta fama gloriosa,/Que o tempo já não murcha com seus damnos!/Em lettras d'ouro/Lá vi gravado/Teu nome illustre/E respeitado [...]»[480] À semelhança da generalidade das pessoas, Antónia era sensível à avaliação positiva por parte dos pares, isto é, dos que participavam activamente na vida cultural do País. Sentia-se pertencer à comunidade dos poetas, aqueles a quem o génio fora concedido como prémio divino. É o que se infere do uso da primeira pessoa do plural no poema «Voz da amisade»[481] e de um poema que publicou em *A Beneficencia* e, alguns anos depois, também em *O Bardo*: «Assim o poeta vivendo saudoso/Da luz d'esses astros que o viram nascer;/Se encontra outro genio de brilho ditoso/Já sente su'alma nos ceos reviver./[...]/Um puro sentir profundo/Une dois genios iguaes,/Que sabem cumprir no mundo/Os preceitos divinaes».[482] Ela tinha sido uma das eleitas

---

478 *Ibid.*, p. 169.

479 No que aos dois primeiros casamentos de Antónia concernia, uma vez que o terceiro marido ainda vivia, se bem que o casal já não coabitasse.

480 António Pio dos Santos, «Epistola», *O Jardim Litterario*, vol. 6, Janeiro de 1850, p. 168.

481 Em *O Bardo*, 1857, parte II, p. 182.

482 AGP, «Mysterios da Poesia», AB, n.º 19 (2.ª série), 15.9.1854, p. 5; *O Bardo*, 1857, parte II, p. 36.

de Deus para o convívio com as musas: «Deos se dignou distinguir-nos com um titulo que só elle póde conferir e que os homens não podem roubar»[483]. O prazer em sentir-se fazer parte da irmandade dos vates era mesmo o único refrigério para a fealdade terrena e para a solidão: «sem ella [a ilusão] o que seria esta vida!... este vale de lagrimas [...] Bem como o viandante adora a Estrella que vem luzir-lhe em noite procelosa, nós adoramos uma illusão que nos doira os horrores da existencia!...»[484] Antónia vivia «do genio»[485] e avaliava-se muito positivamente. Também ela aspirava ao reconhecimento e à estima social, e por isso sofria com os que, atendendo mais à escassez dos seus recursos e à modéstia do seu quotidiano material do que à sua essência de artista e de mulher de letras — ou seja, mais ao ter do que ao ser —, se afastavam do seu convívio:

> Neste paiz onde os grandes [...] fogem da pobre choupana do sabio honrado, temendo que o mundo insensato censure a aucthoridade superior que suba as escadas onde o gaz não dá luz (porque luz maior brilha no seu gabinete), e parecem despresar a morada singela que não lhes oferece os ricos sofas onde sentar-se; mas onde a pobresa honrada é o mais precioso thesouro dos ceus [...][486]

Também Antónia era possuída — e assumia-o — pela «nobre ambição de gloria»[487], mas não a vã glória conferida pelo falso brilho da riqueza e da proeminência social; antes, a «verdadeira gloria» das «acções»[488],

[483] Alusão aos bens e rendimentos de que se sentia espoliada pelos vencedores da guerra civil. Cf. AGP, «A instrucção dos Principes», AAL; n.º 21, 5.1.1850, p. 162.

[484] AGP, «O Templo de Salomão», AAL, n.º 13, 27.10.1849, p. 97.

[485] AGP, «A instrucção dos Principes», AAL, n.º 21, 5.1.1850, p. 162.

[486] AGP, sem título, AB, n.º 6 (2.ª série), 1.2.1854, p. 3.

[487] AGP, «As rosas», AAL, n.º 27, 9.3.1850, p. 211.

[488] AGP, «Conservatorio», AAL, n. º 34, 29.6.1850, p. 17.

da conduta pautada pela moral, e ainda a advinda da criação literária.[489] Era, naturalmente, também em si que pensava, quando bradava àqueles que temiam ver reconhecido e homenageado o talento: «Que miseria!.. que cegueira!.. Guardem os ambiciosos essas vãas grandezas, e esse oiro; e aprendam a conhecer que o verdadeiro sabio despreza tudo quanto o pode prender e aviltar: que ama o retiro, aborrece as mesquinhas intrigas da côrte»[490]. A glória que almejava, sabia que não a alcançaria em vida, não tendo «uma só esperança de premio neste mundo».[491] Tinha a percepção de que se destacava da mole, de que era um vulto de maior grandeza, e intercalava as demonstrações de modéstia com referências mais ou menos — geralmente, menos — explícitas à sua superioridade, no mínimo, moral. Pelas suas cruzadas — a moral, tanto como a da instrução —, e pela sua criação poética julgava-se credora do reconhecimento e da gratidão dos portugueses e cria-se com direito a um lugar entre os consagrados, únicos a quem o olvido não atingia: «legamos aos homens illustrados, que nos sobreviverem, o encargo de se lembrarem de nós, se não quizerem esquecer-se de si...»[492] Sabia-se biografável: «um dia [...] se algum de meus filhos, netos ou amigos quizer escrever a minha biografia»[493]...; «temos a certeza de que alguem um dia se occupará de nós (quando já não precisar-mos senão orações)»[494]. Surpreendentemente, nenhum descendente ou amigo curou de a biografar, e teve de aguardar mais de cem anos por um biógrafo que ressuscitasse a sua memória.[495]

---

489 Em 1853, escreverá que tinha a «maior gloria» em ser «Redactora, e Litterata». Cf. «O Conservatorio de Lisboa», AB, n.º 8, 15.2.1853, p. 3.

490 AGP, Sem título, AB, n.º 6 (2.ª série), 1.2.1854, p. 4.

491 «Pensamento moral», AB, n.º 18 (2.ª série), 1.9.1854, p. 8.

492 AGP, «Instrucção publica», AB, n.º 23, 1.10.1853, p. 1.

493 AGP, *Biographia de Antonio Pusich [...]*, p. 30.

494 AGP, «Theatro de S. Carlos. Concerto musical», AB, n.º 12 (2.ª série), 1.6.1854, p. 5.

495 Só em 2005 Nikica Talan a elegeu para um trabalho biográfico — o citado estudo «*In memoriam* à esquecida Antónia Gertrudes Pusich».

O PRIMEIRO PROBLEMA SÉRIO DE SAÚDE

Antónia fora sempre saudável. Contudo, na noite de 5 de Fevereiro de 1850 — noite de Carnaval —, foi acometida de um «ataque cerebral repentino»[496]. Regressava a casa, vinda do Theatro de D. Maria II, quando teve «uma suffocação de sangue que improvisamente [*sic*] lhe rebentou pela boca, pelos ouvidos, e nariz»[497], deixando-a gravemente enferma. Foi esta a razão por que distendeu a periodicidade do jornal, que passou a quinzenal. Foi-lhe «expressamente prohibido pelos Facultativos o excesso de applicação, que junto a continuas vigilias, e affecções moraes, produsio aquelle incidente, a que tão sujeitas estão as pessoas cujas idêas não descançam». Desconhecemos se o que parece ter sido uma hemorragia interna lhe deixou sequelas duradouras ou permanentes. Cerca de duas semanas depois, identificamos talvez um tom levemente mais depressivo, ao qual não será alheia a percepção de que o desaparecimento da sua anterior robustez expunha a grande vulnerabilidade dos seus quatro filhos mais pequenos, de quem era o «unico amparo», e de «uma creada fiel» (a quem aludiu numa ou noutra ocasião, mas sem indicar o seu nome).[498] Antónia agradeceu nas páginas do seu jornal às pessoas que a tinham socorrido, entre as quais se encontravam os vizinhos e o facultativo Fontaura, e ainda os «cavalheiros» que lhe haviam dedicado poemas. Estes «cavalheiros» eram João Baptista de Carvalho e João António de Sousa Júnior, que, no semanário *A Fonte*, lhe haviam consagrado poemas.[499] De João Baptista de Carvalho, em quem Antónia tinha um grande admirador e teria um bom amigo, brotou o que terá sido o maior encómio artístico que Antónia

[496] AGP, sem título, AAL, n.º 25, 9.2.1850, p. 200.

[497] AGP, sem título, AAL, n.º 29, 6.4.1850, p. 232.

[498] AGP, sem título, AAL, n.º 25, 9.2.1850, p. 200.

[499] João António de Sousa Júnior, «Do calado embrião em que esquecidos», 1842, *A Fonte*, n.º 4, 1849, p. 15. João Baptista de Carvalho, «Attende, ó nação portugueza», *A Fonte*, n.º 19, 1850, p. 75.

recebeu ao longo da sua vida. O poema, sem título, começava logo por «Attende ó nação portugueza/Uma dama tão nobre e leal,/Que das bellas excede a bellesa/Que dá gloria ao fiel Portugal!». Eram sobretudo os dotes de dramaturga de Antónia Pusich que mais pareciam seduzir João Baptista de Carvalho, a ponto de elevar Antónia à altura de um dos maiores dramaturgos portugueses: «Gil Vicente, tu foste o primeiro/Qu'encetast'a brilhante carreira!/Mas já hoje reluz n'orbe inteiro/A teu lado uma dama primeira!». O autor dos autos e das farsas satíricas tinha mesmo sido suplantado pela criadora de *Constança [...]*, peça a que várias vezes se aludia no poema: «Gil Vicente já foste vencido!/Uma dama foi quem te venceu». E não era só pelo talento literário que Antónia se distinguia dos demais; era também «Na ternura, na gloria e no tino» e pela sua beleza. Tão completa era a personalidade de Antónia, que «inda ao mundo não poude apar'cer/Tão sublime saber feminino!» E prosseguia na sua glorificação: «E's a estrella que ao mundo hoje, surge,/Vens as sombras da noite dourar,/E's o astro brilhante que fulge,/Que o teu trilho é no mundo sem par!/Quem te exceda na gloria não ha,/E's, ó bella, és a mais primorosa».[500] No seu poema, João Baptista de Carvalho contemplava ainda outras facetas do carácter da sua homenageada, como a constância, a virtude, a lealdade, a serenidade. E animava-a a prosseguir a sua obra, não só para gáudio do mundo como para exemplo das outras mulheres: «Continua, prosegue a carreira/Com o gosto que vai começando;/Sempre avante, que és tu a primeira; E outras damas irás animando». As vinte estrofes que constituem o poema confirmam a enorme notoriedade, e mesmo celebridade, que Antónia granjeava em meados do século, e para as quais tanto contribuíra o enorme êxito de *Constança [...]*. O tom encomiástico e o ser comparada aos melhores das letras nacionais deve ter subtraído Antónia, pelo menos momentaneamente, à grande angústia por que passava, incerta

[500] João Baptista de Carvalho, «Attende, ó nação portugueza», *A Fonte*, n.º 19, 1850, p. 75.

que estava quanto à recuperação da sua capacidade física para continuar a providenciar o sustento dos filhos. Terá sido, aliás, parcialmente esse o propósito do autor ao fazer publicar o poema dias depois do acidente hemorrágico que Antónia sofrera.

A estas duas homenagens poéticas, agradeceu Antónia com um poema nas páginas do mesmo jornal e também nas de *A Assembléa Litteraria*. Nele, aludia ao «valle tenebroso» da sua vida, que não sabia se terminaria em breve, e revelava a percepção que tinha de si e do calvário que a aguardava: «Triste vate, que na fronte,/Onde tenue luz reflecte,/Marcado tem o destino/Que aos elleitos Deos comete:/Destino que teve o Christo/De viver moralizando;/De viver em amargura;/E de morrer perdoando.»[501] Cria-se uma eleita, com uma missão e um destino semelhantes aos de Cristo: moralizar e sofrer. A 27 de Fevereiro, quatro dias antes de escrever o poema, afirmava-se «consumida em fadigas, e disgostos» e com «a saude [...] faltando»[502]. Por esta altura, recebeu mais uma demonstração de afecto, desta vez, da pena de Albino António de Andrade e Almeida, que, oito anos volvidos, se casaria com a sua filha mais velha e homónima. O futuro genro, que já anteriormente colaborara no jornal de Antónia[503], dedicou-lhe o poema «As Rosas», no qual cavalheirescamente afirmava «Nem á penna, nem á espada/Será por mim sustentada/A Rosa só pela côr/E pela dama instruida/Té darei a propria

---

501 AGP, «De nobre enthusiasmo accêsa a mente», *A Fonte*, n.º 21, 1850, pp. 82–83. ALL, n.º 27, 9.3.1850, pp. 82–83.

502 AGP, «Falta d'instrucção em Portugal», ALL; n.º 26, 23.2.1850, p. 201.

503 Com pelo menos uma charada, dois poemas e um acróstico em AAL (n.º 9, 29.9.1849, p. 72; n.º 24, 26.1.1850, pp. 190–191; n.º 30, 20.4.1850, p. 238; n.º 38, 5.10.1850, p. 54) e na rubrica «Noticiario» em AC (n.º 1, 1.11.1858, p. 8; n.º 2, 15.11.1858, p. 16; n.º 3, 15.12.1858, pp. 23–24). Na altura, Antónia lamentara que António Albino, então com 17 anos, tivesse de disputar o tempo, que gostaria de consagrar por inteiro às musas, com o seu emprego no funcionalismo público. Cf. AGP, sem título, AAL, n.º 7, 15.9.1849, p. 51.

vida/Se tanto preciso fôr»[504]. Entre outras composições nascidas do seu «estro [...] patriotico», como o qualificou o seu amigo Tomás Ribeiro[505], Albino António de Andrade e Almeida escreveria e mandaria imprimir *Brado*, folheto anti-iberista em verso. Publicou-o em folheto em 1861, «no auge da Questão Ibérica», quando se fundou a Associação 1.º de Dezembro, de cuja Comissão Central, em Lisboa, terá sido sócio desde os primórdios.[506] Rapidamente, o poema alcançou grande popularidade no País. Principiava-o com a seguinte proclamação: «É MENTIRA, hespanhoes que na patria,/Em que o Gran Condestavel nasceu,/Menosprezem com *vivas á Iberia*,/Um passado tão nobre, tão seu!» Às vantagens económicas que adviriam da União Ibérica, e que eram usadas como argumento por alguns dos seus simpatizantes, respondia na última estância do poema «Eu não quero *hespanhol* a riqueza,/Quero, pobre, morrer portuguez!/ Já foi grande a nação portugueza,/Ha de ser inda grande outra vez!»[507] Na mesma linha nacionalista e patriótica, fundaria dois periódicos: *Independencia: periodico anti-iberico* — de que o primeiro número saiu, muito elucidativamente, a 1 de Dezembro (aniversário da Restauração) de 1861, e que logo cessou a sua publicação, por razões pessoais do seu fundador — e *Independencia Nacional*, que se publicou entre 1865 e, pelo menos, 1867. Mais de três decénios volvidos, no último ano do século, daria ao prelo *Poesias Patrioticas e outras ineditas*, com prefácio do igualmente anti-iberista Tomás Ribeiro.

---

504 Albino António de Andrade e Almeida, «As rosas», *A Fonte*, n.º 30, 1850, p. 119.

505 No prefácio à colectânea poética de Andrade e Almeida *Poesias Patrioticas e outras ineditas*, 1899, p. 12.

506 Cf. Paulo Rodrigues Ferreira, *Iberismo, hispanismo e os seus contrários: Portugal e Espanha (1908–1931)*, 2016, p. 127.

507 Albino António Andrade e Almeida, *Brado*, s.d. [1861], 1861. Andrade e Almeida republicará este poema em 1899, na supracitada obra *Poesias Patrioticas e outras inéditas*, com o título «Brado contra a União Iberica» (pp. 87–90).

Em Abril de 1850, quando já tinham passado dois meses sobre a hemorragia que sofrera, Antónia, que era quem fazia a revisão tipográfica de *A Assembléa Litteraria*, justificava os erros de impressão de um número anterior do jornal, publicando uma errata e esclarecendo que

> o estado de grave enfermidade em que a Redactora está desde Março ultimo, foi causa dos muitos erros, e defeitos do numero 23 d'este jornal, que não poude então redigir, nem rever. — Pede portanto desculpa ao publico, promettendo d'ora ávante encarregar do cuidado de dirigir a impressão, e rever as provas pessoa mais apta, e intelligente, quando a Redactora se achar impossibilitada de se empregar nos trabalhos que tão gostosamente emprehendeo, e que só em caso extremo deixará; mas esta doença foi tão repentina, e inesperada que não lhe deu tempo a providenciar cousa alguma.[508]

Continuava, pois, enferma, mas o pior já tinha passado: «a Mão de Deus, a natural robustez da doente, e o saber, e deligencias do Facultativo tem vencido o maior perigo. O Senhor determinará o que for de sua Divina Vontade»[509]. O médico que a acompanhava era António Venâncio David. À medida que recuperava as suas forças, retomava os seus combates. O Conservatório Real de Lisboa mereceu-lhe nestes anos uma particular atenção. Ciosa da protecção das artes, criticou o desamparo que o poder político vinha votando à instituição. Tal como previra, as reacções adversas não se fizeram esperar. Um mês depois, voltava à liça nas colunas de *A Revolução de Septembro* e de *A Nação*. Tomara conhecimento de que, por lapso ou ardil doloso, Domingos Luís Lauretti, um antigo cantor lírico, compositor e professor de canto do Conservatório, recebia por dois ministérios havia mais de seis anos. Denunciara este caso de duplicação de

[508] AGP, sem título, AAL, n.º 29, 6.4.1850, p. 232.

[509] *Ibid.*, p. 233.

vencimento e sofrera ameaças. A estas, respondeu o mesmo que noutras ocasiões: as ameaças fortaleciam-lhe a coragem. E aproveitou para condenar os diferentes pesos e medidas por que continuavam a ser aferidas as situações dos que recebiam do Estado: «Uns gemem na indigencia, privados do que lhes pertence; outros folgam na opulencia, em paz gosando das suas extorsões!... E os honrados da convenção de Evora-Monte votados á mendicidade».[510] Se bem que o não afirmasse explicitamente, era em si que também pensava.

Antónia continuou a publicar poemas da sua autoria em *A Assembléa Litteraria*, como aquele em que evocava a morte da mãe, ocorrida treze anos antes.[511] Nos últimos meses de 1850, contudo, consagrou a sua pena sobretudo à má organização dos conventos e aos efeitos danosos da má gestão dos seus rendimentos. As vítimas eram as pobres freiras, que sofriam as maiores privações e, por vezes, mesmo a fome. Conhecia ao pormenor o que se passava nos conventos de Lisboa, não lhe faltando bons e maus exemplos com os quais ilustrar as suas asserções. O meio pão e os 20 réis por dia que recebiam as freiras do convento de Santa Marta tinham gerado motins. Mudara-se a administração e a situação melhorara. Em Santa Joana, as freiras também pouco beneficiavam dos bons rendimentos do convento. Apesar de a sua prioresa ser muito conhecida de Antónia Gertrudes — pois fora com o patrocínio de António Pusich que entrara naquele convento —, a jornalista não a protegia nas suas críticas, afirmando não duvidar das suas virtudes, mas antes das suas capacidades de gestão. No convento de Marvila (escreveu das Grilas, tendo corrigido o lapso no número seguinte), permaneciam apenas uma freira e as suas criadas, pois as outras duas freiras tinham-se mudado para outro estabelecimento religioso. No convento das Mónicas, reinava igualmente a insatisfação e a falta de abundância. Antónia apresentava igualmente casos

---

510 AGP, sem título, *A Nação*, 2.8.1850, pp. 2–3. AGP, sem título, *A Revolução de Septembro*, n.º 2512, 8.8.1850, pp. 3–4.

511 AGP, «Quatro de Maio», AAL, n.º 31, 4.5.1850, pp. 244–245.

de sucesso administrativo: as preladas dos conventos de Chelas, Santa Ana, Carnide, Sagrado Coração de Jesus (à Estrela), Albertas Salésias, Conceição de Arroios, Albertas, Sacramento e Francesinhas eram boas gestoras e viviam em harmonia. As que tinham maior mérito eram as dos três últimos conventos, pois sobreviviam sem qualquer rendimento que não as esmolas dos fiéis (tinham, claro, entre estes, membros da Casa Real e aristocratas).[512] Depois de descrever a difícil situação por que passava a maior parte destes conventos, Antónia propunha várias medidas para a ultrapassar. Uma das de maior impacto consistia na reunião dos rendimentos de conventos ricos ou com poucas freiras e na sua redistribuição por aqueles com menores proventos. Além de se melhorar a vida das freiras, aliviavam-se os cofres públicos[513], tal como os pouparia se convertesse «alguns Conventos em casas de educação», fazendo ao mesmo tempo «um grande bem á Sociedade». Se havia poucas freiras e, em contrapartida, os conventos eram grandes, por que motivo não se aproveitavam para albergar as muitas filhas e viúvas de oficiais militares que vegetavam na indigência, uma vez que as pensões que lhes eram devidas tardavam, e não dispunham de meios para arrendar qualquer tipo de alojamento? Porque não se deixava retornar a casa as freiras que assim o desejavam, ao invés de as condenar à miséria? Por que razão não se convertiam alguns conventos em colégios femininos? Entendia que «a sociedade teria ganho muito mais em reduzir, ou reformar os Conventos, do que em extingui-los». Acerca destas propostas, dizia que eram inteiramente da sua lavra, «porque para dizermos o que entendemos não consultamos jámais a rasão alheia; dizemos apenas o que sentimos, sem formulas de eloquencia, mas com verdade, e consciencia erros de entendimento poderemos ter muitos: de vontade nenhum».[514] E prosseguia na enumeração de outros conventos cujas freiras viviam em situação crítica.

---

512 AGP, «Religiosas», AAL, n.º 38, 5.10.1850, pp. 49–50.

513 *Ibid.*, p. 50.

514 AGP, «Religiosas», AAL, n.º 39, 19.10.1850, pp. 60–61.

Na sequência desta série de artigos de fundo acerca dos conventos, recebeu uma carta, escrita por Luís Alves de Matos, em nome das freiras dos conventos de Santa Marta e de Santa Joana, na qual se se procurava rebater o que a redactora do jornal afirmara acerca da situação nos dois conventos. Antónia não gostou que as freiras tivessem abdicado do seu direito ao contraditório, e perguntava-lhes porque não tinham sido elas a defender-se: «a questão é entre Sr.as, e por Sr.as deve ser sustentada». E, claro, passava a provar o que tinha afirmado no artigo, pois «quando dizemos alguma cousa é porque podemos provar o que dizemos em qualquer Tribunal»; «nós não costumamos deixar o campo, e entregar as armas senão á rasão».[515] É possível que esta carta, que visivelmente a agastara, tenha confluído com o seu estado de saúde, ainda debilitado, para a resolver a cessar a publicação do jornal. A partir do final do ano, é M. J. Cabral (Mariano José Cabral?), um dos seus colaboradores, que surge no cabeçalho de *A Assembléa Litteraria* como seu proprietário e redactor. A primeira série do jornal, aquela em que a sua fundadora se manteve como proprietária e chefe-de-redacção, terminou no número 41. A Biblioteca Nacional de Portugal parece não possuir este número, tal como os primeiros da segunda série, ou pelo menos não se encontram consultáveis. E assim terminou a primeira experiência de Antónia Gertrudes Pusich como proprietária e redactora principal de um jornal, experiência que foi também a primeira de uma mulher a fundar, dirigir e redigir um periódico em Portugal.

A orientação editorial do jornal mudou consideravelmente. Nunca no tempo de Antónia Gertrudes Pusich se permitiria o comentário zombeteiro e prosaico que, numa coluna do número 14 do jornal[516], se fez à oportunidade de que algumas mulheres tinham gozado no Canadá de votar em eleições para catedráticos e outros docentes de estabelecimentos

---

[515] AGP, «Religiosas. Questão sobre a administração dos conventos de Santa Martha e Santa Joanna», AAL, n.º 40, 2.11.1850, p. 67.

[516] M. J. Cabral (?), «Emancipação das mulheres», AAL, n.º 14, 2.3.1851, p. 109.

de ensino. Com um humor de duvidosa qualidade, considerava-se no referido artigo que estas mulheres seriam bem aproveitadas pelo Canadá para as apresentar na Feira Universal de Londres. Recomendava-se ainda aos homens que, em vista da perda do seu lugar na hierarquia dos sexos, fossem aprendendo a costurar e a bordar. Não sabemos qual a opinião de Antónia acerca do ainda muito incipiente movimento sufragista que ia surgindo noutras paragens, mas cremos que lhe seria muito favorável, uma vez que lamentava a falta de direitos — entre eles, políticos — das mulheres. Mas ainda que não perfilhasse o ideário sufragista — o que nos surpreenderia —, certamente não usaria de tamanha vulgaridade de pensamento e expressão. *A Assembléa Litteraria* terá sobrevivido pouco tempo ao afastamento da sua fundadora; pelo menos, no acervo da Biblioteca Nacional de Portugal só existem dezassete números da segunda série, sendo o último de 15 de Abril de 1851.

A segunda empreitada jornalística

Quanto custa alcançar a gloria de um nome
no meio de tão crueis e duros combates!...[517]

Ao abandono do seu primeiro projecto jornalístico, sucederam-se dois anos de interregno, dos quais alcançamos poucas notícias de Antónia. Terá o seu estado de saúde piorado? Terá sido alguma doença dos filhos, mormente de Maria Amélia, a mais frágil, a explicar o quase total silêncio? Ainda em 1850, Antónia Gertrudes consagrara um poema a Saldanha[518], do qual aproveitou vários versos para um outro poema, que redigiu no ano seguinte, e que publicou com o título *Voz Nacional*, dedicado «Ao Illustre Marechal Duque de Saldanha, por occazião do seu triumphante regresso a Lisboa em 15 de Maio de 1851». Antónia, que, em meados do decénio, se declarara cabralista, encomiando nalguns dos seus poemas e textos jornalísticos António Bernardo da Costa Cabral como restaurador

---

[517] Carta de Antónia Gertrudes Pusich para António Bernardo da Costa Cabral, Lisboa, 11.1.1867, p. 7. ANTT — FCC, cx. 18, mçt. 7, doc. 5 [apesar de se tratar da continuação do documento anterior, o facto de a carta prosseguir em papel não tarjado terá confundido a catalogação do documento, tendo-se-lhe atribuído um número diferente].

[518] AGP, «Ao Benemerito Marechal Duque de Saldanha. Culto ao Merito», 16.3.1850. AAL, n.º 29, 6.4.1850, p. 229.

da ordem e salvador da Pátria — e que, como vimos, fizera activamente campanha para que os miguelistas lhe concedessem o seu voto nas eleições que então se disputaram —, manifestava-se agora incondicional apoiante de Saldanha. Tê-lo-á feito por pragmatismo, uma vez que o novo homem forte passara a ser o Marechal? Como teria gerido nesta fase as duas lealdades — a Cabral, agora caído (politicamente) em desgraça, e ao homem que, a partir de determinado momento, encabeçara o movimento contra ele? Antónia parece ter sido pelo menos relativamente próxima de Saldanha. Ele assinar-lhe-á as publicações (seis assinaturas do jornal *A Beneficencia*, número só igualado por D. Fernando) e empenhar-se-á para conseguir o ingresso do seu filho Miguel no funcionalismo aduaneiro. Por sua vez, veremos que os Cabrais continuarão a integrar a rede de sociabilidade dos Pusich (o conde de Cabral) ou pelo menos o pequeno rol de amigos a quem Antónia recorrerá nos momentos de maior vulnerabilidade financeira (o conde de Tomar). Depois de vinte anos de guerra civil, Antónia terá recebido com muito agrado a Regeneração, que, com o seu espírito de acalmia e fórmulas de compromisso, poria fim às por si tão odiadas lutas políticas e militares, e coincidiria com um novo modelo económico, que tanto almejara e no qual depunha tantas esperanças para o desenvolvimento do País.

A 4 de Janeiro de 1852, Antónia atravessava o oceano, a bordo do brigue *Galgo*. Apesar das dificuldades financeiras e de se ver rodeada de quatro filhos ainda pequenos, não deixou de acompanhar o seu secundogénito, ainda muito jovem (Miguel contava 19 anos), à Madeira, plausivelmente para superintender na sua instalação, pois ali obtivera colocação na alfândega do Funchal. Durante a travessia, escreveu «quasi de improviso» o poema «Ao Exmo Snr. Antonio Pusich. Memoria». Nele, clamava ao pai que, do «Humilde sepulchro» em que jazia, defendesse os filhos de perseguições: «Os filhos protege do teu Portugal»[519]. É relativamente longo

[519] AGP, «Ao Exmo Snr. Antonio Pusich. Memoria», 1852, em Nogueira Lima e J. M. B. Carneiro, *A Grinalda*, 1855, p. 99.

— ocupa três páginas — e, por isso, não o transcrevemos na íntegra. Retiramos dele, contudo, os versos em que a própria Antónia assumia a ventura que constituía para a memória do pai ser introduzida na posteridade por uma filha muito amante:

Tens penna que nasce de viva saudade,
Que escreve com sangue,,, mas é sangue teu!...
Não tem a eloquencia, mas tem a verdade!...
P'ra honrar tuas cinzas que força me deu!

Se a dôr secca as flores que os loiros matisam,
A dôr tambem sabe tropheus alcançar;
Os prantos de filha que em jorros deslisam,
Que prantos sensiveis te vão grangear![520]

Estava certa. Quem conheceria hoje o nome de António Pusich, além dos estudiosos ou simplesmente interessados na administração ultramarina portuguesa? Não fora a pena de Antónia Gertrudes transportá-lo de século em século, e a memória do oficial de Marinha ragusano ao serviço da Coroa Portuguesa cingir-se-ia à fria história das suas comissões em Cabo Verde e da recepção à revolução de 1820 naquele arquipélago, desprovida dos elementos de natureza pessoal e familiar que tanto compõem uma biografia individual. É verdade que deixou vários trabalhos versando essencialmente a geografia, a ecologia, a economia e a administração das ilhas de Cabo Verde. Mas quem os lê? Foi por estes anos que Antónia escreveu a biografia paterna, que só publicou muito mais tarde, em 1872. Em Abril de 1853, pelo menos, já recolhia assinaturas para ela, e D. Amélia, a imperatriz-viúva, tal como D. Fernando, encontravam-se entre os assinantes. A edição de 1872 constitui uma versão aumentada, contendo dados referentes aos anos 60.

520 *Ibid.*, p. 97.

A BENEFICENCIA

Antónia não conteve por muito tempo a sua ânsia de intervenção e protagonismo. Movida pela utilidade pedagógica e pela vontade de cumprir o que entendia ser um desígnio divino — a predicação moral[521] —, erigiu uma nova tribuna, de onde, devotadamente, durante três anos, se entregou a cativar para as suas duas grandes causas os que a liam. A 1 de Novembro de 1852, saía o primeiro número de *A Beneficencia. Jornal dedicado á Associação Consoladora dos Afflictos.* De periodicidade quinzenal, o jornal tinha como correspondente em Nisa, Alpalhão e Campo Maior, o primogénito da sua proprietária e redactora, João António Pusich, facto pelo qual a mãe se congratulava.[522] Pouco depois, celebrou-se o casamento deste filho de Antónia com Maria Benedita Viegas de Luna[523], sobrinha do marechal-de-campo João Pedro Soares Luna, oficial destacado do exército liberal e depois setembrista. Antónia não terá privado com este parente por afinidade «esquerdista», uma vez que Luna morreu em 1848, quando a sua sobrinha ainda não estava casada com João António. É provável que o segundo marido de Antónia, que era de Elvas, tivesse conhecido este seu conterrâneo, que, contrariamente a Francisco Henriques Teixeira, seguiu a causa de D. Pedro na guerra entre os dois irmãos, integrando desde cedo as hostes liberais.

Logo no artigo de fundo e de abertura do novo jornal, Antónia expunha a sua linha programática: *A Assembléa Litteraria* fora um jornal «moral e instructivo»; este seria mais um «combatente» a integrar a cruzada literária e religiosa. Mais à frente, no «Manifesto da Redactora», afirmava que «as crusadas de sangue acabaram. A illustre crusada a que nos aggregamos é a crusada christã civilizadora [...] nossas armas são as

[521] E, talvez, também por razões mais prosaicas, como a do sustento da família.

[522] «Expediente», AB, n.º 5, 1.1.1853, p. 8.

[523] A 18 de Abril já se encontravam casados. Cf. carta de Antónia Gertrudes Pusich para Rodrigo da Fonseca Magalhães, 18.4.1853, p. 4. BNP — MR, Esp. 21, cx. 80.

do raciocinio — o nosso campo é o vasto imperio da intelligencia»[524]. O «Estandarte da Cruz» seria, pois, a bandeira do jornal. Apresentava-o como o órgão da Associação Consoladora dos Afflictos, instituição de que *A Assembléa Litteraria*, no último número da sua primeira série, anunciara a criação e de que faziam parte as «damas mais distinctas, reunidas nesta capital em lusido congresso». Apelava à colaboração dos «escriptores moraes» e de quem almejava sê-lo.[525] A melhoria da condição da infância desvalida era o principal fim do jornal.

Neste primeiro número, logo depois da «Introdução», publicava-se a carta que, a 17 de Agosto de 1852, Antónia dirigira a Maria Miquelina Pereira Pinto, presidente da Associação Consoladora dos Afflictos. As referências feitas nesta carta à troca de correspondência anterior entre as duas mulheres — ambas colaboradoras do periódico de António Feliciano de Castilho, *Revista Universal Lisbonense* —, dão-nos conta de que fora Antónia quem propusera fundar um órgão dedicado à Associação e que manifestara o desejo de apenas retirar das receitas do jornal os montantes necessários para cobrir as despesas de edição, revertendo o remanescente para os pobres apoiados pela Associação. Muito provavelmente por conhecer a muito precária situação material de Antónia, Maria Miquelina Pereira Pinto, a quem Antónia louvou a filantropia num poema, no número inaugural de *A Beneficencia*[526], respondera-lhe que os lucros eventualmente havidos reverteriam para o orçamento familiar da redactora do jornal. As assinaturas eram, aliás, ainda poucas, pois aqueles que Antónia Gertrudes cria que assinariam o jornal não se achavam na altura em Lisboa, mas no campo. E, claro, era-lhe

---

[524] AGP, «Manifesto da Redactora», AB, n.º 1, 1.11.1852, p. 3.

[525] AGP, «Introdução», AB, n.º 1, 1.11.1852, pp. 1–2.

[526] AGP, «Á Virgem Santissima Mài [*sic*] de Deus, Nossa Senhora Consoladora dos Afflictos», AB, n.º 1, 1.11.1852, pp. 3–4.

difícil viajar até onde se encontravam.[527] Vale a pena acompanhar a lista dos assinantes do jornal para tomarmos o peso das boas relações e protecções de que Antónia beneficiava. D. Fernando II custeou toda a edição do primeiro número e comprou seis assinaturas, tal como o duque de Saldanha. Grata, Antónia fê-lo primeiro assinante do jornal. O cardeal-patriarca e o núncio apostólico assinaram quatro exemplares cada um; Rodrigo da Fonseca Magalhães (ministro do Reino), António Maria de Fontes Pereira de Melo (ministro das Obras Públicas) e o conde de Tavarede assinaram dois; António Aloísio Jervis de Atouguia (ex-ministro dos Negócios da Marinha e Ultramar e ministro dos Negócios Estrangeiros), os condes de Lousã e de Barbacena, os viscondes de Azurara, de Sá da Bandeira e de Castelões, e Joaquim José Falcão (antigo ministro da Marinha e Ultramar e da Fazenda), um. Esta lista denota a presença de figuras destacadas de todo o espectro político, desde combatentes por D. Miguel a liberais radicais e moderados. Bem avisara Antónia, no seu «Manifesto da Redactora», que à sua folha eram bem-vindos indivíduos de todos os partidos, mas que a linha editorial era apolítica: «Este jornal não envolve politica de cor alguma [...] Os bons de todos os partidos são estimados por nós, e de todos os partidos lastimados os máus». Do facto de nas páginas do jornal não se fazer proselitismo político, não resultava, no entanto, que cada um fosse um indiferente político. Pelo contrário; a própria Antónia tinha as suas convicções «muito intimas, muito verdadeiras».[528]

---

[527] Carta de Antónia Gertrudes Pusich para Maria Miquelina Pereira Pinto, Lisboa, 15.10.1852. AB, n.º 1, 1.11.1852, p. 2.

[528] AGP, «Manifesto da Redactora», AB, n.º 1, 1.11.1852, p. 3.

NOVOS COMBATES

nós a quem o raio vingador não intemida,
e as ameaças encorajam[529]

Mas 1852 não foi apenas o ano em que Antónia Gertrudes Pusich fundou *A Beneficencia*; foi igualmente aquele em que a sua farsa *O Regedor de Parochia* foi levada à cena no Theatro da Rua dos Condes. Antónia escreveu ao então ministro do Reino e seu amigo muito especial, Rodrigo da Fonseca Magalhães, enviando-lhe um bilhete para camarote e dizendo-lhe que contava com a sua presença na noite da estreia da farsa. Na carta, queixava-se da falta de teatros que oferecessem condições para se levarem condignamente à cena dramas e comédias. Eram «de 2.ª ordem» os teatros existentes. Também não havia actrizes capazes de representar determinados papéis dramáticos, uma vez que o Conservatório não as preparava. Pedia a Rodrigo da Fonseca que empreendesse uma reforma do Teatro Normal e do Conservatório e que levasse à cena uma sua peça original, *A Conquista de Tunis*, licenciada havia anos. Apesar de em 1849 o duque de Saldanha ter dado indicação para que o drama fosse representado, o todo-poderoso homem do teatro Epifânio Aniceto Gonçalves[530] preterira-a a favor de outra peça — *O Templo de Salomão*, que Mendes Leal traduzira para português. Era este o motivo por que Antónia afirmava na carta que Epifânio pretendia «governar mais que um Ministro do Reino presid.ᵉ [do Conselho] de Ministros». Fonseca Magalhães devia, pois, fazer com que a determinação do seu antecessor e amigo, marechal-duque de Saldanha, fosse cumprida.[531]

---

[529] AGP, «O excellentissimo Duque de Palmella», AAL, n.º 34, 29.6.1850, p. 18.

[530] Epifânio Aniceto Gonçalves alcançou grande notoriedade como actor e encenador teatral, tendo também dirigido os Teatros da Rua dos Condes e de D. Maria II.

[531] Carta de Antónia Gertrudes Pusich para Rodrigo da Fonseca Magalhães, s.l., s.d. [1852]. BNP — MR, Esp. 21, cx. 80.

Quando à farsa *O Regedor de Parochia*, Júlio César Machado escreveu dela que, a despeito da má representação, era «uma composição engraçada, e popular, immensamente popular», e que Antónia deveria «continuar a abraçar este novo genero a que se dedicou». Invocava George Sand e o exemplo que ela podia constituir para Antónia.[532] Lamentavelmente, *O Regedor de Parochia* não terá surgido em edição separada nem a autora a publicou em folhetim nos seus jornais. A comédia teatral não foi um género que Antónia Gertrudes Pusich tivesse cultivado muito. Revelou que escrevera a farsa num intervalo entre outras reflexões, concedendo-se um pouco de distracção. O objectivo fora «punir com o ridiculo tantas ridiculas paixões que infestam a sociedade». Ensaiara a peça durante a estada na Madeira e havia três anos que a tinha entregado para ser representada no Theatro da Rua dos Condes. Fizera-o a pedido de um actor, César, que Antónia Gertrudes pretendia lançar. A representação de César parece ter sido bem acolhida, pois no dia seguinte ao da estreia já estava a celebrar contrato com o Theatro do Gymnasio. O muito que a peça deu que falar — «panico terror que a pobrezinha farça infundio em pobrissimas almas» — foi uma surpresa para a autora, que estava convicta de ter em *O Regedor de Parochia* a sua pior produção, além de considerar que tinha sido mal representada e que o cenário, para obedecer a um baixo orçamento, era péssimo.[533]

Se o público recebera muito bem a farsa, o Conservatório, pelo contrário, «destinou lhe a coroa sublime do martyrio!», suspendendo-lhe a autorização para ser representada no Theatro da Rua dos Condes. Surpreendida, pois a farsa não beliscava nem a moral, nem a religião, nem as leis do País, Antónia procurara inteirar-se da causa de tão radical procedimento. Soubera então que, aparentemente, tudo ficara a dever-se ao mal-estar suscitado em alguém que se sentiu atingido por algumas

[532] Júlio César Machado, «O Regedor de Parochia. Farsa original em 1 acto», AB, n.º 2, 15.11.1852, p. 8, e n.º 3, 1.12.1852, pp. 5–6.

[533] AGP, sem título, AB, n.º 3, 1.12.1852, pp. 6–7.

alusões feitas na farsa. Esse alguém pedira a outro alguém do Governo Civil que interviesse, e fora assim que, apesar de licenciada pelo mesmo Conservatório — e havia já três anos! —, esta instituição mandara suspender a representação no Theatro da Rua dos Condes, sem apresentar justificação. Como salientava a autora, só naquele teatro e não noutros. As suspeitas recaíam, pois, sobre o regedor daquela freguesia. Ao dar cobertura a estes empenhos, o Conservatório denunciara o seu perpetrador. Parece que, durante a representação, parte do público teria dirigido o olhar para o regedor e teria rido, associando-o a alguns dos diálogos da peça. Apesar de o conhecer mal, Antónia até não tinha má impressão do regedor, mas não reconhecia ao Conservatório autoridade para determinar a suspensão da peça, uma vez que não houvera uma reclamação formal nem se baseara numa ordem governamental. Não sendo mulher para acatar passivamente o que entendia como um acto abusivo, procurou o governador civil, que lhe assegurou não ter partido dele nenhuma instrução naquele sentido. Antónia, que não apreciava particularmente esta sua comédia, não agradecia a muita publicidade que a arbitrariedade do Conservatório lhe estava a dar, tal como ao «esquecido, abandonado theatro da rua dos Condes».[534]

Em 6 de Novembro de 1852, escreveu acerca do assunto a Rodrigo da Fonseca Magalhães. Surpreendia-a e revoltava-a que, como autora, não tivesse recebido da Inspecção-Geral dos Teatros qualquer satisfação, «de mais a mais sendo uma Sr.ª, e uma Sr.ª não só de nascimento destincto, mas que é a unica a esforçar-se por prestar a este paiz serviços que em outro lhe obterião recompensas mais dignas»[535]. A indignação em torno da suspensão da representação da sua peça desculpará a flagrante injustiça que cometeu relativamente a Maria José Canuto, que, tanto quanto Antónia, fazia da instrução a causa da sua vida, e que, não só na imprensa e em assembleias, como, directamente, no magistério, prestou ao país

[534] *Ibid.*, pp. 6–8.

[535] Carta de Antónia Gertrudes Pusich para Rodrigo da Fonseca Magalhães, 6.11.1852, p. 3. BNP — MR, Esp. 21, cx. 80.

quase até ao final da vida os mais relevantes serviços. Na carta, Antónia exortava Rodrigo a que, como ministro do Reino, tornasse rapidamente nula a ordem da Inspecção-Geral dos Teatros. Se, antes de tomar qualquer medida, quisesse conhecer previamente a peça, que lho dissesse, para lha fazer chegar, ou então que fosse assistir a uma representação. Ela é que não observaria impávida aquela arbitrariedade: «eu não soffrerei que assacinem o meo nome — é cortar-me uma carreira — é arremeçar-me das mãos uma coroa que o publico me deo! Não consentirei»[536]. Audaz, avisava que não temia «todas as policias secretas do Mundo». E satirizava a situação: não é que, em tantos anos, apenas duas peças de teatro tinham sido alvo de interdição por parte da Inspecção — *O Regedor de Parochia* e *O Alfageme de Santarém*, de Garrett?! Significava isso que a sua «gloria» devia «ser immensa», pois ombreava com a primeira figura do teatro nacional! Apesar de ter sido «a primeira mulher q.' encetou aqui essa carreira», não se podia comparar a Garrett enquanto autora, nem a sua farsa se aproximava do drama de Garrett.[537]

Como o seu amigo governamental não deve ter sido suficientemente expedito a determinar o levantamento da suspensão, Antónia avançou para a imprensa para denunciar a situação. Havia três anos que não se ocupava do Conservatório. Quanto o louvara, quanto fizera para que se erguesse à missão de que o queria revestido! Pensara na altura que, uma vez que Garrett (que era assinante do seu jornal) deixara de dirigir a instituição, deveria o Executivo responsabilizar-se por ela. Contudo, três anos volvidos, pensava de outra maneira: devia encerrar-se o Conservatório, poupando o Governo o que despendia com o pessoal. Antónia não perdoava terem suspendido a representação de uma peça sua previamente licenciada.[538] E ameaçava os responsáveis pela instituição: «Olhae sede

---

[536] *Ibid.*, p. 4. Parece que, perante o sucesso das peças que levava à cena, Antónia terá pensado seguir uma carreira de dramaturga.

[537] *Ibid.*, p. 1.

[538] AGP, «O Conservatorio de Lisboa», AB, n.º 8, 15.2.1853, p. 1.

mais prudentes, deixai-nos em paz servindo a Deus e á Patria com os nossos escriptos moraes, e christãos, e não nos provoqueis, nem desperteis uma questão que vos deshonrou [...] porque a actividade sobra-nos, e medo não o conhecemos em nós, só sim nos nescios, nos traidores, e nas crianças.»[539] Estava convicta de que a suspensão se devera a um acto de vingança do Conservatório, por ela lhe ter denunciado, em 1850, o caso de um professor que vencia por duas folhas. O Conservatório licenciara a peça em 1849; em 1850, Antónia denunciara a situação, e, agora, a Inspecção-Geral dos Teatros (ou seja, o Conservatório), em acto retaliativo, bania-lhe a peça do palco. Contudo, proibira apenas a sua representação no Theatro da Rua dos Condes, e, pior, permitia que, numa outra peça (*A Castanheira*), fossem declamadas frases extraídas de *O Regedor de Parochia*, o que, como hoje diríamos, constituía um atentado à propriedade intelectual. E Antónia inquiria se a Inspecção-Geral dos Teatros tinha mesmo assistido à representação da farsa, uma vez que proibira que fosse à cena num teatro, mas permitia que parte do seu texto fosse apropriado para ser representado noutra peça. Então fora apenas o seu nome que tinham pretendido censurar? «Ora sr.ª Inspecção, se algum dos seus empregados, ou se todos elles, não gostam que sejamos autora, fiquem-se com essa zanguinha, porque já não pode haver força que nos arranque esse titulo que tanto nos tem custado»[540]. As suas obras eram originais e não admitia que se apossassem indevidamente delas:

> nem imitamos, nem traduzimos [...] mas tambem não toleramos que nos roubem o que é nosso. Por tanto; [...] protestamos contra essa uzurpação de uma propriedade nossa litteraria, consentida pela Inspecção-Geral dos teatros, que consentio, ou não prohibio, que em nome estranho fosse á cena uma obra nossa já

539 *Ibid.*, pp. 1–2.

540 *Ibid.*, p. 3.

> conhecida da Inspecção, e tão conhecida que a prohibirão arbitrariamente!!! E aos srs. Impresarios [do teatro da Rua dos Condes] declaramos que se continuarem a levar á scena obras nossas em nome de outrem, usaremos de nossos direitos para os obrigar a respeitar as leis.[541]

Ai o poder da imprensa, ainda que pela pena de uma mulher! A suspensão a *O Regedor de Parochia* acabou por ser levantada. Antónia Gertrudes Pusich ganhara, mais uma vez. Se o teatro era uma escola de moral para Antónia, já os festejos de Carnaval em Portugal mereciam-lhe a maior repulsa. Não os considerava mesmo dignos de uma «nação civilizada», parecendo antes «uma nação de costumes barbaros», onde o «povo se desemfrea; [...] não respeita as leis, e parece possuido de um loco frenezim!» A integridade física de quem ousava sair naqueles dias via-se ameaçada pela «aluvião de cacos, ovos, laranjas e tremossos» e outros objectos mais contundentes: «Todos os annos acontecem desgraças no entrudo; mortes, ferimentos, cabeças quebradas, olhos vasados, e desordens. As mais indecentes palavras soam por toda a parte; [...] Será isto civilização?» E questionava-se se não seria melhor distrair o povo naqueles dias com música e bailes de máscaras, que era como se festejava o Carnaval nos países evoluídos. Até o Brasil se mostrava mais refinado a celebrar o Carnaval! E se no Porto se tinham proibido as manifestações carnavalescas mais bárbaras, como lhe constara, isso acontecera porque «os Portuenses teem mais civilização porque teem mais instrucção».[542] Antónia não desperdiçava uma oportunidade para reiterar a importância da instrução pública para o progresso da Nação.

No final do Inverno de 1853, Antónia tinha mais uma razão para se sentir agastada: andava-se vendendo um retrato, falsificado, com o

541 *Ibid.*, p. 3.

542 AGP, «O Carnaval», AB, n.º 7, 1.2.1853, pp. 1–2.

seu nome inscrito. Não tendo ele «semelhança alguma com o original», a falsamente retratada pretendia recolher todos os exemplares que tinham sido distribuídos, disponibilizando-se para oferecer um retrato seu, verdadeiro, por cada retrato inautêntico que lhe apresentassem. No entanto, os retratos genuínos não tinham ainda sido produzidos.[543] Ficamos a saber que a litografia existente na Biblioteca Nacional de Portugal, datada de 1858, não terá sido o único retrato que se fez de Antónia. Seria pouco expectável, aliás, que assim fosse. António Pedro de Sousa Leite, no seu *Livro de Linhagens*, reproduziu dois retratos alegadamente de Antónia Gertrudes Pusich, que indicou serem inéditos e pertencerem à colecção particular do antiquário António de Aguiar.[544] Será que algum deles é o falso retrato de Antónia, que circulava por Lisboa cem anos antes, e que, compreensivelmente, tanto a indispusera? Pelo menos um traz bem visível a inscrição do seu nome, sem que pareça tratar-se de uma assinatura autógrafa.

Além de se ocupar do jornal, Antónia prosseguia nesta altura a recolha de assinaturas para custear a publicação da biografia do pai, que se encontrava no prelo. Aproveitando a despedida de António Feliciano de Castilho, que se preparava para partir para o Brasil, por não encontrar, no seu País, suficiente acolhimento por parte das instituições públicas (não chegará a emigrar, por ter conseguido ganhar mais adeptos para o seu método de leitura, tendo-o até o Governo adoptado para o ensino), Antónia relembrou as injustiças de que o pai fora alvo, anunciando, em tom quase ameaçador, que estava para breve a edição da sua biografia:

> illustre pae que tivemos, que vimos terminar a gloriosa existencia victima do mais cruel desgosto! [...] o general Pusich era estrangeiro de nação — portuguez de coração! e qual foi o premio dado

[543] AGP, «Aviso!», AB, n.º 10, 15.3.1853, pp. 7–8.

[544] Cf. António Pedro de Sousa Leite, *op. cit.*, pp. 16–17, 19.

> aos relevantes serviços d'aquelle homem que a este paiz entregou seus dias, seu braço, seus talentos, sua fortuna e seus filhos!.. qual foi o premio?.. A sua Biographia o dirá!.., que ainda que escripta com o sangue de nossas vêas, porque sangue chora o coração que a dicta, ella aparecerá um dia, e não tardará esse dia.[545]

Afinal, e apesar das assinaturas da Casa Real, não terá conseguido reunir os patrocínios necessários para a edição, pois só passados quase vinte anos a *Biographia [...]* veria a luz do dia. Voltando a enganar-se nas suas previsões, talvez por excesso de optimismo, em 1858, dirá que a biografia do pai constava das obras inéditas que já tinha concluídas. Afirmava então que, apesar dos vários entraves que se iam colocando, a sua publicação seria uma realidade em breve.[546] Não foi. A razão que encontrava para se tratarem tão mal em Portugal os seus melhores era «a inveja de uns, e a demasiada facilidade ou natural propensão da maior parte dos que mandam em dar ouvidos a mesquinhas intrigas»[547].

O mês de Abril foi especialmente angustiante para Antónia: por um lado, a concentração que o jornal lhe exigia e «as honras, os parabens, os louvores de tanta gente nobre e boa animando-me a seguir esta crusada cevilisadora, em honra da moral do povo — por outro lado, a consternação em q.' me tem posto a prisão de meu f.º [filho], e as idéas dos tratos e privações q.' elle terá sofrido». Dissemos atrás que Antónia tinha proposto o seu primogénito para ocupar o lugar de professor primário em Vendas Novas, e que uma das razões que a levara a querer retirá-lo do emprego que tinha, mais bem pago, era o grande risco que corria no desempenho das funções de sub-chefe da Secção Fiscal do Contrato do Tabaco. Angustiava-a que o filho estivesse a correr risco de vida. Não tinham assassinado os seus predecessores naquele emprego? Parece que o projecto

---

545 AGP, «Ultimo saráu artistico», AB, n.º 12, 15.4.1853, p. 4.

546 AGP, «A Portugal», AC, n.º 1, 1.11.1858, p. 1.

547 AGP, «Ultimo saráu artistico», AB, n.º 12, 15.4.1853, p. 4.

do magistério não terá ido avante, pois em 1853 João António Pusich permanecia no mesmo serviço. As apreensões da mãe eram pertinentes. João António fora preso, aparentemente (Antónia não estava ainda na posse de todos os pormenores), por «ter salvado um homem arrancando um preso do Juiz ordinario». A população local estava contra a acusação e, das cinco testemunhas compradas que o juiz apresentara, duas já se tinham retractado e deposto contra a acusação. Antónia afirmava saber que queriam matar o filho, aproveitando a ocasião em que, algemado, seria transportado para Nisa. Temia que João António, perante os maus-tratos e as privações, «despare, porq.' é jovem, valente, e resoluto». Rodrigo da Fonseca já tinha expedido ordens para que se acautelasse a vida de João António; contudo, Antónia receava que se não tivessem sido «telegraphicas não chegassem a tempo», e que seu filho já estivesse morto: «Oh! salve-me o meu filho!.. se elle ainda vive, e se já não existe.... vingue-o!». Pedia a Rodrigo, que, na qualidade de ministro que detinha as pastas do Reino e da Justiça, actuasse sobre o juiz ordinário de Alpalhão, de quem dependia o tratamento reservado ao filho; e rogava-lhe, desta feita na qualidade de amigo, que recomendasse João António ao governador civil de Portalegre ou a quem conviesse, para que fosse rapidamente julgado e não perdesse no cativeiro a saúde e a vida. Se não tinha ainda inquirido o juiz pela imprensa, isso ficara a dever-se à confiança que depositava no ministro. Só a doença a impedia de o procurar: «Por m.[to] doente não vou aos pés de V. Ex., mas vão a m.[a] filha, e duas am.[as] [amigas]»[548].

Entretanto, a Associação Consoladora dos Afflictos parecia, ela própria, passar por alguma aflição e turbulência interna. No relatório referente à sua actividade do ano anterior, dizia-se que socorria sessenta e uma famílias. As receitas provinham das associadas: 289 pagavam quotas mensais entre 279 a 480 réis; 200 colaboravam com presentes; outras

548 Carta de Antónia Gertrudes Pusich para Rodrigo da Fonseca Magalhães, 18.4.1853, pp. 3–6. BNP — MR, Esp. 21, cx. 80.

encontravam-se fora de Lisboa, depreendendo-se que impossibilitadas de cooperar.[549] Muitas das associadas tinham deixado a *Associação*, por não encontrarem junto da direcção disponibilidade para acolher os seus pedidos de protecção aos «seus pobres». Respondia a *Associação* que, só depois de ver os seus fundos reforçados, poderia aumentar o número dos seus socorridos. Parte das receitas não estava a ser canalizada para a beneficência, mas para uma poupança, de maneira que a *Associação* pudesse adquirir uma casa própria. Antónia Gertrudes Pusich afirmava-se confiante nestas boas intenções e que esse dinheiro seria destinado a criar ou um hospital ou um asilo para crianças desvalidas, e que seria, por isso, tão bem usado como se fora para esmolas. A instituidora da *Associação* e sua directora durante cinco anos, Maria Miquelina Pereira Pinto, pedira a demissão do cargo e fora substituída pela condessa de Rio Maior. Sem tomar partido e pretendendo manter a sua independência, Antónia escrevia:

> a nossa penna não se vende; recebe do publico as assignaturas indispensaveis á sustentação de nossas empresas litterarias, e nós da-mos-lhe em troca nossos serviços em nossos escriptos; mas nunca recebemos, nem receberemos jámais salario algum, porque desejamos ser livres escrevendo só o que nos dictarem a nossa consciencia, e a nossa rasão, que não se alumia com lus estranha, nem se deslumbra com o brilho das riquezas, que já possuímos [...].[550]

E repetia que o jornal não era suportado pela *Associação*, mas por ela, ou seja, pelos seus assinantes. Depois de pagas as despesas de edição, os lucros eram dirigidos à *Associação*. Para evitar confusões e eventualmente para se demarcar daquela instituição de benemerência, com a direcção

549 «A Associação Consoladora dos Afflictos», AB, n.º 13, 1.5.1853, p. 1.
550 *Ibid.*, p. 2.

da qual talvez não tenha estado sempre em sintonia, a partir do número 13 (1 de Maio de 1853), *A Beneficencia* passou a subtitular-se *Jornal religioso e litterario*, abdicando da referência à Associação Consoladora dos Afflictos, que, aliás, passou a ser brindada pelo jornal com um sonoro silêncio.

Pouco depois de «arrumar» definitivamente este assunto, foi a ilha da Madeira que suscitou a atenção e a intervenção de Antónia. Estivera lá no ano anterior, fora muito bem recebida e revelava-se muito grata e empática para com os seus habitantes. O oídio e a filoxera tinham atacado os vinhedos da ilha, economicamente muito dependente da exportação de vinho. Sem outras culturas de rendimento e com uma economia pouco diversificada, à população não restava senão a morte por inanição ou a emigração, em Demerara ou noutras colónias estrangeiras. Ora, a emigração não constituía uma boa alternativa, dados os maus-tratos, a má alimentação, a diferença ecológica e, consequência de tudo isto, a depauperação física e moral a que estavam sujeitos os que a empreendiam. Era o que Antónia expunha num dos artigos de fundo do jornal, desabafando: «Aboliu-se a escravatura negra [ainda não propriamente], e consente-se a branca!» Insinuava que a falta do necessário auxílio à ilha se devia a divergências políticas e partidárias, bradava: «Senhores! deixae um instante as vossas contendas politicas! univos para attender os brados [...] Salvae dos horrores da fome tantos subditos portuguezes!» E apelava a que «os Governos não sacrifiquem povos a caprichos politicos, desprezando os bons serviços, e o merito, só porque elles aparecem do lado opposto á sua politica». Apesar de afirmar não querer dar conselhos, fazia-o: que se impedisse a emigração, para não agravar a falta de mão-de-obra, e que se incentivasse a cultura da cana-de-açúcar, pois que na Madeira se dava ainda melhor do que pudera observar no Brasil ou em África (em Cabo Verde, que era a parcela que conhecia). O Executivo deveria criar uma fábrica estatal de produção de açúcar e, durante o período da instalação da fábrica e de crescimento das plantas, deveria assegurar a subsistência da população da ilha e não descurar o pagamento aos filhos-da-folha. Miguel Pusich Henriques Teixeira, seu segundo filho, era um destes filhos-da-folha, que Antónia «doara» à Madeira: «essa lindissima terra (á qual em sinal de nossa gratidão e simpathia démos um filho nosso muito querido». Já com 20 anos, Miguel, a quem o duque de Saldanha, como dissemos, patrocinara a entrada na carreira aduaneira, era então funcionário da alfândega do Funchal, tendo ficado sem «dois bons officios» e «uma Comenda rendosa» («herança» paterna).[551] Permaneceu vários anos na ilha, onde se casou, em 1858, com uma ilhoa, que morreu muito jovem, e a quem Antónia, sua sogra, que muito a estimava, dedicou um poema. Volveremos a este luto mais tarde. Coerente na sua vontade de aliviar a Madeira perante a horrível crise causada pela doença da vinha, Antónia, que recebia pela Madeira (o vencimento do filho?), libertou «o cofre do Funchal do encargo de nos pagar os nossos vencimentos que tinhamos por lá», pedindo que fossem transferidos para o continente. Não considerava justo «estar o pobre Funchal dando sommas que se despendem aqui, tendo precisão de dinheiro para aquelles que o recebem lá, também lá o empregam em beneficio d'aquella infeliz terra. Afinal, a Philantropia deve justificar-se com factos, e não com palavras.»[552]

Ainda no mesmo editorial acerca da crise na Madeira, Antónia declarava que «a nossa missão é muito superior á politica, em cujo campo, julgando poder ser uteis a este paiz, já peleijamos com valor, e nos afastamos não vencidas, mas convencidas de que só Deus é justo e infallivel, e que a outro mais sublime exercito pertencemos».[553] Trata-se de uma alusão ao tempo em que mais assumida e intensamente interviera na vida política, e publicamente se batera pela vitória eleitoral dos cartistas, procurando captar para o partido de Costa Cabral os miguelistas indecisos ou contrários, junto dos quais as afinidades ideológicas e o facto de ser

[551] AGP, «Ao Governo de Portugal e ao Parlamento, sobre o lastimoso estado em que actualmente se acha a Ilha da Madeira», AB, n.º 17, 1.7.1853, pp. 1–3.

[552] AGP, «Ilha da Madeira», AB, n.º 19 (2.ª série), 15.9.1854, p. 2.

[553] AGP, «Ao Governo de Portugal e ao Parlamento, sobre o lastimoso estado em que actualmente se acha a Ilha da Madeira», AB, n.º 17, 1.7.1853, p. 2.

viúva do principal ajudante-de-campo de D. Miguel lhe capitalizavam crédito. Numa outra coluna do seu jornal, considerou a ilha da Madeira o «mais lindo jardim que a Mão de Deus formou»[554] e, a propósito de um escrito de uma madeirense, afirmará mais tarde que, pela sua formosura, baptizara a ilha da Madeira de «*Princeza das Ilhas*»[555]. Se bem que provavelmente o desconhecesse, esse acto de baptismo perifrástico remontava, pelo menos, ao supracitado poeta Francisco de Paula Medina e Vasconcelos, que diz da sua amada ilha «Que das Ilhas hé Princeza»[556].

Muito menos belos se apresentavam numerosos locais da capital do Reino. Em Julho de 1853, Antónia descreveu num dos seus artigos de *A Beneficencia* um quadro de miséria urbana, em que involuntariamente ela e os filhos figuraram. Tudo se passara na Rua do Telhal, onde então a família residia. Rebentara um cano num prédio, e o senhorio, sem posses, não pudera mandá-lo consertar, uma vez que as rendas do imóvel estavam penhoradas por dívidas à Fazenda Pública. Antónia, arrendatária de um dos apartamentos, recorreu ao juiz de Direito, para que se acelerasse o processo de reparação, uma vez que se estava no Verão e o calor era propício à proliferação de micro-organismos nocivos à saúde. Propôs-se assumir o custo do conserto, que seria depois debitado nas rendas de casa. Não podendo aguardar mais pela resolução do caso, uma vez que o odor pestilento e os riscos se acentuavam, acabou por suportar toda a despesa. Infelizmente, não já a tempo de salvar da morte duas crianças suas vizinhas (e netas do senhorio), e da doença, vários inquilinos, entre os quais o seu filho mais pequeno, António, com quase 7 anos, que até então nenhuma moléstia de saúde havia sofrido. Aliás, a sua «familia, sempre muito saudavel, adoeceu toda». Era claro para Antónia Gertrudes que os males que acometeram os moradores tinham sido causados pelo

---

554 AGP, sem título, AB, n.º 10, 15.3.1853, p. 7.

555 AGP, «Publicações Litterarias», AB, n.º 18 (2.ª série), 1.9.1854, p. 7.

556 Francisco de Paula Medina e Vasconcelos, *Memorial Metrico*, s.d. [entre Setembro de 1823 e Janeiro de 1824]. AHU — Cabo Verde, cx. 74, doc. 45.

«gaz acido sulfydrico» respirado. Era inegável que a Câmara Municipal da capital se empenhava na limpeza e aformoseamento dos espaços públicos mais expostos; contudo, negligenciava o que era mais importante para a saúde pública: a limpeza das canalizações. O exterior apresentava-se belo, ao passo que, «na realidade», tudo não passava de «uma deploravel miseria». Dava como exemplo o deposito de gás, que se encontrava «em lugar abafadiço» para ficar oculto dos olhos dos estrangeiros que desembarcavam, e que, assim, com a sua pestilência, ia danificando a saúde dos habitantes. A despeito das «bem calçadas, e bem alinhadas ruas e praças; de grandiosos edifícios, e de formosos passeios», existiam na cidade «ruas, becos e casas tão imundas» que só a Providência Divina salvava de empestar toda a cidade. É claro que não faltavam posturas camarárias a impor a limpeza dos espaços mais interiores. Contudo, onde estava a fiscalização e a punição dos infractores? As próprias autoridades municipais se sentiam impotentes, uma vez que o desrespeito pelas posturas não era punido. De que lhes valia fiscalizar e indicar o que a população devia fazer, se esta podia pacatamente desobedecer a essas determinações? Tinha de ser o Governo a tomar medidas que conferissem poder e autoridade às câmaras e administradores do concelho. Ciente de que tocara num assunto melindroso, Antónia esclarecia que o fizera porque «muitos cavalheiros» a tinham apoiado nessa determinação. Já outros não tinham apreciado a sua «franqueza, e quereriam antes que fossemos cuidar nas agulhas», mas Antónia — «sem faltar a todos esses cuidados de mulher; e mais ainda, porque também somos o homem da nossa casa» — não se deixara demover por tais considerações.[557] Além dos preciosos informes para a sua biografia, esta peça retrata-nos igualmente a Lisboa do seu tempo, com a beleza dos seus passeios, ruas e praças e a miséria de grande parte das suas casas. Que vida duríssima teve esta mulher, nascida e criada com todos os mimos familiares e beneficiando de todos os confortos e da paz

[557] AGP, «A saude publica», AB, n.º 18, 15.7.1853, pp. 3–4.

que uma sólida situação financeira proporciona, repentinamente atirada para a dura luta pela sobrevivência, podendo contar apenas com o seu trabalho de jornalista para prover ao seu sustento e ao de quatro filhos pequenos! Seguir o itinerário residencial de Antónia é acompanhar a sua trajectória socioeconómica (*vd.* apêndice 2). Da casa apalaçada da Estrela, onde residiu com os pais depois do retorno da família ao Reino, nos anos 20, até ao modesto apartamento da Rua de São Bento, onde morreu, em 1883, quantos degraus descidos!

A POLIVALÊNCIA DA FÉ

A fé, [...]
Do naufrago é a estrella[558]

Em Antónia Gertrudes Pusich, divisam-se várias dimensões da religião. Ela é, antes de mais, um instrumento de domesticação individual de pulsões associais, de apaziguamento e ordem colectivas. Sem o medo da sanção/punição divina, porque haveriam os homens de orientar a sua conduta pelo bem, quando este nem sempre corresponde à satisfação dos seus interesses mais próximos? Espalhar a fé era, também, pois, zelar pela disciplina e tranquilidade sociais, sobretudo num país onde uma população maioritariamente ignara necessitava de demarcações para enquadrar e delimitar a sua acção e conter os seus ímpetos mais primários. Na medida em que o Altar concorria para conter as forças centrífugas da ordem social, constituía um precioso coadjutor do Trono. Uma outra dimensão da veemente religiosidade de Antónia — mais pessoal e íntima do que social —, mas igualmente utilitária, num certo sentido, era a de esteio

[558] AGP, *Memoria ao benemerito Duque d'Avila e de Bolama [...]*, Lisboa, Typographia do Diario de Lisboa, 1881, p. 14.

moral. Perante o seu desamparo material e familiar (uma vez que sobreviveu a todos os parentes mais próximos), a religião providenciava-lhe uma reserva ilimitada de esperança: «Tenho chorado os prantos mais custosos/De filha, irmã, consorte, e o maternal.../Que a vida enluta, e aos dias luminosos/O Sol converte em facho sepulchral./Porém, sempre nas lides, ou nas dores,/Reluzir uma estrella vejo além,/Nuncio de paz, pharol dos peccadores,/Esp'rança de um futuro eterno bem!»[559] Quando ainda se desconheciam os antidepressivos farmacológicos, a religião ocupava-se (e ainda se ocupa) dessa função: «[...] Deus ao crente envia um balsamo eficaz:/A fé, luz da razão, auxilio omnipotente»[560]. Não só, mas também por via da sua profunda fé, Antónia não se deixou tomar pelo desespero imobilizante. Com uma visão condicente com a moderna psicologia, recomendava que se chorasse, que nunca se guardasse solitária e silenciosamente o sofrimento, pelo efeito morbífico e tantas vezes mortífero dessa contenção: «a dor intima não deve abafar-se! Deixal-a respirar e voar aos Céus evaporada em ais [...] antes do que essa dor profunde [*sic*] suas raizes; ou sufocada estale no peito que a encerra, e nos sepulte ou lance ao desespero!»[561] A fé correspondia também a este consumo íntimo, de analgésico do sofrimento terreno, pela esperança de salvação, e preparava para uma morte tranquila, porque transitória, de passagem para um estado de glória perpétua: «o christão, sofrendo resignado todos os revezes, reconhecerá nos trabalhos e angustias da vida a sua cruz de salvação, e vendo além da morte a sua maior gloria, espera a morte sem susto, vive pobre, e morre feliz com as bênçãos de Deus e dos homens»[562].

---

559 AGP, *Canto saudoso ou lamentos na solidão — Á memoria do virtuoso Monarcha o Senhor Dom Pedro V*, 1861, p. 10.

560 AGP, *Memoria ao benemerito Duque d'Avila e de Bolama [...]*, p. 14.

561 AGP, «Á memoria d'um illustre artista», AB, n.º 16 (2.ª série), 1.8.1854, pp. 3–4.

562 AGP, «Pensamentos moraes. O Christianismo e suas missões», AB, n.º 10, 15.3.1853, p. 2.

Podemos ainda questionar se, e até que ponto, a ostentação tão exaltada da sua religiosidade não foi, além de manifestação da sua fé profunda, também um instrumento que ocasionalmente pode ter empunhado para cobrir qualquer suspeita de «leviandade» e «falta de virtude», uma vez que era mulher num mundo de homens, como o era o das letras e da imprensa da época. É possível que não, uma vez que, à medida que envelhecia — e que a miséria material se acentuava, os seus textos de natureza religiosa ganham (ainda) mais espaço nos seus periódicos. Por si só, a perda de juventude e de atractivos físicos já a conservariam ao abrigo de suspeitas de inconformidade com as regras da moral sexual. Não era certamente por acaso que fazia referência ao seu envelhecimento físico precoce (que não sabemos se era real) e à sua decisão de assumir uma postura varonil, ocultando os seus atributos femininos; era uma maneira assumida de não despertar nos muitos homens com os quais convivia quaisquer sentimentos de desejo e paixão, e ainda de se proteger da maledicência pública:

> Desde os mais verdes annos alcançei um nome que tendo-me custado grandes e innumeros sacrificios, soube tornar-me incessivel aos golpes da malidicencia; convencida de que o nome só se adquire pelas proprias acções, e pelas próprias acções se perde; tive sempre o maior cuidado na escolha de minhas acções, e de meus sentimentos: a posição que occupo na sociedade junto aos homens, auctorisa-me a dizer com toda a franqueza o que sinto em favor de qualquer cavalheiro, sem que esses elogios se tornem suspeitos, em sentido algum; junte-se a tudo isto que, os meus annos devem ser contados por meus infortunios e amargra [*sic*] experiencia como se contam os serviços da Africa — em dobro — e assim é uma *velha* (mas não tonta) quem falla, e uma velha sem pertenções de rapariga....[563]

[563] «Carta da Redactora dirigida ao Illmo Sr. Antonio Maria dos Santos Brilhante», 7 de Novembro de 1853. AB, n.º 1 (2.ª série), 15.11.1853, p. 5.

A sua fervorosa fé fez da temática religiosa uma das principais da sua criação poética, mas igualmente da sua produção jornalística. Quantos poemas consagrados às principais celebrações do calendário litúrgico, quantos poemas inspirados na devoção mariana ou no hagiológio cristão! E, igualmente, quantos artigos, muitos dos quais editoriais, debruçando-se sobre questões relacionadas com momentos da história do Cristianismo, com o culto, com a legislação em matéria religiosa, com as práticas de devoção popular! Antónia Gertrudes não ocultava a viva antipatia que lhe suscitavam não apenas os anticlericais, que em Portugal também iam engrossando as suas fileiras, como mesmo os que apenas eram destituídos de fé. Contudo, tão ou ainda mais do que cristã, Antónia era católica. Não abundam nos seus escritos menções simpáticas nem aos ateus, nem aos agnósticos, nem aos que professavam outras religiões, nem mesmo aos que seguiam diferentes ramos do cristianismo. A Igreja de Roma esgotava toda a sua admiração e estima. Dispersas pelos seus escritos, encontram-se, muito particularmente, as referências desprimorosas a «protestantes». Num dos seus artigos de fundo, qualifica de «malditas seitas» as outras crenças religiosas. A superioridade do Cristianismo advinha do facto de ser criação divina, ao passo que as outras religiões eram obra humana.[564] O que escreveu em Agosto de 1853 é um dos muitos exemplos ilustrativos da sua intolerância religiosa. A propósito do Padroado Português do Oriente, evocou Manuel Fernandes Tomás, que, «com toda a sua politica ultra-liberal, disse no Congresso de 1820 — que, se quizessem o povo portuguez socegado, não lhe tocassem na Religião [...] Esse homem cujo saber não se pode contestar, já previa os resultados de tentativas que haviam trazer comsigo os mais tristes resultados»[565]. Reportando-se à acção missionária e anticatólica desenvolvida pelo médico presbiteriano escocês Robert Reid Kalley na ilha da Madeira,

[564] AGP, «O Christianismo e as suas Missões», AB, n.º 10, 15.3.1852, pp. 1–2.

[565] AGP, «O Padroado do Oriente», AB, n.º 19, 1.8.1853, p. 1.

achava assombroso que se admitisse a maior tolerância para os pregadores protestantes e que, simultaneamente, as disposições papais suscitassem tanto burburinho a alguns deputados.

Kalley instalara-se na ilha e desenvolvera inicialmente um programa social de saúde — e educação (segundo Antónia, com o escopo interesseiro de conquistar a confiança da população). Junto dos mais carenciados, exercia gratuitamente a medicina, sustentando ainda um hospital. Abrira escolas na ilha, proporcionando ensino aos que não dispunham de meios para o custearem, servindo-se da Bíblia como manual de leitura.[566] Usando a filantropia também como estratégia de missionação, rapidamente atraiu ilhéus para a sua religião. A consequência foi o crescimento do número de convertidos ter assustado algumas autoridades religiosas — católicas — da Madeira. Nem a protecção do bispo, de quem era médico e amigo, lhe valeu, acabando por ser preso. Foi, depois, libertado, mais uma vez, preso, e, novamente, colocado em liberdade. Deixou a Madeira em 1845, regressando à Escócia, mas, não desistindo do seu ímpeto prosélito, retornou à ilha.[567] Incitada pelo cónego Carlos Teles de Meneses, a 9 de Agosto de 1846, a população invadiu as casas e propriedades dos seus seguidores, atacando-os e expulsando-os de casa. Os livros e o mobiliário de Robert Kalley e do seu hospital foram queimados na rua (posteriormente, haveria de pedir por eles uma indemnização). Para escapar a uma morte certa, disfarçou-se de mulher e foi levado para um navio britânico fundeado no porto do Funchal, que tinha como destino o continente americano. Foi para lá que o médico e a mulher rumaram, tal como outros crentes madeirenses.[568] Antónia Pusich, favorável aos que haviam livrado a Madeira da «peste» protestante, chamou ao cónego

[566] Gilmar de Araújo Marques, *Protestantismo de exílio: Kalley e os exilados da ilha da Madeira em Illinois*, 2006, pp. 65, 73–74.

[567] *Ibid.*, pp. 59 e 92.

[568] AGP, «O Padroado do Oriente», AB, n.º 19, 1.8.1853, p. 2. William B. Forsyth, *ap.* Gilmar de Araújo Marques, *op. cit.*, p. 94.

Carlos Teles de Meneses, um dos perseguidores de Kalley e dos madeirenses que o seguiam, «um dos honrados Catholicos que o espancou». O cónego acabou por ser preso, julgado e condenado pelo seu protagonismo na perseguição e no incitamento da população à violência. Chocava Antónia que o cónego, que defendera «a causa da sua religião, e o decoro da sua patria», tivesse sido preso.[569] É possível que a sua indignação tivesse sido inflacionada pelo facto de Carlos Teles de Meneses ser irmão do director da alfândega do Funchal, onde o seu filho Miguel era empregado.

FRAGILIDADES IMPERIAIS

Outro motivo de grande indignação teve-o Antónia nas circunstâncias que rodearam a morte de uma filha bastarda do seu cunhado Joaquim António de Matos, viúvo de sua irmã Maria do Carmo Pusich. Este cunhado, por quem Antónia sentia grande estima e gratidão, vira a sua grande propriedade na ilha das Galinhas — uma das do arquipélago dos Bijagós, na Guiné — saqueada pela tripulação de um navio de guerra britânico, que, não contente com a pilhagem e a destruição, matara a filha mais velha de Joaquim António de Matos e da mulher com quem mantinha na Guiné uma relação de tipo conjugal (paralelamente ao seu casamento com Maria do Carmo Pusich) — Júlia da Silva Cardoso. O homicídio da menina ocorrera em 1842, quando Antónia Gertrudes não dispunha ainda de acesso ao poderoso veículo de construção de opinião que a imprensa já era. Passados onze anos sobre os acontecimentos, era uma mulher que fazia ouvir a sua voz e, aproveitando a partida de um navio português para a Guiné com o intuito de pôr termo às — e retaliar as — investidas de nativos refractários à soberania portuguesa, num gesto de gratidão póstuma e de alerta para as afrontas que Portugal ia sofrendo nas suas

569 William B. Forsyth, *ap.* Gilmar de Araújo Marques, *op. cit.*, p. 1.

possessões ultramarinas, relatou no seu jornal as violências sofridas pelo cunhado: «A este caso lastimoso e nunca visto em Portugal não se dêo a devida importância porque Mattos não tinha parentes poderosos, e seus assacinos eram muito poderosos!... Não se deo a devida publicação porque nós ainda não tinha-mos um jornal, nem as relações que temos, hoje no mundo litterario».[570]

Muitos e valorosos tinham sido os serviços prestados por Matos a Portugal, usando a sua diplomacia junto das autoridades nativas, com as quais mantinha relações cordiais. (Conheceria Antónia Gertrudes a preciosa colaboração de Júlia da Silva Cardoso, a companheira de Joaquim António de Matos na Guiné, nestas relações privilegiadas com alguns régulos?) O cunhado intervinha quando algum nativo vedava os braços de mar da Guiné ao transporte das mercadorias dos comerciantes portugueses, adquirira[571] duas ilhas — Papagaios e Galinhas — e oferecera-as à Coroa, e enviara para o Reino várias embarcações carregadas de madeira, que oferecera para construção de navios de guerra.[572] Uma vez o cunhado morto, o Estado negligenciara todo este currículo e não cuidara de exigir uma reparação aos perpetradores da bárbara invasão à sua propriedade. Afinal, como Antónia referia, era a bandeira inglesa que os ladrões e assassinos arvoravam. Mas, como mais vale tarde que nunca e da pena de Antónia não se incorria o risco de qualquer acidente diplomático, ela dispôs-se a dar a devida publicidade ao saque inglês à ilha das Galinhas, em 1842, ao incêndio da casa do «benemerito Coronel Joaquim Antonio de Mattos (nosso presadissimo e sempre chorado cunhado)»[573] e ao brutal assassinato de uma das suas filhas. Descreve-a como «uma filha bastarda que Mattos teve antes de cazar

---

[570] AGP, «Bissau», AB, n.º 21, 1.9.1853, p. 1.

[571] Como adiante se dirá, não se tratou de uma aquisição, mas de uma «doação» do régulo bijagó de Canhabaque.

[572] AGP, «Bissau», AB, n.º 21, 1.9.1853, p. 1.

[573] *Ibid.*, p. 1.

com D. Maria do Carmo Pusich nossa presadissima, e já fallecida irmãa». Esta «filha bastarda» de Joaquim António de Matos morta pelos ingleses era a mais velha de pelo menos quatro filhos que o cunhado de Antónia tivera com Júlia da Silva Cardoso.[574] Tal como fará anos depois, durante o processo de habilitação à ilha das Galinhas, Antónia omitiu os restantes filhos «bastardos» do cunhado e da mãe de Maria Júlia. Desconheceria a existência desta família paralela de Joaquim António de Matos ou omitiu-a intencionalmente? A ser este o caso, tê-lo-ia feito para conferir maior respeitabilidade ao cunhado, que, embora casado com a sua irmã Maria do Carmo, mantinha esta relação extraconjugal, que era, afinal, a principal, uma vez que não coabitou, senão muito pouco tempo, com a mulher legítima? Quando reivindicar o direito à ilha das Galinhas, Antónia não mencionará jamais a existência desta mulher e filhos, talvez por ser tão desesperada a sua miséria material e se ter agarrado à ilha como uma tábua de salvação, de que não pretendia abdicar da totalidade. Sabia que, embora não fossem considerados herdeiros para efeitos legais — eram filhos ilegítimos —, por dever moral, deveria tê-los pelo menos considerado entre os herdeiros do cunhado. Retomando o relato do episódio, Antónia referia que, para escapar dos seus raptores, «a virtuosa menina, Maria Julia, não podendo livrar-se de outro modo, rasgou seus vestidos e fugio aos seus algozes, que disparando-lhe dois tiros nas costas a mataram! Seu infeliz Pae estava em Bissau, aonde fora tratar alguns negócios; voltando com a noticia fatal desta catástrofe, depressa finalisou seus dias, que tão ditosos correram, e tão desastrosamente acabaram!»[575] Acrescentava que o então governador de Cabo Verde, João Fontes de Pereira de Melo (pai de António Maria Fontes Pereira de Melo), participara o sucedido ao governo do Reino, e que Sá Nogueira, deputado pelo arquipélago,

574 Número que Philip J. Havik parece ter identificado. Cf. *Silences and Soundbytes: The gendered Dynamics of trade and brokerage in the pre-colonial Guinea Bissau region*, 2004, p. 266.

575 AGP, «Bissau», AB, n.º 21, 1.9.1853, p. 2.

bastantes vezes instara para que se tomassem providências. Contudo, «uma pedra sepulchral escondeu com o cadaver do honrado Mattos a lembrança de seus relevantes serviços, e de tão grande insulto feito a Portugal!»[576]

Passados alguns anos, Antónia entregara a um deputado e conselheiro a carta que recebera do cunhado, para que o assunto fosse levado novamente às Cortes. Nela, Joaquim António de Matos narrava o sucedido e os vexames a que os ingleses continuavam a sujeitá-lo: tomando-lhe os navios em que transportava marfim, cêra e outras mercadorias para comerciar, com o pretexto de que levavam escravos. Não seria só pretexto, ainda que o fosse igualmente, uma vez que Matos era, com Caetano José Nozolini e Honório Pereira Barreto, dos maiores negreiros da Guiné. Naturalmente, Joaquim de Matos não o mencionaria à cunhada, desde logo, por não saber se a carta seria lida por outros. O deputado a quem Antónia Gertrudes entregara a carta dissera-lhe depois que o Governo português oficiara o inglês e que este respondera que o comandante do navio pirata tinha sido julgado e sentenciado à morte, mas que... fugira para os Estados Unidos. Pode ter acontecido assim, mas conhecendo-se a tradição de protecção das autoridades inglesas aos seus piratas e corsários... Joaquim António de Matos era, como atrás se disse, um abastado terratenente e comerciante da Guiné, dispondo de meios (e de vontade) para ajudar a família da mulher, que ele conhecera próspera, quando António Pusich era governador de Cabo Verde. A sua morte, ocorrida em 1843, deixou Antónia mais desamparada, como a própria revelava: «em nosso cunhado, e verdadeiro amigo perdemos um segundo pae, que na falta do que nos deo o ser, na perda de nossa fortuna era o nosso unico amparo».[577] Vinte anos depois da sua morte, este cunhado reassumiria protagonismo na vida de Antónia, por via de uma ilha no arquipélago dos Bijagós, que Antónia inesperadamente

576 *Ibid.*, p. 2.

577 *Ibid.*, p. 2.

herdaria. Mas da ilha das Galinhas e das pendências burocráticas que durante anos atormentaram Antónia falar-se-á mais tarde.

Numa peça de imprensa de Outubro de 1853, Antónia aludia aos seus problemas de saúde, entre os quais a deterioração da visão, que progredirá, até a deixar incapaz de ler. Sentia-se cansada e deprimida, estados que passará a intercalar com outros de grande alento e energia, sobretudo quando se sentia desafiada ou contraditada: «no meio dos mais penósos serviços domesticos cercada de filhos innocentes de quem somos o unico amparo, com o coração turturado de angustias, o corpo exausto de forças pelo cançasso, os olhos quase sem luz, e inundados em pranto, aproveitava-mos os unicos instantes que nos deixávam nossas fadigas, e nossos filhos para escrever [...]».[578] Assumir sozinha a responsabilidade do sustento e educação de quatro crianças, desenvolvendo uma actividade exigente em tempo, como a redacção de um jornal — se bem que afirmasse escrever ao correr da pena, uma vez que «descanço só na cova o terei»[579] — e ainda participando civicamente em sessões de promoção da instrução, seria certamente esgotante, mesmo para alguém dotado da vitalidade de Antónia. Muitas seriam as noites passadas a trabalhar, sem o necessário sono reparador. Por outro lado, estava-se no Outono, estação propícia ao desenvolvimento de quadros depressivos. O facto de se crer desaproveitada por quem tinha poder decisório agravaria, naturalmente, a sua angústia: «quando o anathema dos vindouros, e de nossos filhos e netos, cahir sobre aquelles que deixáram o infortunio roubar ao tempo os direitos de nos conduzir á sepultura sem que tivessem sabido aproveitar nossos serviços». Sentia-se injustiçada («os governos até ao presente não tem [*sic*] apreciado devidamente nossas fadigas»), mas segura do seu valor e certa do reconhecimento póstumo a que se julgava com direito: as «honras estão reservadas ás nossas cinzas.... então os homens não

[578] AGP, «Instrucção publica», AB, n.º 23, 1.10.1853, p. 2.

[579] Carta de Antónia Gertrudes Pusich para António Feliciano de Castilho, Luz, 25.7.1859, p. 4. ANTT — CC, cx. 63, mç. 2, n.º 145.

duvidaram [*sic*] coroar de louros a fronte inanimada; e sobre o cadaver espargindo flores esconderão as lagrimas que não tenham secado nas mortas faces». Talvez se sentisse doente, pois afirmava: «perto divisamos o tumulo e a eternidade».[580]

PROTECÇÕES E GRATIDÃO

> *E os Ministros são am.os [amigos]: porem a coroa q.' mostro é de espinhos!..*[581]

Quem não vislumbraria o fim da vida era a rainha, que, no entanto, se finou na manhã de 15 de Novembro de 1853, com apenas 34 anos. Se D. Pedro fosse ainda vivo, este ter-lhe-ia sido um ano penoso. A 4 de Fevereiro, morrera, com 21 anos, a bela D. Maria Amélia, a *Princesa Flor*, único fruto do seu casamento com D. Amélia Augusta de Leuchtenberg, neta de Josefina de Beauharnais. Nove meses depois, morria de parto a sua primogénita, D. Maria da Glória Joana Carlota Leopoldina..., que tanto lhe custara colocar no trono de Portugal. Dificilmente poderia ter cabido a um monarca reinado mais turbulento, e logo a D. Maria, pouco vocacionada para reinar e a quem a coroa tanto pesava. A prolongada e fratricida guerra civil e os seus prolongamentos só nos últimos anos do seu reinado lhe deram algumas tréguas. E, quando logrou alguma paz política, teve esta um pesado contraponto pessoal, pois os últimos três dos seus múltiplos partos distócicos resultaram em nados-mortos, e o último, na sua própria morte. Dada a menoridade do filho mais velho, D. Pedro V, foi o adorado marido, o rei consorte D. Fernando, quem assumiu a regência do Reino, o que agradou a Antónia: «Estimamos que a Regencia

---

580 *Ibid.*, pp. 2, 4 e 3.

581 Carta de Antónia Gertrudes Pusich para Rodrigo da Fonseca Magalhães, s.l. [Lisboa], s.d. [c. Setembro de 1855], p. 4. BNP — MR, Esp. 21, cx. 80.

tocasse ao sr. D. Fernando, tão cavalheiro, tão bom para com todos, e tão identificado com os Portuguezes[582]». *A Beneficencia* saiu no mesmo dia, com a primeira página tarjada de preto. Antónia Gertrudes dedicou-lhe o artigo de opinião: «O sentimento de magoa e de respeito que reina hoje na capital deixa ver em toda a evidencia quanto esta nação acata os Principes, e que todos os partidos se unem quando se trata de cumprir deveres tão sagrados! [...] Os mesmos a quem na infeliz divisão de partidos coube em partilha o infortunio, esses mesmos choram devéras a augusta finada!»[583] Era, claro, de si própria que falava. Era verdade, como dizia, que pertencia ao lado vencido na guerra civil, e que a rainha era o ícone do lado vencedor, uma vez que fora em seu nome que o pai, D. Pedro, agira. Contudo, «o infortunio attrahe synpathias»[584], e D. Maria apresentava um longo repertório de provações. À parte o casamento, ditosíssimo, e a maternidade, a sua vida fora pautada pela adversidade: órfã de mãe muito cedo, depois também de pai, guerra civil antes do seu reinado, morte do primeiro marido, depois, a sua própria morte, ainda jovem, de parto. Antónia pensou que seria interessante fazer participar da marcha fúnebre uma «alla de Sr.as»; mas, agastada com «indiscretas escuzas», desistiu do intento e lá permaneceu em casa, quando teria gostado de acompanhar o féretro da rainha. Não deixou, porém, de «lamentar sinceramente a falta de resolução de um sexo tão amavel [...]».[585] Em Dezembro, publicou em *A Beneficencia* um poema dedicado ao viúvo e aos órfãos da rainha: «A Sua Magestade El-Rei O Senhor D. Fernando e Seus Augustos Filhos em saudosa memoria de Sua Magestade a Rainha A Senhora D. Maria Segunda».[586]

---

582 AGP, sem título, AB, n.º 2 (2.ª série), 1.12.1853, p. 4.

583 AGP, sem título, AB, n.º 1 (2.ª série), 15.11.1853, p. 1.

584 *Ibid.*, p. 2.

585 AGP, sem título, AB, n.º 2 (2.ª série), 1.12.1853, pp. 2–3.

586 *A Beneficencia*, n.º 2 (2.ª série), 1.12.1853, pp. 5–6. O poema será posteriormente republicado na *Illustração popular*, n.º 32, 1866, p. 3.

Na família real, as principais simpatias de Antónia Gertrudes pareciam ir, contudo, para a madrasta, o marido e uma das tias da rainha, seus principais protectores. De D. Maria, contava, no entanto, que, no princípio do seu reinado, prometera proteger os seus filhos, na altura, apenas dois, João António e Miguel. Tendo-se cruzado com este último à entrada do Convento de Carnide, a jovem rainha (tinha então 16 anos) tomara-lhe a mão e com ele passeara, pedindo-lhe que a chamasse «mãe».[587] Noutra versão, constante da biografia do pai, a rainha dissera a Miguel, então com 2 ou 3 anos — «"*Eu sou tua mãe!*"» —, ao que o menino respondera — «"*Vossa Magestade é minha mãe [...]!*"»Tinham acompanhado o passeio D. Tomás de Melo Breyner e a marquesa de Ponta Delgada, que testemunharam a cena e, defendendo a posição de Miguel, fizeram ver à rainha que a criança não era responsável pelo partido pelo qual o pai combatera. Além disso, o pai, Francisco Henriques Teixeira, fora, como Breyner adiantara à rainha, «*um digno militar*».[588] Mais tarde, D. Maria mandara chamar (depreende-se que ao Paço) Antónia Gertrudes e os filhos e «acariciou-os, e prometteu amparal-os, mandando-os educar, e que com futuros empregos quando maiores havia de reparar damnos que soffreram». A rainha não se terá esquecido deste compromisso e, passados anos, fora por sua intervenção que o duque da Terceira aceitara Miguel Henriques Teixeira no Real Colégio Militar.[589]

Mesmo afirmando condenar os apadrinhamentos — protestando que fora só, absolutamente só, que provera ao seu sustento e ao da prole, sem «encommodar pessoa alguma; e só com sacrifícios meus, pois não tenho genio de ser pesadas [*sic*] á sociedade!»[590] —, Antónia não deixou de, por vezes, a eles apelar, levada pelo desamparo. Entre os seus principais protectores, encontravam-se a antiga regente Isabel Maria (irmã de

587 AGP, sem título (continuação), *Illustração popular*, vol. 2, n.º 17, 1867, p. 66.

588 AGP, *Biographia de Antonio Pusich [...]*, pp. 77–78.

589 AGP, sem título (continuação), *Illustração popular*, vol. 2, n.º 17, 1867, p. 66.

590 AGP, *Galeria das senhoras na camara dos senhores deputados [...]*, p. 5.

D. Pedro e de D. Miguel), a imperatriz-viúva do Brasil, Amélia Augusta de Leuchtenberg (segunda mulher de D. Pedro, com quem se casou depois da morte de D. Leopoldina), D. Fernando, o rei consorte de D. Maria, e os jovens monarcas D. Pedro V e D. Luís. Encontram-se, dispersos pelos seus escritos, várias expressões de gratidão à família real:

> Entre os bons, que me illuminaram e amenisaram os desertos da minha dolorosa peregrinação, tenho indeleveis na alma as memorias das bondades de nossos monarcas — D. Fernando, D. Pedro V e D. Luiz — das virtuosas princesas D. Isabel Maria, e D. Amelia (imperatriz) e depois da nossa virtuosa rainha, a sr.ª D. Maria Pia de Saboya, honrando-me com a mesma benevolencia com que na Italia me distinguiram seus augustos avô e pai, quando meu infeliz destino ali me levou, no meio da perseguição politica contra meu marido, hoje fallecido.[591]

Os Pusich tinham sido muito próximos da família real, com a qual privavam e junto da qual procuravam padrinhos para os filhos. Com a «quéda politica»[592] da família, tudo mudara. A rede relacional de Antónia passara a estender-se por vários quadrantes políticos. Vimos já como, entre os assinantes do seu jornal, se encontravam figuras de todos os espectros partidários. Em certa medida, interessavam-na mais as pessoas do que os alinhamentos partidários. Também por isso fez amigos nos círculos liberais, sem deixar de manter o seu vínculo ideológico ao realismo. Claro que lhe eram convenientes estes amigos, porque eram eles quem dominava o aparelho do Estado e era essencialmente deles que podia esperar algum auxílio para si ou para os filhos. Afirmava que «a lisonja nunca perfumou suas obras».[593] Contudo, os aniversários e as mortes dos seus amigos

---

591 AGP, *Memoria ao benemerito Duque d'Avila e de Bolama [...]*, pp. 5–6.

592 AGP, «Prologo», em *Olinda, ou a Abbadia de Cumnor-Place*, p. 5.

593 AGP, *Memoria ao benemerito Duque d'Avila e de Bolama [...]*, p. 6.

ou dos que, de alguma maneira, eram seus benfeitores, eram ocasiões que não deixava de assinalar com o que estava ao seu alcance, os seus poemas, nos quais os enaltecia com qualificativos laudatórios. São numerosas as composições que lhes consagrou. Apesar de estarem já em desuso[594], eram impulsionadas pela gratidão e, eventualmente, pelo menos nalguns casos, pela esperança de continuar a ser objecto de amparo. Costa Cabral, o duque de Saldanha, António Feliciano de Castilho, padrinho de um dos seus filhos, a quem promoveu a entrada no Colégio Militar, e o duque de Ávila e Bolama foram alguns dos distinguidos com poesias suas.

Teve as suas protecções e foi-lhes sempre muito reconhecida. Contudo, o agravamento da sua precariedade material, o encurtamento da escolaridade dos filhos e os seus casamentos levam-nos a pensar que os favores de que beneficiou se terão cingido essencialmente ao patrocínio dos seus escritos, através da compra das respectivas assinaturas, e à colocação dos filhos varões no funcionalismo aduaneiro. Em *Olinda, ou a Abbadia de Cumnor-Place*, confessava que, sem o apoio do rei, do patriarca e de outros não teria podido publicar a obra, por falta de meios, «como muitas outras que tenho creado».[595] Frequentemente, agradecia a membros da Casa Real a assinatura dos seus jornais ou obras literárias. De D. Pedro V, dizia que, «quando rei, premiou com sua real protecção os meus humildes escriptos».[596] D. Fernando e a imperatriz-viúva foram, igualmente, objecto dos seus agradecimentos. A este último chamou mesmo «Rei-Amigo».[597] A infanta D. Isabel Maria, contudo, parece ter sido a mais próxima de Antónia Gertrudes, estendendo o seu auxílio além do patrocínio dos seus escritos. Foi ela que a acompanhou e aos filhos quando regressaram de Elvas, depois da derrota absolutista, era igualmente ela quem lhe enviava o seu médico e lhe custeava os tratamentos

---

594 Nikica Talan, «In memoriam à esquecida Antónia Gertrudes Pusich», p. 169.

595 AGP, «Prologo», em *Olinda, ou a Abbadia de Cumnor-Place*, p. 4.

596 AGP, *Canto saudoso ou lamentos na solidão [...]*, p. 12.

597 AGP, «Parabens ao Sr. D. Fernando», AC, n.º 1, 1.11.1858, p. 3.

quando Antónia adoecia.[598] Já nos anos 50, Rodrigo da Fonseca Magalhães e Fontes Pereira de Melo, ambos homens fortes dos executivos de então, serão dos que mais receberão de Antónia Pusich pedidos de apoio, geralmente para assuntos do seu interesse que continuavam pendentes nas secretarias dos ministérios ou para colocação dos filhos no funcionalismo público. Em contrapartida, Antónia apoiará publicamente os ministérios da Regeneração. Em carta a Rodrigo da Fonseca, recordará que «desde o dia 16 de Março de 1850 em que publiquei a primeira cousa em defesa do Nobre Duque de Saldanha, quando indignamente demittido, ate hoje não me tenho deslisado de ser am.ª [amiga] do actual Governo», nem deixado de «empenhar toda a m.ª [minha] insignificante eloquencia, e as m.as amiz.es [minhas amizades] p.ª q.' auxeliem o Governo actual». Nesta carta, dirá ainda que fora a pedidos seus que se tinha ficado a dever a colocação do seu filho Miguel na alfândega do Funchal, a do seu procurador e correspondente na Madeira na Recebedoria do Concelho do Funchal, a do irmão Jerónimo em Cabo Verde, «e mais am.os [amigos] lá, e cá».[599]. Porque teria Antónia feito estas revelações a Rodrigo da Fonseca? Para o pressionar a ajudá-la, mostrando-lhe que Fontes Pereira de Melo e Saldanha o suplantavam nas suas demonstrações de consideração e amizade? As suas boas relações não supriram, todavia, as suas muitas privações.

Quase a perfazer meio-século, Antónia ressentia-se da sua saúde, que continuava abalada. No Outono de 1853, escrevia o seguinte a António Maria dos Santos Brilhante, um dos introdutores da medicina homeopática em Portugal: «Eu soffri, soffri muito, e calava o meu padecer; não me animava a queixar-me; e me deixava morrer sem os soccorros da medicina, temendo seus rasultados [*sic*]; e receando encomodar meus

[598] Carta de Antónia Gertrudes Pusich para António Bernardo da Costa Cabral, Lisboa, 2.12.1866, p. 4. ANTT — FCC, cx. 18, mçt. 7, doc. 2. AGP, sem título (continuação), *Illustração popular*, vol. 2, n.º 17, 1867, p. 66.

[599] Carta de Antónia Gertrudes Pusich para Rodrigo da Fonseca Magalhães, 18.4.1853, pp. 2 e 1. BNP — MR, Esp. 21, cx. 80.

bons amigos, que aliaz voariam a prestar-me seus auxilios»[600]. Os seus amigos médicos eram Francisco Maria da Silva Torres, António Joaquim de Sousa Freitas Júnior e o já citado António Venâncio David. Decidira não os procurar, mas antes seguir um método terapêutico que começava a estar em voga também em Lisboa, o «método Raspail» (conheceria Antónia o republicanismo do seu criador?):

> Via meus innocentes filhos em redor de mim chorando minha proxima falta, que de instante a instante choravam; e luctando entre mil pensamentos eu me resolvi a tratar-me com a medecina domestica de Raspail; quando o acaso.... não!... não foi o acaso!.. foi Deus! me condusio á botica do sr. Carvalho, rua dos Fanqueiros a buscar uma excellente gelêa peitoral de sua invenção, que alli se vende [...].[601]

O farmacêutico tratou-a desinteressadamente, salvando-a «á beira da sepultura» e ressuscitando-lhe a esperança: «Hoje, graças ao Creador uma luz de esperança começa a luzir-me nas trevas do sepulchro, e da Eternidade, [...] creio ver a Mão Omnipotente acenar á morte para que espere, e suspenda na ampulheta fatal a hora tremenda que hia soar terminando a minha existência! Alguns dias!.... alguns mezes! alguns annos talvez me sejam ainda concedidos....»[602] E ser-lhe-iam ainda concedidos muitos anos. Talvez pela situação melindrosa em que se encontravam os seus filhos menores, inteiramente dependentes de si, temesse, eventualmente sem fundamento algumas vezes, encontrar a morte a cada passo. São várias as alusões à convicção de que se aproximava o fim. A terapia a que Antónia Gertrudes se submeteu enquadrava-se no método proposto

600 «Carta da Redactora dirigida ao Ill.mo Sr. Antonio Maria dos Santos Brilhante», Lisboa, 7 de Novembro de 1853. AB, n.º 1 (2.ª série), 15.11.1853, p. 4.

601 *Ibid.*, p. 4

602 *Ibid.*, pp. 4–5.

por Raspail. Só não nos revelou, e é pena, de que doença concreta padecia, se bem que algumas pequenas referências dispersas sugiram que se tratasse de uma maleita do foro respiratório. François-Vincent Raspail, biólogo, químico e membro da Academia da Faculdade de Medicina de Paris, publicara uns anos antes obras de vulgarização, como *O Médico das Famílias* e *Manual da Saúde, ou Medicina e Farmácia Domésticas*, que rapidamente se popularizaram na Europa. Defendendo uma abordagem terapêutica mais abrangente do que a proposta pela medicina oficial, que considerava muito agressiva para os doentes, pelas práticas violentas e pela intoxicação com medicação excessiva, o «sistema de Raspail» centrava-se na prevenção da doença e dos diferentes factores que a podiam desencadear (qualidade do ar e da alimentação, entre outros) e no combate aos parasitas, que, segundo o químico, eram responsáveis pela perda da saúde. Raspail tinha aberto o seu primeiro consultório em Lisboa em 1853 — pouco tempo antes, pois, de Antónia ter escrito a António Maria dos Santos Brilhante —, e adquiriu logo muitos adeptos na capital do Reino. O duque de Saldanha e Eça de Queirós encontravam-se entre os simpatizantes e divulgadores do seu sistema médico.[603]

Na carta a António Maria dos Santos Brilhante, que publicou no seu jornal, Antónia prodigalizava-lhe elogios pelos seus carácter e capacidade profissional, que o faziam devotar-se tão dedicadamente aos seus pacientes. António Maria dos Santos Brilhante respondeu à sua carta, revelando-se surpreso pelo agradecimento público de Antónia, uma vez que apenas tinha cumprido o seu dever. Tratara-a quando estava «subjugada aos damnos de um *chatarro vesicular suffucante*, mollestia que nem todos os praticos sabem tratar, e poucas vezes conhecer». Afirmava que, ao contrário dos outros médicos, «puz de parte a sordidez da rotina;

---

603 Dulce Pombo, «O Livro D'Ouro do Povo — O Sistema Médico de Raspail em Portugal no Século XIX», *RECIIS — R. Eletr. de Com. Inf. Inov. Saúde*, vol. 5, n.º 4, Dezembro de 2011, pp. 32–44. https://www.arca.fiocruz.br/bitstream/icict/17379/2/5.pdf

fundei a minha carreira no merito provado; tenho estudado com afan a litteratura medica». Tinha-se associado «ao nosso illustre medico e litterato o sr. Dr. Lima Leitão (pois devia ligar-me aos tolos?)» e criado «um jornal — O ESCULAPIO — que conta cinco annos de vida, e que [...] tem feito sahir a classe do lethargo em que jazia».[604] António José de Lima Leitão foi um médico e homem de letras e de ciência, que deixou vasta obra publicada em vários domínios. Lente de Medicina, foi pioneiro da Homeopatia, que, todavia, não logrou incluir nos *curricula* da Escola Médico-Cirúrgica de Lisboa. Tendo aderido à causa liberal, mas não tendo sido perseguido pelos restauracionistas, os liberais que tinham sofrido as penas do exílio duvidaram da sua pureza ideológica.[605] António Maria dos Santos Brilhante era igualmente um praticante da medicina homeopática, acerca da qual publicou alguns estudos, pelo que é muito provável que Antónia Gertrudes tenha sido por ele tratada através deste método. Ainda na mesma carta que lhe dirigiu, e num tom muito contundente, Brilhante aludia à «inveja dos facultativos pobres de espirito», para os quais olhava «sobranceiro, visto que tenho dó dos miseraveis». Terminava a extensa carta com um grande louvor a Antónia Gertrudes: «a excepção que v. ex.ª representa entre o seu sexo é a verdadeira corôa de louro com que se pode ennobrecer uma senhora, que entra denodada na republica das letras, e prova ás outras nações que nós tambem possuimos senhoras que podem hombrear com Mmes. Stael, e Dacier»[606]. O facto de saber-se «excepção» alimentaria a sua auto-estima e crença na glória futura e aliviar-lhe-ia o fardo quotidiano da vida presente. Antónia regressaria pouco depois a este

---

604 Carta de António Maria dos Santos Brilhante para Antónia Gertrudes Pusich, Lisboa, 15.12.1853. AB, n.º 5 (2.ª série),15.1.1854, pp. 6–7.

605 José Gonçalo Santa Rita, «As disposições coloniais em um projecto para a Constituição de 1838», *Boletim Geral das Colónias*, n.º 214, Abril de 1943, p. 29.

606 Carta de António Maria dos Santos Brilhante para Antónia Gertrudes Pusich, Lisboa, 15.12.1853. AB, n.º 5 (2.ª série),15.1.1854, p. 8.

médico, para tecer algumas considerações acerca do receio que muitos homens tinham de expor as suas famílias a médicos jovens e bonitos:

> É deploravel a estupidez de alguns chefes de familia temendo que o facultativo moço e bem parecido vá curar os seus doentes!.. Não era máu o privilegio que se dava aos feios, e velhos, se esse preconceito se generalisasse! E que tristissima idea taes pessoas dão de suas familias! Bem novo, e muito bem parecido, era (como inda é) o nosso presadissimo amigo sr. Antonio Joaquim de Freitas Junior, e nós, ainda nova, sempre o tivemos por nosso facultativo [...].[607]

Só deixara de requisitar o seu apoio médico, porque deixara de ser sua vizinha, e para lhe evitar o incómodo da deslocação. A filha mais velha de Antónia, sua homónima, nascera «moribunda», ninguém acreditando na sua possível sobrevivência. Contudo, Deus e António Joaquim de Freitas Júnior haviam-na salvado. Também ao filho Miguel tratara quando este adoecera. Quanto a António Maria dos Santos Brilhante, desgostava-a que a tivessem aconselhado a agradecer-lhe em privado, porque, sendo «moço, bem parecido [...] seria prudente mandar-lhe antes a nossa carta particularmente!.... Foi-nos tal conselho um motivo de riso!»[608] Brilhante era de facto um homem muito bem parecido, como se pode comprovar pela gravura em que se fez retratar ao lado do seu professor e amigo Lima Leitão.

---

[607] AGP, sem título, AB, n.º 5 (2.ª série),15.1.1854, pp. 5–6.

[608] *Ibid.*, p. 6.

CABO VERDE: LONGE DA VISTA, MAS PERTO DO CORAÇÃO

Outro preconceito que Antónia parecia abominar era o da hierarquização dos grupos humanos de acordo com a «raça». No mesmo ano em que Gobineau dava à estampa o seu *Essai sur l'inégalité des races humaines*, em que proclamava a superioridade da raça ariana e, no interior desta, a dos povos do Norte da Europa, por terem sido aqueles que mais se tinham preservado do processo degenerativo resultante, entre outros factores, da mestiçagem, Antónia Gertrudes Pusich assinava no seu jornal uma peça reveladora do seu avanço face ao seu tempo. No último número de 1853 de *A Beneficencia*, evocou com gosto, como sempre fez, a terra que a vira nascer e onde passara uma infância feliz e despreocupada, Cabo Verde. Foi a propósito de uma carta recebida de um velho amigo da ilha de São Nicolau, João António Dias Leite, que lhe relatara a conduta heróica de um marinheiro cabo-verdiano. O paquete a vapor brasileiro, de que *Preto Simão*, como era conhecido Simão Juliano, o dito marinheiro, era tripulante, sofrera um naufrágio quando rumava em direcção ao Rio Grande do Sul. Entre tripulação e passageiros, viajavam no paquete cem pessoas, das quais quarenta e duas morreram. Treze das que se salvaram ficaram a devê-lo a Simão que, tendo sido dos primeiros náufragos a chegar a terra, nadara várias vezes até onde se encontrava o paquete, recolhendo-as e transportando-as a nado até à praia, onde as depositara. Antónia evocava assim o nome e o feito de Simão Juliano: «Simão!... Nobre africano!... [...] Ainda hontem eras um pobre marinheiro, hoje és um heroe! [...] É pobre, é esquecida a nossa terra, mas tu, illustre africano, vaes engrandecel-a com o teu nome». Note-se como se sentia cabo-verdiana e orgulhosa da sua naturalidade. Apresentava-se a Simão como «tua patricia! a filha d'aquelle homem que a nossa terra africana tanto amou; e que tendo a satisfação de bem governal-a alcançou a gloria de lhe chamares pae! É pois um irmão meu!... Sim, quero repetil-o! És meu patricio. Parabens ó Insolanos; Parabéns Portugal». E deixava bem claros os seus critérios de avaliação e hierarquização dos humanos: «Que nos importam as diferenças de cor e nascimento? Que valem essas quimeras aos olhos da razão!»[609] Depois de ter sido condecorado no Brasil, e de lhe ter sido erigido um busto na praça do comércio do Rio de Janeiro, também em Portugal Simão Juliano foi louvado e condecorado pelo regente, D. Fernando, e pela *Real Sociedade Humanitaria* do Porto. Foi mesmo o primeiro agraciado com a medalha de *Merito e Philantropia*. Por ocasião destas homenagens, Antónia Gertrudes Pusich concedeu novamente ao seu conterrâneo honras de primeira página no seu jornal.[610]

Fora João António Dias Leite quem lhe escrevera a contar o heróico feito. Era afilhado de seu pai, António Pusich, e, sendo as famílias de ambos muito amigas, habituaram-se a tratar-se por «irmãos». Na carta que João António Leite lhe endereçou, e que Antónia publicou em *A Beneficencia*, dirigia-se-lhe como «Minha Presadissima Irmã», e a meio, quando lhe pedia que publicasse a sua carta, para dar ao mundo conhecimento do grande cometimento de um patrício de ambos, tratava-a por «minha querida irmã».[611] Contrariamente a tantos que procuravam ocultar a sua origem não europeia, Antónia Gertrudes, talvez pelo facto de a sua infância e adolescência terem decorrido quando a corte se encontrava numa extensão ultramarina de Portugal (o Brasil), não omitia o local do seu nascimento, recordando-o carinhosamente aos seus leitores. De Cabo Verde, escrevia em 1848, que era «terra que não pode deixar de me ser cara, porque alli vi raiar o primeiro de meos dias»[612]. Além da comum afeição pelo sítio onde se nasce, em Antónia Pusich, o amor e o interesse pelo destino de Cabo Verde e a vontade de contribuir para a sua

609 AGP, «O heroismo de um africano subdito portuguez nascido no Archipelago de Cabo Verde», AB, n.º 3 (2.ª série), 15.12.1853, pp. 1–2.

610 AGP, «Premios ao merito», AB, n.º 5 (2.ª série), 15.1.1854, p. 1.

611 AGP, «O heroismo de um africano subdito portuguez nascido no Archipelago de Cabo Verde», AB, n.º 3 (2.ª série), 15.12.1853, p. 2.

612 AGP, *Galeria das senhoras na camara dos senhores deputados [...]*, p. 10.

prosperidade ficava igualmente a dever-se à estima que o pai nutria por aquelas ilhas pobres e sofredoras e ainda ao recíproco afecto que o seu povo votava ao seu antigo intendente e governador-geral.[613] Em princípios de 1853, aludia ao arquipélago da sua naturalidade e infância, a propósito das comemorações religiosas da época natalícia: «Quem dirá que até o pobre Archipelago de Cabo-Verde sabe dar exemplos de devoção nestes dias?»[614] Imbuída do desejo de ser útil aos seus conterrâneos, em Abril de 1854, republicará um texto escrito em Março de 1849 e então publicado, que consistia numas «reflexões [...] acerca da plantação e commercio da Purgueira nas Ilhas de Cabo Verde». O texto tinha-lhe sido pedido por «pessoas de grande consideração» que desejavam apetrechar-se de elementos confiáveis acerca do assunto e, como a sua autora já não dispunha de nenhum exemplar das ditas «reflexões», decidira voltar a publicá-las nas páginas de *A Beneficencia*. A dada altura, em 1849, escrevera a um grande amigo de Cabo Verde, João António Leite (o mesmo João António Leite que a pusera a par da façanha de Simão Juliano), a pedir informações acerca da purgueira e do seu interesse para o fomento das ilhas. Baseando-se nelas e num trabalho que o pai escrevera, em 1803, acerca da economia das ilhas, recomendava ao Executivo que liberalizasse o comércio da purgueira de Cabo Verde. Conforme o amigo dizia na sua carta, datada de 20 de Março de 1849, a purgueira era a única cultura de rendimento passível de ser sustentavelmente desenvolvida nas ilhas. Pouco exigente em cuidados, disseminava-se por várias cotas e suportava a ausência de precipitações regulares. A sua aplicação, industrial e doméstica, era vastíssima: com ela se fazia azeite, sabão, tintura têxtil, e ainda se aproveitavam os seus troncos e ramos para combustível.

---

613 AGP, «Á minha patria», AB, n.º 8 (2.ª série), 1.4.1854, pp. 3–4.

614 AGP, «O Natal e os Reis», AB, n.º 6, 15.1.1853, p. 2.

A questão da extensão da plantação de purgueira no arquipélago e o para-monopólio de que passou a ser objecto — para satisfação dos interesses dos industriais do Reino e para miséria da população das ilhas — ocuparia abundantes páginas dos periódicos, da correspondência oficial e de manifestos nos decénios seguintes. Criticando o abandono a que o Reino votava as ilhas de Cabo Verde, como, aliás, outras suas parcelas ultramarinas, Antónia afirmava que os «nossos irmãos d'alem-mar»[615] tinham «iguaes direitos» à «contemplação» régia e à atenção do Governo reinol. Congratulava-se com a paz trazida pela Regeneração e pelo que prometia: «Aos primeiros reflexos de paz que assomam neste horisonte; agora que os homens, cançados de sofrer e ver sofrer, tratam de se unir para emmendar os erros passados [...] prasa aos ceus que possam tambem lembrar-se das nossas terras ultramarinas; e entre estas contemplar o archipelago de Cabo-Verde».[616]

Manifestava-se também satisfeita com a eleição de Fontes Pereira de Melo para deputado pela Província — agora, já ministro, mas, em 1849, deputado pelo círculo das ilhas.[617] Embora não o mencionasse, Antónia saberia que a família Fontes Pereira de Melo, da qual os Pusich integravam a rede de amizade — tinha íntimas ligações a Cabo Verde. João Fontes Pereira de Melo tinha sido por duas vezes governador da Província e, aquando da primeira nomeação, em 1839, o filho António Maria, futuro ministro da Fazenda e chefe do Governo, acompanhara-o como oficial do Corpo de Engenheiros em comissão. Tivera então oportunidade para conhecer as ilhas e a Guiné e ainda tempo para se apaixonar e se casar com uma cabo-verdiana, por sinal, neta do arqui-inimigo do pai de Antónia Gertrudes.[618] Antónia afirmava que «tudo me decide a interessar-me pela

615 AGP, «Á minha patria», AB, n.º 8 (2.ª série), 1.4.1854, p. 5.

616 AGP, «Cabo-Verde», AB, n.º 8 (2.ª série), 1.4.1854, p. 3.

617 *Ibid.*, p. 4.

618 Maria Josefa de Sousa Machado, neta de Manuel António Martins.

felicidade da minha terra»,[619] e, no manifesto que dirigirá ao novo rei, D. Pedro V, pedia-lhe que olhasse pelos territórios ultramarinos, especialmente pelos arquipélagos da Madeira e de Cabo Verde.[620]

A IMPORTÂNCIA DE CASTILHO

Aonde aparecer o Astro — Castilho — não poderá o meu nome deixar de aparecer como satelite[621]

No final do ano de 1853, Júlio César Machado dirigiu uma missiva a Antónia, na qual se lhe reconhecia muito grato, pois fora no seu primeiro jornal que debutara como homem de letras. Os outros periódicos tinham recusado os seus escritos, pois era ainda muito jovem e inexperiente.[622] Antónia captara a sua qualidade e oferecera-lhe as páginas de *A Assembléa Litteraria*. Ainda em Dezembro, Antónia queixava-se da falta de vontade de assistir às representações teatrais, a que a obrigava a coluna de crítica dos espectáculos do seu jornal: «os theatros principiam a trabalhar, e nós com pouco animo de os frequentar; já porque as alegrias não são nenhumas n'um tempo de lucto [provável menção à recente morte da rainha], já porque a invernosa estação não é a mais propria a convidar a passeios nocturnos quem soffre uma laringique [*sic*], ou talvez uma constipação

619 AGP, «Cabo-Verde», AB, n.º 8 (2.ª série), 1.4.1854, p. 4.

620 AGP, «Manifesto a Sua Magestade o Senhor D. Pedro V», AB, n.º 40 (2.ª série), 1.10.1855, p. 4.

621 Carta de Antónia Gertrudes Pusich para Alexandre Magno de Castilho, Lisboa, 16.9.1853, p. 1. BGUC/IC/DIR-JC/1.ºVC/05 — Documentos de António Feliciano de Castilho, 1853, Set–Out.

622 Júlio César Machado, «Carta á Redactora da — Beneficencia», AB, n.º 3 (2.ª série), 15.12.1853, p. 5.

entretida ha anos».[623] Os problemas respiratórios continuavam, pois. Mas não era por eles que faltaria à representação da peça que ia estrear no Teatro de D. Maria II, era antes por se ter comprometido a recitar uma poesia sua em memória do conde de Tavarede, num sarau de António Feliciano de Castilho. É incontornável a importância de Castilho na vida de Antónia, tal como na de outras mulheres que estimulou a publicarem os seus escritos. Era, aliás, quase uma tradição da família Castilho o encorajamento das mulheres a escrever e a dar visibilidade ao que escreviam: António Feliciano de Castilho, na *Revista Universal Lisbonense*; José Feliciano de Castilho, na *Iris*, publicada no Rio de Janeiro (onde José Feliciano vivia); Alexandre Magno de Castilho, no *Almanach de Lembranças Luso-Brazileiro*. Todos eles acolheram produção poética de várias mulheres, entre as quais, Antónia Gertrudes Pusich. Acerca do incentivo dado por António Feliciano Castilho a estas mulheres, diz Eduardo da Cruz: «Todas elas são astros com movimentos próprios, mas que ganham força pela luz incentivadora dele».[624] E as mulheres, claro, reconheciam este esteio de António Feliciano de Castilho e estavam-lhe gratas. Antónia referia-se-lhe como a um «genio superior que nos arrancou ás trevas de um melancólico retiro, para nos elevar ao mundo litterario».[625] Entre outros poemas que lhe dedicou, consagrou-lhe «Memoria», cujas duas últimas estâncias revelam o quão reconhecida lhe estava por esse «empurrão» inicial, ela, cujo «coração» era «naturalmente grato».[626]

---

623 AGP, «Theatros Nacionaes», AB, n.º 3 (2.ª série), 15.12.1853, p. 7.

624 Eduardo da Cruz, «Um "brilhante congresso": escritoras portuguesas no projeto de António Feliciano de Castilho para sua versão d'Os Fastos ovidianos», *Revista SOLETRAS*, n.º 34, Julho–Dezembro de 2017, p. 149.

625 AGP, «Instrucção publica», AB, n.º 23, 1.10.1853, p. 2.

626 AGP, sem título, AB, n.º 5 (2.ª série), 15.1.1854, p. 5.

Salve! genio sublime que soubeste
Com próvida intenção,
Trocar em louro a c'rôa de cypreste
Á váte em afflicção!...

E do Universo á voz, a que fugia,
Disseste: «Ella aqui está!....»
Pude arrancal-a ás sombras da agonia!...
Acolhe-a; é tua já!...

É nossa.» E desprendeste os sons á lyra
Que só vibravam dôr!
Já da Patria aos laureis ufana aspira;
Já tem vida e fulgor!

Já tenta o genio, as azas despregando,
Os astros demandar;
E espinhosas veredas affrontando,
Comtigo caminhar!

Só co'a a rasão, que lhe reflecte n'alma,
Quer teu brilho seguir;
Plantar tambem a grandiosa palma
Que ha-de erguer-se ao porvir!
[...]
A ti genio, sublime sempre os passos
De perto seguirei:
Da amizade fiel antigos laços
Sempre respeitarei

E quando já vencida a longa estrada
Repousares em paz,

> Á sombra de teus loiros recostada,
> Comtigo me verás.[627]

De entre as colaboradoras de Castilho, Maria José Canuto e Antónia Pusich foram das que mais se empenharam na divulgação do seu método de leitura alternativo, com cujo manual presenteou Antónia logo em Outubro de 1850. Por estar convicta da superioridade do método de leitura proposto por Castilho[628] (e também pelos laços de amizade e gratidão que a uniam ao poeta e pedagogo), Antónia foi muito participativa na campanha de divulgação daquele método. Entendia mesmo esse empenho como um dos serviços que prestava ao País.[629] Em Setembro de 1853, escreveu a Alexandre Magno de Castilho, exortando-o a abordar o irmão, para que este a recebesse. Tinham de conversar, pois queria ajudar Castilho na divulgação do seu método de leitura. Já tinha procurado o ministro do Reino e, como este ficara de falar com Castilho, era importante que conversassem antes. Todavia, como não sabia a que horas podia encontrar Castilho em casa nem noutro lugar, instava para que Alexandre Magno lhe transmitisse a urgência em se encontrarem, pois «estas cousas não querem demora». Sugeria-lhe que a procurasse em casa e enviava-lhe a morada: Rua do Telhal, n.º 7, 1.º andar. Que Castilho a avisasse da visita ou que a procurasse a partir do final da tarde, quando já não saía. Se era verdade que tinha sido Castilho a reconhecer o seu talento poético e a animá-la a escrever e a publicar, também o era que o seu «satelite» (como se apresentava na carta ao irmão do poeta) não lhe

---

627 AGP, «Memoria», AB, n.º 5 (2.º série), 15.1.1854, pp. 4–5. Foi igualmente publicado no *Almanach de Lembranças Luso-Brasileiro para 1855*, Lisboa, Imprensa de Lucas Evangelista, 1854, pp. 388–389.

628 A (primeira?) edição de 1850 do *Método Castilho* ou *Método Português-Castilho*, como era correntemente nomeado, intitulava-se *Leitura repentina — Methodo para em poucas lições se ensinar a ler com recreação de mestres e discipulos, etc.*

629 AGP, «Instrucção publica», AB, n.º 23, 1.10.1853, p. 1.

desmereceu nunca a confiança. Assim como gostará de estar junto do «Astro» depois do reconhecimento público da sua obra, também o fez quando ainda ninguém ousava erguer a voz na defesa do seu método.[630] Na apresentação do curso do método de leitura (*Curso Normal de Leitura Repentina*, como era comummente designado), Antónia pediu para intervir. Relembrou que divulgara apreciativamente o método no número 39 do seu *A Assembléa Litteraria*, quando a restante imprensa se mantivera silenciosa. Chamara-lhe, na altura, a «mais proveitosa obra que o engenho humano podia oferecer á nossa terra»[631]. Sentia-se, pois, no direito de desrespeitar a determinação previamente estabelecida de que não haveria poesia naquela sessão, e de pedir para declamar uns versos seus, «por ser linguagem que nos é natural». Castilho e os outros presentes anuíram, naturalmente, com gosto.[632]

A dada altura, contudo, Antónia Gertrudes deixou de frequentar as sessões do curso, o que se ficara a dever ao seu estado de saúde, ainda convalescente. Estando as noites chuvosas e frias, o seu médico na altura (António dos Santos Brilhante) desaconselhara-lhe as saídas nocturnas. Apesar de ser esta a razão da sua ausência, Antónia não deixou de mencionar que o curso a vinha desapontando, não por falta do seu promotor, António Feliciano de Castilho, mas «por occorrencias que desagradaram ás pessoas sisudas que tem um nome, e o querem salvar do rediculo»: «Aquelle é um lugar de instrucção, e não um theatro onde a gente nova se vá divertir, e chamar troças». Aliás, tinha-se chegado a dar bilhetes de acesso às sessões a pessoas que apenas procuravam diversão, e a recusá-los a pessoas distintas. Antónia pensava mesmo que os jornalistas

---

630 Carta de Antónia Gertrudes Pusich para Alexandre Magno de Castilho, Lisboa, 16.9.1853, pp. 1–3. BGUC/IC/DIR-JC/1.ºVC/05 — Documentos de António Feliciano de Castilho, 1853, Set–Out.

631 AGP, «Leitura Repentina», AAL, n.º 39, 19.10.1850, p. 58. Em 1853, o artigo foi republicado em AB, n.º 24, 15.10.1853, pp. 1–3.

632 AGP, «Curso normal de leitura e escripta», AB, n.º 1 (2.ª série), 15.11.1853, p. 3.

(«redactores», como então se lhes chamava) e os literatos conhecidos não deviam ser sujeitos à apresentação de um bilhete, antes se lhes deveria permitir entrada imediata. Mas Antónia tinha mais razões para se sentir desagradada com aquelas sessões. Um «jovem poeta» declamara um poema que tinha escrito relativo à Junta do Porto. Ora, embora de sinal político contrário, Antónia não gostara das críticas de que o poeta fora alvo, porque já de outras vezes se infringira a regra de se não permitir política durante as aulas e, então, nada se dissera. Também o facto de se recitarem tantas poesias estrangeiras, quando o curso era de português — como se aumentasse o prestígio do declamante falar noutra língua — a desgostava: «Mais rasão tinha-mos nós duvidando recitar versos em portuguez, porque a nossa pronuncia não é portugueza; e sendo-nos muito mais facil o recitar poesias Francezas, e principalmente italianas, nunca o fizémos». António Feliciano de Castilho, «ainda que tarde, conhecêo as causas que se deviam evitar», pelo que o curso passou a ser novamente frequentável. A Antónia, penalizava-a a situação incómoda de Castilho, «afligido [por] certas ocorrencias, quaze inevitaveis em grandes reuniões n'um paiz ainda pouco civilisado». Quanto ao método de ensino propriamente dito, continuava a parecer-lhe excelente, se bem que susceptível de ser aperfeiçoado — achava-o, por exemplo, demasiado poético e ruidoso (tratava-se de um método fonológico). Pedia que o amigo Castilho a indultasse destas críticas, mas «a verdadeira amizade não sabe adular», além de que «primeiro que a amizade estão — a consciencia e o Paiz».[633] Note-se como nem mesmo o profundo reconhecimento e amizade devidos a Castilho obviaram a que sacrificasse o seu lema principal de escrita — a verdade.

Depois de dois meses de sessões, o *Curso Normal de Leitura Repentina*, que pretendia formar professores no novo método, terminou com um sarau, a 14 de Janeiro de 1854. António Feliciano de Castilho comovera-se

633 AGP, «Curso normal de leitura repentina», AB, n.º 4 (2.ª série), 1.1.1854, pp. 3–5.

pela homenagem que então lhe prestaram. De Castilho, Antónia dizia: «Um homem privado de vista subir ao mais alto gráo das sciencias!. Um sabio sem fortuna, cheio de filhos, e desgostos, dedicar-se a ser util á sua patria podendo ser feliz em terra alhêa e ser perseguido?!!» Findo o curso, que tivera lugar no Palácio Sarmento, Castilho solicitara ao Governo que lhe permitisse servir-se da sala e da iluminação durante mais dois meses, para ali ensinar poesia e declamação; contudo, uma vez que a sala só lhe seria facultada mais um mês, este segundo curso acabou por não acontecer.[634] Antónia e muitas outras mulheres de letras portuguesas voltariam a colaborar com Castilho alguns anos mais tarde, desta vez, num projecto literário-filosófico, do qual se falará adiante.

Um mês antes do início do curso, Antónia escrevera-lhe, dando-lhe conta de uma proposta que fizera ao Governo: abrir um colégio na ilha da Madeira, onde o método de leitura adoptado fosse o de Castilho. Moviam-na o interesse «pela civilização d'este povo; pela gloria d'esta nação», ambos coarctados pela ausência de instrução. Sentia-se fisicamente muito depauperada, mas continuava de ânimo vigoroso, capaz de enfrentar mais aquele desafio. Teria a ajuda das filhas e ainda do filho Miguel, funcionário público no Funchal. Desta vez, era Antónia a pedir ao poeta que intercedesse junto do ministro (como ela havia feito por Castilho e o seu método de leitura repentina no mês anterior). Não requeria qualquer vencimento, antes que se lhe continuasse a pagar — e atempadamente — a pensão que recebia do Estado. Além do transporte até à ilha, pedia somente o adiantamento de alguns meses da pensão, de maneira a poder adquirir livros e outros materiais necessários ao equipamento do colégio. Do ministro da Fazenda, Fontes Pereira de Melo, que lhe será sempre muito favorável, já obtivera a portaria que determinava lhe fosse dispensada casa na Madeira, para residir e instalar o colégio. Justificava a escolha da Madeira

---

634 AGP, «Curso normal de leitura repentina», AB, n.º 5 (2.ª série), 15.1.1854, pp. 3–4.

por esta não possuir ainda uma mestra régia e deveres de gratidão (por ter sido ali muito bem recebida quando acompanhou o filho).[635] O que não revelava, mas que terá sido o móbil principal da sua proposta, é que gostaria de voltar a estar próxima do filho Miguel, ausente havia quase dois anos.

Na antevéspera de Natal de 1853, Antónia voltou a dirigir-se por carta a Rodrigo da Fonseca Magalhães, desta vez para lhe solicitar «alguns minutos», pois tinha para lhe expor um assunto do interesse dos dois. Uma vez que a sua saúde a impedia de o procurar sem ter a certeza de lhe chegar à fala, pedia-lhe que marcasse dia, hora e lugar em que a receberia.[636] Por esta missiva, ficamos a saber que Antónia e a família iam mudar novamente de casa no final do mês. A mudança seria para perto: do primeiro andar do número 7 da Rua do Telhal, para o segundo andar do número 135 da Rua de São José.[637] O ano de 1854 parece ter decorrido sem grandes sobressaltos. Continuou a redigir a sua folha, onde, além dos artigos de fundo e de outros de temáticas variadas, publicou alguns poemas. Entre eles, «O mez de fevereiro. Canção mysteriosa», em que evocava o para si tão nefasto segundo mês do ano, mês que a enlutara, roubando-lhe o pai e a irmã mais velha (Maria do Carmo). Neste poema, recordava como a guerra tudo lhe tinha levado: «A minha infancia corria/Tão venturosa a sorrir;/Ante si os campos via/Na primavera a florir!.../Mas ai... Sopro repentino/Do negro abysmo se ergueu!.../Tolda o fulgor matutino;/E nas trevas me envolveu!/[...]/Era o phantasma da guerra/Aterrando Portugal».[638] Tinha sido, no entanto, ressarcida

635 Carta de Antónia Gertrudes Pusich para António Feliciano de Castilho, Lisboa, 4.10.1853, pp. 1–5. BGUC/IC/DIR-JC/1.ºVC/05 — Documentos de António Feliciano de Castilho, 1853, Set–Out.

636 Carta de Antónia Gertrudes Pusich para Rodrigo da Fonseca Magalhães, s.l. [Lisboa], 23.12.1853, pp. 1–2. BNP — MR, Esp. 21, cx. 80.

637 *Ibid.*, p. 2.

638 AGP, «O mez de fevereiro. Canção mysteriosa», AB, n.º 6 (2.ª série), 1.2.1854, p. 2.

— e com vantagem — das «riquezas» sonegadas, pois Deus lhe abonara os preciosos «thesouros da rasão», aqueles «bens que não tem fim».[639] Cinco poemas seus, alguns dos quais escritos neste ano, foram publicados numa colectânea periódica de poesia — *O Bardo* —, onde, contrariamente aos periódicos com os quais colaborava, não publicou poesia de inspiração acentuadamente religiosa. No poema «Um artista portuguez», apelava à Pátria para que acarinhasse os seus artistas: «Vê que as Artes são as luzes/Com que te has-de alumiar!»[640] Noutro poema — «O Mocho» —, escrito às 2h00 da manhã (como fez questão de precisar) de 1 de Agosto de 1852, relatava o piar habitual de um mocho, próximo da capela do conde do Lumiar, de quem era vizinha, e a noite em que a ave poisara na sua janela. Ora, nesta noite, morrera, assassinado, um jovem amigo de Antónia. Fazemos-lhe referência, pela reflexão apensada por Antónia ao poema, em nota de rodapé: «Eis ahi uma d'aquellas coincidencias naturaes, que muitas vezes nos animos fracos ou atormentados pelo infortunio se converte em supersticiosos agouros».[641] Antónia demarcava-se, pois, deste tipo de pensamento acrítico. Continuava, no entanto, a sentir-se doente e convicta de uma morte próxima. Sofreria Antónia Gertrudes de hipocondria? Ou ter-se-ia tratado somente (!) do climatério, uma vez que Antónia contava quase 50 anos? Confundiria os muitos sintomas das flutuações hormonais com os de uma doença propriamente dita? É bem possível. Também o é que se trate, pelo menos em parte, de um tributo ao culto da morte e dos mortos, característico do Romantismo. Em Julho, exortava: «Homens do poder! Não vos enfadeis com a humilde Redactora da *Beneficencia*!... Pouco tempo lidará neste campo».[642] O «campo» era o da vida terrena, como nalguns dos seus poemas? Ou era o da imprensa?

---

639 *Ibid.*, p. 3.

640 AGP, «Um artista portuguez», *O Bardo,* 1854, parte II, n.º 10, p. 146.

641 AGP, «O Mocho», em *O Bardo,* 1854, parte II, p. 227. O poema já tinha sido publicado em AB, n.º 22, 15.9.1853, pp. 2–3.

642 AGP, «Instrucção publica», AB, n.º 15 (2.ª série), 15.7.1854, p. 2.

No mês anterior, tinha aberto uma excepção — pois, desde a morte dos pais, «nós [...] só concorremos a solemnisar actos funebres, ou tristes» — e assistira ao embarque dos príncipes D. Pedro e D. Luís, que buscavam a Europa para alargar seus conhecimentos do mundo. Fizera-o como acto de reconhecimento perante o agrado que lhe vinham demonstrando. Se não permanecera até à partida do navio, fora porque a despedida lhe fez recordar o seu regresso da ilha da Madeira, quando lá deixara um dos filhos (Miguel). Ao chegar a casa, de regresso do cais, esperava-a uma carta do ministro dos Negócios da Marinha e Ultramar, António Aloísio Jervis de Atouguia, contendo dois bilhetes e convidando-a a acompanhar os príncipes até ao embarque. Afirmava que, embora gostasse de se «unir ao povo em actos publicos», teria aceitado o convite entregue pelo ministro. E regressava à percepção, errada, da proximidade da morte: «Ainda que pouco já teremos que andar, porque sentimos que de dia em dia nos vae fugindo a vida a passos de gigante». Ser distinguida pelos poderosos, além de amenizar «a aspresa do caminho que ainda temos de atravessar», sossegava-a, pois era um indício de que os seus filhos não ficariam inteiramente desprotegidos depois da sua partida.[643]

Em Julho de 1854, Antónia estava tomada de saudades do filho: «Meu filho, e meu amigo!... quem me déra,/Ver-te, e depois morrer!...»[644] Deixara-o na ilha da Madeira havia dois anos, prometendo voltar. A vida, no entanto, retinha-a em Lisboa, adiando o seu intento. Miguel, por seu turno, demorar-se-ia ainda alguns anos no Funchal, onde se casaria, antes de regressar ao continente. Não obstante o abatimento que se lhe observa, Antónia prosseguia na luta quotidiana para sustentar e educar os seus quatro filhos mais novos, e na sua missão de pedagoga. Havia alguns meses, entregara pessoalmente ao regente o projecto de criação de um colégio ou asilo destinado a crianças e professores desvalidos,

---

643 AGP, «Viagem de Suas Magestade e Alteza», AB, n.º 12 (2.ª série), 1.6.1854, pp. 1–3.

644 AGP, «Ao valle formoso», AB, n.º 14 (2.ª série), 1.7.1854, p. 5.

no qual a directora e os professores trabalhariam sem perceber qualquer vencimento. O Estado teria apenas de ceder um edifício público e equipar sumariamente a instituição. Tendo ainda filhos a educar, oferecera-se para participar na execução do projecto. Agora, porém, impunha-se-lhe descansar, mas não nada fazer, pelo que apelava ao Governo que atentasse em que tinham «muitos sabios e poucas escolas», e que se resolvesse a obrigar a população a frequentá-las. Defendia, pois, o ensino obrigatório. Pugnava para que fosse decretado um método único, para que a religião cristã fosse instituída como o pilar do ensino, para que se premiassem os melhores e para que se protegesse a ciência e os professores. Congratulava-se com o facto de o professorado estar a criar uma associação que o representasse, e disponibilizava-lhe as colunas do seu jornal.[645] Em Agosto, dedicou o artigo de fundo de um número de *A Beneficencia* a esta associação do professorado, bradando para que aceitasse igualmente mulheres, secundando e apoiando, assim, o que um militar propusera numa reunião preparatória da criação da associação. E clamava: «Homens civilisados! [...] calcae vãos preconceitos de moiriscos avós [...] mostrae-lhes [...] quanto ganhão com a civilisação do sexo femenino — afagae os brios ás damas apreciando-lhe as suas virtudes; distingui-as collocando-as a vosso lado; não sejaes invejosos». Se não agissem por altruísmo, que cedessem ao egoísmo, pois seriam amplamente recompensados: em reputação, em prazer — que diferente era conviver com criaturas menos ignorantes! —, no orçamento doméstico — uma vez que as mulheres passariam a ornar-se com as prendas do espírito e não com as da aparência física — e, claro, na ilustração da sua descendência, pois as mulheres eram as primeiras educadoras dos filhos.[646]

[645] AGP, «Instrucção publica», AB, n.º 15 (2.ª série), 15.7.1854, pp. 2–3.

[646] AGP, «Instrucção publica», AB, n.º 16 (2.ª série), 1.8.1854, pp. 1–2.

Três semanas depois de escrever este artigo, um acontecimento familiar veio repentinamente pratear parte dos cabelos de Antónia. A 24 de Agosto, Dia de São Bartolomeu, António, o mais novo dos seus filhos, caiu de uma janela, da altura de um segundo andar. Apesar de a criança não ter sofrido qualquer ferimento, o sobressalto de Antónia foi tal, que, a par das fortes dores de cabeça que a acometeram, a sua cabeleira ficou parcialmente branca. Antónia, que usara até então o seu cabelo apanhado numa longa trança, persuadiu-se a cortá-la, o que lhe inspirou um poema alusivo a este quase «ritual de passagem». Estava prestes a completar 50 anos de vida e a sua trança não teria já o mesmo encanto de outros tempos, quando, «alourada», fora «em versos descantada». A comoção sofrida com o acidente do filho viera acentuar as marcas de envelhecimento da trança. Não sabemos se o corte se prendeu com o desencanto que ela lhe suscitava ou se estava contemplado no voto que fez, na ocasião, a Nossa Senhora das Dores. Foi das escassíssimas ocasiões em que Antónia condescendeu em deixar a sua pena ocupar-se de um assunto mais trivial e em que abordou, embora ao de leve, a sua aparência física. O facto de intitular o poema «A minha trança» revela a importância e o orgulho que sentira pela beleza do seu cabelo:

Minha trança tão querida
Quando foste guarnecida
Por joias de alto valor!
Longa, subtil, alourada,
Foste em versos descantada,
Formaste grilhões de amor!

Logo, porém, remeteu para um lugar depreciado estas considerações, filhas de um sentimento frívolo e precário de vaidade:

Vae gosar maior ventura
Do que essa vã que fulgura,

Luz de ephemero clarão:
Tece[647] grilhões verdadeiros,
Que os outros são passageiros
Durão só uma estação.

Os «nevados cabellos», que o foram «De sublime sentimento/Da ternura maternal», lhe seriam viático no caminho que ainda lhe faltava cumprir até à eternidade almejada. Seriam «tropheus da Cruz». E assim, um poema que começou ditado pela *vanitas*, depressa se transmutou em louvor ao amor maternal, consistente e sofrido: «Aos filhos a trança escura/Crescida[648] em tanta ventura/E cortada em tanta dôr!/É memoria desses prantos,/Fadigas, disvellos tantos/Que dei ao materno amor!»[649] Sabemos pela nota que acompanha este poema, que António, apesar da sua muito pouca idade, era especialmente devoto do Senhor dos Passos, a quem fez uma promessa na sequência da sua queda. Uma vez que, em Antónia Pusich, o discurso e a prática se entrecruzavam na mesma lógica de proselitismo religioso e moral, não surpreende que os filhos constituíssem o seu primeiro e principal auditório, e que fossem instruídos, desde o berço, na fé da mãe.

---

[647] Este poema foi publicado no terceiro número de AC, e, no exemplar que consultámos, apresenta-se corrigido. Tê-lo-á sido pela própria autora?, por alguém a seu mando? O quarto verso da terceira estância — «*Tece* grilhões verdadeiros» surgia, antes da correcção, como «*Teus* grilhões verdadeiros» [itálicos nossos].

[648] Inicialmente, «*Creada* em tanta ventura»; depois, corrigida para «*Crescida* em tanta ventura» [itálicos nossos].

[649] AGP, «A minha trança», AC, n.º 3, 15.12.1858, p. 20.

A cruzada pela instrução das mulheres

A'vante companheiras! A'vante!»[650]

O facto de haver tantas peças nos seus jornais intituladas «Instrucção publica» revela o peso do assunto na economia das suas reflexões e da sua intervenção cívica. Antónia Pusich vem justamente obtendo o reconhecimento público, em geral, e académico, em concreto, da sua acção em prol da instrução feminina em Portugal. Terá sido, no seu tempo, quem mais linhas, entusiasmo e perseverança consagrou à questão. Destinou-lhe jornais e inúmeros artigos; participou na divulgação de métodos de ensino; apelou a monarcas, ministros e particulares para que se criassem mais escolas, se escolhessem e formassem melhores professores, se instituísse o ensino público universal e obrigatório. Ciente de que, quando se quer chegar longe, é pelo princípio que se deve começar, não congeminava outro meio de encurtar o plurissecular atraso de Portugal em vários domínios senão o de educar e instruir as suas crianças. O seu lema era instruir para civilizar. Era essa a grande cruzada dos tempos modernos, e nela, empenhadamente, empunhou a sua pena. Nem sempre pareceu partilhar com os homens de letras seus coetâneos a fé inabalável na marcha

650 AGP, sem título, AB, n.º 19 (2.ª série), 15.9.1854, p. 8.

inevitável do progresso; mas, como eles, acreditava que a educação era a propulsora do desenvolvimento humano e material, e que, sem ela, não se contornariam as profundas desigualdades estruturais que enformavam o País. Não tendo sido o século XIX nem Antónia Gertrudes Pusich e as suas colaboradoras a trazer para debate a problemática da instrução popular e, especificamente, da feminina, puderam dispor da projecção que o desenvolvimento da imprensa periódica lhes franqueava. Antónia dispunha de jornais e de um cálamo determinado e corajoso, e fez do apostolado da educação a causa da sua vida. Defendia o ensino público, ao qual também tivessem acesso as classes mais desfavorecidas, que, de outra maneira, ficariam para sempre privadas das luzes da instrução. Também na defesa da instrução universal — para homens e mulheres, para ricos e pobres —, não deixava de relevar o seu carácter utilitário: «os povos devem instruir-se para conhecerem toda a extenção de seus deveres, e suas conveniencias, para saberem obedecer ás leis, amar, e respeitar seus Soberanos»[651]. E, para educar a população do País, havia que formar as suas primeiras educadoras, ou seja, as futuras mães.

Quando, nos seus jornais e palestras, Antónia Gertrudes pugnava pela educação das mulheres, recorria ao argumento mais consentâneo com o sistema de valores predominante e, por isso, mais susceptível de recolher consenso: uma sociedade só era civilizada e próspera se os seus cidadãos tivessem educação e instrução; ora, se eram as mulheres, enquanto mães, quem primordialmente se ocupava deles, decorria que era necessário educar e instruir as mulheres. O corolário era, pois, o seguinte: só mulheres preparadas podiam preparar a descendência, logo, os homens. Em várias peças de Antónia Gertrudes se justificava o interesse nacional da educação das raparigas pelo papel que desempenhariam como mães e educadoras. Encararia mesmo a educação das raparigas apenas como um meio para atingir o imperativo nacional de elevar as mentes

651 AGP, «A instrucção dos principes», AAL, n.º 21, 5.1.1850, p. 161.

(masculinas)? Parece-nos tratar-se antes de uma concessão de Antónia à mentalidade da época, com o intuito de ganhar simpatizantes para a sua causa entre os muitos que, sabia, se revelariam hesitantes ou mesmo refractários às suas ideias. Senão, comparemos a sua proposta — muito mais ambiciosa — com a de António da Costa, outro campeão coevo da instrução feminina e futuro ministro da Instrução Pública.

Na sua obra *A instrucção nacional*, o autor consagrou um capítulo à instrução feminina. Uma vez que os números falavam por si, partiu da confrontação entre os dados estatísticos relativos à população estudantil masculina e feminina: se, em Portugal, por cada mil habitantes, havia uma escola para o sexo masculino, para o sexo feminino, havia uma para 6 mil; se havia um aluno para 32 habitantes, havia uma aluna para 80 habitantes; das 550 mil meninas entre 3 a 15 anos, só 27 mil frequentavam a escola; o Estado despendia 146 mil réis com a educação masculina e 18 mil com a feminina; e para as mulheres só havia estabelecimentos de instrução primária, e estes eram muito poucos.[652] Perante uma tal desproporção entre o acesso das raparigas e dos rapazes ao ensino, António da Costa sustentava «que, na duvida, a educação do sexo feminino seja preferida á do sexo masculino. Bastaria a rasão de que um homem educado póde deixar os filhos por educar; uma mulher, não os deixará de certo». Era importante educar as mulheres, «para ao depois transformarem em escola a propria casa».[653] Até aqui, ambos os paladinos da instrução feminina convergiam, tal como no que dizia respeito à importância do ensino das mulheres para as preparar para a vida activa, caso a orfandade, o celibato ou a viuvez as deixassem desamparadas.[654] As divergências surgiam quando a instrução das mulheres ultrapassava o desiderato do progresso pátrio (através da formação de cidadãos), o da felicidade familiar ou da habilitação para o exercício de uma profissão, quando desvalidas, ou seja,

[652] António da Costa, *A instrucção nacional*, 1870, pp. 125–127.

[653] *Ibid.*, pp. 127–128.

[654] *Ibid.*, pp. 144–145.

quando a escolarização feminina alcançava um valor em si. Aqui, Antónia Gertrudes Pusich ia muito mais além. Na sua obra, D. António da Costa citava Stuart Mill e a defesa que este fazia da igualdade absoluta entre os dois sexos. Discordava do filósofo britânico, por considerar que, embora a «situação da mulher» fosse «uma chaga social», ela não tinha origem na desigualdade dos sexos, mas na falta de instrução feminina. A educação era «o direito natural da mulher». Se a natureza não premiara todas com a beleza física, a todas dera «intelligencia e coração», que careciam somente de educação para florescer. Abrir às mulheres as portas da intervenção pública — as ciências, a política, os tribunais, a medicina e até a docência — teria como efeito desviá-las das suas funções primordiais de educadoras da infância e de formadoras morais. E disso se ressentiria, negativamente, a organização social. A participação das mulheres, importantíssima, deveria exercer-se «indirectamente, ou antes occultamente», ou seja, no seio da família, enquanto educadora e moralizadora. Todo o espaço de intervenção que ultrapassasse o âmbito doméstico e a família era próprio da «mulher masculina». António da Costa pugnava tanto pela «igualdade civil» — para que as mulheres pudessem dispor dos seus bens, para que tivessem direito à separação em caso de adultério simples dos maridos (e não somente quando estes acolhessem outras mulheres em casa) —, quanto pelo afastamento das mulheres da «emancipação politica e scientifica», por entendê-la contrária à sua natureza e missão.[655]

Antónia Pusich entendia que o papel de formadoras/educadoras das respectivas proles não esgotava o objectivo da escolarização das mulheres. Seria pela educação que as mulheres se emancipariam, desde logo, porque ficariam habilitadas a conseguir um emprego remunerado, se acaso a desventura as atingisse nalguma fase da vida (estaria certamente pensando em si e nas que partilhavam circunstâncias semelhantes). Não fora a instrução que o pai lhe providenciara, como poderia ter-se

[655] *Ibid.*, pp. 136–138, 142–144.

assumido como empresária da imprensa e ganhar a sua vida? Seria mais uma das muitas razões por que estaria grata ao pai, mas, curiosamente, não a expôs nos seus escritos, talvez para não alardear a comparativamente elevada instrução que recebera. Contrariamente a António da Costa, Antónia Pusich apelava à participação social e política das mulheres. Pesava-lhe não poder participar nos negócios públicos e, desde logo, não ter podido votar (nas eleições de 1845): «e eu que infelizmente pertenço a um sexo, a que despoticos preconceitos tiraram toda a ingerencia nos negocios da terra do nosso berço, vencendo esta barreira terrivel, pronunciando o meo voto á face do Universo inteiro, em vez de um voto (que seria o meo se eu fosse homem) pude ter a gloria de levar á urna muitos votos em favor do governo».[656] As mulheres não faziam então parte — nem o fariam por muito tempo — do universo dos eleitores e dos elegíveis. Antónia não fazia ainda apelo directo ao sufrágio feminino. O alcance transgressor das suas propostas não podia ultrapassar os limiares de determinados valores prevalecentes. É mais pela crítica face à situação de menoridade social e política das mulheres, e por um ou outro lamento por não lhe serem reconhecidos determinados direitos políticos, que intuímos o quanto a feria que fossem prerrogativas masculinas. Tivesse vivido alguns anos mais, e a sua voz teria certamente sido das primeiras em Portugal a ouvir-se em defesa do direito ao voto feminino. O que Teresa Salvador diz a propósito de *A Gazeta das Damas*, aplica-se a Antónia Gertrudes Pusich — era uma «presença disruptiva»[657], e altamente disruptiva, pela frontalidade, pelo tom combativo, especialmente quando sofria ataques pessoais que considerava injustos. Disruptiva também, porque revelava que as mulheres detinham capacidade de reflexão acerca de objectos que transcendiam o quotidiano doméstico e as mundanidades:

---

[656] AGP, sem título, *A Restauração*, n.º 863, 19.8.1845, p. 4992.

[657] Teresa Salvador, «Em torno dos periódicos femininos», *Cultura — Revista de História e Teoria das Ideias*, vol. 26, 2009, p. 99.

> não obstante barbaros preconceitos, que deslustrando os homens, degradáram as mulheres, reduzindo-as a prestar-se tão sómente á ser esposas e mães, ou não prestarem para mais cousa alguma [...] nós, auxiliadas unicamente por Deos, temos podido vencer todos esses prejuisos, e atravez inumeras difficuldades, offerecer á terra onde vivemos, alguns serviços, que ahi estão patentes, e de cuja importancia o publico sensato ajuisará;[658]

Acerca da missão do escritor moral, escreveu: «Assim iremos nós preenchendo nossos dias, sem vacillar, talvez porque a sociedade nega ao sexo a que pertencemos os empregos, as condecorações, e até as considerações, que oferece aos homens!...»[659] Este trecho revela a que ponto se considerava vítima de um sistema social que lhe interditava o emprego intelectual e as manifestações de apreciação e reconhecimento públicos. A escrita era, para Antónia, não apenas um ganha-pão, como também talvez tenha sido, mas o único meio de acção, de intervenção na coisa pública que lhe era tolerado, a ela e às outras mulheres, a quem procurou dar voz, já não no limitado espaço doméstico, onde sempre a tinham tido, mas na praça pública, nas páginas dos seus jornais. Era notável a sua avidez pela participação na vida cultural portuguesa de então, sobretudo nos decénios de 40 e 50. Naturalmente, dentro do que eram os limites impostos pela sua situação económica e pela sua condição de género. Se alguns dos intelectuais com os quais privava a aceitariam como uma igual ou quase igual, outros haveria que apenas a tolerariam e, outros ainda, nem isso, por se sentirem menos confortáveis na sua presença. António da Costa, que também foi um ardente apologista da educação das mulheres, ainda que para fins circunscritos, como se disse, aludiu às sessões públicas em que se discutiam os destinos da nação e em que Antónia

[658] AGP, «Instrucção publica», AB, n.º 23, 1.10.1853, p. 1.

[659] AGP, «Clamores no deserto», AB, n.º 18, 15.7.1853, p. 2.

Gertrudes tomava a palavra, expondo de maneira elevada as suas ideias e sendo por isso aplaudida. «Lisboa inteira conhecia e estimava D. Antonia Pusich», afirmava.[660] Não havendo gravações das suas intervenções, não sabemos se possuía a arte da eloquência, mas era pelo menos uma oradora a quem a convicção não faltava.

Num capítulo dedicado à marquesa de Alorna, que, aliás, admirava, Camilo Castelo Branco dizia o que pensava das mulheres de letras, distinguindo-as entre sábias e instruídas. Estas, desde que recatadas na demonstração dos seus conhecimentos, viam aumentado o seu valor, até porque a «formosura, sem os enfeites do espírito, pode impressionar mas não cativa». Já as sábias, digeriam mal o saber, porque criado por homens, e esse saber, mesmo mal digerido, ocupava o lugar das «graças nativas do coração». Resumia-se tudo, pois, a uma questão de gestão e de equilíbrio entre a quantidade e o tipo de conhecimentos. Desde que não afectassem negativamente os seus desempenhos de esposas e mães, principais papéis reservados às mulheres, até podiam substituir com vantagem as «frivolidades costumeiras» transmitidas pelas mães aos filhos. Ilustrava-o *Alcipe*, D. Leonor de Almeida Lorena. Teria Antónia Gertrudes conhecido Camilo? Eram ambos amigos e admiradores de António Feliciano de Castilho, a quem Camilo chamou «o máximo poeta».[661]

Com as lentes do século XXI, pode, enviesadamente, parecer-nos limitada e pouco ambiciosa a proposta de reformulação da representação da mulher veiculada por Antónia Pusich. Devemos, contudo, contextualizar temporal e culturalmente essa proposta. Educar as mulheres, ainda que sob a justificação do imperativo nacional — uma mulher instruída educa melhor os seus filhos, logo, os homens-cidadãos —, não era ainda, nem o seria durante muito tempo, uma prioridade dos poderes públicos e das famílias. Claro que outros, além de Antónia, pugnavam pela promoção

---

660 António da Costa, *A Mulher em Portugal*, p. 306.

661 Camilo Castelo Branco, *Esboços de Apreciações Literárias*, 1969, pp. 160–162, 224.

da educação formal das mulheres, mas foi Antónia quem criou jornais especialmente dedicados à causa. Afloraremos apenas a questão do feminismo em Antónia Pusich, reservando uma abordagem mais aprofundada para outra ocasião. Será o rótulo feminista o que melhor encaixa nas suas preocupações com a educação das raparigas e a sua preparação para a vida activa? Nikica Talan coloca o termo entre aspas, demarcando-o assim da evolução semântica que o conceito sofreu.[662] Parece-nos que só o facto de ter sido a primeira fundadora, proprietária e redactora de um jornal, para mais consagrado à instrução das mulheres, já constituía um desafio feminista, tal como a ausência de rubricas de crónica social, receitas culinárias, cuidados de beleza ou vestuário da moda.[663] Ainda que a sua avidez de projecção tivesse sido um importante estímulo para se aventurar num domínio inteiramente masculino como o era o da imprensa periódica, o facto de não procurar mendigar ajudas — afirmava muitas vezes que não gostava de se tornar pesada aos outros (se bem que as circunstâncias a tivessem obrigado por vezes a vencer essa relutância) —, mas ganhar o seu sustento e o da sua família, já revela uma postura feminista. Quantas mais mulheres do seu estrato social sofreram, como ela, a queda política e financeira das suas famílias, na sequência da guerra civil? E, no entanto, quantas fundaram jornais e proveram ao seu sustento? O facto de Antónia Gertrudes não se ter ocultado por detrás de «pseudónimos, anagramas, acrósticos ou conjuntos de iniciais»[664] (como, aliás, tantos homens faziam) era já outro acto de afirmação. Questionar a internalizada inferioridade intelectual feminina e a representação da natureza feminina implicava uma descontinuidade no paradigma da mulher, tanto no que concerne o espaço de intervenção — do privado para o público —, como o da formação dispensada — a ignorância face à alta cultura e à vida política,

---

662 Cf. «*In memoriam* à esquecida Antónia Gertrudes Pusich», p. 145 *passim*.

663 Não afirmava Antónia Gertrudes que o que poupava em luxo despendia com as suas publicações? Cf. «Instrucção publica», AB, n.º 15 (2.ª série), 15.7.1854, p. 2.

664 Teresa Salvador, *op. cit.*, p. 97.

entendida esta extensivamente. Não seria feminista quem respondia aos que «quereriam antes que fossemos cuidar nas agulhas»[665], que «erguemos a voz a favor da illustração feminil, sustentando as columnas deste jornal a liberdade intellectual de que por tantos seculos temos sido barbaramente privadas, e a que temos tão sagrados direitos como os homens»?[666] Não era esta uma declaração de guerra aos que pretendiam manter as mulheres circunscritas aos tradicionais espaços e papéis sociais femininos?

Por muito convictas que Antónia Gertrudes Pusich e outras literatas estivessem do valor em si da educação formal feminina e do direito das mulheres a ela — e está-lo-iam, uma vez que se reconheciam dotadas de intelecto não inferior ao dos homens —, sujeitavam-se a revestir a sua luta de uma aparência de conformidade com os quadros de valores dominantes. Ou seja, só jogando com as peças e as regras e no tabuleiro do «inimigo» (inimigo, aqui, como o conjunto de convenções que as tinha secularmente mantido arredadas da participação cívica) conseguiriam introduzir a novidade — no caso, a noção da indispensabilidade da educação das mulheres para o progresso civilizacional da Nação —, que saberiam, aliás, ser absolutamente disruptiva. Sabiam que qualquer «radicalismo», qualquer ruptura com os padrões da formação social que as enquadrava tinha como preço a exclusão da rede de sociabilidade intelectual em que eram (com maior ou menor relutância e condescendência) aceites, que prezavam, e que lhes conferia alguma respeitabilidade. Tratava-se, cremos, de uma acomodação estratégica. Não cremos que Antónia Gertrudes Pusich e as colaboradoras dos seus jornais ignorassem que, com a educação das mulheres, haveriam de penetrar outros valores que questionariam e abalariam alguns dos princípios estruturantes do sistema social. Mesmo que Antónia não tenha clamado explicitamente pela igualdade entre homens e mulheres, como o fez o seu contemporâneo Stuart Mill (tê-lo-ia Antónia lido?),

---

665 AGP, «A saude publica», AB, n.º 18, 15.7.1853, p. 3.

666 AGP, «A Assembléa Litteraria», ALL, n.º 22, 12.1.1850, p. 169.

e não tenha questionado abertamente a hierarquização das posições dos dois sexos na família, várias passagens dos seus escritos nos dão conta do seu feminismo, que foi tão progressivo quanto pôde ser.

Evocação do pai, epidemias e lutos

Que um deserto de abrolhos plantado
Este mundo contemplo sem ti!....
Deixa, deixa que eu chore o passado,
Pois com elle meus risos perdi![667]

Deixámos Antónia em Agosto de 1854. Nada de muito relevante parece ter ocorrido na sua vida até ao final deste ano, nem a nível pessoal nem criativo. A excepção terá sido a publicação, num número de *A Beneficencia*, do poema «Um brado a Portugal! — Um canto á Eternidade!», que escreveu para assinalar o aniversário natalício do pai, celebrado a 15 de Dezembro. No poema, que o periódico realista *A Nação* também publicaria em Fevereiro de 1855, relembrava que o pai não nascera português, mas que amara e servira a Pátria Lusa como se fosse a da sua nacionalidade: «Do que em terra nascendo extrangeira/Qual bom filho esta patria elegeu;/E das Quinas a Excelsa Bandeira/Com saber e valor defendeu!» Tinham sido a «Negra inveja serpente infernal», a «ambição desleal» o «astuto egoismo», quem agira contra o pai, para o perder. E Portugal

[667] AGP, «Um brado a Portugal! Um canto á Eternidade», *A Nação*, n.º 2206, 25.2.1855, pp. 1–2.

revelava-se insensível à reposição da verdade: «Portugal!.... porque as faces encobres/E a meus brados respondes um ai?!...» Não se redimindo perante a memória de António Pusich, era a si que a Nação se malograva: «Ai de ti, Portugal, que esqueceste/Num delirio fatal tanto amor!.../ Ai de ti Portugal que perdeste/Um heroe, um fiel defensor!» Era também um poema que celebrava o perdão (se bem que nunca o esquecimento!) de Antónia e a sua reconciliação com o País: «Alli onde a vingança não cabe,/As ofensas não vivem tambem;/E se a filha esquecer-se não sabe,/ A christã perdoar hoje vem.» Ao pai se devia este perdão, pois também ele perdoara ao País que muito amara, e Antónia pretendia seguir-lhe o exemplo cristão:

Sim perdoa, que assim resignado
O valente guerreiro espirou;
E de Christo co'o lenho abraçado
Aos algoses crueis perdoou!

Esse amor que tão puro extremoso
Te guardou o que vive no Ceu!
Em memoria do pai virtuoso
Eu te dou esse amor, hoje meu.[668]

Sempre pungente na poesia, mormente quando relembrava o pai e a mágoa pelo seu final de vida, escrevia do vazio deixado pela sua morte e da desprotecção a que a evolução dos acontecimentos políticos a condenara. No mesmo número de *A Beneficencia*, publicou um poema dedicado a um dos mais ilustres assinantes do jornal, o «Poeta-Rei»[669], Almeida Garrett, falecido na semana anterior. O jornal continuou a publicar-se no ano

---

668 *Ibid.*, pp. 1–3.

669 AGP, «Um laurel», AB, n.º 25 (2.ª série), 15.12.1854, p. 3.

seguinte, o último da sua existência. As descontinuidades na publicação prenunciavam o seu fim próximo. No final do número de 15 de Abril, Antónia informava que, «por motivos poderosos que tem reclamado as atenções da Redactora», aquele número não saíra a 1 de Abril, como deveria, e o seguinte só sairia a 15 de Maio.[670] Neste, aludia a uma carta que, em Janeiro daquele ano, lhe dirigira Gertrudes Maria Ferreira Martins, uma das filhas do que fora o maior potentado de Cabo Verde e o principal inimigo de António Pusich. Não a transcrevia por modéstia, tais os louvores com que a filha de Martins a obsequiava. Antónia referia-se a Martins nesta peça como a um homem que, pelo seu empreendedorismo, teria alcançado culminâncias, se no País «os serviços nacionais se recompensassem melhor, do que os pessoaes...»[671] E apresentava os seus quatro principais cometimentos: a canalização das águas de Monte Agarro, em Vila da Praia, permitindo ao porto da vila receber a navegação; a construção e o equipamento do Forte Duque de Bragança, na ilha da Boavista; o caminho subterrâneo da salina de Pedra de Lume; e o caminho-de-ferro na ilha do Sal, primeiro empreendimento ferroviário em solo nacional (em 1836!), que permitia o transporte de sal para os navios em carris. Dizia que era com prazer que imortalizava nas páginas do seu jornal Manuel António Martins, «que nos vio nascer, e apesar de todos os manejos com que a intriga em damno das pobres Ilhas de Cabo-Verde tentou desunir nossos pais (que alliás sempre unidos e em tempo de paz, teriam feito a felicidade d'aquelles povos) foi em todos os tempos nosso amigo, por isso honrando as suas cinzas, lhe offerecemos este ingenuo tributo de verdadeira amizade».[672]

Conhecendo-se a profunda animosidade entre os dois homens — António Pusich e Manuel António Martins —, este louvor, indiscutivelmente merecido, não deixa de revelar uma atitude muito apreciável em

670 «Expediente», AB, n.º 32 (2.ª série), 15.4.1855, p. 8.

671 AGP, «Ilhas de Cabo Verde», AB, n.º 33 (2.ª série), 15.5.1855, p. 3.

672 *Ibid.*, p. 4.

Antónia, que, aliás, várias vezes a preconizou nos seus escritos: avaliar os outros pelas suas acções, independentemente da simpatia pessoal que nos suscitam e da afeição/desafeição que lhes devotamos. Note-se, contudo, que, tal como em relação a D. Pedro, Antónia não responsabilizava os dois actores da contenda, mas «todos os manejos com que a intriga em damno das pobres Ilhas de Cabo-Verde tentou desunir nossos pais»[673]. Teria a vaidade pessoal de Antónia sido tão alimentada pelos encómios de Gertrudes Maria Ferreira Martins, a ponto de suplantar a apreciação tão negativa que, noutros textos pouco anteriores a esta peça (como a biografia do pai, escrita nos primeiros anos de 50), prodigalizara a Manuel António Martins? Recordemo-nos do que afirmou acerca do embargo dos bens da família em Vila da Praia, requerida por Martins nos anos 20. Talvez o facto de provavelmente apreciar a autora da carta, também ela uma mulher forte, ajude a explicar a atitude de Antónia Gertrudes.

Nesta altura, continuava sem esperança de recuperar a saúde e segura de que se abeirava da morte. Falava na «nossa humilde campa, enfeitando os pés da cruz junto á qual em breve repousaremos livres das fadigas de uma vida que só o berço e a tumba nos ornou de flores»[674]. Talvez esta desesperança justifique o registo ainda mais acentuadamente devoto destes últimos números, com o predomínio dos artigos de religião. Os extensos artigos de fundo passaram a ser frequentemente assinados pelo padre Rodrigo António de Almeida, sendo a sua temática invariavelmente religiosa. Em Junho e Julho, só saíram dois números do jornal, um em cada mês, o que Antónia justificou com um atraso da tipografia.[675] *A Beneficencia* retomou a periodicidade quinzenal, e Antónia, no número 42, de Novembro de 1855, quando se cumpria o terceiro aniversário da folha, embora considerando que, se cessasse a sua publicação, o jornal teria já cumprido a sua missão e já não morreria «moço», afirmava ser sua

[673] *Ibid.*, p. 4.

[674] *Ibid.*, p. 3.

[675] AGP, «*Declaração da Redactora*», AB, n.º 36 (2.ª série), 15.7.1855, p. 8.

intenção continuar a «carreira litteraria» (na qual se incluía a jornalística), assim o permitisse a sua saúde. Não eram muitos os seus assinantes, mas eram os melhores. Recomendava que não se enveredasse pela «carreira das letras como um *modo de vida*, que será o modo de se perder» (conselho que, aliás, conserva toda a pertinência e actualidade).[676]

Por volta de Setembro de 1855, Antónia escreveu a Rodrigo da Fonseca, queixando-se de um seu colega ministro, o visconde de Atouguia (António Aloísio Jervis de Atouguia). Habitualmente tão disposta a enfrentar os seus contrários, reconhecia agora que este opositor era mais forte do que ela. E passava a descrever as perseguições que havia vinte anos Atouguia lhe movia: nos anos 30, suspendera-lhe o montepio (do pai), posteriormente reposto; em 1852, tirara a um dos filhos uma colocação para a dar a um afilhado; logo a seguir, entregara a um parente outro emprego que Fontes Pereira de Melo lhe tinha conseguido para o mesmo filho; agora, que vagara um lugar na alfândega do Funchal, não seria seu filho a ocupá-lo, porque o seu «contrario» pretendia dá-lo a outro parente, um primo, que já tinha sido empregado naquela repartição e que fora despedido, por incompetente e incumpridor, pois desconhecia os mais básicos rudimentos de contabilidade e escrituração e aparecia na alfândega somente para receber o vencimento e os emolumentos. Enquanto houvesse «Lumelinos desempregados», não havia esperança para seu filho, pois o nepotismo de Atouguia conseguia superar o empenho de Fontes Pereira de Melo em conseguir-lhe uma boa colocação. Jervis de Atouguia era funchalense e empenhava-se a satisfazer a rede de relações da sua família. Contudo, escrevia Antónia, era a ela que pretendia atingir[677], e, enquanto fizesse parte do Governo, tolheria todas

[676] AGP, «Gloria a Deos, paz á Terra», AB, n.º 42 (2.ª série), 1.11.1855, p. 2.

[677] Estaria Antónia mesmo certa de que o então ministro da Marinha e Ultramar a vinha perseguindo? Fora a própria que, num artigo do seu jornal, no ano anterior, contara que Jervis de Atouguia a tinha obsequiado com dois bilhetes para assistir à despedida dos príncipes, que iam em viagem pela Europa.

as iniciativas de Pereira de Melo, deixando o seu filho continuar a servir no «ridiculo emprego de guarda». E, no entanto, Atouguia era colega de Governo e amigo de Rodrigo da Fonseca!...[678] (Devemos ler aqui uma censura ao que lhe parecia ser o descaso do seu amigo de longa data?) Antónia pedia a Rodrigo que fizesse «um milagre com o Sr. Fontes»[679], ou seja, uma vez que eram ministros do mesmo Executivo e seus amigos, que congregassem esforços para conseguir ainda o lugar pretendido pelo filho na alfândega do Funchal, e, simultaneamente, que promovessem o pagamento das letras que lhe eram devidas (ainda as de Cabo Verde) e o acesso à herança brasileira. É verdade que Antónia não se coibia de pedir protecção, sobretudo a estes amigos bem colocados; contudo, era para receber aquilo a que tinha direito ou, no caso dos filhos, obter colocações para os quais estavam mais habilitados do que os seus opositores aos cargos solicitados.

Ainda na mesma carta, lamentava que, sendo «a unica m.^er [mulher] q.' trabalha incessante p.^a dár um pequeno contingente a g.^de [grande] obra da cevilisação deste povo», não lhe fosse dada «uma recompensa de meos trabalhos, nem os meios de escrever em beneficio publico»[680]. Tinha já no prelo um manifesto que sairia por ocasião do início do novo reinado, em que abordaria esta e outras questões. Tratava-se quase certamente do «Manifesto a Sua Magestade o Senhor D. Pedro V», que publicou em Outubro de 1855, em *A Beneficencia*. Rodrigo da Fonseca parece não ter lido esta sua carta, ou pelo menos ela foi previamente lida, e resumido o seu conteúdo (no cimo da primeira página), por outra pessoa, eventualmente, um assessor. O mesmo sucedera a uma carta que lhe escrevera

678 Carta de Antónia Gertrudes Pusich para Rodrigo da Fonseca Magalhães, s.l., s.d. [c. Setembro de 1855], pp. 1–4. BNP — MR, Esp. 21, cx. 80.

679 *Ibid.*, p. 4.

680 *Ibid.*, p. 4.

pouco tempo antes, como responsável pelo jornal *A Beneficencia*.[681] Sentir-se-ia Rodrigo já doente ou seria somente falta de tempo para ler toda a correspondência que lhe chegava, mesmo a advinda de Antónia? É possível que fosse já a doença, pois em princípios de Dezembro de 1855, em carta a Fontes Pereira de Melo, afirmava-se «mal convalecido»[682]. Quem se sentia igualmente muito doente era Antónia, talvez pelo cansaço resultante da acumulação dos trabalhos de redacção com os domésticos. Esta carta foi escrita de maneira muito correntia e apressada, com alguns pequenos lapsos, palavras que faltavam e foram acrescentadas na mesma linha ou na entrelinha, e outras correcções.

A questão das letras de Cabo Verde, pendente havia muito, expô-la Antónia também nas páginas do seu jornal. Como herdeira de António Pusich, era credora do Estado, uma vez que, em tempos, seu pai fizera um adiantamento ao governo de Cabo Verde, de que nunca fora ressarcido. Depois de um silêncio de muitos anos em que, agastadíssima, percorreu os corredores do Tesouro e do Tribunal de Contas, para onde as letras tinham sido encaminhadas, decidiu-se a servir-se da visibilidade da folha que dirigia. Publicou uma exposição ao rei (D. Pedro V), ao presidente do Conselho (duque de Saldanha) e ao ministro e secretário de Estado interino dos Negócios da Fazenda (Frederico Guilherme da Silva Pereira), e ainda um poema dedicado ao conselheiro Rosa, que intitulou «Memoria», para que este levasse a existência das letras ao conhecimento do ministro interino, a fim de que este despachasse favoravelmente o pagamento. Desconhecia a razão por que tardavam em saldar a dívida que o Estado contraíra com seu pai, uma vez que já havia sido dada ordem nesse sentido.[683]

---

[681] Cf. carta de Antónia Gertrudes Pusich para Rodrigo da Fonseca Magalhães, 6.8.1855. BNP — MR, Esp. 21, cx. 80.

[682] Carta de Rodrigo da Fonseca Magalhães para António Maria Fontes de Pereira de Melo, Lisboa, 3.12.1855. BNP — MR-FPM/cx. 2.

[683] AGP, «Representação e supplica», AB, n.º 43 (2.ª série), 15.11.1855, pp. 3–5.

Na perspectiva de melhor suportar esta e outras desgastantes circunstâncias da sua vida, Antónia recorria à terapia que sempre se lhe revelara mais eficaz, a poesia. Publicou «Madeira. Saudação Lyrica» no *Almanach de Lembranças Luso-Brasileiro*[684], onde já tinha colaborado com «Um cypreste»[685], e onde colaboraria nos anos seguintes com os poemas «Lamentações»[686], «Chora!...»[687] e «A uma viuva inconsolavel. A uma flor pendida»[688]. E, quando menos se esperaria, pois que havia retomado a sua periodicidade costumeira, *A Beneficencia* cessou a sua publicação. O último número disponibilizado pela Biblioteca Nacional de Portugal — o número 45, de 15 de Dezembro de 1855 — não contém nenhuma informação que revele ou indicie o *terminus* da publicação. Tudo indica que Antónia terá prosseguido durante algum tempo mais a edição deste jornal. Parece corroborá-lo a seguinte menção, feita no primeiro número do seu terceiro jornal, *A Cruzada*: «Dois annos e meio teem decorrido desde que suspendendo os trabalhos de jornalista, nos ausentámos d'esta querida terra, e do grande mundo litterario»[689]. Ora, se subtrairmos dois anos e meio a 1 de Novembro de 1858, deparamos com a Primavera de 1856 como o período provável do final da publicação de *A Beneficencia*. Faltarão, pois, alguns números ao espólio da Biblioteca Nacional. O fim

---

684 *Almanach de Lembranças Luso-Brasileiro para o anno de 1856*, 1855, pp. 206–207.

685 *Almanach de Lembranças Luso-Brasileiro para o anno de 1854*, 1853, pp. 150–151. Este poema terá sido a primeira contribuição para o *Almanach* de um escritor nascido em Cabo Verde. Cf. Manuel Brito-Semedo, «Antónia Pusich, primeira mulher de Cabo Verde a publicar», *Esquina do Tempo*, 1.9.2017. https://brito-semedo.blogs.sapo.pt/antonia-pusich-primeira-mulher-de-cabo-578803

686 *Almanach de Lembranças Luso-Brasileiro para o anno de 1857*, 1856, pp. 339–340. Tinha publicado este poema quatro anos antes, no segundo número de AB (15.11.1852, pp. 4–5).

687 *Almanach de Lembranças Luso-Brasileiro para o anno de 1858*, 1857, pp. 274–275.

688 *Almanach de Lembranças Luso-Brasileiro para o anno de 1859*, 1858, pp. 182–183. Alguns anos antes, o poema tinha sido publicado em AB, n.º 21, 1.9.1853, p. 4.

689 AGP, «A Portugal», AC, n.º 1, 1.11.1858, p. 1.

da publicação do jornal pode estar associado aos surtos epidémicos que assolaram o País e que levaram Antónia, tal como tantas outras pessoas, a abandonar a capital.

Com o fim de 1855, terminou em Lisboa um período de paz sanitária. Seguiram-se-lhe dois anos epidémicos: de *cholera morbus*, o primeiro; de febre-amarela, o segundo. Em Agosto de 1855, Antónia dirigiu uma «Supplica» ao cardeal-patriarca de Lisboa e ao Executivo para que tomassem as resoluções necessárias — preces e medidas enérgicas — no sentido de livrar o País da epidemia que já estava grassando no Porto. Dando o seu contributo para a sensibilização de Deus para a causa sanitária portuguesa, no dia 12, com as filhas e o filho mais novo, acompanhou o regresso da imagem de Nossa Senhora da Penha de França, que tinha ido na véspera em procissão até à igreja de Santo António (junto à Sé).[690] Nem as providências governamentais nem as divinas foram, contudo, capazes de suster o avanço epidémico e, tal como tantas outras famílias, também a de Antónia Gertrudes se enlutou.

Já sem as colunas do seu jornal, Antónia escreveu dois poemas em 1856: «O Genio Portuguez — Deos: Patria: Rei»,[691] a que já aludimos, e que terá permanecido inédito, e «Um laurel»[692], que publicou num periódico portuense. Este último, escrito em Julho de 1856, tinha aparecido já em *O Portuguez*. Trata-se de um poema de dezasseis quadras, no qual Antónia relata a sua viagem de regresso da Madeira e enaltece o ex-governador do arquipélago — o então ajudante-de-campo de D. Pedro V, general José Gerardo Ferreira Passos, que com ela viajara — e ainda a tripulação do navio (*Infante D. Luiz*) que os transportara. Ainda neste ano, dirigiu um requerimento ao Ministério da Marinha e Ultramar,

---

690 AGP, «Procissão de penitencia», AB, n.º 31 (2.ª série), 15.8.1855, p. 4.

691 AGP, «O Genio Portuguez — Deos: Patria: Rei» (manuscrito), 31.7.1856, s.p. Compilação de composições poéticas de vários autores, p. 119v. BNP — MR-COD. 9151.

692 *O Braz Tisana*, n.º 214, 18.9.1856, p. 2.

no sentido de se reter na fonte metade do soldo que o marido vencia como oficial militar, e de essa metade lhe ser destinada, a título de pensão de alimentos dos quatro filhos que tivera com José Roberto Fernando e Almeida. Depreende-se, pois, que o seu terceiro marido não cumpria as suas responsabilidades parentais de prestação de alimentos. A 19 de Setembro, o Ministério pediu um parecer à Procuradoria-Geral da Coroa e, cinco dias depois, o procurador-geral, José de Cupertino de Aguiar Ottolini, pronunciava-se desfavoravelmente às pretensões de Antónia. Entendia que, independentemente de serem ou não justas, não era da competência do Governo, mas dos tribunais, decidir acerca do assunto.[693] Desconhecemos se Antónia intentou uma acção judicial contra o marido para fazer valer os seus direitos, mas é possível que as despesas e a exposição pública inerentes a tivessem desmobilizado. Já no ano anterior, no *Manifesto [...]* que dirigira a D. Pedro, por ocasião da sua maioridade, aludira ao desvalimento em que se encontravam os filhos legítimos abandonados pelos pais. Os órfãos ainda tinham asilos que os recolhessem, tal como os filhos ilegítimos tinham a Santa Casa da Misericórdia. Mas, e os filhos legítimos abandonados? Não havia que protegê-los igualmente? Lamentava que «os innocentes nascidos, e creados por mãis extremosas, e abandonados por pais desmoralisados e crueis» se vissem privados de qualquer protecção que os pusesse ao abrigo da negligência paterna. Era, claro, também a si e aos seus quatro filhos mais pequenos que tinha em mente ao reivindicar a atenção do novo rei para o vazio legal em torno da obrigação paterna de prover ao sustento dos filhos. Antónia não mencionava, no entanto, o nome do terceiro marido, nem fazia alusões mais explícitas à situação precária em que a incúria de José Roberto Fernando e Almeida

[693] Parecer de José de Cupertino de Aguiar Ottolini, 5.9.1856. PT/AHPGR//PGR/05/04/11/019.

vinha deixando os filhos de ambos. Não pretendia que a desconsideração pública do marido atingisse, por ressonância, a descendência comum.[694]

Ignoramos se Antónia ou algum dos filhos foi atingido pelo surto de *cholera morbus*; pelo de febre-amarela, que assolou a capital em 1857, foi-o a irmã. A 5 de Setembro de 1857, finava-se Ana Isabel Pusich, de 43 anos, nascida no Rio de Janeiro, entre as duas comissões que o pai desempenhara em Cabo Verde, e casada com António Nicolau de Moura Stockler, com quem já havia muito não coabitava, como atrás se disse. Morava na Rua da Cruz, em Alcântara, próximo, pois, do Tejo, onde a epidemia deflagrou com maior intensidade, devido aos muitos charcos e lamaçais da zona, propícios à concentração de mosquitos. De acordo com o assento do óbito, faleceu sem sacramentos e foi sepultada no Cemitério dos Prazeres.[695] Numa família tão devota, o facto de ter morrido não sacramentada pode indiciar solidão, atribuível à ausência do marido e dos filhos ou ao temor do contágio — a febre-amarela não era uma doença contagiosa, mas, dada a novidade, as formas da transmissão seriam ainda desconhecidas —, que poderia ter afastado a irmã Antónia e os filhos desta. Tendo em vista a conduta de Ana Isabel, menos conforme a moral sexual da época, é também possível que tivesse sofrido um eventual ostracismo familiar. Não parece, contudo, ter sido este o caso. Antónia Gertrudes, e provavelmente também os seus quatro filhos menores, não se encontravam em Lisboa desde o ano anterior. Terão sido dos muitos habitantes da capital que saíram para escapar à epidemia de *cholera* e, posteriormente, à de febre-amarela, surgida quando a anterior ainda não tinha sido debelada. Com filhos ainda muito pequenos, e uma particularmente enferma, é provável que tenha saído da cidade assim que teve oportunidade. Não estaria, pois, em Lisboa, quando a irmã adoeceu e morreu.

---

694 AGP, «Manifesto a Sua Magestade o Senhor D. Pedro V», AB, n.º 40 (2.ª série), 1.10.1855, p. 3.

695 Assento de óbito de Ana Isabel Pusich (Stockler), 5.9.1857. ANTT — ADLSB-Lv O17-Cx 58 — LRO, paróquia de Santa Catarina (1856–1864), fl. 27.

Contudo, no primeiro número de *A Cruzada*, Antónia referiu que se ausentara de Lisboa para se dedicar à família, que requerera os seus cuidados. Entre aqueles a quem tinha dispensado apoio encontrar-se-ia Ana Isabel, pois afirmava que «deveres [...] de irmã», entre outros, tinham reclamado os seus «desvellos».[696] Ora, Antónia tinha apenas dois irmãos vivos, Ana Isabel e Jerónimo António.

Jerónimo estava doente havia muito e necessitava de algum tipo de amparo, pois tudo indica que, com a sua partida para a Índia, cessara a curta coabitação com a segunda mulher, Maria Margarida Stockler. A 1 de Março de 1831, o então capitão-tenente tinha sido nomeado intendente-geral da Marinha de Goa por três anos. A intenção inicial tinha sido viajar para a Índia com sete criados e Maria Margarida, mas esta acabara por não o acompanhar. Em Abril do ano seguinte, contudo, Maria Margarida solicitara passagens e comedorias para se juntar ao marido, o que, mais uma vez, parece não ter feito, pois em Julho de 1833, quando as forças liberais tomaram Lisboa, sabemo-la a morar com os sogros e as cunhadas na casa do Largo da Estrela. Por decreto de 21 de Agosto de 1835, Jerónimo tinha sido demitido da Armada, por ser considerado afecto à *Usurpação*, mas permanecera na Índia, de onde só regressara em 1838. Neste ano, Maria Gertrudes Adelaide de Abreu Pusich, a filha mais velha do primeiro casamento de Jerónimo reclamara o direito a receber o montepio do pai, e é por este requerimento que ficamos inteirados do corte de relações entre Jerónimo e Maria Margarida. Vivera sempre com os avós paternos, e, quando o avô morrera, passara a residir com a tia Maria do Carmo, pois o pai encontrava-se ainda na Índia. Apesar de ter uma meia-irmã, filha do segundo casamento de Jerónimo, encontrava-se «inteiramente desligada» da madrasta (Maria Margarida), entre outros motivos, por determinação do próprio pai.[697]

---

696 AGP, «A Portugal», AC, n.º 1, 1.11.1858, p. 1.

697 Requerimento de Maria Gertrudes Adelaide de Abreu Pusich, 18[?].9.1838. AHMR — cx. 790.

Nos primeiros anos de 40, Antónia conseguira que Jerónimo fosse despachado para Cabo Verde como comandante militar, e ele ali cumprira algumas comissões nas ilhas Brava, de São Nicolau e de São Vicente. Era nesta última que se encontrava, quando, em Outubro de 1847, como procuradora do irmão, Antónia apresentara um requerimento à rainha solicitando a restituição de Jerónimo à efectividade do seu posto ou, em alternativa, a reforma, de maneira a voltar a vencer o soldo por inteiro, e não pela metade, como vinha acontecendo havia anos.[698] As suas pretensões foram atendidas e, pelo decreto de 9 de Dezembro de 1847, Jerónimo fora reintegrado no quadro efectivo da Armada, de maneira a ser reformado. Já capitão-de-fragata, continuara a servir no arquipélago, até que o agravamento do seu estado de saúde o fizera demandar Lisboa para se tratar, pois sofria de «um terrivel padecimento nas pernas».[699] O que pensara ser apenas uma estada de curta duração acabou por prolongar-se até ao final da vida, não tendo regressado ao arquipélago. A alteração gradual da sua letra indicia claramente por esta altura a existência de um grave problema de saúde, físico e/ou psíquico. É possível, pois, que Antónia tenha cuidado do irmão, cuja saúde se deteriorou.

Dada a concomitância das datas, parece-nos, todavia, que Antónia também prestou o seu auxílio a Ana Isabel. Talvez o receio do contágio aos sobrinhos tenha levado a irmã de Antónia a regressar à capital; ou talvez, iludida por melhoras circunstanciais, se tivesse sentido suficientemente robusta para regressar a casa, tendo piorado posteriormente. Sabemos apenas que terá morrido na capital, pois o assento do seu óbito foi lavrado no mesmo dia da sua morte, num livro de registos vitais da paróquia de Santa Catarina, em Lisboa. Uma nota de rodapé que acompanha o belíssimo poema que, em sua memória, Antónia lhe consagrou, induz-nos

---

[698] Requerimento de Jerónimo António Pusich a D. Maria II, 27.10.1847. AHMR — cx. 790.

[699] Requerimento de Jerónimo António Pusich a D. Fernando II, 12.8.1854. AHMR — cx. 790.

a pensar que assistiu aos últimos momentos de vida da irmã: «Nos ultimos instantes de vida pediu uma oração e dizendo — Vamos — n'um sorriso espirou [*sic*]!»[700]. É também possível que tenha obtido esta informação por relato de outrem. A família estava fora de Lisboa (já na Luz, onde a encontramos algum tempo depois?), mas Antónia podia ter estado presente quando a situação da irmã se agravou. Contudo, por que razão não teria providenciado para que lhe fossem ministrados os últimos sacramentos? Não teria havido tempo ou um sacerdote disponível, uma vez que a mortalidade era superior aos tempos pré e pós-pandémicos? «Ultimo adeus fraternal» é o título do comovente poema que Antónia dedicou à memória da irmã. Reproduzimos quatro estâncias, as mais pungentes:

Dormes querida irmã, somno profundo,
Serena a fronte, dormes e sorris!...
Dorme, dorme, que os vendavaes do mundo
Não vem quebrar o somno teu feliz!

As vigilias não mais, nem mais os prantos
Hão de cançar magoando os olhos teus!...
D'esses, que possuias mil encantos,
Vivem somente os que sagráste a Deus!

Niveas mãos delicadas, que souberam
Tão doces harmonias extrahir[701]!...
De marmore parecem!... mas poderam
Os sons deixar nos éccos do sentir!...

[700] AGP, «Ultimo adeus fraternal», AC, n.º 2, 15.11.1858, p. 2.

[701] Tal como as irmãs, Ana Isabel Pusich tocava piano.

Não ouves, minha irmã?... não me respondes?...
Não te movem meus prantos fraternaes?...
Espirito onde estás?... onde te escondes?...
Vagas nas regiões celestiais?!...[702]

Em mais uma nota de rodapé, esta na dedicatória, Antónia escreveu, depois de citar o nome da irmã: «aliás, baroneza da Vila da Praia, se infelizes contendas civis não tivessem trocado um titulo por um exilio!...»[703] Aludia ao exílio italiano do cunhado, António Nicolau de Moura Stockler, herdeiro do título de barão de Vila da Praia. No mesmo ano de 1857, não sabemos se antes, se depois da morte de Ana Isabel, Antónia Gertrudes publicou mais dois poemas[704] em *O Bardo, jornal de poesias ineditas*: os já citados «Mysterios da Poesia» e «Voz da amisade», nos quais se deleitava por ter sido escolhida pela divindade para integrar o círculo sagrado dos vates. Deu igualmente à estampa *Cantico devoto em honra e memoria das dores de Maria Santissima e da sagrada paixão e morte de Jesus Christo, Nosso Deus e Redemptor*, em que pedia a glória depois da morte[705].

O ano seguinte foi pródigo em grandes acontecimentos familiares, nem todos de pesar. A 8 de Maio de 1858, Antónia casava o seu segundo filho, Miguel Pusich Henriques Teixeira. A noiva, Júlia Umbelina de Ornelas, era natural da freguesia de São Pedro, Funchal, onde Miguel estava colocado como funcionário aduaneiro e onde se celebrou o enlace. A menina morava com os pais — Venceslau Joaquim Lomelino e Maria

[702] AGP, «Ultimo adeus fraternal», AC, n.º 2, 15.11.1858, pp. 11–12.

[703] *Ibid.*, p. 1.

[704] E mais outros cinco, que já tinham integrado a primeira edição desta colectânea de poesia: «O Mocho», «Uma Flor, dedicado à estreia, em Lisboa, de uma cantora italiana», «O Veterano Portuguez», «A Flor pendida», e «Um artista portuguez».

[705] AGP, «As dores da Santissima Virgem Mãe de Deus. Hymno», em *Cantico devoto em honra e memoria das dores de Maria Santissima e da sagrada paixão e morte de Jesus Christo, Nosso Deus e Redemptor*, 1857, p. 13.

Rosa (ou José) de Ornelas — na mesma freguesia.[706] Não foi uma união duradoura, tal como o não serão em geral as dos outros filhos de Antónia: a morte precoce dos cônjuges ou a separação marcarão o fim dos matrimónios na família. Com tantos afazeres familiares, uma situação financeira sempre vulnerável e mais um jornal para fundar em breve, Antónia não viajara até à Madeira para assistir ao casamento. Três dias depois, a 11 de Maio, morria Rodrigo da Fonseca Magalhães, o grande amor de Antónia. Longe ia já o tempo da paixão ardente, mas não a afeição que continuava a devotar-lhe. Esse era o único sentimento imorredoiro, que «não morre em quanto vive o coração onde nasceo»[707]. Teria Antónia visitado Rodrigo durante a sua enfermidade? Ter-se-ão despedido? É possível. Em Agosto, mais uma morte enlutou a família: a de um sobrinho de Antónia, filho de seu irmão João António, que fora lente de Matemática e que morrera em Benguela em 1823. António Ward Pusich tinha 38 anos, era casado (com Henriqueta da Anunciação e Castro), proprietário em Lobrigos e morador na Hospedaria dos Guindais, no Porto. Morreu de doença não diagnosticada às 14 horas de 25 de Agosto de 1858, e foi sepultado no dia seguinte, no Cemitério do Prado do Repouso, na cidade do Porto.[708] No final deste ano, Antónia afirmava-se «envolta em luto; o coração pungido por acerbas dores, pranteando tantos entes queridos ultimamente arrancados pela morte aos nossos braços».[709] O sobrinho e Rodrigo da Fonseca Magalhães encontravam-se certamente entre estes «entes queridos».

---

[706] Assento de casamento de Miguel Pusich Henriques Teixeira e Júlia Umbelina de Ornelas, 8.5.1858. ABM-D2/B1/E16/PE/1253 — Livro 16.º de registo de casamentos da paróquia de São Pedro (1847–1859), fls. 152v.–153.

[707] Carta de Antónia Gertrudes Pusich para Rodrigo da Fonseca Magalhães, s.l. [Lisboa], s.d. [post. 1851–ant. 10.1.1854], p. 1. BNP — MR, Esp. 21, cx. 80.

[708] Traslado de uma certidão do director do Cemitério do Prado do Repouso [19.9.1864], 21.11.1865. ANTT — Ministério da Fazenda/Finanças, Arquivo das Secretarias de Estado, cx. 305, proc. 14274.

[709] AGP, «A Portugal», AC, n.º 1, 1.11.de 1858, p. 1.

Neste ano, Antónia publicou um poema dedicado a Estefânia de Hohenzollern-Sigmaringen, a jovem princesa que naquele ano se matrimoniara com o igualmente jovem rei de Portugal, e que tão cedo o enlutaria. Dirigia-se-lhe nestes termos: «Não Te imploro por mim; trilhei caminho/Que o genio me apontou; e só no mundo,/Luctei co'a tempestade em mar de escolhos;/Atravessei desertos espinhosos;/Cumpri alta missão!... julguei cumpril-a!.../Julguei descanço ter proximo á campa!.../ Enganei-me! [...]»[710] A percepção do seu estado de saúde parecia agora afastá-la do pessimismo dos anos anteriores. Afirmava ter-se enganado quando sentia a proximidade da morte. Ter sobrevivido às duas epidemias, quando tantos lhes haviam sucumbido em todo o País, tê-la-á persuadido de que possuía maior robustez do que pensara. Talvez por isso se tivesse animado a fazer-se retratar pelo litógrafo da Casa Real, (António Joaquim de) Santa Bárbara. Também o seu amigo de longa data Rodrigo da Fonseca Magalhães, a nova rainha consorte e Fontes Pereira de Melo foram retratados por Santa Bárbara neste ano. Trata-se de um retrato muito importante para os vindouros, pois, não sendo o único que se lhe atribui, é aquele que, com absoluta certeza, permite associá-la a um rosto e a um corpo. Vemos uma mulher de meia-idade, aparentando menos anos do que à época contava (53 ou 54 anos). Tem a cabeça parcialmente coberta por uma touca, um véu ou um lenço, o que pode estar, eventualmente, associado ao luto, mas apresenta-se com um decote generoso e, sobretudo, tendo junto de si o que mais gostava de empunhar — a pena — e, sob a mão esquerda, papéis manuscritos. Olha-nos fixamente, e o seu olhar e pose francos, sem ensaio nem artifícios, parecem ressumar inteligência, verdade, força e assertividade, corroborando o que afirmava de si: «o genio, a verdade respira em todas as suas acções!»[711]

---

[710] AGP, *A Sua Magestade A Rainha de Portugal D. Estephania. Homenagem*, s.d. [1858], pp. 1–2.

[711] AGP, «A instrucção dos Principes», AAL, n.º 21, 5.1.1850, p. 162.

A última incursão de fôlego pela imprensa periódica

soffrendo bastante o corpo e a alma, é preciso sentir muito amor por esta patria, para deixarmos de pensar em nós, e, sacrificando até interesses de familia, comparecermos[712]

A CRUZADA E AS IRMÃS DE CARIDADE

Em 1858, Antónia parecia revigorada, ou não se abalançaria a mais uma jornada pela imprensa periódica. *A Cruzada. Jornal religioso e litterario* foi a última folha que ofereceu à imprensa periódica portuguesa. O título sintetizava a linha editorial do inicialmente quinzenário e também o lema da sua vida: instrução e religião, razão e fé. No primeiro número, saído a 1 de Novembro, contava que a suspensão da sua actividade jornalística por dois anos e meio, ausentando-se de Lisboa e do ambiente das letras, tinha correspondido a «dois anos de captiveiro», pois neles ficara privada do lenitivo que dulcificava um pouco os seus dias.[713] Reiterava

[712] AGP, «A Portugal», AC, n.º 1, 1.11.1858, p. 1.
[713] *Ibid.*, p. 1.

a sua autonomia intelectual e a independência das suas posições: políticas, económicas, artísticas ou outras. No segundo número, publicou o poema «Sonho», da sua parente Antónia Luísa Cabral de Teive Pontes, mas... censurando-o, como informava numa «Nota da redactora». Cortara-lhe duas estrofes, por nelas tomar a palavra D. Pedro (sempre o mesmo cuidado em não «beliscar» nenhum dos Bragança!). O poema consistia num sonho, como o título indica, durante o qual a poetisa invocava D. Pedro IV, dando-lhe conhecimento do que os liberais haviam feito na sua ausência: rasgado decretos por ele promulgados, desrespeitando direitos, condenado à indigência o clero regular e agora importando clero regular de outros países (alusão à questão das irmãs de caridade francesas, de que à frente se falará).[714] Noutra nota de rodapé, Antónia fazia questão de indicar que Antónia Luísa Cabral de Teive era «liberal das mais exaltadas», filha do tenente-coronel Diogo de Teive Cabral e Vasconcelos, que combatera por D. Pedro, fora preso por D. Miguel e morrera pouco depois de ser libertado, por se ter agravado o seu estado de saúde durante o cativeiro. A viúva, mãe de Antónia Luísa, continuava à espera de uma pensão.[715]

Ainda neste primeiro número, Antónia reiterava a sua admiração por D. Fernando, o monarca estrangeiro que se afeiçoara a Portugal, protegia os artistas e vivia «entre o povo». A 29 de Outubro parece ter estado no beija-mão ao viúvo de D. Maria II, comentando que estivera muito concorrido.[716] Em mais uma demonstração do ânimo de que estava possuída em 1858, Antónia renovou a proposta, que por duas vezes já apresentara

[714] AGP, «Sonho», AC, n.º 2, 15.11.1858, pp. 12–13.

[715] *Ibid.*, p. 12. Num poema que lhe dedicou em 1849, Antónia Luísa Cabral de Teive estabelece um paralelismo entre a vida de ambas: muito amadas pelos pais, com uma infância feliz, mas muito precocemente arrastadas para o infortúnio pelo evoluir dos acontecimentos, que precocemente lhes subtraiu a vida dos progenitores. Cf. «Á Illustre Redactora», AAL, n.º 19, 22.12.1849, p. 152.

[716] AGP, sem título, AC, n.º 1, 1.11.1858, pp. 7–8.

ao Executivo, de fundar e dirigir *pro bono* uma instituição de ensino. Fê-lo numa sessão que decorreu no Theatro de D. Maria II, em que o assunto, muito caro a Antónia, era o da instrução popular e o da criação de novas escolas, de acordo com um modelo bem português. O objectivo de acelerar a educação formal da população era transversal aos diferentes partidos, motivo por que estiveram presentes e intervieram vozes dos diferentes espectros partidários. Antónia foi uma das que se fez ouvir. Oliveira Marreca foi outra. O comentário de *A Cruzada* à sua intervenção, louvando-o pelo seu patriotismo, revela a capacidade de Antónia de respeitar diferentes — e mesmo opostas — concepções político-ideológicas, sempre que estavam em causa convicções e não adesões conjunturais marcadas pelo calculismo e pelo interesse pessoal. Oliveira Marreca não podia estar mais distante da monárquica Antónia quanto à questão do regime; no entanto, isso não obstou a que o seu entusiasmo pelo incremento da instrução popular não fosse saudado com as mais entusiásticas referências por um dos colaboradores do jornal — Albino António de Andrade e Almeida, que, no mês seguinte, se tornaria genro de Antónia.[717]

E eis que em 1857–58 estala a questão das irmãs de caridade, que tanta controvérsia gerou e na qual Antónia Gertrudes e o seu jornal não deixaram de participar. Embora se abstivesse de intervir — activamente, pelo menos — na vida e combates partidários de então, o seu empenhamento político e social continuava notável. Permita-se-nos um pequeno excurso contextualizador desta polémica. Justificando-se com o reduzido número de irmãs de caridade portuguesas[718], insuficiente para as

[717] «Patriotismo», AC, n.º 1, 1.11.1858, p. 8.

[718] Em Maio de 1855, o deputado Rodrigo de Meneses afirmara numa sessão parlamentar haver em Lisboa apenas dezassete irmãs de caridade. Cf. sessão da Câmara dos Deputados de 23.5.1855, em *Diario da Camara dos Deputados, ano de 1855*, 1855, p. 300. Também Antónia Gertrudes Pusich, dois anos antes, mencionara a existência em Lisboa de «um pequeno hospicio de Irmãs da Caridade». Cf. «As Irmãs da Caridade», AB, n.º 20, 15.8.1853, p. 1.

necessidades pedagógicas e de assistência na doença, a 9 de Fevereiro de 1857, o Governo autorizara duas associações filantrópicas de Lisboa a «importar» de França, da Congregação de São Vicente de Paulo, algumas irmãs de caridade. A Sociedade Protectora dos Orphãos Desvalidos — da qual eram protectoras a imperatriz-viúva do Brasil, D. Amélia, as infantas D. Maria Ana e D. Antónia — e a Associação de Nossa Senhora Consoladora dos Afflictos, de que o anterior jornal de Antónia fora o órgão durante algum tempo, haviam representado nesse sentido ao rei. A primeira instituição pretendia empregar as irmãs de caridade francesas na educação e no ensino das crianças que a epidemia do ano anterior tinha deixado órfãs; a segunda, destinava-as à assistência domiciliária a famílias carenciadas, assistência que envolvia igualmente formação moral e inculcamento de «resignação christã». Pouco depois, a 11 de Abril de 1857, um novo alvará, semelhante aos anteriores, autorizava igualmente a Veneravel Ordem Terceira de S. Francisco, da cidade do Porto, a recrutar na mesma congregação algumas irmãs de caridade para servirem como enfermeiras no hospital da Ordem. Era o estado sanitário do País que exigia alguma maleabilidade ideológica. Mesmo os que propugnavam por um ensino ministrado por laicos deparavam-se com a falta generalizada de escolas e professores. Tal como o pós-implantação do regime republicano veio demonstrar, a Igreja não era fácil de substituir no ensino e na assistência, em épocas em que o Estado ainda não dispunha de uma rede nacional de estabelecimentos e pessoal capaz de assegurar estas duas funções. Ora, a presença das religiosas francesas em Portugal era ilegal, uma vez que o decreto de 28[719] de Maio de 1834 do ministro e secretário de Estado dos Negócios Eclesiásticos e da Justiça, Joaquim António de Aguiar (cognominado de *o Mata-Frades*), extinguira em Portugal continental e ultramarino «todos os Conventos, Mosteiros, Collegios, Hospicios

[719] O decreto está datado de 28 de Maio; contudo, o projecto de decreto que lhe deu origem, da autoria de Joaquim António de Aguiar, leva a data de 30 de Maio.

e quaesquer Casas de Religiosos de todas as Ordens Regulares» (art.º 1.º) e determinara que os respectivos bens fossem incorporados nos bens da Fazenda Nacional (art.º 2.º). Se bem que os alvarás autorizando a sua vinda ressalvassem que esta não tinha o propósito de instituir «uma communidade regular e permanente», mas antes o de servir nos estabelecimentos onde fossem colocadas, não deixava de ir contra a lei e o espírito do decreto de Maio de 1834. O deputado Jeremias Mascarenhas parece ter sido porta-voz das patronas da ideia de trazer para Portugal as irmãs de caridade francesas. Em Março de 1857, apresentou no Parlamento a defesa do projecto, para o qual pediu o apoio do Governo. Entendia mesmo que não deveria ser transitória e conjuntural a presença das freiras em Portugal, mas que se deveriam estabelecer com carácter permanente, tal a dimensão humanitária da sua acção. O ministro da Justiça, Vicente Ferrer, embora declarando concordar com tudo o que Jeremias Mascarenhas afirmara, estando havia apenas duas semanas à frente daquele Ministério, afirmava necessitar de mais tempo e dados para responder cabalmente ao pedido de apoio apresentado.[720]

Tal dimensão atingiu a polémica em torno das irmãs de caridade — polémica que o periódico de Antónia Gertrudes Pusich também ajudou a alimentar —, que, a 3 de Setembro de 1857, apenas alguns meses depois de ter autorizado a vinda das religiosas, o Governo se sentiu na necessidade de criar uma comissão destinada a estudar a questão das irmãs de caridade portuguesas e estrangeiras. Havia que decidir entre propor um quadro legislativo no sentido de se restaurar a Congregação das Servas dos Pobres[721], criar uma escola normal de mestras ou ainda ambas as iniciativas. Constituíam esta comissão o cardeal-patriarca, que a

[720] Cf. sessão da Câmara dos Deputados de 27.3.1857, em *Diario da Camara dos Deputados*, vol. 5 — Maio de 1857, 1857, pp. 259–260.

[721] Estabelecida por decreto de D. João VI de 14 de Abril de 1819, de acordo com a regra de São Vicente de Paulo, a congregação era igualmente denominada Irmãs ou Filhas da Caridade.

presidia, o governador civil de Lisboa, o procurador-geral da Coroa, um ministro e secretário de Estado honorário, dois pares do Reino, os secretários do Conselho-Geral de Beneficência e da Sociedade Protectora dos Orphãos Desvalidos, dois deputados — um dos quais, António de Oliveira Marreca, membro da Academia Real das Sciencias, e o outro, cónego da Sé Patriarcal — e ainda outro cónego da Sé e um conselheiro.

No ano seguinte, já a questão das religiosas francesas incendiara a imprensa. A expulsão das mestras dos asilos para a infância desvalida e a sua substituição pelas freiras vicentinas francesas tinham empolgado as forças-vivas do País. Perante a inflamação dos ânimos, um deputado propôs a criação de uma comissão de inquérito para analisar a questão da introdução em Portugal das ditas religiosas. José Estêvão, deputado da oposição, opôs-se à criação desta comissão, não só porque se estava no final da Legislatura, como porque constituía um «acto de diversão» e de isenção de responsabilidades por parte do Governo, eventualmente por se ver pressionado pelas altas protecções de que beneficiavam as irmãs de caridade (vimos como a Casa de Bragança patrocinara a ideia da importação das religiosas). A questão, por ser séria, merecia uma reflexão prévia e ponderada. Mais do que a valência assistencial, era a de educação que lhe suscitava mais dúvidas. Interrogava: como poderiam as freiras francesas leccionar, ainda que as primeiras letras, se desconheciam a língua portuguesa? O fundador de *A Revolução de Setembro* entendia que haveria outros instrumentos alternativos de civilização do povo.[722] Logo no princípio da legislatura seguinte, a questão voltou a ser por várias vezes aflorada no Parlamento. Concomitante à crise de subsistências e à crise sanitária causada por duas epidemias consecutivas, a «melindrosa questão» das irmãs de caridade, conduziu à queda do ministério chefiado pelo marquês de Loulé.

722 Cf. sessão da Câmara dos Deputados de 16.8.1858, em *Diario da Camara dos Deputados*, Sessão Legislativa de 1858, vol. 3 — Agosto, 1858, pp. 222–223.

Era este impasse que se vivia quando surgiu *A Cruzada*. Logo no seu primeiro número, sob o título «Irmãs da Caridade», Antónia Gertrudes informava que iniciaria a abordagem do assunto pela transcrição do que, cinco anos antes, havia publicado em *A Beneficencia*, quando chamara a atenção para a situação daquelas freiras francesas. Avisava ainda que considerava o assunto «uma questão de brios e direitos nacionaes offendidos». Na altura, Antónia procurara despertar «os poderosos da terra» para a utilidade destas religiosas, que preteriam o seu bem-estar e a sua saúde para acudir aos mais necessitados na doença e na morte. Chegara mesmo a considerar que o apoio a estas mulheres — providenciando-se-lhes o sustento — libertaria para outras actividades os homens que se estavam ocupando destes desvalidos. Desejava que a caridade se tornasse moda, tão moda quanto a dos «vãos ornamentos que o luxo inventa», e que as «damas illustres» se devotassem a esta moda. Fazendo-o, outros as seguiriam. Apelava ao apoio de todos à Congregação das Irmãs da Caridade (portuguesas), para que se disseminasse por todo o País.[723]

O segundo número de *A Cruzada* prosseguia no assunto. Numa peça sem título, Mariana Cândida da Fonseca Dine, num tom muito contundente, ou não estivessem os ânimos lisboetas exaltados com a questão das religiosas francesas, apelava às mulheres portuguesas para que demonstrassem que não padeciam de fraca inteligência, mas de pouca instrução, e que se reunissem e debatessem o assunto da instrução. Melhorando o nível intelectual da população, esta revelar-se-ia mais imune «aos tramas jesuiticos, que, para attingir o seu fim, se têem servido quasi sempre dos espiritos fracos e da pouca illustração do povo»[724]. Se Mariana Cândida da Fonseca Dine lamentava o silêncio das professoras relativamente a esta questão, congratulava-se com as medidas tomadas em 3 e 10 de Setembro daquele ano — a primeira, criando uma comissão encarregada de estudar o assunto, como vimos; a segunda, determinando que o

[723] AGP, «As Irmãs da Caridade», AB, n.º 20, 15.8.1853, p. 2.

[724] Mariana Cândida da Fonseca Dine, sem título, AC, n.º 2, 15.11.1858, p. 13.

comissário dos Estudos do distrito de Lisboa procedesse a uma inspecção aos estabelecimentos de ensino onde se suspeitava de incumprimento da legislação que obrigava a que o ensino fosse ministrado por professores e mestras habilitados. Entre estes estabelecimentos, encontravam-se os do Instituto de São Vicente de Paulo. Ou seja, as irmãs de caridade francesas estavam na mira para serem arredadas do ensino público. A articulista, que considerara um «insulto escandaloso» terem as freiras francesas sido apresentadas como «modelos», considerava que a «reparação» tinha sido «tardia, e insuficiente», e que as professoras deveriam prosseguir a luta pela dignificação da sua profissão — desde logo, pela criação de um enquadramento legal claro acerca das habilitações e outras condições necessárias ao magistério das primeiras letras —, e pela sua protecção laboral, para que deixassem de poder ser dispensadas sem justa causa.

Antónia apresentava quatro argumentos («quatro pontos cardiaes») para desconstruir a tese da necessidade da presença das religiosas estrangeiras: em Portugal, havia muitas mulheres dispostas a entrar na congregação de São Vicente de Paula, se se lhes fizesse sentir a utilidade da sua missão; padres estrangeiros para as dirigirem eram igualmente dispensáveis, uma vez que abundavam no País sacerdotes mais habilitados, porque conhecedores dos costumes e do carácter da população; também como professoras das crianças desvalidas, as freiras estrangeiras eram prescindíveis, já que havia em Portugal mulheres tão ou mais qualificadas para desempenhar essa função, e, desde logo, porque as francesas não conheciam o idioma falado pelos seus alunos; por fim, também para catequizar e orientar moralmente a infância, não se compreendia a importação de religiosas e religiosos franceses, quando era Portugal e não a França exemplo maior de fidelidade à religião cristã, mesmo em épocas de sobressaltos político-sociais. Não fora Portugal, mas a França, que primara pela iconoclastia e pela decapitação de monarcas e outros estadistas.[725]

[725] AGP, «Irmãs da Caridade», AC, n.º 3, 15.12.1858, p. 17.

De entre os vários textos entretanto surgidos em torno da questão das irmãs de caridade francesas, avulta o «Manifesto da Associação Popular Promotora da Educação do Sexo Feminino ao Partido Liberal Português», que Alexandre Herculano juntou a um volume dos seus *Opusculos*.[726] A Associação afirmava-se composta por liberais de diferentes facções, com o objectivo prosélito de «annullar [...] as tentativas de reacção antiliberal, cuja manifestação mais importante é o empenho de transviar a educação popular, entregando-a a congregações religiosas, não só estrangeiras, mas tambem regidas por principios oppostos ás instituições do estado»[727]. Apresentado o programa da Associação, passava-se directamente à questão que o suscitara, a importação de clérigos regulares estrangeiros. Apresentavam-se cinco grandes grupos de razões que faziam a Associação rejeitar a vinda das religiosas: patrióticas, pedagógicas, assistenciais, legais e de sobrevivência do próprio regime liberal. Quanto às considerações patrióticas, entendia-se que o «sentimento nacional» fora «ferido». Perguntava-se: não haveria em toda a população feminina portuguesa meia dúzia de mulheres que pudessem ocupar-se da educação dos órfãos feitos pelas epidemias de 1856 e 1857? Não era isso uma ofensa às mulheres portuguesas? Relativamente às considerações pedagógicas, também elas não justificavam a vinda das irmãs de caridade. Mais uma vez se inquiria: que capacidades adicionais detinham as freiras francesas em relação às mestras portuguesas para se ocuparem de um asilo-escola, elas, que não possuíam habilitação própria para exercer o magistério? Comentando o relatório da comissão de inspecção criada pelo diploma de 3 de Setembro de 1858 para averiguar a situação dos que exerciam o magistério nos estabelecimentos da Ajuda e da Rua de Santa Marta, questionava-se no «Manifesto [...]»: Se os professores de primeiras letras, homens

[726] «Manifesto da Associação Popular Promotora da Educação do Sexo Feminino ao Partido Liberal Português», 1858, em Alexandre Herculano, *Opusculos*, tomo II — *Questões públicas*, 1873, pp. 243–337.

[727] *Ibid.*, pp. 245–246.

e mulheres, não possuíam com frequência habilitações literárias suficientes para exercerem o magistério, que dizer das irmãs de caridade estrangeiras que, além de também as não possuírem, ainda por cima falavam uma língua inapreensível para os discípulos? Também no que dizia respeito à valência assistencial, não se justificava a vinda das freiras. Pois não era a mulher naturalmente irmã de caridade? Não eram «o seu instincto, a sua indole, o seu destino» acercar-se dos que padeciam, «como a mariposa á roda da luz»? A «piedade e a paixão do sacrificio» eram os votos com que Deus dotara as mulheres.[728] Do ponto de vista legal, era absoluta a incompatibilidade entre o congregacionismo das irmãs de caridade e a legislação portuguesa, que havia mais de dois decénios tomara posição em relação ao clero regular. Mas mais importante do que todas estas considerações era estar-se perante «uma vasta conspiração contra a liberdade»[729]. Fora um «pensamento de reacção social», premeditado, que animara os que se não conformavam com a nova ordem liberal. Era o absolutismo que, sob uma falsa aparência de assistencialismo e zelo pela educação dos desvalidos, procurava restaurar-se. Vinha-se servindo para isso da parte do clero que, oportunisticamente, por sua vez, pensava tirar partido dos realistas para reinstaurar a «supremacia clerical sobre o poder civil». No fundo, era a união conjuntural e interesseira de dois poderes historicamente antagónicos e em disputa, o da monarquia absoluta e o do papado, o do absolutismo e o do ultramontanismo.[730] Foram quatro anos de viva discussão. Entregar a educação das crianças a corporações religiosas suscitava reacções diversas. Aos que pugnavam pela secularização da sociedade não podia agradar a entrega da instrução das crianças a religiosas. Pretendiam um ensino laico, ministrado por laicos. A outros, como Antónia Gertrudes, que até tinham defendido anos antes a canalização das freiras para a educação dos desvalidos, não repugnaria que fossem religiosos a ocupar-se da instrução

---

[728] *Ibid.*, pp. 261–265, 310, 320.

[729] *Ibid.*, p. 311.

[730] *Ibid.*, pp. 269–270.

da infância e da juventude. Todos pareciam, no entanto, enjeitar a importação de agentes de ensino estrangeiros, sobretudo quando esses agentes não possuíssem qualificações superiores aos agentes nacionais, no caso, as mestras. As irmãs acabaram por ser expulsas e, em 1862, fundou-se uma associação para protecção da infância desvalida.

No terceiro e último número conhecido de *A Cruzada*, saído a 15 de Dezembro de 1858, Antónia transcrevia um extracto da carta que Maria José da Silva Canuto lhe endereçara, parabenizando-a pela nova publicação, que «se ostenta altiva, e bella». Canuto relembrava que, se era útil para os leitores, para a sua proprietária e chefe-de-redacção, «só ficam os incommodos, e os cuidados que esses trabalhos trazem comsigo».[731] Por sua vez, imediatamente antes da carta de Maria José Canuto, Antónia fazia o elogio muito merecido da «nossa illustre poetisa, e eximia professora».[732] Quão longe iam já os tempos dos ânimos antagónicos das duas mulheres, plasmados nas páginas de *A Restauração*!

O final deste ano de 1858 foi marcado por mais um casamento na família de Antónia Gertrudes. A 8 de Dezembro, casava-se a sua filha mais velha, Antónia Pusich de Melo Fernando e Almeida. O noivo, Albino António de Andrade e Almeida Albuquerque, era filho de Francisco José de Almeida Sá e Albuquerque e de Antónia Benedita de Andrade Serra. Se bem que morador na freguesia das Mercês, não era natural da capital, e fora baptizado na freguesia de São Vicente Mártir da Vila de Abrantes. A cerimónia teve lugar na igreja de Nossa Senhora das Mercês, em Lisboa, e um dos padrinhos foi José Bernardo da Silva Cabral, conde de Cabral.[733] De entre os casamentos das três filhas, este terá sido o que mais agrado

731 Extracto de uma carta dirigida por Maria José da Silva Canuto a Antónia Gertrudes Pusich, transcrito em AC, n.º 3, 15.12.1858, p. 18.

732 AGP, «Congratulação patriotica», AC, n.º 3, 15.12.1858, p. 18.

733 Assento de casamento de Antónia Pusich de Melo Fernando e Almeida e Albino António de Andrade e Albuquerque, 8.12.1858. ANTT — ADLSB-Lv C9-Cx 26 — LRC, paróquia de Mercês (1850–1868), fl. 119.

terá suscitado a Antónia. Amélia sofrerá os maus-tratos do marido, e Ana Isabel Filomena separar-se-á judicialmente. Ao invés, Antónia receberá a demonstração pública do amor e da admiração que Albino de Andrade e Almeida lhe votava. No livro de poesias que publicou em 1899, quarenta e um anos depois de se casarem, encontra-se um dedicado por Albino a Antónia, sua «Açucena/Dilecta flôr d'esta alma enamorada». No poema, louvava-lhe a serenidade, a dedicação, o desvelo e a maternalidade de que quotidianamente dava provas, sobretudo depois do grave e incapacitante acidente ferroviário que Albino sofrera, e que lhe levara pelo menos uma das pernas. Tão excelente Antónia se manifestava, que Albino lamentava faltar-lhe o engenho para a cantar como merecia: «A ti — se eu pertencêra aos immortaes,/Se fôra vate, se podera tanto —/Deificava-te em versos magistraes.»[734]

Mais uma vez, parece difícil o acesso à colecção completa do jornal de Antónia Gertrudes. As bibliotecas públicas possuem apenas os três primeiros números. É possível, contudo, que tenham saído mais, uma vez que a sua proprietária e redactora informava os leitores, no final do segundo número, que, a partir do seguinte, seriam brindados com «um bello folhetim theatral».[735] Apesar de se deparar com dificuldades na distribuição do jornal — o que atrasara a edição e a levava a espaçar a sua publicação, tornando-a mensal —, mostrava-se na disposição de prosseguir e «chegar ao fim a que nos propozemos sem franquear o passo: não obstante peregrinarmos sem bordão». Além da falta de distribuidores, Antónia enfrentava ainda outra contrariedade: o folhetinista com que contara, falhara-lhe. Ora, os textos literários, sobretudos os romances e as peças teatrais, quando publicados em folhetim, atraíam aos jornais muitos leitores. Antónia viu-se, pois, privada desta «atracção», com a qual contaria para aumentar e fidelizar o seu público. Por outro lado, pretendia

---

734 A. A. Andrade e Almeida, *Poesias Patrioticas e outras ineditas*, p. 260.

735 AGP, «Boa nova a nossos leitores», AC, n.º 2, 15.11.1858, p. 16.

ausentar-se de Lisboa. Iria ao Porto e a Lobrigos.[736] A ida a estas duas localidades prender-se-ia com a morte, ocorrida uns meses antes, do seu sobrinho-neto António Ward Pusich? António residia no Porto, onde foi sepultado, e tinha bens em Lobrigos. É possível que a viagem se destinasse a uma visita ao cemitério e, eventualmente, a tratar de alguns interesses relacionados com a herança do sobrinho-neto.

Tanto *A Cruzada* como os dois títulos que o antecederam eram jornais de pequeno formato, com um relativamente reduzido (para os padrões actuais) número de páginas (sempre oito). No que diz respeito ao aspecto gráfico, os três jornais apresentavam-se próximos, denotando-se uma depuração crescente, especialmente no cabeçalho, e mais manifestamente no último. Plasmados nos títulos, estavam os principais conteúdos e a orientação programática. Três grupos de temas absorviam o essencial dos seus jornais: (1) a instrução das mulheres e daqueles a quem a condição de classe subtraía à frequência das poucas escolas existentes, e que constituíam o grosso da população; (2) a religião, a moral e a solidariedade com os desafortunados; (3) a literatura, a crítica teatral, a história e a ciência. Artigos de temática política, sobretudo versando assuntos de interesse nacional, faziam mais raramente a sua aparição nas colunas de *A Assembléa Litteraria*, *A Beneficencia* e *A Cruzada*. Já as querelas partidárias estavam completamente ausentes das suas colunas. Aliás, a concepção editorial de qualquer dos seus periódicos não as contemplará. As possessões ultramarinas portuguesas, e, muito especialmente, Cabo Verde — por ser o berço de Antónia, por lá ter vivido muitos anos, lá ter criado laços e por conhecer melhor a sua realidade —, não eram negligenciadas nas páginas dos seus jornais. Presença relativamente assídua era igualmente a Madeira, onde o seu segundo filho se casara e trabalhava e onde Antónia fora muito bem acolhida. Duas pequenas secções — uma de passatempos, constituída geralmente por uma charada e/ou acróstico — e outra de

736 «Expediente», AC, n.º 3, 15.12.1858, p. 24.

expediente terminavam a edição. Crónicas mundanas, conselhos de economia doméstica, de arranjo e decoração de interiores primavam pela ausência, tal como artigos sobre moda, vestuário, acessórios, penteados ou gastronomia. Mesmo a saúde só muito raramente era abordada, excepção feita à terapêutica homeopática, a que a própria redactora se submetera, e que começava a ganhar os primeiros simpatizantes em Portugal.

A CORRESPONDÊNCIA COM O «GENIO SUBLIME»

Alguns meses depois de terminar a sua actividade empresarial na imprensa periódica, a atenção de Antónia Gertrudes foi disputada pela preparação do casamento de uma das suas filhas. A 1 de Maio de 1859, Ana Isabel Filomena, com 18 anos, casava-se com o igualmente lisboeta Pedro Maria Posser, um filho *natural* posteriormente perfilhado[737], de 17 anos. Foram testemunhas do enlace António Feliciano de Castilho e Manuel de Paiva Reis e Sousa[738], vizinho da família na Rua dos Caetanos. Do enlace, que terminará em separação, nascerá no ano seguinte um filho, Ernesto Pusich Posser.

Não obstante um hospital pediátrico da capital a ter adoptado como patrona, e assim ter imortalizado o seu nome, a rainha D. Estefânia teve um reinado muito curto. A 17 de Julho de 1859, morria de difteria, aos 22 anos. Três dias depois, Antónia Gertrudes consagrou-lhe o poema *Saudade* (*Á memoria da virtuosa Rainha de Portugal a Senhora D. Estephania. fallecida em 17 de Julho de 1859. Dedicada a seu augusto e saudoso consorte El-Rei o Senhor D. Pedro V*). Ainda em Julho, antes

---

[737] Assento de baptismo de Pedro Maria Posser, 16.6.1841, e nota exarada à margem do mesmo. ANTT — ADLSB-Lv B7-Cx 3 — LRB, paróquia de São Paulo (1838–1851), fl. 49.

[738] Oficial taquígrafo da 2.ª Repartição da Secretaria da Câmara dos Pares do Reino, que seria posteriormente nomeado director-geral da Repartição Taquigráfica.

de o dar ao prelo, enviou-o a Castilho, para que o lesse «e q̇. com a fraternal sincerid.e que lhe mereço», lhe dissesse se era publicável e lhe corrigisse os principais erros. Não pretendia que se repetisse o que sucedera com o poema que dedicara à infanta D. Maria Ana, filha de D. Fernando e da falecida rainha D. Maria II, que permanecia na gaveta, e que não tivera «ainda paciencia de copiar» para o oferecer ao rei. Distante de Castilho — Antónia residia então na Luz e o poeta estava em Lisboa —, queixava-se em carta tarjada de preto: «arrefesse-me ou antes apaga-se este fogo poetico». O descaso dos governantes portugueses pelos homens de letras contribuía para esse arrefecimento. Não fora o ânimo que Castilho lhe incutia e os seus «continuos conselhos» e já se teria resignado a não ser «mais do q.e uma boa lavradora».[739] Esta última referência parece indiciar que Antónia vinha administrando uma propriedade agrícola não muito longe de Lisboa. Sabemos que ou já possuía ou viria a possuir prédios rurais na Lezíria do Tejo. Tratar-se-ia dos mesmos?

O principal propósito da sua carta era, no entanto, conhecer a opinião de Castilho acerca da publicação de um pequeno compêndio que reunisse aquilo que vinha escrevendo sobre a educação e o *Método Repentino* destinado às escolas da Associação (referência provável à Associação Promotora de Educação Popular, de que era membro). Havendo tão poucas obras portuguesas de pedagogia e, que soubesse, nenhuma escrita por uma mulher (é inegável que a consciência do seu pioneirismo a estimulava a escrever), e atendendo ainda ao facto de que escreveria *pro bono*, talvez o Governo custeasse a edição. Tinha tantos projectos de escrita, que, por muito tempo que ainda vivesse, não conseguiria executá-los todos. Recordava ao poeta como estava «mto. estupida, vivendo eu só, ou com a gente do campo, q̇ sabemos como fallão e vivem». O filho mais novo, António, afilhado de Castilho, saía do Colégio Militar, provavelmente

[739] Carta de Antónia Gertrudes Pusich para António Feliciano de Castilho, Luz, 30.7.1859, p. 3. ANTT — CC, cx. 63, mç. 2, n.º 161.

de licença, no dia 2 de Agosto, e ambos queriam visitar Castilho e a mulher. Perguntava, pois, ao poeta, em que dia lhe seria mais conveniente recebê-los.[740] Infelizmente, não dispomos da resposta de António Feliciano de Castilho a todas estas questões que a sua amiga lhe colocava. Numa missiva que lhe dirigira uns dias antes, pedia a Castilho uma carta de recomendação para que António Porfírio Martins, filho do antigo porteiro do Real Colégio Militar, se apresentasse perante Palmeirim. Aquele pelo qual intercedia servira seis anos na mesma instituição militar e saíra apenas porque formara família e lhe era difícil deslocar-se a Mafra. Contudo, encontrando-se sem recursos, pretendia retomar o seu lugar de ajudante de polícia. Uma das cunhadas de António, Maria Margarida Stockler — segunda mulher de seu irmão Jerónimo e filha do falecido barão de Vila da Praia —, tinha, por sua vez, instado para que Antónia «amadrinhasse» Porfírio Martins. O circuito dos empenhos, neste caso, era o seguinte: a cunhada de Antónia pedira-lhe que pedisse a Castilho que, por sua vez, pedisse a Palmeirim (quase certamente, Augusto Xavier Palmeirim, que fora director do Colégio Militar) que intercedesse para que Porfírio Martins alcançasse o desejado posto. Usualmente muito crítica destes compadrios, Antónia não se lhes subtraiu inteiramente. Em Janeiro daquele ano, António Pusich de Melo, o mais novo dos filhos de Antónia, começara a frequentar o Real Colégio Militar.[741] Fora ao empenho de Castilho, de quem era afilhado, que se devera a sua entrada naquele estabelecimento. Meio ano depois, a mãe manifestava-se muito satisfeita com o desempenho e os progressos do filho. Sem quaisquer conhecimentos prévios de latim e de francês, destacara-se a ponto de já ocupar o banco da frente e ter recebido louvores naquelas disciplinas, além de ter bom comportamento. Orgulhosa e zelosa, Antónia pedia ainda

740 *Ibid.*, pp. 3–4.

741 Associação dos Antigos Alunos do Colégio Militar, *op. cit.*, p. 72.

a Castilho que recomendasse igualmente António, que não desiludira nem o seu padrinho nem a sua mãe.[742]

A carta que Antónia recebera de Castilho por volta de Julho de 1859 animara-a novamente a escrever, numa fase em que «o sangue [...] parece quaze gelado nas veias». A energia de Castilho contagiara-a e sentia de novo «vontade de escrever — mas no retiro —, na solidão!». Num acesso de imodéstia, dizia-lhe que «o pais q̀ lh'o agradeça», pois ela não sabia se deveria estar-lhe grata, uma vez que, se aos homens de letras, a glória, mesmo tardia, compensava todas as penas sofridas, as mulheres só «cruz e coroas espinhosas» podiam expectar. Regozijava-se de ver Castilho subtraído à «sorte de Camões», que só depois de morto fora glorificado.[743] Era uma mulher que assumia o seu desejo de notoriedade, uma mulher que ansiava por reconhecimento público e que ousava afirmá-lo, ao invés de se acobertar na discrição, na modéstia, no recato.

No final deste ano, teria oportunidade de colher o seu pequeno quinhão de glória numa obra colectiva, para a qual os irmãos Castilho haviam solicitado a colaboração de quase todas as notabilidades das humanidades, das ciências e da política de então. Em carta ao irmão José, a residir no Rio de Janeiro, António Feliciano de Castilho perguntava-lhe: «A nossa literatura vae aqui fazer uma figura bonitinha, não te parece?» Referia-se à obra que seria dada à estampa com o título *Os Fastos de Publio Ovidio Nasão com traducção em verso portuguez por Antonio Feliciano de Castilho seguidos de copiosas annotações por quasi todos os escriptores portuguezes comptemporaneos*. Castilho estava ainda a traduzir a obra, e pedira a mais de cem vultos que colaborassem com notas a diferentes passagens do livro. Até o rei, D. Pedro V, fora convocado, mas Castilho não tinha obtido ainda a resposta do Paço. Em Outubro de 1859, já tinha convidado noventa e sete personalidades, e tinha ainda mais de meio cento de nomes

[742] Carta de Antónia Gertrudes Pusich para António Feliciano de Castilho, Luz, 25.7.1859, p. 5. ANTT — CC, cx. 63, mç. 2, n.º 145.

[743] *Ibid.*, pp. 1–3.

em carteira, aos quais iria escrevendo à medida que tivesse tempo. Entre eles, contava-se Antónia Gertrudes Pusich, simplesmente designada na missiva ao irmão por «Pussich». Na carta que lhe escreveu a «convidá-la» para integrar a «ninhada dos entre cem e cento e cincoenta collaboradores das notas»[744], Castilho dirigia-se-lhe num tom imperativo, ordenando-lhe que redigisse uma nota, a assinasse e lha remetesse até final do mês de Janeiro. Dava-lhe, pois, um mês para o fazer, pois considerava que, «no remanso campestre, e na Luz», não lhe faltariam «nem inspiração, nem appetite de poetar». Afinal, era o que «todos os litteratos e litteratas de Portugal» estavam naquele momento a fazer! E, antes de terminar a carta, exigia-lhe que fosse expedita e lhe remetesse a sua anotação à passagem dos *Fastos* antes do final de Janeiro. Para lhe poupar tempo e trabalho a pensar no assunto que desenvolveria na nota, dizia-lhe acerca do que deveria escrever. A Ovídio, custavam-lhe as festas pagãs do mês de Abril, pois lhe faziam recordar o que já não era, a juventude passada e o mestre do amor que fora. Antónia Gertrudes, «que é tão poetisa, e que pelo seu estado póde fallar d'estas coisas do coração, tão magistralmente como das do espirito», que escrevesse sobre isso, podendo juntar versos se lhe aprouvesse. O «estado» a que se refere seria o civil (de viúva), o etário (Antónia contava então 53 ou 54 anos) ou ainda o da sua experiência amorosa (uma vez que contara três casamentos)? Certo é que, se se tratasse de «uma mulher vulgar, comída de prejuisos, e dominada de preocupações frivolas», ele, António Feliciano de Castilho, «não ousaria [...] fazer uma encommenda d'este genero».[745] Antónia acabou mesmo por responder positivamente ao desafio de António Feliciano de Castilho, contribuindo

---

[744] «Carta de A. F. de Castilho a D. Antonia Gertrudes Pussich, em 28 de dezembro de 1859», Lisboa, 29.12.1859. ANTT — CC, cx. 66, mç. 2, n.º 301. Na transcrição, a carta surge datada de 29 e não de 28 de Dezembro.

[745] *Ibid.*

para a sua obra com a nota (a 46.ª) «Hercules Musagete».[746] Terminava-a com um poema alusivo ao tema, ou seja, a Hércules, «dando a volta» à humilhação do herói pela rainha da Lídia, Omphale. Afinal, «Não pode a materia dar gloria ao sublime,/vem força divina teu nome exaltar!/Aqui só virtude no canto se exprime;/As musas não sabem heroes humilhar.»[747]

Foi este, no fundo, um dos lemas que Antónia Gertrudes se impôs e cumpriu. A obra foi publicada pela Academia Real das Ciências em 1862. A nótula bio-bibliográfica de Antónia Gertrudes Pusich constante desta obra dá-nos a conhecer títulos da autora, que, desaparecidos, parecem não se encontrar nas bibliotecas públicas nacionais: *Elegia á morte de D. Marianna de Sousa Holstein*, *Elegia á morte da Duqueza de Palmella*, *Á minha patria, memoria sobre um ramo de agricultura e commercio*[748], *Apontamentos biograficos e poesia, sobre o infeliz José Pedro de Senna, capitão do brigue Marianna, naufragado em Aveiro*. A nótula indicava ainda que Antónia tinha dispersados pela imprensa periódica «diversos artigos sobre politica e utilidade publica». Dizia-se igualmente que tinha por publicar sete dramas (*Jerusalem*, *Julia*, *Amessi*, *Placidia*, *A conquista de Tunis*, *Vingança por vingança* e *Espargo no monte*), um volume de poesia (*Meditações em Abril*) e um compêndio sobre educação, plausivelmente, aquele de que falara a Castilho. Além da longa lista de títulos apresentada, dizia-se que era ainda autora de «sonetos, idilios, odes, cantatas, elegias, decimas, quartetos, epistolas, e varias poesias de differentes generos, antigas e modernas».[749] Nesta altura, além da Associação Promotora

---

[746] AGP, «Hercules Musagete», em António Feliciano de Castilho, *Os Fastos de Publio Ovidio Nasão com traducção em verso portuguez por Antonio Feliciano de Castilho seguidos de copiosas annotações por quasi todos os escriptores portuguezes comptemporaneos*, tomo III, 1862, pp. 571–574.

[747] *Ibid.*, p. 574.

[748] Consultável na transcrição publicada em AB, n.º 8, 1.4.1854, pp. 3–5.

[749] António Feliciano de Castilho, *Os Fastos de Publio Ovidio Nasão [...]*, tomo I, pp. LVIII-LIX.

de Educação Popular, Antónia era membro do Grémio Popular.[750] Esta associação, fundada em 1857 com o propósito de levar a instrução às classes desfavorecidas, organizava cursos e palestras e dispunha de uma biblioteca. Contava com Castilho entre os seus filiados, e com uma das colaboradoras dos jornais de Antónia entre os seus professores — Maria José da Silva Canuto. Além de leccionar na escola primária feminina da freguesia das Mercês, Canuto ensinava gratuitamente na instituição, onde regia o curso nocturno.[751] Era, à época, a única mulher entre os docentes do Grémio Popular.

Ainda em 1859, Antónia publicou um opúsculo poético de homenagem a Maria Henriqueta do Casal Ribeiro, destacando a sua índole caritativa e altruísta.[752] No ano seguinte, a família alargou-se com mais um casamento e a entrada de um novo genro. A 31 de Maio, na igreja paroquial de Nossa Senhora das Mercês, Maria Amélia Pusich de Melo, de 18 anos, casou-se com José Júlio Raposo de Carvalho. O noivo, da mesma idade, era escrivão e tabelião na freguesia de São José. Tal como o futuro marido da primogénita (Antónia) de Antónia Gertrudes, de quem José Júlio era amigo de longa data, também o de Maria Amélia fora colaborador dos jornais da mãe de ambas. O assento de casamento refere que Amélia morava na Calçada dos Caetanos, n.º 5. Parece, pois, que, quando regressou do seu «retiro» da Luz, a família passou a ser vizinha do Conservatório Nacional. O conselheiro António Maria Barreiros Arrobas, que tinha terminado no ano anterior a sua comissão como governador de

---

750 *Ibid.*, p. LVIII.

751 José Silvestre Ribeiro, *Excerpto da historia dos estabelecimentos scientificos, litterarios e artisticos — Gremio Popular, Associação Escolar Installada em 24 de Outubro de 1857*, 1883, pp. 3, 6, 12.

752 *Lamentos á saudosa memoria da Ill.ma e Ex.ma Sr.a D. Maria Henriqueta do Casal Ribeiro*, 1859.

Cabo Verde, foi uma das testemunhas do casamento.[753] Este compadre de Antónia Pusich era mais um dos muitos elos que a ligaram sempre ao arquipélago natal. Este enlace não foi, contudo, feliz, como adiante daremos conta. Além de um casamento, 1860 registou pelo menos um nascimento e um óbito na família. Miguel Pusich Teixeira e Júlia Umbelina de Ornelas foram pais de Eduardo, baptizado com o nome do seu padrinho, Eduardo Augusto da Silva Cabral, filho do conde de Cabral, o irmão e antigo correligionário de António Bernardo Costa Cabral, com quem posteriormente se desaveio. Os Pusich e os Cabral continuavam, pois, nas suas boas relações muitos anos depois de Antónia ter servido a sua causa. Antónia conservou a amizade dos dois irmãos, mesmo depois de eles se terem desentendido. Terá sido ainda neste ano de 1860, em Abril, que morreu um sobrinho de Antónia, o único filho de Maria do Carmo Pusich e de Joaquim António de Matos. A sua morte inesperada, na Guiné, onde vivia, lançou Antónia em mais um desgastante frenesim burocrático. A seu tempo, voltaremos ao assunto. O casamento da filha e o nascimento do neto não ocuparam toda a atenção de Antónia, que, também neste ano, publicou *Parabens a Sua Magestade o Senhor D. Fernando II em memoria do consorcio de Sua Filha A Senhora Infanta de Portugal-Princeza de Saxonia D. Maria Anna e do Nascimento da primeira Neta do Mesmo Augusto Senhor.* Fernando continuava a patrocinar as obras de Antónia e, em troca, ela ia-o presenteando com escritos poéticos.

No ano seguinte, D. Fernando (e a Nação) necessitaria certamente de consolo. O seu primogénito e rei, D. Pedro V, contraiu febre tifoide e não lhe sobreviveu. Os poucos anos do seu reinado tinham-no feito querido dos portugueses, pelas suas preocupações sociais, pela sua presença nos momentos de aflição, como quando, subjugados pelas epidemias ou inundações, os visitava nos hospitais ou nos bairros destruídos.

---

[753] Assento de casamento de Maria Amélia Pusich de Melo e José Júlio Raposo de Carvalho, 31.5.1860. ANTT — ADLSB-Lv 9-C — LRC, paróquia de Mercês (1850–1868), fl. 139.

A sua preparação científica, a sua aplicação no estudo dos dossiês encaminhados pelo Governo, o cuidado posto nas questões pedagógicas e infra-estruturais faziam dele um monarca empenhado no bem-estar dos súbditos e no desenvolvimento do País. A sua morte foi muito sentida, também por Antónia Gertrudes, que lhe dedicou o *Canto saudoso ou lamentos na solidão — Á memoria do virtuoso Monarcha o Senhor Dom Pedro V.* Numa nota a um dos poemas, dizia do falecido rei que, «desde a sua infancia, dignou-se accolher-me com as mostras de maior bondade e benigno agrado; quando já rei, premiou com sua real protecção os meus humildes escriptos. Conhecia elle bem aquelles que o amavam!», e, mais à frente, não particularizando o seu caso, mas percebendo-se que era em si que pensava, dizia que o rei tinha demonstrado «consideração por aquellas pessoas a quem o sopro infernal da inveja e a voracidade egoista, levando o oiro» e «uma brilhante posição social», «souberam alcançar outra mais alta e segura, com o unico titulo que os reis da terra não podem conferir»[754]. Essa outra posição era, naturalmente, a proporcionada pela glória e pela perenidade da memória do seu nome, que Antónia cria ter garantidos. A D. Luís, que acabava de ser coroado, pedia que igualasse o irmão no amor aos súbditos.[755] Quatro meses antes de morrer, D. Pedro V concedera a João António Pusich, o filho do primeiro casamento de Antónia, a serventia vitalícia do cargo de aspirante da alfândega de Barca de Alva, por decreto de 10 de Julho de 1861. A 25 de Novembro do mesmo ano, foi já D. Luís quem lhe mandou passar a carta de serventia vitalícia no referido ofício.[756]

---

[754] AGP, *Canto saudoso ou lamentos na solidão [...]*, p. 15.

[755] *Ibid.*, p. 13.

[756] Carta de serventia vitalícia do ofício de aspirante da alfândega de Barca de Alva passada a João António Pusich, 25.11.1861. ANTT— RGM, D. Luís, liv. 2, fls. 26–26v.

MAÇONA E VENERÁVEL

Em 1862, Antónia perdeu o último irmão. Dois anos antes, ainda Jerónimo António Pusich, capitão-de-fragata reformado, se sentira com ânimo suficiente para requerer a nomeação para inspector do Trem da ilha da Madeira ou para capitão dos portos de uma qualquer ilha açoriana ou de qualquer ponto da costa do Reino.[757] No ano seguinte, fora nomeado para o lugar de delegado da 3.ª Delegação do 2.º Distrito do Departamento Marítimo do Centro do Litoral do Reino. E foi no desempenho destas funções que morreu, provavelmente só, no Alfange de Santarém, na noite de 10 para 11 de Dezembro de 1862. Foi o comandante militar do distrito que custeou as despesas fúnebres, pois Jerónimo não deixou numerário.[758] Aliás, nos últimos anos, tinham-se sucedido os pedidos de adiantamento de soldo, ora para se tratar, ora para despesas domésticas, ora para fazer arranjos no seu vestuário. A solidão marcou a vida adulta e a morte de Jerónimo António Pusich.

Antónia estaria ainda enlutada quando, dois anos depois da morte de Jerónimo, e de acordo com um periódico coevo, foi iniciada na Maçonaria. Tanto Oliveira Marques como António Ventura, referem que, em 1864, Antónia Gertrudes Pusich pertencia à loja Direito e Razão, com o cargo de venerável.[759] Baseiam-se na única referência conhecida ao facto, uma notícia de *O Doze d'Agosto*. Tratando-se da única fonte documental,

---

757 Requerimento de Jerónimo António Pusich a D. Pedro V, 23.7.1860. AHMR — cx. 790.

758 Traslado da certidão de óbito de Jerónimo António Pusich (29.8.1864), 21.11.1865. ANTT— Ministério da Fazenda/Finanças, Arquivo das Secretarias de Estado, cx. 305, proc. 14274. Ofício do Departamento Marítimo do Centro ao visconde da Praia Grande, 20.11.1879. AHMR — cx. 790.

759 A. H. de Oliveira Marques, *História da Maçonaria em Portugal: Política e Maçonaria 1820–1869*, 2.ª parte, 1997, p. 335; António Ventura, *Uma História da Maçonaria em Portugal (1727–1986)*, 2020, p. 153.

devemos tê-la em consideração e usá-la, mas com a necessária circunspecção, sobretudo porque se vivia uma luta acesa na Maçonaria, com várias dissidências, e o autor da notícia, pelo tom que imprimiu à mesma, subtraiu-se a uma incondicional credibilidade. É também o que pensa outro historiador da Maçonaria, Fernando Marques da Costa.[760] Observemos então o que a propósito escreveu *O Doze d'Agosto*: «Verificou-se a reunião das senhoras da loja de maçonaria feminina. Esta loja é presidida pela sr.ª Pusich, [tem] entre 12 a 20 *irmãs*, quasi todas velhas e carunchosas. Não estão muito no caso de arrajarem proselytos!...»[761] Desconhecemos a idade do autor destas deselegantes linhas, mas se era Albano (Afonso de Almeida) Coutinho, fundador e redactor principal do jornal, andaria pelo meio século, logo, pouco mais jovem (e menos carunchoso) seria do que Antónia Gertrudes Pusich, que contava então 57 ou 58 anos. Mesmo tendo em conta que a esperança média de vida em 1864 seria necessariamente muito inferior à actual, não abona a favor do plumitivo qualificar de velho e carunchoso num periódico quem tinha apenas mais alguns anos do que ele (ou talvez estivesse simplesmente convicto de que, pelo sexo a que pertencia, estaria imune ao caruncho).

Podemos perguntar-nos que motivações teriam conduzido Antónia Gertrudes à Maçonaria. O seu obstinado catolicismo e o seu miguelismo tornariam improvável tal aproximação. Contudo, o facto de ser uma organização de que apenas faziam parte homens pode ter despertado em Antónia Gertrudes, tal como nas suas *irmãs* maçónicas, a vontade de integrá-la. Temos assistido a outras manifestações do indiscutível gosto de Antónia Gertrudes Pusich pelo pioneirismo. Sabia-se precursora em vários domínios, e sabia que o facto de se antecipar aos seus contemporâneos constituía o seu principal passaporte para a acalentada posteridade. Ser a primeira venerável da primeira loja portuguesa de adopção

---

[760] Cf. *As Mulheres na Maçonaria, Portugal: 1864–1950*, 2016, pp. 53–54.

[761] «Noticias maçonicas», *O Doze d'Agosto*, n.º 24, 1864, p. 8.

(loja maçónica feminina) em Portugal seria um palmarés de que não desdenharia. O facto de haver pontos de convergência entre o seu ideário e o maçónico, mormente no que respeitava a promoção da instrução, pode ter pesado na sua eventual adesão à Maçonaria. A circunstância de muitos dos seus amigos serem mações pode igualmente ajudar a explicar a sua receptividade. A Confederação Maçónica Portuguesa, que era a obediência da loja *Direito e Razão*[762], tinha tido como grão-mestre o seu muito apreciado (embora representante da esquerda mais radical) José Estêvão. O secretismo em torno dos rituais seria eventualmente outro aliciante para Antónia, que, conforme afirmava, se habituara desde muito pequena a cultivar a reserva. Terá sido a confluência de todas estas razões e ainda de outras que nos escapem a mover Antónia. Partindo, claro, do princípio de que Antónia Gertrudes Pusich foi mesmo filiada na Maçonaria e venerável da Loja *Direito e Razão*. Terá sido uma experiência de curta duração, de que não se encontraram ainda outros registos que não o do supracitado redactor de *O Doze d'Agosto*, que não sabemos sequer se estaria bem informado.

[762] Cf. A. H. de Oliveira Marques, *História da Maçonaria em Portugal: Política e Maçonaria 1820–1869*, 1.ª parte, 1989, p. 285.

Embaraços financeiros

Grande tambem fui — hoje... não sei se sou zero;
fui rica, hoje pobre — e amanha poderei tornal-o a ser, isto é rica[763]

Depois de uma eventual e aparentemente curta experiência numa sociedade secreta, Antónia iniciou um processo de habilitação a uma herança, cujos avanços e recuos haveriam de consumir-lhe muito tempo e energia até ao final da sua existência. O seu sobrinho António Joaquim Pusich de Matos, filho do casamento de sua irmã Maria do Carmo com Joaquim António de Matos, falecera na Guiné. Uma vez que não tinha parentes vivos mais próximos, a tia entregou uma petição, na qual solicitava a habilitação à sua herança. Pedia ainda que lhe fosse pago o que a Fazenda Nacional ficara a dever à sua irmã Maria do Carmo Pusich, como herdeira de António Pusich, o pai de ambas. A 3 de Novembro de 1865, o despacho do Ministério Público coincidia apenas parcialmente com as expectativas de Antónia. Reconhecia-a herdeira do sobrinho, mas não única herdeira, uma vez que, aquando da morte de António Joaquim Pusich de Matos, um seu outro tio materno — Jerónimo António Pusich,

[763] Carta de Antónia Gertrudes Pusich para António Bernardo da Costa Cabral, Lisboa, 2.12.1866, p. 2. ANTT — FCC, cx. 18, mçt. 7, doc. 2.

irmão de Antónia Gertrudes —, ainda era vivo, e que, tendo morrido no ano seguinte, deixou descendência (uma filha). Antónia tinha apenas direito a metade da herança do filho da sua irmã Maria do Carmo.[764] Na sentença final, proferida a 8 de Novembro de 1865, o juiz seguiu a orientação deste despacho. Antónia sabia da existência desta sobrinha, filha do irmão e da sua segunda mulher, Maria Margarida de Mendonça Stockler, sua colaboradora nos jornais.[765] Contudo, tal como manifestava numa petição posterior, apesar de não haver documentos oficiais com a data precisa do óbito de António Joaquim Pusich de Matos, Antónia afirmava ter provado que ela ocorrera depois da morte de Jerónimo António Pusich, em 1862.[766] Assim sendo, seria somente ela a herdeira do sobrinho. As excelentes relações de Antónia com os dignitários religiosos tinham-lhe valido a abertura, em 17 de Junho de 1871, de um termo de óbito de António Joaquim Pusich de Matos com a data de Abril de... 1863, ou seja, muito convenientemente, depois da morte de Jerónimo António Pusich. A 1 de Abril de 1879, o pároco da freguesia de Santa Isabel (paróquia à qual toda a família Pusich estivera sempre profundamente ligada) certificava que, pela justificação requerida por Antónia Gertrudes e por ordem do vigário-geral, fora aberto o referido termo de óbito.

---

764 Traslado do despacho do Ministério Público, 3.11.1865. ANTT — Ministério da Fazenda/Finanças, Arquivo das Secretarias de Estado, cx. 305, proc. 14274.

765 As duas mulheres eram, ou tinham pelo menos sido, muito próximas. Além de terem coabitado, nos tempos difíceis do pós-guerra civil, em casa dos pais de Antónia, sogros de Maria Margarida, esta colaborou no primeiro jornal da cunhada com algumas composições poéticas, entre as quais uma carta em verso, que dedicou à sua «boa e antiga Amiga». Num exercício de modéstia, nela reconhecia-se a «mais pobrezinha» das colaboradoras do jornal, «de saber mesquinha». Referia-se a Antónia como «*Authora sem par*» [a itálico no original] e pedia-lhe, humildemente, que corrigisse os seus versos, pois «Quem teu Canto escuta/Não ouza cantar». Assinava a carta como «Tua Amiga sincera». Cf. Maria Margarida Stockler, «Carta», AAL, n.º 20, 29.12.1849, p. 155.

766 Requerimento de Antónia Gertrudes Pusich, 2.9.1872. ANTT— Ministério da Fazenda/Finanças, Arquivo das Secretarias de Estado, cx. 305, proc. 14274.

Qual era então o objecto de todas estas diligências? Uma ilha do arquipélago dos Bijagós, na Guiné, «doada» pelo rei Damião, soberano bijagó de Canhabaque, a Joaquim António de Matos em 1829 — a ilha das Galinhas. Um ano depois de a ter recebido do régulo de Canhabaque, Matos, então governador de Bissau, oferecera o domínio directo da ilha à Coroa, reservando para si e seus descendentes o seu domínio útil. Apesar de muito fértil — chegara a exportar algodão para o Maranhão —, a ilha permanecera esquecida. Antónia Gertrudes, já como herdeira do sobrinho António Joaquim Pusich de Matos, renovou o oferecimento à Coroa em 1865, «apezar do abandono e olvido a que os governos de Portugal desde 1831 condemnaram aquella excellente ilha»[767]. Não só em relação à Guiné, mas acerca dos assuntos coloniais em geral, Antónia mantinha-se informada, numa época em que, para a maior parte das consciências reinóis, o Ultramar português, depois da perda do Brasil, era ainda um *fait-divers* pouco merecedor de atenção. No poema de homenagem a Camões, aquando das comemorações do tricentenário, criticará o descaso dos poderes em relação às possessões ultramarinas: «Mas hoje lamentarias/Um progresso ardente e vão!/Quantas colonias verias/Onde não fulge o pendão,/Que aos povos e monarchias/Deu riqueza e galardão![768]

Em Julho de 1866, Antónia requereu que o prazo da ilha das Galinhas fosse vendido em hasta pública e que revertesse para si metade do apurado, reservando-se a outra metade para o pagamento dos foros e outras contribuições em dívida. Em 25 de Agosto, o procurador-geral da Coroa pronunciou-se contra a venda da ilha. Com a determinação que a caracterizava, duas semanas depois, Antónia voltou a requerer, solicitando a consulta dos Conselhos de Estado e Ultramarino. A 9 de Fevereiro de 1867, o Conselho de Estado manifestou-se favoravelmente às pretensões de Antónia. Mas foi então que, do governo de Cabo Verde, chegaram

[767] AGP, *Biographia de Antonio Pusich [...]*, pp. 88–89.

[768] AGP, «Homenagem a Camões», p. 9.

informações abonatórias da ilha das Galinhas. O ajudante do procurador da Coroa, naturalmente entusiasmado com a perspectiva de desenvolvimento da ilha, teria aconselhado a que se mantivesse a situação «em banho-Maria» até que o Estado consolidasse o seu domínio sobre a ilha. Ou seja, o processo prometia arrastar-se…

E Antónia não estava em circunstância de suportar esse arrastamento. Os constrangimentos financeiros parecem ter-se agravado neste decénio, levando Antónia a deitar mão de um (último) recurso que muito a penalizava. Entretanto, a sua atenção foi momentaneamente desviada para o casamento do seu ultimogénito, único dos seus filhos ainda solteiro. Em Junho de 1865, António Pusich de Melo casou-se com Maria do Carmo Amor, na igreja paroquial de São Paulo, em Alcântara. António, com 18 anos, era empregado público e morava na freguesia de São Paulo, Travessa do Cabral, n.º 9, 1.º andar. Já não coabitava, pois, com a mãe. A noiva, filha de um casal algarvio, tinha 24 anos. Foram testemunhas do enlace um meio-irmão do noivo, Miguel Henriques Pusich Teixeira, que, entretanto, regressara a Lisboa e já se encontrava viúvo de Júlia Umbelina de Ornelas.[769] António e Maria do Carmo separar-se-ão judicialmente alguns anos depois.

Ainda que menos pressionada com o sustento dos filhos — os rapazes estavam todos empregados e as meninas todas casadas —, Antónia, já com oito netos, encontrar-se-ia muito próximo da indigência. Os seus grandes problemas de saúde, entre eles, de visão — «mal vejo o que escrevo, e estou gravem.^e enferma», escrevia à filha de Costa Cabral em Setembro de 1866[770] —, levá-la-ão a dirigir-se de novo a Cabral e à sua família

[769] Assento de casamento de António Pusich de Melo e Maria do Carmo Amor, 11.6.1865. ANTT— ADLSB-Lv C7-Cx 17 — LRC, paróquia de São Paulo (1864–1874), fl. 11.

[770] Carta de Antónia Gertrudes Pusich para a filha [Luísa Maria da Costa Cabral] de António Bernardo da Costa Cabral, 3.9.1866, p. 4. ANTT— FCC, cx. 18, mçt. 7, doc. 1.

na esperança de obter apoio material. O conde de Tomar não lhe recusará esse auxílio. Na carta que dirigiu à filha deste, apresentava-se como «viuva e mãe infeliz, que Deus fadou ao trabalho e infortunio por ter sido esposa, e mãe extremosa, depois de tambem ser filha desvelada»[771]. Falava-lhe de um assunto seu que estava no Conselho de Estado, assunto do qual dependia «o repouso de meus ultimos dias, e o futuro de seis filhos que tenho, tres homens de bem, tres meninas virtuosas, e oito netos». Não estava propriamente nos seus últimos dias, faltando-lhe ainda viver dezassete anos. O assunto pendente era a ilha das Galinhas, na Guiné. Uma vez que não a podia rendibilizar, pretendia vendê-la, dando ao Estado, depositário da ilha, preferência na sua aquisição. O tom de súplica, quase vexatório, inusual em Antónia Gertrudes, revela o desespero perante um processo que se arrastava e do qual dependia a suavização da sua muito difícil situação financeira. Pedia à menina que intercedesse junto do pai e do futuro sogro, seu «bom amigo e bemfeitor», para que acompanhassem e protegessem a sua causa. Terminava a missiva, pedindo à destinatária que, se tivesse um vestido ou fato que já não usasse, o oferecesse a uma sua filha. Em jeito de *post scriptum*, desculpava-se ainda das «faltas de formalidade» com que se lhe dirigia, justificadas pelo seu grave estado de saúde. Pelo pai da destinatária da carta nutria uma «intima affeição», tal como ao pai do seu noivo. A este, conhecera-o e afeiçoara-se-lhe quando era pequenino e seu vizinho.[772]

Pouco depois, foi a Costa Cabral que Antónia dirigiu uma carta. Solicitava a protecção do conde de Tomar no assunto da ilha das Galinhas, que continuava pendente. Dizia-se triste, porque constava que o juiz relator seria o duque de Loulé. Pedia ao seu correspondente que a orientasse nesta questão, maneira de a recompensar pelos «serviços de coração q̀. lhe prestei em 1845, 1846». Começava a carta, descrevendo-lhe

[771] *Ibid.*, p. 1.

[772] *Ibid.*, pp. 4, 1, 2.

o estado debilitado em que se encontrava: «É n'um leito de dôr, onde gemo inferma, e em perigo, por que a m.ª doença é consequência de grandes e continuadas fadigas no espaço de 31 annos; é com a cabeça esvaida por grandes perdas de sangue». Fora com a mão «muito fraca e tremula» que lhe escrevera e copiara uns versos que lhe dedicara, os quais lhe pedia autorização para publicar. Antónia fazia ainda referência a uma filha que (depois de se casar, depreendia-se) passara a ser «despoticam.ᵉ dominada, cruelmente maltratada», e congratulava-se com o enlace da filha de Costa Cabral «com um bom consorte», para mais, filho de um amigo da família e também de Antónia. Comunicava-lhe que tomara a liberdade de escrever à filha, a solicitar a sua intervenção relativamente à questão da ilha das Galinhas e acerca «de uma pobrezinha». Como Antónia mencionava numa das suas cartas a Costa Cabral, continuava a praticar a caridade, não já através de apoio monetário, uma vez que a sua própria pobreza o não permitia, mas, depreende-se, servindo-se do capital social de que ainda dispunha.[773]

Estranhando e repudiando a falta de resposta a esta carta, Antónia escreveu novamente ao antigo todo-poderoso ministro do Reino de D. Maria II. Começava por considerar «impossivel» que Costa Cabral, «tão bom de coração», tivesse ignorado a carta que lhe enviara, acompanhada de uns versos seus que lhe eram dedicados e que ainda não publicara. Não tinha o hábito de «incensar os grandes só por que o são na escala social, pois que respeitando a todos, tenho cá para mim que o merito real é que constitue a verdadeira grandesa». Não era crível que tanto ele como a filha deixassem de responder às cartas que lhes endereçara se lhes tivessem sido entregues. Neste caso, só problemas de saúde ou muitos quefazeres podiam justificar o silêncio a que ambos se tinham

[773] Carta de Antónia Gertrudes Pusich para António Bernardo da Costa Cabral, s.d. [post. 2 de Setembro e ant. Dezembro de 1866], pp. 4, 1 e 2. ANTT — FCC, cx. 18, mçt. 7, doc. 6.

remetido.[774] Ou por estar disso convencida ou para salvar a face do conde de Tomar, não tendo recebido resposta à sua carta, lançava a hipótese de ter sido tomada como «peregrino» pelo guarda-portão a quem entregara a carta, pois costumava envergar, quando saía, o seu «negro manto de orphãa e viuva». Como adiantava, em Portugal não havia escolas para educar os que desempenhavam as funções de criados, mantendo-se, pois, civilizacionalmente muito distantes dos «seus amos», e, por isso, capazes de uma tal confusão. Já numa peça de *A Beneficencia*, Antónia aludira aos que, em Portugal, «honram a patria com suas luzes» e «são confundidos com os ignorantes, e com os mendigos ás portas dos palacios, espancados e injuriados pelos creados, que só reconhecem merito e nobresa no trage!..»[775] Contrariamente, noutros países, como a França, os reis não desdenhavam subir águas furtadas para visitar as pessoas ilustradas, ainda que estas sobrevivessem na maior penúria. Não o fizera Luís Filipe, o rei dos Franceses, quando procurara Silvestre Pinheiro Ferreira nas suas águas-furtadas, em Paris? Mas, claro, Luís Filipe era, além de rei, «um sabio». Talvez tivesse sido, pois, por zelo, para não incomodar o seu amo, que no dia seguinte partia para Tomar, que o porteiro não tivesse entregado a carta a Costa Cabral. Ou talvez este se encontrasse então doente ou ainda com um excesso de trabalho. De outra maneira, teria de ser muito ingrato — e ele não o era, acrescentava — para lhe recusar uma resposta.[776]

Antónia, a quem as grandes privações vulnerabilizavam e impunham grande humildade, não deixava, contudo, de qualificar o que, do ponto de vista moral, constituiria o descaso e o desprezo votados por Costa Cabral à sua antiga amiga e partidária, esquecendo o que ela, em tempos,

[774] Carta de Antónia Gertrudes Pusich para António Bernardo da Costa Cabral, Lisboa, 2.12.1866, pp. 1–2, 4. ANTT — FCC, cx. 18, mçt. 7, doc. 2.

[775] AGP, sem título, AB, n.º 6 (2.ª série), 1.2.1854, p. 3.

[776] Carta de Antónia Gertrudes Pusich para António Bernardo da Costa Cabral, Lisboa, 2.12.1866, pp. 4–6. ANTT — FCC, cx. 18, mçt. 7, doc. 2.

por ele fizera. Isto, claro, no caso, impensado por ela, de ser essa a razão do seu silêncio. Recordemos que, vinte anos antes, Antónia Gertrudes tomara a sua defesa na imprensa e em sessões de campanha, quando a situação política era muito mais instável e Costa Cabral se via acossado por quase todas as orientações políticas. Não apelara ela, tanto a liberais como a realistas, que tomassem o seu partido e nele votassem? Não lhe dedicara poemas encomiásticos que fizera publicar em jornais? Não o fizera para o adular, mas porque cria nas suas qualidades e no seu trabalho. E reiterava: «n'aquelles tempos distinguiam-me v.v. Ex.as por meus serviços, q̀. outrem pela imprensa maiores não os prestou, nem particularm.[e] ao conde de Thomar e sua fam.[a]». Aliás, além da amizade, uniam-nos laços de parentesco. «Hoje... e sempre... a victima das revoluções, q̀. debaixo do crepe funebre q̀. a distingue» continuava a merecer a amizade da infanta ex-regente, D. Isabel Maria, sua «real am.[a] [amiga] de infancia». Também D. Fernando e os filhos a distinguiam. Dizia que até de monarcas estrangeiros recebia manifestações de consideração. Ou seja, Antónia estava bem convicta do dolo da acção de Costa Cabral e não deixava de mostrar que, mesmo do sopé da hierarquia económica onde se encontrava, recebia distinções de soberanos, que contrastavam com a desconsideração que lhe votara Cabral. «Grande tambem fui — hoje... não sei se sou zero; fui rica, hoje pobre — e amanha poderei tornal-o a ser, isto é rica», bastando-lhe, talvez, receber a herança a que tinha direito, a ilha das Galinhas. Recusara dois contos de sinal a um prussiano que lhe propusera comprar a ilha. O dinheiro que recebera da pensão canalizara-o para os emolumentos da sua habilitação à herança, e fora um agiota da Rua dos Capelistas quem lhe adiantara o necessário para pagar a renda da sua «pobre choupana».[777]

Um mês depois, a 11 de Janeiro de 1867, Antónia já chamava a Costa Cabral seu «Anjo Bemfeitor», «Nuncio de Deos». Adivinhara-o como o emissário da nota de 18 mil réis que lhe fora entregue. Só uma de duas

[777] *Ibid.*, pp. 7–8, 2.

pessoas poderiam tê-la ajudado com tamanha discrição: Costa Cabral ou D. Fernando. Este, contudo, se bem que tivesse patrocinado as suas publicações e a tratasse sempre com grande consideração, não sabia o quanto ela padecia, pois não «busco os palacios», nem D. Fernando se ocultava. Tal como o não fazia a infanta D. Isabel Maria, que lhe mandava o seu médico socorrê-la e lhe abonava os medicamentos de que necessitava.[778] Fora, de facto, Costa Cabral quem lhe remetera aquela quantia. Sabemo-lo por uma nota manuscrita por Cabral na primeira página da carta que Antónia lhe dirigira em 2 de Dezembro de 1866. Nessa nota, Cabral dava conta de que logo no dia 3 de Dezembro tinha enviado à sua antiga e entusiástica apoiante uma nota de 18 mil réis, sem qualquer escrito ou indicação que revelasse o doador. Antónia estava-lhe, naturalmente, muito reconhecida, pois aquele dinheiro permitir-lhe-ia ir para Lisboa cuidar da sua precária saúde — havia sete meses que andava «perdendo m.[to] sangue venoso», além de padecer de bronquite —, e da da sua filha doente. Com aquela ajuda, pudera ainda fazer um vestido preto a sua filha Amélia, para que cumprisse o luto por seu tio paterno, major Aires de Melo.[779]

No princípio do ano de 1867, Antónia encontrava-se de regresso da Azambuja. Conforme dizia a Costa Cabral na carta que lhe dirigiu a 11 de Janeiro, ali tinha ido no cumprimento dos seus deveres de mãe e de tutora, para tratar de assuntos relacionados com bens. Ela e os filhos tinham «sagrados direitos» que andavam «por mãos alheias». Faltando-lhe os recursos para se tratar e prosseguir «demandas», escreveu a um dos filhos, o que dirigia uma delegação das alfândegas — Miguel Pusich Henriques Teixeira — para lhe enviar algum dinheiro. Tinha-lhe custado muito esse pedido, porquanto era de dar aos filhos que gostava e não de deles aceitar, até porque todos tinham as suas famílias e nenhum era

---

778 Carta de Antónia Gertrudes Pusich para António Bernardo da Costa Cabral, Lisboa, 11.1.1866, pp. 3–4. ANTT — FCC, cx. 18, mçt. 7, doc. 4.

779 *Ibid.*, pp. 1–2 e 6.

abastado.[780] Uma das suas filhas, que ficara em Lisboa a cuidar da irmã doente (Amélia), reencaminhara-lhe duas cartas: uma era de seu filho mais velho, João António (Pusich de Almeida Amado)[781]; a outra, não assinada, tinha sido a de Costa Cabral, contendo a nota de 18 mil réis. Antónia pedia-lhe, «por quanto ha de mais sagrado», que lhe confirmasse ter sido o seu benfeitor, pois estava convicta de que só dele ou da sua filha poderia ter vindo aquela quantia. Rogava-lhe que se dignasse «descançar a m.ª imaginação», pois só teria paz quando pudesse mostrar o seu reconhecimento ao seu filantropo. E, claro, sempre atenta aos seus assuntos, pois deles estava tão dependente o seu presente e o seu futuro, em *post scriptum*, lá lamentava o esperado descaso do duque de Loulé, que não lhe tinha despachado a sua tão justa pretensão à ilha das Galinhas[782], que era igualmente «de tanta honra e brios para a corôa» (Loulé fora presidente do Conselho de Ministros nos anos anteriores). Afirmava querer morrer em paz, pois sentia a vida fugir-lhe — as hemorragias que a acometiam deixavam-na provavelmente anémica e cansada, o que lhe causaria a falsa percepção da morte próxima. Caso a resolução da questão da ilha das Galinhas já não viesse a tempo de lhe minorar as privações, que ao menos

780 *Ibid.*, pp. 1–2.

781 Tinha sido concedida a João António Pusich a serventia vitalícia do emprego de ajudante da alfândega de Barca de Alva. Em averbamento à margem, dizia-se que passara a chefe fiscal do distrito da alfândega de Portalegre em 14.10.1867 (ANTT — RGM, D. Luís, liv. 2, fls. 26–26v.).

782 Teria esta suspeição de Antónia Gertrudes em relação ao duque de Loulé algo que ver com as turbulentas cisões que marcaram os anos imediatamente anteriores no seio da Confederação Maçónica Portuguesa, protagonizadas pelo duque, que fora seu grão-mestre, e por Joaquim Tomás Lobo de Ávila (futuro conde de Valbom), que foi grão-mestre em 1863 e 1864, o ano da alegada filiação de Antónia? Cf. carta de Antónia Gertrudes Pusich para António Bernardo da Costa Cabral, Lisboa, 11.1.1867, pp. 7 e 9. ANTT — FCC, cx. 18, mçt. 7, doc. 5 [apesar de se tratar da continuação do documento anterior, o facto de a carta prosseguir em papel não tarjado terá confundido a catalogação do documento, tendo-se-lhe atribuído um número diferente].

melhorasse as condições de vida de seus filhos. Terminava o *post scriptum* e a carta com uma curta referência em que condensava a realidade da sua vida de adulta: «tenho vivido, luctando com innumeras adversid.^s, e na lucta dos brios com as privações!... Quanto custa alcançar a gloria de um nome no meio de tão crueis e duros combates!...»[783]

Por uma outra carta a Costa Cabral, que, contrariamente ao que era seu hábito, Antónia não datou, ficamos inteirados de que Antónia regressara do campo, para onde fora providenciar melhores ares à sua «infeliz filha» Maria Amélia, e que já estava a residir em São Bento, na «pobrissima choupana» da Rua dos Poiais. Costa Cabral havia socorrido Amélia com 10 mil réis dois anos antes, e Antónia estava convencida, ou pelo menos assim o transmitia, de que esta ajuda preciosa muito contribuíra para as melhoras da filha, pois permitira-lhe alugar uma pequena casa no campo, onde, a despeito de se estar na estação fria, pudera beneficiar de ares saudáveis. A filha continuava doente — «Vive padecendo, porem vive!» —; contudo, com a ajuda divina, a que Costa Cabral lhe providenciara e a que a infanta D. Isabel Maria continuava a facultar, através do seu médico, a filha ia sobrevivendo. Logo a seguir, Antónia aludia ao casamento infeliz da pobre Maria Amélia, a quem o marido, José Júlio Raposo de Carvalho, condenava ao infortúnio quotidiano. Fora o marido escolhido por Maria Amélia, e Antónia tinha-o apoiado, «dando-lhe uma posição decente» (ou seja, um emprego através de empenhos? Assim parece, pois surge na documentação como aposentado da fiscalização marítima em Lisboa, tal como o filho mais novo de Antónia, que obtivera a mesma colocação. Este é mais um indício de que Antónia conservava ainda considerável capital social). Mas o genro revelara-se «um monstro de crueld^e e ingratidão».[784]

---

783 Carta de Antónia Gertrudes Pusich para António Bernardo da Costa Cabral, Lisboa, 11.1.1867, p. 7. ANTT — FCC, cx. 18, mçt. 7, doc. 5 [*vd.* o que se diz a respeito desta numeração na nota anterior].

784 Carta de Antónia Gertrudes Pusich para António Bernardo da Costa Cabral, s.d., p. 1. ANTT — FCC, cx. 18, mçt. 7, doc. 7.

É possível que Amélia se tivesse aproximado de José Júlio por intermédio do cunhado Albino António, marido de Antónia, irmã mais velha de Amélia, pois os dois homens eram muito amigos e ainda parentes. José Júlio Raposo de Carvalho chegará a conselheiro.

Em mais uma carta não datada que escreveu a Costa Cabral, aludia novamente à demora na resolução da questão da ilha das Galinhas, onde, desde que recebera a notícia da morte do sobrinho, concentrara a sua atenção e esperança. Para conseguir pagar os emolumentos para se habilitar à herança do sobrinho, ficara sem cadeiras. Desabafava: «deixem-me vender o q. me pertence, e não morrer pedindo esmola, como ainda hoje peço a V. Ex.ª». Pedir ajuda, monetária ou não, só a Costa Cabral o fazia, não apenas por ele estar em circunstâncias de a poder ajudar (era um homem abastado), como pelos favores que lhe devia.[785] Já na carta anterior, tinha lamentado a espoliação de que se sentia objecto: «esta m.ª [minha] peregrinação é uma violencia feita por homens crueis, e ambiciosos, q. me roubaram — e ainda roubam — os bens q. herdei legitimam.ᵉ»[786].

No Verão de 1867, Antónia não só assistiu ao baptismo do neto António — primeiro filho do seu ultimogénito e de Maria do Carmo Amor —, como participou na cerimónia, tocando no bebé com a coroa da imagem de Nossa Senhora, pois era esta a madrinha do pequeno António. Já o padrinho foi o então ministro da Fazenda, Fontes Pereira de Melo, que, não tendo estado presente, foi representado por um padrinho por procuração, Miguel Pusich Henriques Teixeira, tio do baptizando.[787] Nestes anos de 1866 e 1867, a *Illustração popular* parece ter sido o periódico com o qual Antónia mais colaborou. O jornal publicou a biografia

[785] *Ibid.*, p. 4.

[786] Carta de Antónia Gertrudes Pusich para António Bernardo da Costa Cabral, s.d. [post. 2.9.1866 e ant. Dezembro de 1866], p. 4. ANTT — FCC, cx. 18, mçt. 7, doc. 6.

[787] Assento de baptismo de António, 21.7.1867. ANTT — ADLSB-Lv B9-Cx 4 — LRB, paróquia de São Paulo (1863–1870), fl. 131v.

de Francisco Henriques Teixeira[788], seu segundo marido, de que atrás nos ocupámos, e «A Sua Magestade El-Rei o Senhor D. Fernando e Seus Augustos Filhos em saudosa memoria de Sua Magestade a Rainha A Senhora D. Maria Segunda»[789]. De 1868, não abundam as referências, nem acerca da família nem do ponto de vista da criação literária. Excepções terão sido a publicação de um poema no *Almanach da Bibliotheca Mensal para 1869*[790] e a nomeação de António Pusich de Melo, o filho mais novo de Antónia, como amanuense do Tribunal de Contas, funções pelas quais receberia o modesto vencimento de 240 mil réis anuais.[791] Em 1869, Antónia reaparece na imprensa periódica, publicando pelo menos três escritos no *Almanach do Jardim do Povo para 1870*. Num deles — «Ilha de S. Vicente de Cabo Verde» —, regressava à temática cabo-verdiana. A ilha despontava como importante entreposto de carvão de pedra no Atlântico, atraindo cada vez mais a navegação intercontinental. Antónia afirmava que fora o pai a fundar a «colonia» de São Vicente em 1819.[792] Enganava-se quanto a este pioneirismo. Quem primeiro ensaiara o povoamento da ilha fora um particular, João Carlos da Fonseca Rosado, no último decénio do século XVIII.[793] Durante os oito anos e meio em que permaneceu em Cabo Verde quando ali desempenhou a sua comissão de intendente-geral da Marinha, António Pusich ter-se-á cruzado várias vezes com Fonseca Rosado, pois era o capitão-mor da ilha. Apesar de não ter sido uma empresa de total sucesso — pois a aridez da ilha e as recorrentes faltas de precipitação não atraíam colonos —, os antigos povoadores não

---

788 *Illustração popular*, vol. 2, n.os 13 a 17, 1867.

789 *Illustração popular*, n.º 32, 1866, p. 3.

790 AGP, «Abril», em *Almanach da Bibliotheca Mensal para 1869*, 1868, pp. 27–28.

791 ANTT — RGM, D. Luís I, liv. 18, f. 141.

792 AGP, «Ilha de S. Vicente de Cabo Verde», em *Almanach do Jardim do Povo para 1870*, 1869, p. 119.

793 Acerca deste notável — e trágico — ensaio de povoamento da ilha de São Vicente, *vd.* Maria de Lurdes Caldas, *Os Medina e Vasconcelos [...]*, vol. 1, pp. 184–196.

se chegaram a extinguir. Quando António Pusich empreendeu a segunda tentativa de colonização da ilha, habitavam-na quase duzentas pessoas. Aliás, o impacto da sua política de povoamento de São Vicente não foi muito superior à que resultou da iniciativa de João Carlos da Fonseca Rosado. Só mais tarde, quando o Porto Grande (principal porto da ilha) se converteu numa importante linha da navegação euro-sul-americana e se permitiu a instalação de depósitos de carvão de firmas inglesas, a ilha atraiu mais povoadores.

A Antónia, desagradava a alteração toponímica feita à povoação principal (única, então) da ilha cabo-verdiana de São Vicente — de Vila Leopoldina, como o pai a nomeara, para Mindelo, em homenagem ao desembarque das forças liberais. Parecia-lhe que tanto D. Maria II como os ministros que haviam acordado na mudança do nome desconheciam que anteriormente a vila levava o nome de Maria Leopoldina, a imperatriz do Brasil, mãe de D. Maria II. Não podia conceber que, em homenagem à rainha se tivesse aspado o nome da sua mãe, com o qual António Pusich, quando era governador da Capitania, tinha baptizado a vila.[794] Cria que o erro, como o considerava, estava ainda a tempo de ser reparado.[795] Não o seria, contudo, e ainda hoje, a segunda cidade mais povoada do arquipélago de Cabo Verde evoca o desembarque das forças liberais em 1832, em Arnosa de Pampelido, junto à área metropolitana do Mindelo, em Vila do Conde.[796]

Os outros dois textos que Antónia publicou no *Almanach do Jardim do Povo para 1870* eram poéticos: «Honras a um poeta»[797] e «Julia», poema dedicado a sua nora, mulher de seu filho Miguel, que tão cedo morrera, deixando um filho pequeno: «Em teus olhos, tão lindos, tão puros/a tu' alma celeste brilhava;/que tesouros do ceu encerrava!/Eras

---

794 AGP, «Ilha de S. Vicente de Cabo Verde», p. 119.

795 AGP, *Biographia de Antonio Pusich [...]*, pp. 37–38.

796 AGP, «Ilha de S. Vicente de Cabo Verde», p. 119.

797 Em *Almanach do Jardim do Povo para 1870*, 1869, pp. 131–132.

anjo, voaste ao Senhor!»/E nas trevas de imensa amargura,/Mãe, parentes e amigos deixaste;/E o consorte que tanto adoraste;/E o filhinho do teu casto amor!»[798] A 6 de Setembro de 1870, João António, o primogénito de Antónia Gertrudes, foi transferido da alfândega de Portalegre para a de Serpa, onde desempenharia as mesmas funções. No ano seguinte, um decreto de 2 de Novembro fazia-o prosseguir o nomadismo entre casas fiscais. Desta vez, a transferência fez-se já para uma alfândega de primeira classe, a de Elvas.[799] Esta promoção ter-se-á certamente reflectido no rendimento familiar. Quem permanecia com grandes dificuldades de sobrevivência era a mãe, que, cada vez mais alquebrada, continuava apegada à sua miragem africana, a única, aliás, permitida pelas circunstâncias. Deixámos o processo da ilha das Galinhas no ponto em que, em 1867, o ajudante do procurador da Coroa recomendara um compasso de espera antes de se responder ao requerimento de Antónia, no sentido de se levar à praça o prazo da ilha das Galinhas e de receber metade da quantia arrematada. Tinha-lhe sido igualmente adverso o parecer emitido pelo Conselho Ultramarino, que se manifestou contra o emprazamento. Nunca desistindo, Antónia requereu então parecer aos fiscais superiores da Coroa e Fazenda. Reunidos estes em 23 de Junho de 1870, foram unanimemente favoráveis à petição. Em apoio da sua causa, invocaram os muito beneméritos serviços do coronel Joaquim António de Matos, cunhado de Antónia, o seu zelo na defesa dos interesses portugueses na Guiné e o suplício da família perante a barbaridade da voracidade

---

798 Terceira e quarta estrofes do poema «Julia: A minha querida nora D. Julia de Ornellas Pusich Henriques Teixeira», *Almanach do Jardim do Povo para 1870*, 1869, p. 157. O título que consta é este; parece-nos, contudo, ter-se tratado de um lapso tipográfico e que o título seria, simplesmente, «Julia», poema dedicado à sua «querida nora D. Julia de Ornellas Pusich Henriques Teixeira». A intenção teria sido escrever, como em tantos outros poemas seus, «Á minha querida nora ...» e não «A minha querida nora...». Um aparentemente pequeno lapso — a omissão do acento — alterou o sentido ao título.

799 ANTT — RGM, D. Luís, liv. 26, fls. 210–210v.

inglesa — o assassinato da filha, a destruição das suas propriedades e o encurtamento da sua vida, atribuído aos enormes danos sofridos. Os fiscais da Coroa e Fazenda consideravam que era uma boa ocasião para o Estado demonstrar publicamente a sua gratidão a Joaquim António de Matos, reconhecendo os direitos dos seus herdeiros. Não estando em circunstâncias de poder zelar pelo cultivo e prosperidade da ilha de que era proprietária, Antónia pretendia vendê-la. Tinha concedido a soberania sobre a ilha à Coroa, como seu cunhado havia feito, e ainda o direito de preferência. Mas, como as «gravissimas privações» que sofria a impediam de aguardar o desfecho da operação, e não podendo já dispor da ilha, pois a Coroa fora constituída sua depositária, requereu em Setembro de 1872 que lhe fosse abonada uma quantia compensatória.

Além da amizade que o ligava a Antónia Gertrudes, Fontes Pereira de Melo teve no parecer abonatório da Coroa e Fazenda um bom suporte para o seu despacho de 11 de Setembro de 1872, que determinava se atribuíssem 30 mil réis mensais a Antónia, como herdeira de António Joaquim Pusich de Matos.[800] O visconde de São Januário, entretanto nomeado ministro da Marinha e Ultramar, também deu o seu patrocínio à causa de Antónia Gertrudes, oficiando directamente o seu colega da Fazenda a respeito do assunto, dando-se ao incómodo de lhe expor em onze páginas todo o historial da pretensão de Antónia à ilha das Galinhas e pronunciando-se a favor da continuação do abonamento dos 30 mil réis mensais à requerente, por conta do valor a ajustar pela ilha.[801] Os 30 mil réis foram sendo pagos até Agosto de 1879. Entre esta data e o parecer da Procuradoria-Geral da Coroa e Fazenda, da qual ficaria

[800] Despacho de António Maria de Fontes Pereira de Melo, 11.9.1872. ANTT — Ministério da Fazenda/Finanças, Arquivo das Secretarias de Estado, cx. 305, proc. 14274.

[801] Ofício do visconde de São Januário a Henrique de Barros Gomes, 26.10.1880. ANTT — Ministério da Fazenda/Finanças, Arquivo das Secretarias de Estado, cx. 305, proc. 14274.

dependente a continuação do abono, Antónia ficou privada daquele rendimento e, afirmava, sofrendo grandes privações. A 17 de Agosto de 1880, a Procuradoria-Geral pronunciava-se favoravelmente à legalidade do adiantamento, por conta da factura de liquidação dos direitos alegados por Antónia Gertrudes.[802] Quem poderia suspeitar que uma quase desconhecida ilha da Guiné, «doada» em finais dos anos 20 por um régulo bijagó a um cunhado de Antónia Gertrudes, haveria de ser motivo de uma tão intensa e demorada batalha burocrática travada entre a sua herdeira e os Ministérios da Fazenda e da Marinha e Ultramar!

[802] Parecer da Procuradoria-Geral da Coroa, 17.8.1880. ANTT — Ministério da Fazenda/Finanças, Arquivo das Secretarias de Estado, cx. 305, proc. 14274.

A biografia paterna e os últimos anos

Chorae o meu pranto, almas sensiveis!...[803]

O MONUMENTO *SEPULCHRAL* DE SAUDOSO AMOR FILIAL[804]

Antónia experimentou uma grande satisfação pela publicação da biografia do pai, à qual deu o título *Biographia de Antonio Pusich contendo 18 documentos de relevantes serviços prestados a Portugal por este illustre varão* e *Resumo da Historia da Republica de Ragusa e sua antiga litteratura*. Aguardara por ela dezanove anos, desde que começara a recolher assinaturas, em 1853. Dar a conhecer ao mundo o que entendia ser a extraordinária dimensão do pai e as arbitrariedades e iniquidades que sofrera após a revolução de 1820, e sobretudo depois da vitória liberal na guerra civil, era uma quase-obsessão em Antónia. Porque esperou, então, tanto tempo para dar à estampa a sua versão dos acontecimentos, sabendo que estava a «fazer história»? Além do eventual intuito de ir revendo e acrescentando a obra — de memórias e dos capítulos finais, consagrados

803 AGP, *Biographia de Antonio Pusich [...]*. p. 81.

804 Foi assim que Antónia Gertrudes Pusich qualificou a biografia do pai. Cf. *ibid.*, p. 91.

à história de Ragusa —, somente a incapacidade financeira para custear a produção do livro pode explicar a demora. Trata-se do seu mais longo e heterogéneo escrito: ao todo, 152 páginas, pelas quais se encontram distribuídas a biografia propriamente dita e uma série de anexos compósitos — poemas da sua autoria em que cantava o amor aos pais, a saudade que deles sentia e a infelicidade que a atormentava desde a sua morte[805]; a transcrição de vários documentos relativos à vida do pai; uma história da República de Ragusa, assinada por «Pusich», certamente, o biografado; por fim, uma «Noticia litteraria», em que desfilavam algumas das figuras maiores da República Ragusana.

Ainda em 1872, Antónia ofereceu um exemplar da obra a Inocêncio Francisco da Silva. No rascunho da carta de agradecimento, Inocêncio chamou-lhe «precioso mimo», pois entendia que, além de testemunho de amor filial, a obra era útil para os estudiosos da história portuguesa contemporânea.[806] É-o, sem dúvida, desde que confrontada com outras fontes, uma vez que a autora e o pai, acerca de quem escreve, não eram parte desinteressada nos sucessos relatados. Se verídicos serão a maior parte dos acontecimentos que descreve, muitos outros — contrariando ou susceptíveis de contrariar a representação imaculada do pai, ficaram intencionalmente por relatar, com manifesto prejuízo da percepção de conjunto. O propósito e fio condutor que teceu a redacção da biografia de António Pusich e que, em certa medida, constituiu a grande missão da vida de Antónia depois da morte do pai, ela mesma o expôs: «nome honrado, que me deixaste em preciosa herança, que arranquei das ruinas e que, vencendo as trevas do esquecimento, por entre

[805] Um dos poemas, «Um brado a Portugal! — Um canto á eternidade», escrito em 1854 (e não em 1864, como, por lapso, surge referenciado), por ocasião da comemoração do dia natalício do pai, já tinha sido publicado em pelo menos dois periódicos: AB, n.º 25 (2.ª série), 15.12.1854; *A Nação*, n.º 2206, 25.2.1855.

[806] Rascunho de uma carta de Inocêncio Francisco da Silva para Antónia Gertrudes Pusich, 8.9.1872. BNP — MR, Esp. 30, doc. 90.

espinhosas veredas conduzo á gloria, e á luz da immortalidade! Graças, meu Deus! cumpri a minha mais sagrada missão! Agora posso morrer». Obra catártica, ditada por um imperativo de reposição da (sua) verdade e consequente ajuste de contas com a história recente do País, foi, decerto, um exercício torturante: «Leitores! nunca maior sacrificio fiz ao dever! [...] Cada traço d'esta penna é um golpe que vibra no mais intimo do peito, sobre profundas feridas, que ainda vertem sangue». No final do «Proemio», Antónia pedia aos leitores que relevassem «as faltas de arte», pois «aonde ha luto não se ostentam galas», além de que as lagrimas «seccam as flores da eloquencia».

Dirigindo-se directamente aos leitores, no caso, a uma classe profissional concreta, o oficialato militar, apelava a que lessem a biografia que dava à estampa, que relembrassem seu pai, que olhassem o seu exemplo, pois se tratava de «um dos mais sabios, mais honrados, e benemeritos generaes que Portugal tem possuido». Estava ciente do impacto que inevitavelmente suscitaria a leitura da sua *Biographia [...]*, «que tantas lagrimas e dôres custa ao coração de quem a escreve, e que tanto enternecerá quem a ler!» Num assomo de dramatismo literário, mas igualmente da profunda dor, que nunca sarará, Antónia gritava no final da primeira parte da obra: «Ai de mim! Como pude traçar estas linhas!... Rasgando com os bicos da penna as feridas do coração! Como pude atinar com os preceitos logicos, se a dor interrompe as idéas, abafa o coração, rouba a luz dos olhos, enfraquece o braço!... » Contudo, a empatia que suscitaria e as lágrimas solidárias que faria rolar não poriam fim ao seu sofrimento: «Podem os principes, e todo o mundo sensivel, suavisar nossos infortunios, mas reparal-os completamente é tão impossivel, quanto é ao poder humano chamar á vida os mortos».[807] Estava convicta de que o pai morrera precocemente pelo impacto das injustiças que sofrera, e a restituição da sua vida, a única reparação passível de lhe extirpar a dor, não estava ao

[807] AGP, *Biographia de Antonio Pusich [...]*, pp. 87, VII-VIII, 42, 89–90, V.

alcance dos humanos. Podia somente acalmá-la, com a imortalização do pai pela biografia que lhe consagrara.

É provável que a suavização a que aludia se reportasse ao despacho de Fontes Pereira de Melo, em que o ministro determinava que fosse atribuída uma mensalidade a Antónia, como compensação pelo atraso na resolução da questão da ilha das Galinhas. O despacho está datado de 11 de Setembro de 1872, ano da publicação da *Biographia de Antonio Pusich [...]*. Parece-nos mesmo que se encontra neste despacho a explicação para a edição da obra neste mesmo ano. Há, todavia, um dado susceptível de contrariar este efeito causal entre a atribuição de 30 mil réis mensais e a produção do livro: a data do rascunho da carta de Inocêncio Francisco da Silva. A 8 de Setembro, quatro dias antes do despacho de Fontes Pereira de Melo, já Inocêncio tinha recebido um exemplar da obra, oferecido pela autora. Ou seja, Antónia não usou o dinheiro da mensalidade para custear a edição. Contudo, este dado, por si só, não nos leva a abandonar a hipótese que levantámos, uma vez que era muito comum na época o adiantamento de bens e de serviços por parte dos respectivos fornecedores. Ora, Antónia, muito antes do despacho, já estaria segura de que seria favorável às suas pretensões, uma vez que tinha entre as suas amizades homens influentes, tanto no Governo, como na oposição, além de ser amiga (e ainda parente) do presidente do Conselho e ministro da Fazenda, Fontes Pereira de Melo. É, pois, possível, e até provável, que tenha acordado com a tipografia a produção do livro, oferecendo como garantia de pagamento a quantia que ia receber. Apesar de não se tratar de uma quantia exuberante, note-se que António Pusich de Melo, filho de Antónia, antes da sua transferência para as alfândegas, pouco tempo antes, vencia 240 mil réis anuais como amanuense do Tribunal de Contas, isto é, menos 120 mil réis do montante abonado à mãe!

Sobre a vida do biografado, não nos alongaremos agora, pois a apresentámos em capítulos anteriores. Advertimos apenas que, se a proximidade — afectiva e física — do pai faziam de Antónia uma sua biógrafa privilegiada, também inflacionavam o viés. Antónia não encontrava na vida de António Pusich «um só acto» capaz de desdourar a sua memória, como anunciava logo no proémio. O que perdera o pai tinha sido somente «a inveja e crueldade» de homens mesquinhos, que tinham tirado partido das «infelizes contendas de irmãos»[808]. Quase trinta anos não tinham conseguido apaziguar em Antónia a dor da guerra civil. A sua vida continuava a ser uma longa expiação pela circunstância de a sua família se ter conjunturalmente encontrado no lado errado da barricada. A sua adesão ao absolutismo régio e a sua execração do movimento espoletado em Agosto de 1820 parecem ter-se mantido até ao fim. No início da segunda parte da biografia, apesar de reputar de «patriotica» a revolução liberal (reconhecia assim a nobreza das motivações dos seus protagonistas ou obedecia antes aos ditames da prudência, uma vez que era entre as figuras da nova situação que tinha os seus principais assinantes?), descreve-a como «uma tremenda procela, que vae alto bramir!... desfecha o raio sobre o palacio do rei, e faz vacillar-lhe o sceptro nas mãos, e a corôa na fronte!...[809] Ficamos mais uma vez na dúvida se a sua preferência de regime assentava em considerações ideológicas ou em razões mais prosaicas. Não lhe seria certamente difícil encontrar no ideário liberal, sobretudo entre as facções mais moderadas e menos adversas ao Trono e ao Altar, pontos de convergência com os seus próprios princípios e ideias, desde logo, um dos que lhe eram mais caros: o da instrução popular como propulsora do progresso civilizacional do País. Contudo, o Antigo Regime coincidira com o tempo em que a família vivera unida, despreocupada e feliz. A proximidade física e afectiva com a família real tinha criado vínculos, que se esperava perdurassem e beneficiassem os Pusich, numa lógica de recompensa de serviços. Enquanto os Bragança, e sobretudo D. João VI, estivessem na posse de todos os seus direitos majestáticos, ou seja, enquanto o absolutismo sobrevivesse, não esperariam a família grandes sobressaltos. Entre as comissões

[808] *Ibid.*, pp. IV–VI.

[809] *Ibid.*, p. 43.

paternas em Cabo Verde, a família residira na corte, no Rio de Janeiro, onde o rei, confiando no seu súbdito ragusano, protegera a família: os padrinhos das crianças Pusich tinham sido os reis; Antónia e os irmãos tinham brincado despreocupadamente com as crianças Bragança; quando os infantes crescessem e estivessem na situação de distribuir mercês, não se esqueceriam certamente dos antigos companheiros de infância. Tudo parecia correr de feição aos Pusich, quando, subitamente, «uma nuvem medonha vem enluctar a luz fulgurante do astro que resplandecia em céu tenebroso!», arrastando-os na enxurrada. A revolução de 1820 arrebatou a António Pusich o governo de Cabo Verde, e o curso subsequente dos acontecimentos sorveu-lhe a vida de dois dos seus filhos e condenou à precariedade financeira alguns dos outros, impondo a todos uma trajectória social descendente. Antónia, muito especialmente, foi atingida pelas labaredas revolucionárias e pós-revolucionárias: «O tremendo abalo das revoluções arremessou-me, d'um palácio onde nasci, para uma choupana onde existo no meio d'este honrado povo»[810]. A revolução e a vitória do liberalismo só trouxeram, pois, a Antónia dissabores, ultrajes, luto e vulnerabilidade.

OS DERRADEIROS ESCRITOS E A DOR MAIOR

> *Ai!.. Se os que morrem podessem levar*
> *comsigo as memorias do que nos foram!..*[811]

Os onze anos decorridos entre a publicação da *Biographia de Antonio Pusich [...]* e a morte de Antónia são de quase penumbra. À parte os escritos que ia publicando, alguns dos quais dispersos pela imprensa periódica

810 AGP, *Memoria ao benemerito Duque d'Avila e de Bolama [...]*, p. 7.

811 AGP, «Amor, e saudade!», AB, n.º 13 (2.ª série), 15.6.1854, p. 4.

(e apenas à espera de serem todos localizados), conhece-se muito pouco da sua vida pessoal e familiar. A 18 de Março de 1873, a nomeação do seu primogénito, João António Pusich Amado, para o cargo de chefe fiscal do distrito da alfândega de Elvas passou a vitalícia.[812] Dois anos depois, em Junho de 1875, voltou a ser transferido, desta feita, para Aldeia da Ponte.[813] No ano anterior, Antónia publicara *Breves considerações ácerca dos mappas organisados pelo benemerito presidente da Relação de Lisboa sobre a Estatistica criminal e inventarios orphanologicos na area da sua jurisdição.* Este opúsculo, que assinou somente com o primeiro e últimos nomes, consistia numa série de considerações («nascidas do coração de mãe verdadeira»), em torno de uma questão que lhe era cara: o abandono a que estavam relegados os órfãos e os menores em Portugal. O presidente da Relação de Lisboa, António Roberto de Oliveira Lopes Branco, tinha organizado uns mapas estatísticos referentes aos anos de 1872–1874, de que oferecera um exemplar a Antónia. Esta oferta concorrera para «reanimar e illuminar a nossa mente abatida, envolta em sombras de acerbos pezares». Os mapas comprovavam aquilo para que havia muito Antónia vinha chamando a atenção: a correspondência entre o aumento da criminalidade e a diminuição da moralidade, e a necessidade de tornar a justiça mais eficaz. Para obstar ao inevitável aumento da criminalidade, não bastava legislar, havia que fazer cumprir as leis e moralizar a população. Não eram frequentemente os próprios pais a descurar os direitos e os interesses dos filhos, adulterando inventários de bens, ou nem os fazendo, e dispondo a bel-prazer do que não lhes pertencia, actuando com os filhos como «despoticos senhores com seus escravos»?! Apesar de o cristianismo ser a «*religião do estado*», não havia pais que a não a veiculavam aos filhos, nem estavam interessados em permitir que outros o fizessem?! Em 1869, publicara uma carta que dirigira ao ministro da Justiça, apelando

[812] ANTT — RGM, D. Luís, liv. 26, fls. 210–210v.

[813] ANTT — RGM, D. Luís, liv. 27, fls. 184v–185.

à protecção dos menores. Defendera a intervenção dos poderes públicos junto das famílias, aquilatando a preparação moral dos progenitores para cuidarem da formação dos filhos. Afinal, como afirmava, «não basta ser mãe, é mister saber ser mãe». Antónia ofereceu um exemplar deste opúsculo à segunda mulher de D. Fernando, a condessa de Edla. Este exemplar, ao cuidado da Biblioteca da Universidade de Coimbra, contém o que poderá ser uma dedicatória autógrafa.

Entre as considerações que tecia acerca da falta de educação moral e religiosa de parte da população, e do quanto esta falta se repercutia negativamente na formação das crianças, Antónia dava conta da sua intervenção cívica neste campo. O facto de viver pobremente entre desafortunados propiciava-lhe um campo de observação privilegiado, tanto quanto a educação que tivera e a sua rede privilegiada de relações a mobilizavam para contribuir para o progresso cultural da população. O lema «*pensamentos, palavras e obras*» orientou-a, uma vez, para acudir a uma família, muito provavelmente sua vizinha, pois parecia observar-lhe de perto a conduta. Tratava-se do que hoje chamaríamos uma família monoparental, constituída por uma mulher e os seus filhos, entre os quais, quatro meninas. O pai das crianças, embora não coabitasse com elas, provia escrupulosamente ao seu sustento e instrução. Contudo, a má influência da mãe ameaçava condenar as meninas ao «maior precipicio». Se bem que Antónia não nos detalhe a que precipício aludia, tratando-se do «maior», não podia deixar de ser, de acordo com a moral da época (e não só), a prostituição. Ao invés de observar plácida e indiferentemente o que sob os seus olhos se anunciava, escreveu para o periódico *O Paiz*, dando conta da situação. (Atente-se que, mesmo quase septuagenária, com graves problemas de visão e sem possuir já folhas próprias, Antónia continuava a escrever para a imprensa periódica.) Tomando conhecimento pelo jornal do arriscado trilho por onde a mãe das suas filhas as estava conduzindo, o pai das crianças agiu no sentido de inflectir a marcha (era pelo menos essa a convicção de Antónia). O que nas entrelinhas se depreende é que, além de outras eventuais e prováveis quebras de moral, a má conduta da mãe das crianças teria passado também por atraí-las para uma igreja «protestante», desviando-as da igreja católica, para onde Antónia, a muito custo, as tinha tardiamente conseguido encaminhar.[814] Vimos como Antónia se exaltava e enfurecia com o avanço do protestantismo em Portugal.

Em 1877, voltamos a deparar com uma informação relativa a um dos filhos de Antónia, desta vez, ao seu ultimogénito. António terá sido, de entre a prole de Antónia, aquele cujos talentos musicais mais se terão evidenciado. Compôs algumas peças, entre as quais, duas marchas, que dedicou a Fontes Pereira de Melo[815], e um hino, consagrado à rainha. Este, na folha de rosto, trazia a indicação de que a monarca tinha autorizado a reprodução do seu retrato e aceitara que o produto da venda revertesse para a comissão de socorros em favor das vítimas das inundações. Conquanto não datado, foi certamente composto e colocado à venda logo após as terríveis cheias de 1876, uma vez que o texto do *Hymno* aludia à «Tenebrosa tempestade» [que] «Trouxe o luto, o pranto, a dor!... [...]/Rompe a cheia, galga os montes,/Tudo arrasa a inundação!...»[816] É possível que da letra do hino não tivesse estado arredada a pena da mãe de António. Como o mais novo dos seus filhos varões a deve ter deixado orgulhosa: por ter desenvolvido a vocação musical familiar e por ter contribuído com uma produção sua para uma iniciativa de benemerência!

Como um acto de benemerência e de «sublime heroismo» interpretou Antónia a comutação em prisão perpétua da pena de morte a que foi condenado um homem que procurou assassinar o rei de Itália.

---

814 AGP, *Breves considerações ácerca dos mappas organisados pelo benemerito presidente da Relação de Lisboa [...]*, 1874, pp. 4–5, 7.

815 *Regresso á Patria. Marcha dedicada e offerecida em 1877 Ao Digno Par do Reino Ministro d'Estado Honorario, &.ª&.ª&.ª Antonio Maria de Fontes Pereira de Mello*, e, no ano seguinte, outra marcha, para piano, por ocasião do aniversário do estadista.

816 António de Melo G. P. F. e Almeida, *A sua Magestade a Rainha a Senhora D. Maria Pia Hymno composto, dedicado e offerecido por Antonio de Melo Garcez Pusich Fernando e Almeida*, s.d. [c. 1876–1877].

A 17 de Novembro de 1878, quando passava por uma praça de Nápoles com a rainha Margarida e o filho, Victor Emanuel, numa carruagem aberta, Humberto I, recentemente coroado, foi alvo de um ataque. Um anarquista republicano, Giovanni Passannante, abeirou-se da carruagem e tentou atingi-lo com... uma faca de cozinha (Passannante era cozinheiro). O rei defendeu-se, e o primeiro-ministro, que acompanhava a família real, tentando proteger o rei, acabou por ser ferido numa perna. Na sequência da clemência (?!) régia (Humberto I poupara a vida do homicida), Passannante foi sujeito a uma pena especialmente violenta: depois de torturado, foi enviado para a ilha de Elba, onde permaneceu vários anos aprisionado numa cela escura e impossibilitado de se mover, pois, além do peso das correntes que lhe tolhiam o corpo, a dimensão da cela — tinha somente um metro e quarenta centímetros de altura — inviabilizava qualquer movimento. Sujeito a estas condições, Passannante acabou por enlouquecer e ser transferido para um manicómio judiciário, onde ainda sobreviveu muitos anos. Antónia já não assistirá à tentativa bem-sucedida de homicídio do rei, em 1900. Louvou em verso o «perdão» régio e dedicou o poema à rainha consorte Maria Pia, mulher de D. Luís e irmã de Humberto I. Apesar de advogar o castigo severo da delinquência, Antónia desconheceria certamente a ferocidade do castigo reservado ao anarquista italiano. Ainda que nem o poema nem a dedicatória à rainha estejam datados, sabemos que só podem ter sido escritos depois desta ocorrência, e provavelmente ainda em 1878, uma vez que era uma característica de Antónia Gertrudes a proximidade temporal dos seus escritos face aos acontecimentos neles contemplados. Na dedicatória, Antónia afirmava-se «no retiramento da corte envolta em permanente luto» e «arrastando os passos». No entanto, mesmo sabendo-se próximo da sepultura, como afirmava, sentia recobrar-se-lhe o ânimo sempre que deparava com manifestações de caridade, valor a que devotara a sua vida e a sua criação poética. Tal como na carta que escrevera à filha de Costa Cabral, dizia que se ia esquecendo da «etiqueta», pois era no «centro do povo» que vivia desde que «o tremendo abalo das revoluções» para ali a projectara. A «primeira graça» que D. Maria Pia lhe conferiria seria a de fazer chegar ao irmão, Humberto I, o poema que lhe consagrara.[817] Apesar de provir de hostes miguelistas, Antónia foi, pois, mais próxima — ou menos distante — da corte durante os reinados de D. Maria e de D. Pedro V e a regência de D. Fernando, do que aquando do reinado de D. Luís.

Golpe bem mais certeiro do que o perpetrado pelo anarquista italiano foi o que Antónia sofreu às 4 horas e 30 minutos da madrugada da antevéspera de Natal de 1879, quando perdeu um «anjo de bondade que ao céu voou levando a palma do martyrio!»[818] Ana Isabel Filomena Pusich de Melo, com apenas 39 anos, morreu, deixando um filho.[819] Passado pouco tempo, Antónia respondeu à carta de pêsames que lhe dirigiu Maria José da Silva Canuto, que, além de sua antiga inimiga política e posteriormente colaboradora, fora professora de Ana Isabel Filomena, sua «discipula predilecta»: «Sinto que pouco tempo lhe sobreviverei... não posso resisitir a esta saudade que me mata!...»[820]Alguns meses depois, quando escreveu o poema de homenagem a Camões, sabendo que seria lido por muitos, nas notas finais, quis imortalizar a filha, deixando registados a hora e o dia da sua morte, que considerava o «mais fatal da minha existencia». A dor deixada pela morte de Ana Isabel terá sido a única a suplantar a causada pela perda do pai.

---

817 AGP, *Saudação a Sua Magestade o Rei de Italia Humberto Primeiro dedicada a sua Magestade A Rainha de Portugal Senhora D. Maria Pia Sua Augusta Irmã*, s.l., s.n., s.d. [post. 17.11.1878], pp. 1–2. Agradecemos ao Dr. Carlos Lobo Gaspar ter-nos facultado a consulta deste opúsculo, não consultável em bibliotecas nacionais.

818 AGP, «Notas», em *Homenagem a Luiz de Camões*, 1880, p. 16.

819 Assento de óbito de Ana Isabel Filomena Pusich de Melo, 23.12.1879. ANTT—ADLSB-Lv O16-s/cx — LRO, paróquia de Santa Isabel (1869–1883), fl. 227.

820 Maria José da Silva Canuto, sem título (elogio fúnebre de Antónia Gertrudes Pusich, 8.10.1883), *Diario de Noticias*, n.º 6359, 9.10.1883, p. 1.

Em 1880, conseguirá ânimo, contudo, para, em mais uma manifestação do seu indubitável patriotismo, participar nas comemorações do tricentenário da morte do Vate, com o título *Homenagem a Luiz de Camões*. Compunham este volume um poema de oito páginas, nas quais Antónia prestava preito ao homenageado («Homenagem a Camões»), umas «Notas» finais e uma «Concluzão». Entre o elogio do poeta e da nação e dos nomes por ele cantados, Antónia introduzia uma ou outra referência ao seu estado de alma: «Dá luz ás trevas, da-me força á voz!», clamava no final de uma estância. E, noutra: «Nem já seguir teus vôos posso agora,/ Na mente em sombras esvaece a luz!/De quem sofrendo aguarda a eterna aurora».[821] Numa das «Notas», evocava a filha morta. Na «Concluzão», apresentava um historial das iniciativas empreendidas desde o século XVII até ao XIX, no sentido de se prestar ao «excelso principe dos poetas»[822] a homenagem que se impunha.

O amor de Antónia a Portugal era reconhecido pelos coevos. Na pequena biografia que apresentou quando noticiou a sua morte, o *Diario de Noticias* aludia ao seu «exemplar amor á patria» como a principal das muitas qualidades.[823] Este sentimento não surpreende, pois toda a sua vida se desenrolou em solo português: em Cabo Verde, onde nasceu; depois, no Brasil, e onde passou parte da infância e a pré-adolescência; novamente, em Cabo Verde, onde viveu a adolescência; e depois, toda a sua vida de adulta, no Reino, de onde a mãe era natural. Somente o pai não tinha raízes portuguesas, mas criara elos, desde logo, afectivos e familiares, e «aprendera» o País, a sua língua e as suas instituições. Como Antónia não cessou de lembrar aos seus contemporâneos, e como o próprio pai reiteradamente proclamava na correspondência oficial, nos requerimentos que dirigia ao rei e aos ministros, António Pusich «adoptara» Portugal, colocara-se ao serviço dos seus monarcas, da sua

---

821 AGP, «Homenagem a Camões», em *Homenagem a Luiz de Camões*, pp. 8, 11.

822 AGP, «Concluzão», em *Homenagem a Luiz de Camões*, p. 19.

823 «D. Antonia Pusich», *Diario de Noticias*, n.º 6357, 7.10.1883, p. 1.

Marinha e da sua administração colonial. Também a filha servira o País com os recursos de que dispunha: «não com a espada, que não temos, nem ambicionamos; mas sim com a penna que em publica utilidade preste muito mais proveitosos serviços»[824]. Não fugindo a qualificar de atrasada a situação cultural em Portugal, combateu o analfabetismo, fazendo da instrução da população o seu apostolado (afinal, «se não tivermos uma nação illustrada, tenhamos ao menos uma nação civilisada»[825]). Fê-lo até que a visão e as forças lho permitiram: «soffrendo bastante o corpo e a alma, é preciso sentir muito amor por esta patria, para deixarmos de pensar em nós, e, sacrificando até interesses de familia, comparecermos»[826]. Olhava com suspeição as interferências estrangeiras, fossem culturais ou político-militares. A Inglaterra, muito especialmente, não parecia merecer-lhe simpatias: reprovava-lhe a ausência de princípios na política ultramarina e o seu intervencionismo. O anglicanismo, claro, animava-lhe a desafeição por Albion. Mesmo atrasado e empobrecido, celebrava Portugal pelos seus pergaminhos:

Jámais, jámais lusos peitos
Hão-de esquecer o que são;
Embora á desgraça affeitos:
A gloria é nosso brazão.

Viva a Nação que sujeito
Vio Mouro-Iberio-e Francez!
Viva quem nutre no peito
Um coração Portuguez.[827]

---

824 AGP, «Falta d'instrucção em Portugal», AAL, n.º 26, 23.2.1850, p. 201.

825 AGP, «Leitura repentina», AAL, n.º 39, 19.10.1850, p. 59.

826 AGP, «A Portugal», AC, n.º 1, 1,11.1858, p. 1.

827 AGP, «O Veterano Portuguez», *O Bardo,* 1857, parte II, p. 277.

Por outro lado, ou por ser filha de um croata de Dubrovnik (antiga Ragusa) ou por se expressar num português com pronúncia estrangeira[828] ou por ter fixado residência no Reino apenas aos 20 anos, Antónia parece, por vezes, uma alienígena a quem se exige que prove o seu portuguesismo. Na pequena brochura que deu à estampa em 1881 por ocasião da morte do duque de Ávila e Bolama, aludia ao «povo brioso que abracei como irmão e tenho sabido estimar»[829]. Ao dizer que «abraçara» como irmã os portugueses, assumia-se como não fazendo originariamente parte daquela (id)entidade. Seria por ter nascido longe do Reino, em Cabo Verde?

A citada brochura — *Memoria ao benemerito Duque d'Avila e de Bolama Fallecido em 4 de Maio de 1881* — foi, provavelmente, o seu derradeiro escrito literário, ou pelo menos o último publicado, a dois anos da sua morte. À semelhança do que já acontecera com pelo menos uma obra publicada alguns anos antes[830], assinou-o somente com os primeiro e último nomes (Antónia Pusich), sem o segundo nome próprio. Omitiu igualmente a partícula de deferência «D.», com a qual costumava assinar-se. Terminava a dedicatória à viúva, sua amiga, afirmando que a *Memoria [...]* não era «o ultimo *Canto do Cysne*», mas «um dos lamentos derradeiros de um coração fiel e reconhecido»[831]. Ao afirmar que não era o seu último escrito, teria algum outro já concluído ou em vias de ultimar, que pretendia levar ao prelo. Sabemos que intentava escrever

---

[828] O português teria sido uma segunda língua para Antónia. Por uma ou outra referência dispersa nos seus escritos, o italiano parece ter sido a língua da intimidade familiar entre o casal Pusich e os filhos.

[829] AGP, *Memoria ao benemerito Duque d'Avila e de Bolama [...]*, p. 6.

[830] AGP, *Breves considerações ácerca dos mappas organisados pelo benemerito presidente da Relação de Lisboa [...]*.

[831] *Ibid.*, p. 7. O duque de Ávila e Bolama terá, pois, beneficiado Antónia em qualquer ocasião ou ocasiões. Não sabemos de que maneira terá esse auxílio sido prestado: sob a forma de uma ajuda monetária ocasional?, de apoio para a colocação de algum dos filhos?, de um andamento favorável de alguma das várias pendências burocráticas que se iam cobrindo de pó nas diferentes secretarias?

uma autobiografia: «Se a morte me não surpreender a carreira de meus escriptos, rematarei todas as minhas composições com as Memorias fieis da minha vida, tão triste, quanto extraordinaria!..»[832] Tê-las-á escrito? É pouco plausível que as tenha, se não redigido, pelo menos editado, uma vez que parecem não surgir referenciadas em nenhum documento. Não deve, contudo, descartar-se a hipótese de terem sido escritas e dadas à estampa: os filhos poderão não ter querido dar conhecimento público do seu conteúdo (conhecemos a coragem de Antónia e a frequentemente exígua autocensura da sua pena), alguma ocorrência as poderá ter feito perder, ou poderão, simplesmente, ter sido mandados recolher todos os exemplares da tiragem. Ou então ainda, pode ter desistido do propósito de legar à posteridade a sua autobiografia, eventualmente pelas limitações físicas que a diminuíram no final da vida.

À semelhança da sua restante produção escrita, literária e jornalística, a *Memoria ao benemerito Duque d'Avila e de Bolama* contém inúmeras referências biográficas, especialmente na dedicatória a Emília Hegnauer, duquesa de Ávila e Bolama. Foi escrita no dia seguinte ao da morte de António José de Ávila — conde, marquês e depois duque de Ávila e Bolama, nobilitado pela sua prestimosa acção diplomática em torno da questão de Bolama, que terminou com a arbitragem do presidente norte-americano (Ulysses Grant), favorável às reivindicações portuguesas. Antónia e o duque tinham-se conhecido havia muito, em casa de Ana Isabel Pusich, a irmã baronesa (Vila da Praia) de Antónia, quando Rodrigo da Fonseca Magalhães e José Estevão os tinham apresentado. Na dedicatória à viúva, datada de dia 5, Antónia confidenciava que escrevera o poema «sobre os degraos do tumulo que encerra os despojos mortaes de minha adorada filha D. Anna Izabel Philomena Pusich de Mello». Revelava o imenso sofrimento causado pela morte da filha, ocorrida dois anos antes: «esta immensa dôr que me sepultou, e perdi a luz de meus

[832] AGP, «Prologo», em *Olinda, ou a Abbadia de Cumnor-Place*, p. 8.

olhos». A menção à perda da luz dos seus olhos não parece tratar-se de um artifício literário; Antónia terminou a sua vida cega, como veremos. No poema, aludirá ao desgosto e à desolação com que a morte de Ana Isabel Filomena a mortificava: «Que dor igual póde angustia maternal?!» Vencera os muitos e tumultuosos «naufragios causados por tempestades politicas»: «venci; venci, talvez, por ser mãe e querer salvar meus filhos»; mas rendera-se ao martírio da partida de Ana Isabel («Eu… que á dor maternal entrego a vida»). Além dos monarcas, o duque de Ávila encontrava-se «entre os bons, que me illuminaram e amenisaram os desertos da minha dolorosa peregrinação». Contra as desventuras a que outros tinham condenado a sua família, não pudera reagir como teria gostado, pelas limitações impostas ao seu género; «todavia, com o manto do peregrino, o estandarte da cruz e a luz da verdade, tenho podido conservar illesa a mais preciosa das heranças, e que os homens não me podem roubar — o nome de meu honradissimo pae — que salvei das ruinas de nossa passada grandeza, onde pretenderam sepultal-o»[833].

Este nome — Pusich — omitiu-o o filho António quando assinou um hino que compôs em 1882. António foi vogal da comissão executiva de homenagem dos estudantes de Lisboa ao marquês de Pombal, por ocasião das comemorações do centenário da sua morte. Apresentando-se como «condiscipulo» dos «academicos de 1882», homenageou-os com a composição — *Hymno dos Estudantes de Lisboa adoptado no programma do Centenario do Marquez de Pombal, reformador dos estudos, reedificador de Lisboa, etc., etc.* Indicava-se na folha de rosto que o hino fora adoptado no programa do centenário do Marquês, acabando por ser entoado pelas ruas de Lisboa pelos que integraram o cortejo cívico.[834] O facto de ter assinado o hino sem o sobrenome materno, apenas como António de Melo

---

833 AGP, *Memoria ao benemerito Duque d'Avila e de Bolama [...]*, pp. 6, 5, 13, 5, 15, 6–7.

834 Gustavo Pereira, «Passado em papel-jornal: Pombal, "A Folha Nova" e "A Palavra" — impressões em disputa no centenário do marquês (Porto, 1882)», *Temporalidades*

Fernando e Almeida (contrariamente, aliás, ao que sucedia em documentos anteriores), terá certamente desgostado sua mãe, caso esta, lidando já com grandes limitações, tenha tomado conhecimento do facto. Antónia chegou a mencionar este filho somente pelo apelido materno aposto ao nome próprio, omitindo os muitos apelidos paternos da criança.[835] Também ao seu primogénito, João António, omitia por vezes os apelidos do pai. Dos três filhos varões, aliás, somente ao segundo, Miguel, referenciava sempre com pelo menos um sobrenome paterno (Henriques), o que reforça a percepção, aliás, nunca ocultada por Antónia, de que o segundo marido fora aquele que lhe merecera mais consideração.

— *Revista de História*, vol. 11, n.º 2, Maio–Agosto de 2019, p. 802. https://run.unl.pt/bitstream/10362/111904/1/12726_Texto_do_artigo_42565_1_10_20190930_1_.pdf

[835] Por exemplo, na nota ao poema «A minha trança», que publicou em AC, n.º 3, 15.12.1858, p. 20.

Caiu a mulher forte!

Quando se extinguir o meu corpo
E d'elle não houver memoria,
Dá que minha alma consiga
Da Côrte Celeste a gloria.[836]

A MORTE

Ao cair da noite do dia 5 de Outubro de 1883, na Rua de São Bento, n.º 238, morria Antónia Gertrudes Pusich, a primeira mulher portuguesa proprietária, directora e redactora de um jornal. As mulheres já vinham colaborando na imprensa periódica; excepcional foi o facto de ter sido a primeira a fundar um jornal, a dirigi-lo e a escrevê-lo, assinando as suas peças, e inscrevendo desabrida e corajosamente o seu nome nos cabeçalhos dos títulos que fundou. Tinha 78 ou 79 anos e morreu «ungida». O austero assento do seu óbito revela que foi sepultada no cemitério ocidental

[836] Antónia Gertrudes Pusich, «As dores da Santissima Virgem Mãe de Deus. Hymno», em *Cantico devoto em honra e memoria das dores de Maria Santissima e da sagrada paixão e morte de Jesus Christo, Nosso Deus e Redemptor*, 1857, p. 13.

(dos Prazeres), no jazigo 2351.[837] Infelizmente, não nos informa de que mal padecia Antónia. Sabemos somente que fora acometida por uma «doença grave»[838] e que não morreu só. De acordo com o *Diario de Noticias*, tendo chegado horas antes, os filhos e netos de Antónia puderam acompanhá-la no seu passamento, ocorrido pelas 19 horas.[839] Um pormenor a que teria dado atenção é o da coincidência entre o dia da sua morte e aquele em que, vinte e sete anos depois, o seu tão amado regime monárquico igualmente desabaria. Por mais de uma vez, Antónia revelou que gostaria de suscitar um instante de empatia e compadecimento àqueles que a posteridade lhe oferecesse como seus leitores:

> a minha franqueza, e os meus infortunios hão de por certo, um dia, interessar os meus leitores, (e mórmente as minhas leitoras); e uma lagrima d'essa nobre compaixão que distingue as almas grandes e virtuosas, derramada sobre as minhas cinzas, [...] seja a unica recompensa de todos os meus serviços, e crueis padecimentos.[840]

Aqui lha tributamos, sob a forma desta biografia.

NECROLÓGIOS E ELOGIO FÚNEBRE

No primeiro artigo que dedicou a Antónia Gertrudes Pusich depois da sua morte, o *Diario de Noticias* destacava a sua «intelligencia e perspicacia»,

---

837 Assento de óbito de Antónia Gertrudes Pusich, 5.10.1883. ADLSB-Lv 017 — LRO, paróquia de Santa Isabel (1883–1893), fl. 13.

838 Herdeiros de Antónia Gertrudes Pusich, *Ilha Mattos tambem chamada de Gallinhas na Guiné Portugueza: Exposição — perante as camaras legislativas — a respeito d'esta propriedade e da sua acquisição para o Estado*, 1888, p. 6.

839 «Antonia Pusich», *Diario de Noticias*, n.º 6357, 7.10.1883, p. 1.

840 AGP, «Prologo», em *Olinda, ou a Abbadia de Cumnor-Place*, p. 8.

manifestos na sua actividade de periodista e de conferencista, como hoje diríamos, e na apreciação de potenciais talentos literários. Muitos daqueles de quem se cercara no tempo áureo da sua projecção poética e jornalística tinham adquirido lugar proeminente no mundo das letras. Salientava o seu convívio prolongado com as figuras mais ilustres do País, e, da sua produção literária, relevava *Olinda [...]*, *Constança [...]* e *Biographia de Antonio Pusich [...]*.[841] No mesmo número, os filhos, genro e netos de Antónia, participavam a sua morte e convidavam os conhecidos a integrar o cortejo fúnebre no dia seguinte, ao meio-dia, desde a casa de Antónia, em São Bento, até ao Cemitério dos Prazeres. Ainda neste número do jornal, a mesa de Lisboa das conferências pedagógicas que estavam a decorrer em diferentes pontos do País, divulgou a notícia de que, na sessão da véspera, tinha sido lançado em acta um voto de pesar pela morte de Antónia e de que a mesa representaria os conferencistas nas exéquias.[842] Transcrevemos extractos desse voto de pesar, escrito por Luís Bernardino Pacheco, professor de Carnide, que conhecia Antónia da colaboração de ambos nalguns periódicos nacionais:

> Finou-se o cysne da nossa litteratura nacional.
>
> O magisterio primario, bem como varias classes illustres, vestem negros crepes.
>
> O roble gigante, a patriarcha e a princeza da nossa litteratura, a cuja sombra se abrigaram os soldados da instrucção popular, ferido pelo raio, oscilou, caiu, para não mais se levantar.
>
> [...]
>
> O lucto, que o magisterio primario, veste hoje, significa o sentimento que vae no coração de todos pela morte d'uma das maiores athletas litterarias de que Portugal se ufanava.

---

841 «D. Antonia Pusich», *Diario de Noticias*, n.º 6357, 7.10.1883, p. 1.

842 Sem título, *Diario de Noticias*, n.º 6357, 7.10.1883, p. 1.

> A grande causa da instrucção perdeu um dos seus legitimos defensores, gloria da patria.
>
> O profundo e encyclopedico thesouro de conhecimentos que possuia a illustre finada; a sua imaginação fulgurando reflexos de celestiaes matizes; vigorosa a sua electrica palavra com a qual arrebatava os animos, engolphando-se em infinitos caminhos por onde resplandecia a sua robusta intelligencia nos mais difficeis problemas, tudo era em D. Antonia Pusich extraordinário de tal sorte que a sua morte pode considerar-se irreparavel perda para o paiz.
>
> A illustre finada conquistou a estima de todos, porque o seu saber e a sua fina delicadeza captaram a sympathia d'aquelles que a conheciam de perto.
>
> [...] advogou sempre com a fé d'um apostolo, com a crença d'um patriarcha, com o dogma d'um fanático — a instrucção popular.[843]

Como Antónia teria saboreado em vida estes epítetos e homenagens! É com o *Diario de Noticias* que acompanhamos as cerimónias fúnebres da «distincta escriptora e poetisa». Além da dimensão da defunta, o grande destaque dado pelo jornal ao evento ter-se-á ficado parcialmente a dever ao facto de um dos seus dois fundadores e proprietários e ainda redactor principal, Eduardo Coelho, ter dirigido a função, a partir do momento em que o cortejo fúnebre chegou ao cemitério dos Prazeres. Fora a família de Antónia quem lho solicitara. Além da delegação das Conferências Pedagógicas, acompanharam o féretro até ao cemitério muitas figuras do ensino e do jornalismo coetâneo. Pelo menos três escolas fizeram-se representar: a da associação e asilo lisboeta de protecção à infância desvalida, a dos surdos-mudos e a dos Caetanos (Escola Régia das Mercês).

[843] Luís Bernardino Pacheco, sem título, em *Conferências Pedagógicas — Relatório das Conferências de Lisboa em 1883*, 1884, pp. 293–294.

Entre as muitas professoras presentes, encontravam-se duas antigas colaboradoras de Antónia Gertrudes, ambas figuras destacadas da cruzada pela instrução pública universal — Maria José Canuto e Mariana da Fonseca Dine. Foi a primeira quem pronunciou o discurso de homenagem à finada. Entre os homens presentes, encontrava-se Júlio César Machado, escritor e jornalista muito em voga na época. Assumido admirador de Antónia Pusich e colaborador nos seus periódicos, Júlio César Machado estreara-se a publicar nas colunas de *A Assembléa Litteraria*. O grande pedagogo e professor José António Simões Raposo, que foi presidente do Grémio Popular e nome principal das conferências pedagógicas que então decorriam, foi outra figura que compareceu, tal como Sousa Teles, provedor da instrução na Câmara Municipal de Lisboa, e Cunha Belém (provavelmente, António da Cunha Belém, o jornalista de *A Revolução de Septembro*, periódico com o qual Antónia manteve algumas polémicas, como vimos). Presente esteve igualmente um dos seus genros, pouco por si respeitado e amado, José Júlio Raposo de Carvalho, cujo comportamento para com a sua filha Amélia, Antónia lastimara em carta a Costa Cabral. Dizia o jornal que «alguns d'estes revesaram-se tomando, como preito de consideração á finada, as argolas do caixão».[844] Mas se marcaram presença notabilidades do jornalismo e do ensino, primaram pela ausência as figuras de Estado, o que vem comprovar a percepção de que, com o rolar dos anos, Antónia perdera muita da popularidade que adquirira nos anos 40 e 50 e, eventualmente, parte das suas «boas» relações. A família real, que sempre celebrou, também não se terá feito representar, ou, o que parece improvável, o *Diario de Noticias* o terá omitido.

Pelo muito que nos faz saber de Antónia — sobretudo da sua «natureza affectuosa», de que nem sempre nos presta testemunho a sua escrita, e da maneira digna, leal, cordata e mesmo amorável como lidava com pelo menos alguns dos seus antagonistas —, optámos por reproduzir na

[844] Sem título, *Diario de Noticias*, n.º 6359, 9.2.1883, p. 1.

íntegra o tocante elogio fúnebre feito por Maria José Canuto à sua parceira e adversária de combates — pela defesa da instrução popular, no primeiro caso; no campo político-ideológico, no segundo:

> Senhores: — Repousa no leito do pó a mãe e avó extremosa e estremecida!
>
> Caiu a mulher forte! A que foi escriptora varonil!... a que devassou ousadamente arcanos de sociedades, até então defezas ao sexo feminino!... a que agrupou em torno a si homens e mulheres devotados aos interesses reaes da sociedade... a que privou, emfim, com os altos dignitarios do estado... D. Antonia Gertrudes Pusich!...
>
> E eu que fui sempre sua adversaria no seu modo de encarar os assumptos politicos e sociaes... eu venho pagar-lhe á beira da sepultura a constante sympathia, que me dedicou e a que tão mal correspondi!...
>
> Sim senhores! Adversarias nas idéas politicas, batemo-nos no campo da imprensa, em combate leal, mas ferino... fui eu quem rompeu a lucta... os meus golpes foram aggressivos, profundos, despedaçadores... e os seus desviando sempre o gume, das expressões cortadas ou manifestavam o receio de ferir-me; exacerbavam-me as iras, imaginando-me o joguete de affrontosa compaixão!...
>
> Mas não era... era a irresistivel attracção que, a meu pesar, eu exercia no seu espirito vivaz e propenso á rectidão!... Procurou todos os meios de approximar-se de mim: era impossível esquivar-me á obsequiosa afabilidade que empregou para o conseguir!
>
> Por vezes me fez entrar no seu circulo deslumbrante de sensações perfumadas, aristocraticas, sublimes de idealismo... e eu refugia-lhe sempre para a minha querida solidão; para os meus habitos de isolamento social. É que ella não estudava o mundo; vivia nelle e para elle; e eu estudei o sempre, e por isso me retrahi sempre ao seu contacto.

> D. Antonia Gertrudes Pusich era uma mulher de elevadissimos sentimentos maternaes, nem podia deixar de o ser uma natureza affectuosa como a sua... Em Janeiro de 80[845] falleceu-lhe uma das filhas, que fôra minha discipula predilecta: respondendo á minha carta de sentidissimos pesames, escrevia-me: Sinto que pouco tempo lhe sobreviverei... não posso resisitir a esta saudade que me mata!... Aperto, uno ao meu peito golpeado a mão piedosa que me estende e banho de ardentissimas lagrimas... creia que o meu reconhecimento ha-de ser eterno, porque *as almas não morrem!*»
>
> Se as almas não morrem! Se desde a eternidade me escutas, mulher que foste o symbolo de todos os amores possiveis, de todas as aspirações grandiosas, bem vês que não venho derramar sobre o teu cadaver o balsamo hediondo da hypocrisia; venho prestar devido culto á tua esplendida intelligencia, ao teu caracter desassombrado e livre de preconceitos mesquinhos; e, mais que tudo, venho pagar-te o preito de gratidão devido á carinhosa benevolencia com que sempre me distinguiste. — *Canuto*[846]

Este discurso, curto embora, merece-nos várias considerações pelos informes que prodigaliza. A sua autora começou por referir-se a Antónia como «a mãe e avó extremosa e estremecida». Do seu amor pelos seus descendentes, Antónia deu sobejas provas toda a vida. Não trabalhou como «escritora publica», fundando, dirigindo e redigindo jornais, também para acudir às necessidades — alimentares, educativas e outras — dos filhos? Não venceu a sua resistência a mendigar empenhos para lhes conseguir colocações em boas instituições de ensino e no funcionalismo público? Não chegou mesmo a mendigar apoio monetário para amenizar o sofrimento físico de uma das filhas? Não acolheu uma delas, maltratada

845 Maria José Canuto equivocou-se na data: Ana Isabel Filomena morreu no mês anterior, a 23.12.1879.

846 Maria José da Silva Canuto, elogio fúnebre a Antónia Gertrudes Pusich, *op. cit*, p. 1.

pelo marido, e um neto, filho *natural* de outro filho? Já no final do discurso, Canuto retomou esta aptidão de Antónia para amar, perenizando-a como «o symbolo de todos os amores possiveis». E Antónia pode ser, de facto, tomada como tal. Como filha, além de ter praticado quotidianamente o culto dos seus progenitores — consagrando-o em muitos dos seus escritos, tanto poéticos como jornalísticos —, assumiu a dura missão de reabilitar a memória do pai, quando as doutrinas em voga e os poderes instalados não eram propícios a esta empresa. Como cônjuge, calcorreou meia Europa com dois filhos pequenos, para salvar da prisão um marido; acompanhou outro na guerra, tendo-lhe nascido dois filhos, e perdido um deles, junto dos campos de batalha. E até da sua ternura e cuidado de avó deu conta no documento onde expressou algumas das suas últimas vontades — o seu testamento.

Maria José Canuto aludiu igualmente aos «arcanos de sociedades, até então defezas ao sexo feminino» que Antónia «devassou ousadamente». Aqui, reportava-se às múltiplas tribunas onde Antónia se ergueu para tomar a palavra, oral ou escrita; tribunas, até então, feudos masculinos pouco disputados e menos ainda contestados — imprensa periódica, teatro, poesia, assembleias promotoras da instrução e outras para onde a atraísse a defesa de causas que entendia justas. Em quase todas, primou pelo pioneirismo. A seguir, Canuto recordou como se tinham ambas enfrentado: «Sim senhores! Adversarias nas idéas politicas, batemo-nos no campo da imprensa, em combate leal, mas ferino...». Fizeram-no especialmente durante o cabralismo, período em que Antónia Gertrudes se revelou publicamente mais combativa. Ao passo que Antónia, realista por convicção, abraçara o cartismo por pragmatismo, Maria José Canuto militara sempre na ala mais à esquerda do liberalismo português. De acordo com Canuto, fora ela quem desafiara Antónia, e esta, claro, apresentara-se a combate, como vimos. Contudo, era a própria Canuto quem testemunhava como Antónia destrinçava a luta política e partidária das relações pessoais. Por aquela adversária cheia de ideais e convicções avançadas (revolucionárias, chamar-lhes-ia Antónia), sentira uma «irresistivel attracção» e manifestara sempre uma «constante sympathia» e «obsequiosa afabilidade».

Os jornais de Antónia corroboram esta deferência de Antónia Gertrudes relativamente à mestre régia. Neles, multiplicam-se as referências elogiosas a Maria José Canuto, tanto como poetisa quanto como professora e pedagoga. Apesar das suas muitas diferenças políticas, como podia Antónia deixar de admirar uma mulher que, desde o fim da guerra e o triunfo do liberalismo constitucional, quando era ainda muito jovem, ousava impor-se na imprensa da época, não ocultando, antes exibindo, as suas opiniões políticas, desafiando todos os cânones do comportamento feminino? Cercada como estivera de figuras ilustres e «altos dignitarios do estado», procurara atrair Maria José Canuto a esses momentos de confraternização. Conseguira-o por vezes, mas Canuto resistira-lhe a maior parte delas. Ou, porque oriunda de um meio social muito diferente, não se sentisse confortável, ou, como referiu no discurso, por prezar sumamente a «solidão» e o «isolamento social», ou por ambos, furtara-se ao convívio com Antónia e os seus amigos. O seu elogio fúnebre constituía mesmo — além de uma homenagem à «esplendida intelligencia» e «caracter desassombrado e livre de preconceitos mesquinhos» da finada — uma manifestação de gratidão perante a «carinhosa benevolencia» que sempre lhe dispensara.[847]

Finda a cerimónia fúnebre, Eduardo Coelho entregou a chave do caixão a Maria José Canuto, que, além professora mais antiga da capital (contaria cerca de 71 anos), era uma figura muito prestigiada.[848] Três semanas passadas sobre a sua morte, a «illustre escriptora» (como Antónia se teria comprazido com este qualificativo!) era assim recordada numa peça necrológica publicada em *O Occidente*:

> Houve um tempo, ha trinta anos pouco mais ou menos, que este nome andava na bocca de todos os que se occupavam das letras.

---

847 *Ibid.*, p. 1.

848 Sem título, *Diario de Noticias*, n.º 6359, 9.2.1883, p. 1.

> Uns proferiam-n'o com desdem [...], outros com alguma admiração, alguns com sympathia, mas este facto, com relação a uma senhora que escrevia para os periodicos, que falava ou recitava nas assembléas, que se apresentava sem recommendação, onde intendesse que lhe era mister ir, mostrava que a pessoa de quem se faltava [*sic*] tinha incontestavel merecimento.
>
> Não se podia dizer uma mulher bella, mas instruida, de rara energia, espirituosa, e desembaraçada no seu porte, fazia com que todos se lhe aproximassem, e alguns subjugados por aquelle aspecto varonil e perfeitamente seguro de si.[849]

É claro que os paradigmas de beleza mudaram no último quase século e meio. Defronte da litografia de Santa Bárbara, vislumbramos um rosto agradável, dominado por uns vastos e belíssimos olhos. No artigo-necrológio, aludia-se ainda à «robustez e boa construcção physica» da defunta, que, «apesar dos contratempos e azares da vida», teriam prolongado a sua existência até uma idade considerada já avançada.[850] Está plasmada neste artigo a enorme notoriedade alcançada por Antónia. A ninguém suscitava indiferença, sobretudo no período áureo da sua criatividade literária e jornalística e da intervenção pública em geral, que podemos situar entre o quarto e o final do quinto decénios de vida. A partir de então, terá, progressivamente, perdido visibilidade, à medida que os constrangimentos financeiros e a perda de saúde lhe afrouxavam a vivacidade. Conhecemos, pela correspondência que trocou com Costa Cabral, o alcance dos seus embaraços financeiros. Talvez por pudor, o articulista da revista *O Occidente* aludia às «circunstancias um tanto precarias» em que passara a viver depois da morte do pai e até o Estado lhe atribuir uma pensão. Não temendo as palavras, António da Costa afirmará, dez anos depois da

---

[849] Artigo não assinado, «D. Antonia Gertrudes Pussich», *O Occidente*, vol. 6, n.º 175, 1.11.1883, p. 243.

[850] *Ibid.*, p. 243.

sua morte, que Antónia morreu «quase pobre».[851] A este autor, aliás, se deverá uma das melhores sínteses da vida e da personalidade de Antónia:

> Labutava por esse tempo em Lisboa uma senhora notavel, talento muito flexivel, compondo poemas, elegias, odes, fundando sucessivamente revistas uteis, [...] escrevendo dramas, enchendo de artigos os jornaes, combatendo hoje nas secretarias para comprovar a sua justiça, ámanhan presidindo a um grupo de rapazes intelligentes, no dia seguinte animando quantos seus conhecidos careciam de animo, affeiçoando-se aos espiritos elevados do paiz, e advogando sempre a causa do fraco e do opprimido.
>
> N'aquella alma vibrava o sentimento, e allojava-se viva intelligencia.[852]

O TESTAMENTO

Antónia deixou expressas as suas últimas vontades. Em Março de 1883, meio ano antes de morrer, fez lavrar um testamento público, em sua casa, no número 117 da Rua de São Bento, na esquina do mercado homónimo. Na presença de seis testemunhas, afirmara pretender deixar a terça parte da sua herança às duas filhas sobrevivas, Antónia e Maria Amélia. As outras duas partes seriam divididas pelos seis herdeiros — as duas filhas, os três filhos e o neto Ernesto, filho de Ana Isabel Filomena. Antónia estava doente, de cama, mas «em seu juizo perfeito». A testadora era apresentada «viuva em primeiras nupcias» de João Cardoso de Almeida Amado, desembargador da Relação da Bahia, em segundas núpcias, do comendador coronel Francisco Henriques Teixeira, e em terceiras núpcias, do moço-fidalgo

---

[851] Cf. António da Costa, *A Mulher em Portugal*, p. 307.

[852] *Ibid.*, pp. 305–306.

e capitão do Exército José Roberto de Melo Garcês Araújo Fernando e Almeida. Por este documento, ficamos a saber que Ana Isabel Filomena se encontrava «divorciada» do marido, Pedro Maria Posser. Outro dado muito importante foi o pedido feito por Antónia a sua filha Maria Amélia para que continuasse «a ter em sua companhia e a alimentar» um seu sobrinho, menor de idade — Miguel, filho *natural* de Miguel Pusich Henriques Teixeira. Antónia determinava ainda «que tendo vivido sempre modestamente [...] o seu enterro se faça com a maior modestia possivel e á vontade de suas filhas». Nomeava seus testamenteiros o filho Miguel e o Dr. Joaquim António de Oliveira Namorado, que fora uns anos antes vereador responsável pelo pelouro da Instrução na Câmara Municipal de Lisboa. Antónia Gertrudes estaria muito debilitada, porquanto era já incapaz de ler e assinar o seu testamento, o que, a seu rogo, uma das testemunhas fez.[853]

Uma semana depois da morte da mãe, já Miguel, na qualidade de seu primeiro testamenteiro e cabeça-de-casal no inventário dos seus bens, solicitava que, até estar concluído o inventário, lhe fosse provisoriamente paga a mensalidade recebida por Antónia Gertrudes pelo Ministério da Fazenda. Comprometia-se a dividir aquele montante pelos restantes herdeiros, em partes iguais.[854] Os 30 mil réis do Estado relativos à ilha das Galinhas continuariam a ser pagos e seriam recebidos pelos seis co-herdeiros. Também a este montante era retirada a terça (10 mil réis), destinada unicamente às filhas de Antónia Gertrudes, conforme o desejo da testadora; os restantes 20 mil réis seriam divididos pelos seis co-herdeiros, na proporção de 3$333 réis a cada um. Em 5 de Outubro de 1883, quando a mãe expirava, Miguel Pusich Henriques Teixeira, que era terceiro-oficial da alfândega de primeira classe de Lisboa, era promovido

[853] Testamento de Antónia Gertrudes Pusich, 12 de Março de 1883. ANTT — Ministério da Fazenda/Finanças, Arquivo das Secretarias de Estado, cx. 305, proc. 14274.

[854] Requerimento de Miguel Pusich Henriques Teixeira, 12.10.1883. ANTT — Ministério da Fazenda/Finanças, Arquivo das Secretarias de Estado, cx. 305, proc. 14274.

a segundo-oficial da alfândega de primeira classe do Porto.[855] Provavelmente pela distância a que passou a residir, foi sua irmã Antónia quem assumiu as funções de cabeça-de-casal e de inventariante dos bens da mãe. Todos os bens arrolados totalizavam 1188$908 réis. A sua inventariação permite-nos penetrar um pouco na intimidade da casa de Antónia.

Quadro 1 — Bens móveis que constam do inventário a que se procedeu por morte de Antónia Gertrudes Pusich

Mobiliário	Outros
12 cadeiras de mogno	1 piano *Astor* antigo
1 sofá [?] de mogno	1 escrivaninha de prata
1 mesa de jogo	1 colar de pedras brancas
1 cadeira de braços	1 medalha com retrato
1 secretária	1 anel maciço de ouro
1 cómoda	1 anel de ouro com pedras
1 meia-cómoda	1 xaile branco de Tonquim
1 cadeira de braços estofada	Garrafas e loiças
1 *toilet*	8 colheres de prata para sopa
1 cama de ferro	1 salva de prata para o copo
1 cama completa	
2 mesas de cozinha	
1 retrete	

A lista de bens considerados com algum valor apresentava-se muito reduzida, evidenciando a extrema modéstia em que se desenrolara o quotidiano da família. Antónia sempre denunciou a sua pobreza nos seus escritos, mas, ainda que tivesse procurado ocultá-la, ela estaria exposta, desde logo, nos prédios humildes, onde, desde cedo, se viu compelida a residir com os filhos, e onde a as interacções de vizinhança se estabeleciam com

[855] ANTT — RGM, D. Luís, liv. 38, fls. 221–221v.

prestadores de serviços, com o «povo». A sua «choupana», termo que mais frequentemente usava para designar as diferentes casas onde morou, era reveladora da sua trajectória socioeconómica, acentuadamente descendente.

Quadro 2 — Alusões de Antónia Gertrudes Pusich às diferentes casas onde morou

choupana da Estrella[856]
Hoje em vez de um *palacio* temos uma *pobre choupana*[857]
esta *choupana*[858]
da *pobre choupana* do sabio honrado[859]
Esta *humilde choupana* é na Rua dos Poÿaes de S. Bento — n.º 66 — 2.º andar[860]
pobre choupana[861]
morada singela que não lhes oferece os ricos sofas onde sentar-se[862]
pobrissima choupana[863]
a minha ***pobre choupana***[864]
palacio amarello, assim denominada a ***grande caza*** da calçada da Estrella[865]
d'um ***palacio*** onde nasci, para uma ***choupana*** onde existo no meio d'este honrado povo.[866]

856 AGP, *Dois Mysterios*, romance publicado em folhetim, AAL, n.º 8, 22.9.1849, p. 61.

857 AGP, «A instrucção dos Principes», AAL, n.º 21, 5.1.1850, p. 162.

858 Carta de Antónia Gertrudes Pusich para Alexandre Magno de Castilho, Lisboa, 16.9.1853, p. 3. BGUC/IC/DIR-JC/1.ºVC/05 — Documentos de António Feliciano de Castilho, 1853, Set–Out.

859 AGP, sem título, *A Beneficencia*, n.º 6 (2.ª série), 1 de Fevereiro de 1854, p. 3.

860 Carta de Antónia Gertrudes Pusich para António Bernardo da Costa Cabral, s.d. [post. 2 de Setembro e ant. Dezembro de 1866]. ANTT — FCC, cx. 18, mçt. 7, doc. 6.

861 Carta de Antónia Gertrudes Pusich para António Bernardo da Costa Cabral, Lisboa, 2.12.1866. ANTT — FCC, cx. 18, mçt. 7, doc. 2.

862 AGP, sem título, AB, n.º 6 (2.ª série), 1.2.1854, p. 3.

863 Carta de Antónia Gertrudes Pusich para António Bernardo da Costa Cabral, s.d. ANTT — FCC, cx. 18, mçt. 7, doc. 7.

864 AGP, *Galeria das senhoras na camara dos senhores deputados [...]*, p. 5.

865 AGP, *Biographia de Antonio Pusich [...]*, p. 63.

866 AGP, *Memoria ao benemerito Duque d'Avila e de Bolama [...]*, p. 7.

A existência de um piano e de um ou outro pequenos objectos em prata entre os bens arrolados eram os últimos vestígios dos muito diferentes comportamentos residenciais dos primeiros trinta anos da sua vida. O seu velho piano não estaria já nas melhores condições, pois foi avaliado em 6 mil réis, menos de metade do valor atribuído à peça mais valiosa do rol de bens inventariados, um xaile de Tonquim, avaliado em 13$500 réis. Expectavelmente, o piano coube em partilhas a António Pusich de Melo, tal como a secretária de Antónia. Não sabemos há quanto tempo o piano estaria na sua posse, mas é provável que fosse ainda um dos vestígios da anterior opulência familiar, de quando a sua vida decorria entre a protecção dos pais e a despreocupação financeira. A música estivera sempre muito presente na sua vida. Em casa, tocava-se quotidianamente piano e cantava-se. Organizavam-se recitais, em que os executantes eram os membros da família. Antónia compôs algumas peças e dedicou poemas a vários cantores líricos. Nas suas muitas crónicas de crítica teatral, revelou-se sempre muito atenta à qualidade das composições tocadas e/ou cantadas e ao desempenho dos cantores, tocando a solo ou em coros. É tocante observar como Antónia manteve o velho piano sempre junto de si, mesmo quando se ia desfazendo de outros haveres, à medida que os apuros financeiros se acentuavam.

Antónia possuía ainda uns bens imóveis na Azambuja, que lhe proporcionavam alguns rendimentos: o foro anual de um olival nas Pedreiras, concelho de Azambuja, de que era enfiteuta a casa dos duques de Lafões, e o foro de uma vinha em Água Férrea. E recebia ainda, como se disse, 30 mil réis mensais do Estado, em compensação pela perda de rendimentos decorrente da demora em acordar-se definitivamente a venda da ilha das Galinhas.

Em 24 de Julho de 1886, três anos decorridos sobre a morte da mãe, todos os herdeiros de Antónia Gertrudes celebraram escritura amigável de partilhas. O processo de inventariação dos bens começara por ser judicial, fazendo-se depois as partilhas extrajudicialmente. Na mesma altura, requereram, como herdeiros da mãe e avó, o pagamento das prestações de 30 mil réis vencidas e vincendas, que lhes eram devidas até se perfazer a quantia a que tinham direito, a título de indemnização pela tardança na resolução da questão da ilha das Galinhas. Desde a morte de Antónia que o pagamento se encontrava suspenso e a dívida rondava já os mil réis. Miguel Pusich Henriques, então a morar no Porto, fizera-se representar pelo irmão mais velho, João António Pusich, a quem passara procuração para o efeito. A 29 de Outubro, os filhos e o neto de Antónia voltaram a requerer o abono da pensão concedida à mãe e avó. Um pormenor importante neste documento é o facto de o primogénito de Antónia Gertrudes não assinar com os apelidos paternos, mas somente com o materno.[867] Parece-nos mais um indício de desentendimento sério entre Antónia Gertrudes e o seu primeiro marido, João Cardoso de Almeida Amado Viana Coelho.

O ministro da Fazenda determinara o pagamento das prestações vencidas aos herdeiros de Antónia Pusich, mas deixando ao poder legislativo a decisão acerca das prestações vincendas, igualmente por estes reclamadas.[868] A situação manteve-se no mesmo impasse: nem o Estado podia dispor da ilha, dado que se mantinha propriedade da família Pusich, nem esta podia aliená-la, porquanto o Estado permanecia seu depositário. Em Março de 1888, os herdeiros publicaram uma exposição que dirigiram às Câmaras Legislativas, para acompanhar o requerimento que então apresentaram, no sentido de se ajustar definitivamente a compra da ilha por parte do Estado ou, no caso de este não se manifestar interessado, de cessar a situação de depósito em que a ilha se encontrava havia mais de vinte anos, e que impossibilitava os seus proprietários de a vender a potenciais interessados. Manifestavam a sua preferência pela primeira das soluções — até porque tinha sido esse o desejo da mãe — e expunham

[867] Requerimento dos herdeiros de Antónia Gertrudes Pusich a D. Carlos, 29.10.1886. ANTT — Ministério da Fazenda/Finanças, Arquivo das Secretarias de Estado, cx. 305, proc. 14274.

[868] Herdeiros de Antónia Gertrudes Pusich, *Ilha Mattos tambem chamada de Gallinhas na Guiné Portugueza*, p. 6.

as vantagens para o País da aquisição do domínio pleno da ilha por parte do Estado, sobretudo depois da elevação de Bolama a capital da nova província da Guiné. Essas vantagens eram essencialmente a situação geoestratégica da ilha (na embocadura do Rio Grande) e a sua riqueza agrícola e silvícola. Mostravam-se dispostos a aceitar uma solução já antes igualmente aprovada por Antónia Pusich e experimentada noutra possessão ultramarina portuguesa: a permuta da ilha por «bens nacionaes no continente».[869]

[869] *Ibid.*, pp. 11, 7 e 8.

A eternidade

um dia [...] se algum de meus filhos, netos ou amigos quizer escrever a minha biographia[870]...

Escrever a biografia de Antónia Gertrudes Pusich é acompanhar toda a transição do Antigo Regime para o constitucionalismo monárquico, com todos os sobressaltos político-sociais que marcaram o período. Foi um tempo conturbado, feito de agitação política, de lutas partidárias, de instabilidade governamental e de crise financeira. A supressão das ordens religiosas permitira aos liberais vitoriosos aceder aos bens de mão-morta e incorporá-los nos bens nacionais. Contudo, a sua nacionalização, juntamente com a dos bens da Coroa, e posterior venda por hasta pública, não tinha atingido o resultado almejado: a dívida — interna e externa — não cessava de aumentar, adiando o desejado progresso económico do País. A vida de Antónia foi, senão determinada, pelo menos profundamente condicionada pela evolução de todos estes acontecimentos políticos.

Numa época de mudança acelerada — e longa, pois o regime liberal necessitou de mais do que decretos para se implantar e consolidar —,

---

[870] AGP, *Biographia de Antonio Pusich [...]*, p. 32.

Antónia teria, necessariamente, de manifestar-se tanto uma mulher das antigas quanto das novas concepções. Por um lado, era uma defensora do trono absolutista e a religião ocupava um lugar central no seu universo de valores, não só na sua dimensão de vivência da espiritualidade, mas como agente da ordem e da paz sociais; por outro, a apologia da liberdade e da razão, a cruzada pela educação universal, a defesa da meritocracia e o maçonismo (se bem que de aparentemente curta duração) faziam-na apóstola da nova ordem. Pode surpreender-nos que não desejasse instituições políticas mais representativas, ela, que se batia por uma maior intervenção de todos os segmentos sociais. Porém, tenhamos presente o que Gunnar Myrdall diz a propósito das *valorações*, termo que prefere a *valores*, por transmitirem estes uma ideia enganosa de solidez e estabilidade: «Na base do comportamento de cada pessoa não está um conjunto homogéneo de valorações, mas sim uma combinação complexa de inclinações, de interesses e de ideias em conflito».[871] Aceitemos, pois, que em Antónia Gertrudes Pusich — como em todos nós, em maior ou menor medida —, coexistissem progressismo e regressismo. Era, no fundo, uma mulher muito dividida, sem que esta divisão pareça, contudo, ter-lhe suscitado grandes dúvidas e angústias. Em defesa do legitimismo e do Altar, como da independência económica e da intervenção cívica das mulheres, observamos sempre a mesma mobilização por causas, sempre a mesma postura empenhada e combativa. Nas muitas colunas que assinou, ficou plasmada a percepção de que estava ao serviço — da Nação e dos subalternizados: mulheres, crianças, pobres e todos os outros a quem (como a ela) coubera viver num «horto d'agonia»[872]. Nos cerca de quarenta anos em que publicou os seus escritos, denunciou a muito desigual distribuição dos recursos, os alicerces sobre que se erguia o tão hierarquizado sistema

---

871 Gunnar Myrdal, *A objectividade nas ciências sociais*, 1979, pp. 18–19.

872 Carta de Antónia Gertrudes Pusich para António Bernardo da Costa Cabral, s.d. [post. 2 de Setembro–ant. Dezembro de 1866], p. 4. ANTT — FCC, cx. 18, mçt. 7, doc. 6.

social do seu tempo e a situação abjecta a que condenava os de condição humilde. Mesmo quando a falta de recursos a impedia de praticar directamente a caridade assistencial, não deixou de usar a sua influência e a sua alargada rede de relações para convocar apoios para indivíduos ou instituições em situação precária. Pregou a caridade cristã, tanto quanto a praticou, pois à coerência entre o seu pensamento e a sua acção repugnava a máxima de frei Tomás.

Com as suas muitas reservas de resistência física e emocional, empunhou o cálamo para reagir ao reposicionamento económico e social da sua família. Podemos questionar-nos se Antónia Gertrudes Pusich se teria consagrado à escrita, mormente à imprensa periódica, caso o equilíbrio de forças político resultante das lutas que levaram à implantação do liberalismo em Portugal tivesse sido outro, e a morte prematura do seu segundo marido e a deriva do seu terceiro casamento não a tivessem deixado a braços com uma relativamente numerosa prole a sustentar e a educar. O que mais a afligiu em vida, isto é, as dificuldades financeiras, foi o que a terá catapultado para a actividade que acabou por consagrá-la e garantir-lhe a posteridade — o jornalismo. Para a poesia e para os assuntos relativos à educação das mulheres estava desperta desde a infância, até pela formação intelectual que o pai lhe prodigalizou. Contudo, é possível que uma vida activa na imprensa — não passando pela mera colaboração esporádica em alguns periódicos, como outras mulheres vinham fazendo, mas como fundadora e redactora principal de jornais — não se tivesse desenrolado. O facto de as limitações financeiras lhe diminuírem a frequência da corte e a participação nas múltiplas ocasiões de folguedos e convívio da velha e da nova aristocracias, libertou-a para outras actividades muito consumidoras de tempo e exigentes em dedicação mental, como o é a imprensa periódica, sobretudo quando se é proprietário e responsável pela direcção e redacção de um jornal. Mesmo que a disponibilidade financeira a tivesse aliviado da maior parte das tarefas domésticas (Antónia contou com a ajuda de uma velha criada pelo menos até ao final dos anos 40), as exigências associadas às práticas de convivialidade de uma rede relacional extensa deixá-la-iam certamente muito absorvida. O cuidado com a sua apresentação e a dos filhos, mormente das filhas — toucado, vestuário, calçado e outros adornos —, impor-lhe-iam uma dispersão face ao que passou a constituir a sua ocupação primordial: a escrita. Também os afazeres domésticos a que a diminuição brusca dos seus recursos a condenou — a casa e os cuidados com a ainda muito jovem descendência — eram muito consumidores de tempo e energia. Todavia, as imposições da sobrevivência forçaram-na a concentrar-se na sua actividade de jornalista, subtraindo-a à superficialidade e futilidade do quotidiano das mulheres da sua anterior condição social, para as quais, de resto, não revelava grande propensão:

Inda assim... graças, ó Julho!...[873]
Se não fôras... minha mente
Pode ser jámais nutríra
De gloria este amor ardente,
Que em meu peito se acendeu
Quando abatido se creu

Reagiu!... altos destinos
A desgraça nos confere;
O poeta se enobrece
Quando a desventura o fére;
Os louros jámais colheu
Guerreiro que adormeceu.

Para sublime victoria
Quer-se batalha sublime;

873 Alusão à tomada de Lisboa pelas forças do duque da Terceira em 24.7.1833 e à vitória liberal.

Combatido, exercitado
O genio se desopprime.
Com lagrimas floresceu
O laurel que o Ceo me deu.[874]

Poderemos, assim, afirmar que é à derrota dos legitimistas na guerra civil e à muito precária situação financeira a que expôs Antónia Gertrudes Pusich e o seu agregado familiar que devemos os alvores do periodismo feminino em Portugal? Ou, ao invés, deveremos considerar que a disponibilidade material e o ócio de que antes desfrutara a teriam orientado para uma cuidada carreira de escritora, à semelhança da sua admirada George Sand? Teria aproveitado o tempo para aperfeiçoar a sua escrita? Em várias passagens, informa-nos que, mais do que a forma da expressão e as ponderações estéticas, eram a verdade e o conteúdo — moral — dos seus escritos o que primacialmente a interessava: «dizemos apenas o que sentimos, sem formulas de eloquencia, mas com verdade»[875]. Aliás, reiterava com frequência que aquilo que escrevia podia não ser sempre uma obra-prima, mas era «tudo original».[876] Aborrecia-a o plágio e a excessiva «colagem» a obras e ao pensamento alheios: «a minha fraca rasão não se alumia com luz estranha»[877], «para dizermos o que entendemos não consultamos jámais a rasão alheia».[878] Era uma postura estranha ao universo feminino, tal como o era a projecção na imprensa periódica, numa época em que não havia mulheres jornalistas em Portugal — não apenas porque o confinamento ao espaço doméstico imposto pela sucessão de gravidezes, partos e cuidados com as crianças as desviava do espaço público de intervenção (excluindo-se, naturalmente, as mulheres dos estratos socioeconómicos

874 AGP, «Julho e Agosto», AAL, n.º 35, 17.8.1850, p. 28.

875 AGP, «Religiosas», AAL, n.º 39, 19.10.1850, p. 61.

876 AGP, «A Portugal», AC, n.º 1, 1.11.1858, p. 1.

877 AGP, *Galeria das senhoras na camara dos senhores deputados [...]*, p. 7.

878 AGP, «Religiosas», AAL, n.º 39, 19.10.1850, p. 61.

inferiores, que tinham de labutar pela sua subsistência e pela da sua prole), mas igualmente porque a representação da mulher e do feminino, partilhada pelos dois sexos, as excluía desse espaço.

Embora em vários dos seus escritos, tanto literários como jornalísticos, Antónia tenha manifestado o seu desejo de reconhecimento público, não especificou em que domínio da sua projecção gostaria de ver incidir esse reconhecimento. Comprazer-se-ia em ser lembrada pela posteridade essencialmente como poetisa ou, antes, como periodista? Mais pela sua produção artística, ou, acima de tudo, pela intervenção cívica e moral? Ou ainda pelo seu pioneirismo como mulher que repudiou confinamentos e redutos secularmente demarcados? De uma personalidade tão complexa e rica, não é fácil lavrar epitáfio.

Antónia sofreu a erosão dos anos, dos embaraços financeiros, das batalhas burocráticas, de algumas derrotas políticas, da perda de muitos familiares próximos, da doença e da cegueira, que, já muito próximo do final, a constrangeu a pousar a pena. Se a vida não lhe foi fácil, confortava-a a confiança na almejada consagração na eternidade, ciente que estava de que

> *um grande genio cahido na adversidade, é semelhante ao sol que declina: esconde-se no presente e brilha no porvir.*[879]

---

[879] AGP, «Pensamento moral», AB, n.º 18 (2.ª série), 1.9.1854, p. 8.

Apêndices

1 — Ascendência e descendência de Antónia Gertrudes Pusich

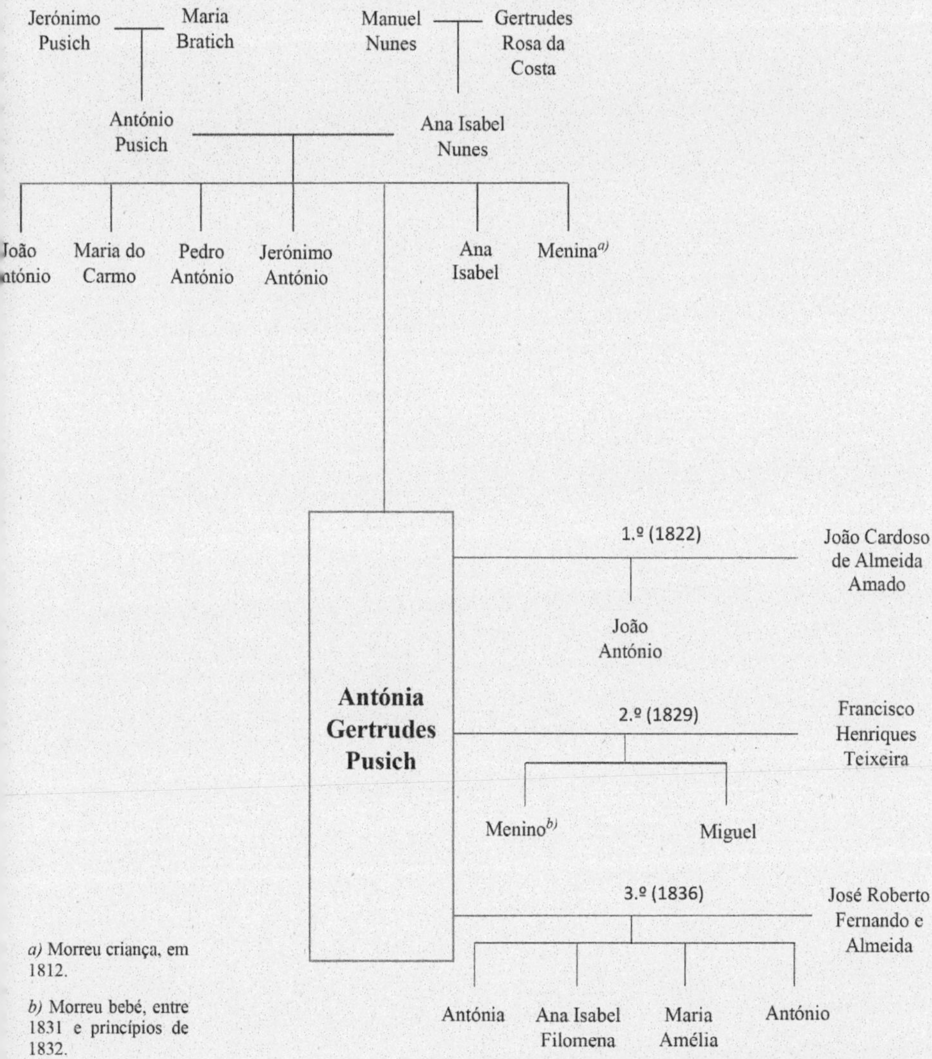

a) Morreu criança, em 1812.

b) Morreu bebé, entre 1831 e princípios de 1832.

2 — Itinerário residencial de Antónia Gertrudes Pusich, depois do regresso da família a Lisboa

Os registos vitais da família e mais documentação permitem-nos traçar o itinerário residencial de Antónia Gertrudes Pusich pela cidade de Lisboa, depois de ter deixado definitivamente o arquipélago de Cabo Verde. A sua acentuada mobilidade residencial foi uma manifestação — e simultaneamente um factor — da sua trajectória socioeconómica. Principiou a sua vivência lisboeta numa casa apalaçada da Praça do Convento Novo do Sagrado Coração de Jesus (Largo da Estrela) e terminou a vida num modesto apartamento da Rua de São Bento. Foram várias as casas onde morou, ressaltando a prevalência da zona ocidental de Lisboa, especialmente do eixo Estrela-São Bento.

Morada	Data	Moradores/ Observações
Freguesia de São Paulo	Princípio de Julho de 1822	Os Pusich (com AGP)
«Palacio amarello», Praça do Convento Novo do Sagrado Coração de Jesus (Largo da Estrela)	Depois do regresso de Cabo Verde (1824) a Março de 1826	Os Pusich (com AGP)
Quinta de Santa Catarina, Chelas	De Março de 1826 a Novembro de 1827	Os Pusich (com AGP)
«Palacio amarello», Praça do Convento Novo do Sagrado Coração de Jesus (Largo da Estrela)	De Novembro de 1827 a Julho/Agosto de 1833	Os Pusich (com AGP)

Rua São João da Mata, n.º 90 (Estrela)	1831	Francisco Henriques Teixeira, logo, também AGP. Estada muito intermitente, pois o casal acompanhou o exército de D. Miguel nas suas movimentações durante a guerra civil
Torre do Fato	De Julho/Agosto de 1833 a Outubro de 1833	Os Pusich (com AGP)
Calçada da Estrela, n.º 99	5 de Julho de 1833	AGP
Elvas	Do último trimestre de 1833 (provavelmente, Outubro) a Junho de 1834	AGP. Casa da segunda sogra
«Palacio amarello», Praça do Convento Novo do Sagrado Coração de Jesus (Largo da Estrela)	Junho de 1834	Os Pusich (com AGP e os seus filhos). Regresso de AGP a Lisboa
Chelas	1836	Casa arrendada por AGP
Largo da Estrela, n.º 17	Fevereiro de 1838	Os Pusich (com AGP)
Rua do Patrocínio, n.º 56	Outubro de 1840	AGP e Maria do Carmo Pusich, provavelmente, com a descendência de ambas
Largo da Estrela, n.º 14	Agosto de 1843	AGP, o terceiro marido (José Roberto Fernando e Melo), e filhos
São Bento	1848	AGP, filhos e uma criada
Lumiar (próximo do Paço)	Agosto de 1852	AGP
Rua do Telhal, n.º 7, 1.º andar, freguesia de São José	Verão de 1853 a 31 de Dezembro de 1853	AGP
Rua de São José, n.º 135, 2.º andar, freguesia de São José	A partir de 1 de Janeiro de 1854	AGP

Rua do Telhal, n.º 20, 1.º andar, freguesia de São José	Agosto de 1855	Trata-se da residência de AGP ou somente do seu escritório?
Fora de Lisboa	c. Primavera de 1856 ao segundo semestre de 1858	AGP
Freguesia de São José (ainda Rua de S. José?)	Dezembro de 1858	AGP
Luz	1859	AGP
Calçada dos Caetanos, n.º 5	Maio de 1860	Amélia Pusich de Melo, ainda solteira, provavelmente, com AGP
Rua Formosa (futura Rua do Século), n.º 26	Junho de 1864	AGP
Rua dos Poiais de São Bento, n.º 66, 2.º andar	Dezembro de 1866	AGP e Amélia Pusich de Melo
Azambuja	Princípios de Janeiro de 1867	AGP
Rua de São Bento, n.º 117 (esquina do mercado de São Bento)	Março de 1883	AGP
Rua de São Bento, n.º 238	5 de Outubro de 1883, data da morte de AGP	AGP
Cemitério dos Prazeres, jazigo n.º 2351	A partir de 6? de Outubro de 1883	AGP e António Pusich

Nótula acerca das normas de transcrição seguidas

Sendo a biografada a protagonista deste estudo, demos-lhe amiúde a palavra. Fizemo-lo, respeitando a grafia e a pontuação originais, com apenas algumas excepções: nos casos em que Antónia Pusich fazia anteceder o sinal gráfico de um espaço em branco, optámos por ignorá-lo; quando o fazia suceder de um espaço duplo ou triplo, conservámos somente um espaço simples; quando não respeitava o espaço intervocabular, o que acontecia apenas na sua correspondência privada, observámo-lo.

Era usual em Antónia Pusich a conjugação de dois ou mais sinais gráficos, frequentemente, o de exclamação, seguido de reticências. Nem sempre, contudo, os três pontos que constituem este último sinal eram respeitados. Nestes casos, decidimos manter o muito variável número de pontos (entre dois a quatro) que, presumivelmente, constituíam as «suas» reticências.

A enorme liberdade ortográfica da época explica que se encontre, por vezes, de documento para documento, e até no interior de um mesmo documento, a mesma palavra grafada de diferentes maneiras.

Lista de siglas

AAL — *A Assembléa Litteraria*
AB — *A Beneficencia*
AC — *A Cruzada*
ADLSB — Arquivo Distrital de Lisboa
ADPTG — Arquivo Distrital de Portalegre
AGP — Antónia Gertrudes Pusich
AHM — Arquivo Histórico Militar
AHMR — Arquivo Histórico da Marinha
AHP — Arquivo Histórico Parlamentar
AHPGR — Arquivo Histórico da Procuradoria-Geral da República
AHU — Arquivo Histórico Ultramarino
ANCV — Arquivo Nacional de Cabo Verde
ANTT — Arquivo Nacional da Torre do Tombo
AUC — Arquivo da Universidade de Coimbra
BNP — Biblioteca Nacional de Portugal
BGUC — Biblioteca Geral da Universidade de Coimbra
CC — Colecção Castilho
CU — Conselho Ultramarino
DBP — *Diccionario Bibliographico Portuguez*
FCC — Família Costa Cabral
LRB — Livro de Registo de Baptismos

LRC — Livro de Registo de Casamentos
LRO — Livro de Registo de Óbitos
MR — Manuscritos Reservados
RGM — Registo Geral de Mercês

Fontes e bibliografia citadas

FONTES
Produzidas por Antónia Gertrudes Pusich

MANUSCRITAS

CORRESPONDÊNCIA PARTICULAR

ANTT — Colecção Castilho, cx. 63, mç. 2, n.os 145, 161.

ANTT — Coleccção Castilho, cx. 66, mç. 2, n.os 74, 301.

ANTT — Família Costa Cabral, cx. 18, mçt. 7, docs. 1, 2, 4, 5, 6, 7.

BGUC/IC/DIR-JC/1.ºVC/05 — Documentos de António Feliciano de Castilho, 1853, Set–Out.

BNP — Manuscritos Reservados, Esp. 21, cx. 80 — Espólio de Rodrigo da Fonseca Magalhães.

BIBLIOGRAFIA CONSULTÁVEL

«De Magestosa Purpura adornado», [colectânea de poesia], s.d. fl. 56. BNP — Manuscritos Reservados–COD. 8603.

«O Genio Portuguez — Deos: Patria: Rei», 31.7.1856 (manuscrito). Compilação de composições poéticas de vários autores. BNP — Manuscritos Reservados, COD. 9151.

BIBLIOGRAFIA NÃO CONSULTÁVEL

Poesia

Caderno de poesia manuscrita, 1823–1825. Cf. Inocêncio Francisco da Silva, verbete «D. Antonia Gertrudes Pussich», DBP, tomo I, p. 77.

Meditações em abril. Cf. António Feliciano de Castilho, *Os Fastos [...]*, Lisboa, Imprensa da Academia Real das Sciencias, 1862, tomo I, p. LIX.

Peças de teatro

Amessis. Cf. «Dramas, comedias, farças, provérbios, etc. [...]», AAL, n.º 17, 1.12.1849, p. 133.

Ashaverus. Cf. António Feliciano de Castilho, *Os Fastos [...]*, tomo I, p. LIX.

A Conquista de Tunis. Cf. «Dramas, comedias, farças, provérbios, etc. originaes portuguezes, e imitações muito livres», AAL, n.º 17, 1.12.1849, p. 133.

Espargo no monte. Cf. António Feliciano de Castilho, *Os Fastos [...]*, tomo I, p. LIX.

Jerosalem. Cf. «Dramas, comedias, farças, provérbios, etc. originaes portuguezes, e imitações muito livres», AAL, n.º 17, 1.12.1849, p. 133.

Julia, Cf. «Dramas, comedias, farças, provérbios, etc. originaes portuguezes, e imitações muito livres», AAL, n.º 17, 1.12.1849, p. 133.

O Regedor de Parochia. Esta peça foi levada à cena no Theatro da Rua dos Condes, em 1852.

O Resgate de Placido. «Dramas, comedias, farças, proverbios, etc. originaes portuguezes, e imitações muito livres», AAL, n.º 17, 1.12.1849, p. 133. António Feliciano de Castilho menciona uma peça intitulada *Placídia*; trata-se, provavelmente, da mesma peça. Cf. *Os Fastos [...]*, tomo I, p. LIX.

Vingança por vingança. Cf. António Feliciano de Castilho, *Os Fastos [...]*, tomo I, p. LIX.

Ensaio

Um compêndio sobre educação. Cf. carta dirigida por Antónia Gertrudes Pusich a António Feliciano de Castilho, Luz, 30.7.1859, p. 3. ANTT — Colecção Castilho, cx. 63, mç. 2, n.º 161.

IMPRESSAS

BIBLIOGRAFIA CONSULTÁVEL

A Sua Magestade A Rainha de Portugal D. Estephania. Homenagem, Lisboa, Typ. de J. B. Morando, s.d. [1858].

A Sua Magestade El-Rey Fidelissimo O Senhor D. Fernando II. No seu faustissimo dia natalicio no ano de 1848, Lisboa, Typ. de G. M. Martins, 1848.

Biographia de Antonio Pusich contendo 18 documentos de relevantes serviços prestados a Portugal por este illustre varão e *Resumo da Historia da Republica de Ragusa e sua antiga litteratura*, Lisboa, Lallemant Frères Typ., 1872.

Breves considerações ácerca dos mappas organisados pelo benemerito presidente da Relação de Lisboa sobre a Estatistica criminal e inventarios orphanologicos na area da sua jurisdição, Lisboa, Typographia do jornal — O Paiz, 1874.

Cantico devoto em honra e memoria das dores de Maria Santissima e da sagrada paixão e morte de Jesus Christo, Nosso Deus e Redemptor, Lisboa, Typ. de Joaquim Manoel Euzebio, 1857.

Canto saudoso ou lamentos na solidão — Á memoria do virtuoso Monarcha o Senhor Dom Pedro V, Lisboa, Typographia do Futuro, 1861.

Constança. Drama original em 3 actos, Lisboa, Typographia na rua da Condessa, 1853.

Galeria das senhoras na camara dos senhores deputados, ou as minhas observações, Lisboa, Typ. de Borges, 1848.

Homenagem a Luiz de Camões, Lisboa, Typographia Coelho & Irmão, 1880.

Lamentos á saudosa memoria da Ill.ma e Ex.ma Sr.a D. Maria Henriqueta do Casal Ribeiro, Lisboa, Imprensa Silviana, 1859.

Memoria ao benemerito Duque d'Avila e de Bolama Fallecido em 4 de Maio de 1881, Lisboa, Typographia do Diario de Lisboa, 1881.

Olinda, ou a Abbadia de Cumnor-Place, Lisboa, Typographia de G. M. Martins, 1848.

Parabens a Sua Magestade o Senhor D. Fernando II em memoria do consorcio de Sua Filha A Senhora Infanta de Portugal-Princeza de Saxonia D. Maria

Anna e do Nascimento da primeira Neta do Mesmo Augusto Senhor, Lisboa, 1860. Na posse da família.

Preces ou cantico devoto aos fieis portugueses, Typ. de G. M. Martins, 1848.

Saudação a Sua Magestade o Rei de Italia Humberto Primeiro dedicada a sua Magestade A Rainha de Portugal Senhora D. Maria Pia Sua Augusta Irmã, s.l., s.n., s.d. [post. 17 de Novembro 1878]. Na posse da família.

Saudade (Á memoria da virtuosa Rainha de Portugal a Senhora D. Estephania. fallecida em 17 de Julho de 1859. Dedicada a seu augusto e saudoso consorte El-Rei o Senhor D. Pedro V), Lisboa, Typographia do Futuro, s.d. [1859].

O sonho, os gemidos, e os rogos da classe inactiva que recebem a par dos effectivos dedicados ao governo de Sua Magestade Fidelissima em nome da mesma classe, Lisboa, Typographia Lusitana, 1844.

Voz Nacional, Lisboa, Typ. de Borges, s.d. [c. 1851].

BIBLIOGRAFIA NÃO CONSULTÁVEL

Á minha patria, memoria sobre um ramo de agricultura e commercio, 1849. Consultável apenas na transcrição publicada em AB, n.º 8, 1.4.1854, pp. 3–5.

Apontamentos biograficos e poesia, sobre o infeliz José Pedro de Senna, capitão do brigue Marianna, *naufragado em Aveiro*. Cf. António Feliciano de Castilho, *Os Fastos [...]*, tomo I, pp. VIII–LIX.

Dois Mysterios. Consultável apenas na versão publicada em folhetim em AAL, n.os 3 (18.8.1849) a 21 (5.1.1850), e em AB, n.os 12 (15.4.1853) a 45 (15.12.1855).

Elegia á morte da Duqueza de Palmella. Cf. António Feliciano de Castilho, *Os Fastos [...]*, tomo I, p. LVIII.

Elegia á morte de D. Marianna de Sousa Holstein. Cf. António Feliciano de Castilho, *Os Fastos [...]*, tomo I, p. LVIII.

Elegia á morte das infelizes victimas assassinadas por Francisco de Mattos Lobo, na noute de 25 de Julho de 1841, Lisboa, Typ. de Nunes «sem filho», 1841. Cf. António Castilho, *Os Fastos [...]*, tomo I, p. LVIII; Inocêncio Francisco da Silva, verbete «D. Antonia Gertrudes Pussich», DBP, tomo I, p. 77.

ESCRITOS DISPERSOS POR OUTRAS PUBLICAÇÕES NÃO PERIÓDICAS

«Corpos [*sic*] Christ. Humilde cantico de festa», *Lisia poetica ou collecção de poesias modernas de auctores portuguezes, publicada por José Ferreira Monteiro*, tomo II, Rio de Janeiro, Typographia Classica, 1848, pp. 239–240.

«Hercules Musagete», em António Feliciano de Castilho, *Os Fastos de Publio Ovidio Nasão com traducção em verso portuguez por Antonio Feliciano de Castilho seguidos de copiosas annotações por quasi todos os escriptores portuguezes comptemporaneos*, tomo III, Lisboa, Imprensa da Academia Real das Sciencias, 1862, pp. 571–574.

«Medina, cuja voz alta e sonora», em Inocêncio Francisco da Silva, verbete «Francisco de Paula Medina e Vasconcellos», *Diccionario Bibliographico Portuguez*, tomo III, Lisboa, Imprensa Nacional, 1859, p. 25.

PERIÓDICOS FUNDADOS, DIRIGIDOS E MAIORITARIAMENTE REDIGIDOS POR ANTÓNIA PUSICH

A Assembléa Litteraria, n.os 1 (4 de Agosto de 1849) a 40 (2 de Novembro de 1850). Publicou-se ainda mais um número (o 41) dirigido e redigido por Antónia Gertrudes Pusich, que não consta do acervo da Biblioteca Nacional de Portugal, ou que, pelo menos, não está disponível para consulta. O periódico prosseguiu depois com o mesmo título, mas com outro proprietário e redactor (M. J. Cabral).

A Beneficencia, n.os 1 (1 de Novembro de 1852) a 45 (15 de Dezembro de 1855). É este o último número constante do acervo da Biblioteca Nacional de Portugal, ou, pelo menos, o último apresentado para consulta.

A Cruzada, n.os 1 (1 de Novembro de 1858) a 3 (15 de Dezembro de 1858).

OUTROS PERIÓDICOS NOS QUAIS ANTÓNIA PUSICH COLABOROU

Almanach da Bibliotheca Mensal

Almanach do Jardim do Povo

Almanach de Lembranças Luso-Brasileiro

O Bardo

O Braz Tisana

O Christianismo

O Correio das Damas

A Fonte

A Grinalda

Illustração popular

O Jardim Litterario

A Nação

A Restauração

A Restauração da Carta

Revista Recreativa

Revista Universal Lisbonense

A Revolução de Septembro

Outras fontes

MANUSCRITAS

ARHIVA DUBROVAČKA BISKUPIJA (ARQUIVO DA DIOCESE DE DUBROVNIK)

Sig. 7-10-Dubrovnik (Grad) — Liber Baptizatorum (1758–1798).

ARQUIVO DISTRITAL DE PORTALEGRE

ADPTG — Disco externo PRQ_ELV [n.º 1] — registos de baptismos (1779–1789).

ARQUIVO HISTÓRICO DA MARINHA

AHMR — Livros Mestres IV e VII do Corpo da Armada Real.

AHMR — Livro Mestre do Corpo da Marinha (vol. II).

AHMR — cx. 718 — Processo individual de João António Pusich de Almeida Amado.

AHMR — cx. 769 — Processos individuais de António Pusich e Pedro António Pusich.

AHMR — cx. 790 — Processos individuais de João António Pusich e Jerónimo António Pusich.

ARQUIVO HISTÓRICO MILITAR

AHM — cx. 212 — Processo individual de António Pusich.

AHM — cxs. 66, 688, 2032 — Processo individual de Francisco Henriques Teixeira.

AHM — cxs. 235, 375, 497 — Processo individual de João António Pusich.

AHM — cx. 438 — Processo individual de Pedro António Pusich.

PT/AHM/G/LM/B-05/03/1288.

ARQUIVO HISTÓRICO DA PROCURADORIA-GERAL DA REPÚBLICA

PT/AHPGR/PGR/05/04/06/002.

PT/AHPGR/PGR/05/04/11/019.

ARQUIVO HISTÓRICO ULTRAMARINO

CONSELHO ULTRAMARINO[880]

Angola — AHU — Angola, cx. 142 (docs. 40, 41, 50, 55), 143 (docs. 10, 23).

Cabo Verde — AHU — Cabo Verde, cxs. 30 (doc. 7), 53 (doc. 31), 54 (doc. 72), 56 (docs. 57, 58), 58 (doc. 27), 59 (docs. 60-A, 67), 60 (doc. 39), 63 (doc. 19), 65 (doc. 60), 69 (doc. 18), 70 (doc. 38), 71 (doc. 9), 74 (doc. 45), 75 (docs. 15, 64), 80 (doc. 84), 85 (doc. 17), 100 (doc. 52).

AHU — CU-024-Cx. 101-A, D. 109.

---

[880] O Arquivo Histórico Ultramarino prossegue na catalogação e organização dos documentos do fundo do Conselho Ultramarino. Tratando-se de um processo em curso, coexistem as cotas de localização antiga com as de localização actualizada. As cotas que indicamos são as correspondentes à referenciação na altura da consulta. Por isso, na listagem que apresentamos, deparamos com as abreviaturas de *caixa* e *documento*, ora grafadas com minúscula inicial (cx., doc.), no caso das cotas antigas, ora com maiúscula, no das actualizadas (Cx., D.); da mesma maneira, o sub-fundo será referenciado, nas primeiras, com o identificador toponímico (Cabo Verde, por exemplo), e nas últimas, com o identificador numérico (024, por exemplo).

Guiné — AHU — CU-049, Cxs. 22 (Ds. 20, 22), 23 (D. 1642).

Reino — AHU — CU-Reino, Cxs. 17A (pasta 14), 209 (pasta 100).

Outros

AHU — CU-035, Cx. 25, D. 2120.

AHU — CU-005, Cx. 262, D. 18399.

AHU — CU-009, Cx. 176, D. 12733.

SECRETARIA DE ESTADO DA MARINHA E ULTRAMAR

AHU — ACL-SEMU-DGU-RC-Cabo Verde, cxs. 53, 91.

ARQUIVO NACIONAL DE CABO VERDE

ANCV — Registos Paroquiais, cx. 7, pç. 44 — LRC, paróquia de Nossa Senhora da Graça, ilha de Santiago (6 de Abril de 1807–22 de Maio de 1864).

ANCV — SGG, lv. 105.

ANCV — SGG, cx. 27, pç. 9.

ARQUIVO NACIONAL DA TORRE DO TOMBO

ARQUIVO DISTRITAL DE LISBOA

ANTT — ADLSB-Lv B7-Cx 3 — LGB, paróquia de Belas (1792–1818).

ANTT — ADLSB-Lv C4-Cx 11 — LGC, paróquia de Belas (1771–1807).

ANTT — ADLSB-Lv C5-Cx 13 — LRC, paróquia de Lapa (1811–1829).

ANTT — ADLSB-Lv B10-Cx 4 — LRB, paróquia de Lumiar (1818–1833).

ANTT — ADLSB-Lv B11-Cx 4 — LRB, paróquia de Lumiar (1834–1852).

ANTT — ADLSB-Lv C3-Cx 11 — LRC, paróquia de Madalena (1818–1858).

ANTT — ADLSB-Lv B12-s/cx — LRB, paróquia de Mercês (1840–1848).

ANTT — ADLSB-Lv C9-Cx 26 — LRC, paróquia de Mercês (1850–1868).

ANTT — ADLSB-Lv O17-Cx 58 — LRO, paróquia de Santa Catarina (1856–1864).

ANTT — ADLSB-Lv C13-Cx 46 — LRC, Santa Engrácia (1825–1842).

ANTT — ADLSB-Lv B17-Cx 15 — LRB, paróquia de Santa Isabel (1821–1826).

ANTT — ADLSB-Lv B19-s/cx — LRB, paróquia de Santa Isabel (1834–1841).

ANTT — ADLSB-Lv B20-s/cx — LRB, paróquia de Santa Isabel (1841–1847).

ANTT — ADLSB-Lv C13-56 — LRC, paróquia de Santa Isabel (1830–1842).
ANTT — ADLSB-Lv O11-80 — LRO, paróquia de Santa Isabel (1833–1843).
ANTT — ADLSB-Lv O16-s/cx — LRO, paróquia de Santa Isabel (1869–1883).
ANTT — ADLSB-Lv 017 — LRO, paróquia de Santa Isabel (1883–1893).
ANTT — ADLSB-Lv B7-Cx 3 — LRB, paróquia de São Paulo (1838–1851).
ANTT — ADLSB-Lv B9-Cx 4 — LRB, paróquia de São Paulo (1863–1870).
ANTT — ADLSB-Lv C7-Cx 17 — LRC, paróquia de São Paulo (1864–1874).

MINISTÉRIO DO REINO
ANTT — Ministério do Reino, mç. 651, proc. 47.
ANTT — Ministério do Reino, mç. 675, proc. 34.
ANTT — Ministério do Reino, mç. 736, proc. 68.
ANTT — Ministério do Reino, mç. 856, proc. 64.
ANTT — Ministério do Reino, mç. 892, proc. 75.

REGISTO GERAL DE MERCÊS
ANTT — Registo Geral de Mercês. Mercês de D. João VI, lvs. 20, 21.
ANTT — Registo Geral de Mercês. Mercês de D. Maria II, lv. 13.
ANTT — Registo Geral de Mercês. Mercês de D. Luís, lvs. 2, 18, 26, 27, 38.

OUTROS FUNDOS
ANTT — Casa Real, cx. 7321, mç. 9, doc. 22.
ANTT — Colecção Castilho, cx. 63, mç. 2, n.os 145, 161.
ANTT — Coleccção Castilho, cx. 66, mç. 1, n.os 74, 301.
ANTT — Família Costa Cabral, cx. 18, mçt. 7, doc. 1, 2, 4, 5, 6, 7.
ANTT — Feitos Findos, Juízo da Chancelaria, Letra A, mç. 14, n.º 92.
ANTT — Feitos Findos, Juízo dos Órfãos de Lisboa, cx. 22, mç. 22, n.º 21.
ANTT — Ministério da Fazenda/Finanças, Arquivo das Secretarias de Estado, cx. 305, proc. 14274.

ARQUIVO REGIONAL E BIBLIOTECA PÚBLICA DA MADEIRA

ABM — D2/B1/E16/PE/1253 — Livro 16.º de registo de casamentos da paróquia de São Pedro (1847–1859).

ARQUIVO DA UNIVERSIDADE DE COIMBRA

PT/AUC/ELU/UC-AUC/B/001-001/A/005431.

BIBLIOTECA GERAL DA UNIVERSIDADE DE COIMBRA

BGUC/IC/DIR-JC/1.ºVC/05 — Documentos de António Feliciano de Castilho, 1853, Set–Out.

BIBLIOTECA NACIONAL DE PORTUGAL

BNP — Manuscritos Reservados-CODs. 8603, 9151, 11580.

BNP — Manuscritos Reservados, Esp. 21, cx. 80.

BNP — Manuscritos Reservados, Esp. 30, doc. 90.

BNP — Manuscritos Reservados-FPM/cx. 2.

BNP — Manuscritos Reservados-PBA. 747//2.

IMPRESSAS

PERIÓDICOS (além dos anteriormente citados)

Diario do Governo

Diario de Noticias

O Doze d'Agosto

O Occidente

CORRESPONDÊNCIA, MEMÓRIAS, LITERATURA, OPÚSCULOS E OUTROS

ALMEIDA, Albino António Andrade e — *Brado*, s.d. [1861], s.l. [Lisboa], Imprensa Nacional, 1861.

— *Poesias Patrioticas e outras ineditas*, Lisboa, Typographia Mattos Moreira & Pinheiro, 1899.

ALMEIDA, António de Melo Garcês Pusich. Fernando e — *A sua Magestade a Rainha a Senhora D. Maria Pia Hymno composto, dedicado e offerecido por Antonio de Melo Garcez Pusich Fernando e Almeida*, s.d. [c. 1876–1877].

— *Hymno dos Estudantes de Lisboa adoptado no programma do Centenario do Marquez de Pombal, reformador dos estudos, reedificador de Lisboa, etc., etc.*, Lisboa, Imprensa Nacional, 1882.

— *Regresso á Patria. Marcha dedicada e offerecida em 1877 Ao Digno Par do Reino Ministro d'Estado Honorario, &.ª &.ª &.ª Antonio Maria de Fontes Pereira de Mello por Antonio de Mello G.P.F. e Almeida.*

AMADO, João Cardoso de Almeida — *Resposta fundada em doze documentos á Indicação que o Senhor Deputado por Cabo-Verde Manoel Antonio Martins fez em 22 de Outubro, Contra o Desembargador Ouvidor Geral da mesma Provincia João Cardoso de Almeida Amado*, Lisboa, Typographia de M. P. de Lacerda, 1822.

Ás Mulas de Dom Miguel. Epistola Traduzida livremente de M.r Viennet, Londres, s.d. [1829].

ASSOCIAÇÃO DOS ANTIGOS ALUNOS DO COLÉGIO MILITAR — *Meninos da Luz: Quem é Quem*, Lisboa, 2006.

BORREGO, Nuno Gonçalo Pereira — *As Ordenanças e as Milícias em Portugal — Subsídios para o seu estudo*, vol. I, Lisboa, Guarda-Mor, 2006.

BRANCO, Camilo Castelo — *Esboços de apreciações literárias*, Lisboa, Parceria A. M. Pereira, Lda., 1969.

CASTILHO, António Feliciano de — *Epistola ao usurpador ex-infante Miguel Maria do Patrocinio na sua saída de Portugal*, Lisboa, Imprensa Nacional, 1834.

— *Os Fastos de Publio Ovidio Nasão com traducção em verso portuguez por Antonio Feliciano de Castilho seguidos de copiosas annotações por quasi todos os escriptores portuguezes comptemporaneos*, tomo III, Lisboa, Imprensa da Academia Real das Sciencias, 1862.

COSTA, António da — *A instrucção nacional*, Lisboa, Imprensa Nacional, 1870.

— *A mulher em Portugal*, Lisboa, Livraria Ferin, 1893.

Diario da Camara dos Deputados, anno de 1855, Lisboa, Imprensa Nacional, 1855.

Diario da Camara dos Deputados, vol. 5, Maio de 1857, Lisboa, Imprensa Nacional, 1857.

Diario da Camara dos Deputados, Sessão Legislativa de 1858, vol. 3 — Agosto, Lisboa, Imprensa Nacional, 1858.

Diario das Cortes Geraes, Extraordinarias e Constituintes da Nação Portugueza: Segundo anno da Legislatura, tomo XVII (1 de Agosto–4 de Novembro), Lisboa, Imprensa Nacional, 1822.

FORJAZ, Jorge — *Genealogias das Ilhas do Fogo e Brava e de Bissau — Subsídios*, vol. 2, Ponta Delgada, Letras Lavadas Edições, 2019.

GOMES, Bernardino António — *Apperçu historique sur les épidémies de choléra-morbus et de fièvre jaune en Portugal dans les années de 1833–1865*, Constantinopla, 1866.

HERDEIROS DE ANTÓNIA GERTRUDES PUSICH — *Ilha Mattos tambem chamada de Gallinhas na Guiné Portugueza: Exposição — perante as camaras legislativas — a respeito d'esta propriedade e da sua acquisição para o Estado*, 1888.

JEAN-PONS-GUILLAUME — *Épitre aux mules de Don Miguel, Paris, Eugène Renduel, Éditeur-Libraire, 1829.*

LEAL, Augusto Soares de Azevedo Barbosa de Pinho & Pedro Augusto FERREIRA — verbete «Serbal-Grande», em *Portugal Antigo e moderno. Diccionario Geographico, Estatistico, chorographico, Heraldico, Archeologico, Historico, Biographico e Etymologico de todas as cidades, villas e freguezias de Portugal e de grande numero de aldeias, Se estas são notaveis por serem patria de homens celebres, por batalhas ou outros factos importantes que n'ellas tiveram logar, ou por monumentos de qualquer natureza, alli existentes. Noticia de muitas cidades e outras povoações da Lusitania de que apenas restam vestigios ou sómente a tradição*, vol. 9, Lisboa, Livraria Editora de Tavares Cardoso & Irmao, 1890, pp. 67–71.

LEITE, António Pedro de Sousa — *Livro de Linhagens* (manuscrito), 1955.

«Manifesto da Associação Popular Promotora da Educação do Sexo Feminino ao Partido Liberal Português», 1858, em Alexandre Herculano, *Opusculos*, tomo II — *Questões públicas*, Lisboa, Casa da Viúva Bertrand & C.ª, 1873, pp. 243–337.

PACHECO, Luís Bernardino — Sem título (voto de pesar pela morte de Antónia Gertrudes Pusich), em *Conferencias Pedagogicas de Lisboa — Relatorio das Conferencias de Lisboa em 1883*, Lisboa, 1884, pp. 292–294.

PUSICH, António — «Ensaio Físico-Político da Ilha de São Nicolau, feito por António Pusich, Intendente da Marinha das Ilhas de Cabo Verde — Ano 1803», em «As ilhas de Cabo Verde no princípio do século XIX: Memórias de António Pusich, publicadas e anotadas por Orlando Ribeiro», *Garcia de Orta*, vol. IV, n.º 4, 1956, pp. 629–634.

— «Memória ou descrição físico-política das ilhas de Cabo Verde — 1810», em «As ilhas de Cabo Verde no princípio do século XIX: Memórias de António Pusich, publicadas e anotadas por Orlando Ribeiro», *Garcia de Orta*, vol. IV, n.º 4, 1956, pp. 610–628.

PUSICH, João António — *Notas criticas sobre os mais importantes artigos da Lei de 20 de Julho de 1822, condemnados pelo senhor Manoel Antonio Martins, em huma memoria que apresentou no Soberano Congresso*, Lisboa, Nova Impressão da Viuva Neves e Filhos, 1822.

REBOUL, Jean — *Poésies par Jean Reboul de Nîmes. Précédée d'une préface par M. Alexandre Dumas. Et d'une lettre a l'editeur par M. Alphonse de Lamartine*, Paris, Librairie de Charlis Gosselin et Cie, 1836.

RIBEIRO, José Silvestre — *Excerpto da historia dos estabelecimentos scientificos, litterarios e artisticos — Gremio Popular, Associação Escolar Installada em 24 de Outubro de 1857*, Lisboa, Papelaria e Typographia, 1883.

RIBEIRO, Tomás — Sem título (prefácio), em Albino António de Andrade e Almeida, *Poesias Patrioticas e outras ineditas*, Lisboa, Typographia Mattos Moreira & Pinheiro, 1899, pp. 6–19.

SILVA, Inocêncio Francisco da — «D. Antonia Gertrudes Pussich» (verbete), *Diccionario Bibliographico Portuguez*, tomo I, Lisboa, Imprensa Nacional, 1858, p. 77.

— «Francisco de Paula Medina e Vasconcellos» (verbete), *Diccionario Bibliographico Portuguez*, tomo III, Lisboa, Imprensa Nacional, 1859, pp. 24–26.

SOBRINHO, Barbosa Lima (coord. e prefácio) — *Documentos* do *Arquivo*, vols. 4 e 5, Recife, Secretaria do Interior e Justiça/Arquivo Público Estadual, 1950.

ESTUDOS

BONIFÁCIO, Maria de Fátima — *Um homem singular: biografia política de Rodrigo da Fonseca Magalhães (1787–1858)*, Lisboa, Publicações Dom Quixote, 2013.

BRITO-SEMEDO, Manuel — «Antónia Pusich, primeira mulher de Cabo Verde a publicar», *Esquina do Tempo*, 1 de Setembro de 2017. https://brito-semedo.blogs.sapo.pt/antonia-pusich-primeira-mulher-de-cabo-578803 (consult. 10.10.20)

CALDAS, Maria de Lurdes — *Francisco de Paula Medina e Vasconcelos: a vida tormentosa de um poeta mação*, Funchal, Direcção Regional da Cultura, 2021.

— *Os Medina e Vasconcelos: História de uma Família*, vol. 1 — *A chegada*, Lisboa, Escritório Editora, 2019.

— *Os Medina e Vasconcelos: História de uma Família*, vol. 2 — *Um Vulcão Revolucionário*, Lisboa, Escritório Editora, 2019.

CARROMEU, Francisco — «O romantismo político do padre Marcos (1820–1851)», *Lusitania Sacra*, 2.ª série, n.os 19–20, 2007–2008, pp.15–40.

ĆOSIĆ, Stjepan — «The nobility of the episcopal town of Ston (*Nobilitas civitatis episcopalis Stagnensis*)», *Dubrovnik Annals*, vol. 5, 2001, pp. 95–117. Disponível em: https://repozitorij.hrstud.unizg.hr/islandora/object/hrstud:1417/datastream/FILE0/view (consult. 03.01.21)

COSTA, Fernando Marques da — *As Mulheres na Maçonaria, Portugal: 1864–1950*, Lisboa, Âncora Editora, 2016.

CRUZ, Eduardo da — «Um "brilhante congresso": escritoras portuguesas no projeto de António Feliciano de Castilho para sua versão d'Os Fastos ovidianos», *Revista* SOLETRAS, n.º 34, Julho–Dezembro de 2017, pp. 141–165. Disponível em: https://www.e-publicacoes.uerj.br/index.php/soletras/article/view/30436/22292 (consult. 23.11.20)

ESTEVES, Rosa — «Imprensa periódica para mulheres na primeira metade do século XIX. Catarina de Andrada e o jornal *L'Abeille* (1836 e 1840–53)», *Análise Social*, vol. XXII, n.os 92–93, 1986, pp. 527–545.

FERREIRA, Paulo Rodrigues — *Iberismo, hispanismo e os seus contrários: Portugal e Espanha (1908–1931)*, tese de doutoramento, Universidade de Lisboa, 2016.

HAVIK, Philip J. — *Silences and Soundbytes: The gendered Dynamics of trade and brokerage in the pre-colonial Guinea Bissau region*, Münster, Lit Verlag, 2004.

MARQUES, A. H. de Oliveira — *História da Maçonaria em Portugal: Política e Maçonaria 1820–1869*, 1.ª parte, Lisboa, Editorial Presença, 1989.

— *História da Maçonaria em Portugal: Política e Maçonaria 1820–1869*, 2.ª parte, Lisboa, Editorial Presença, 1997.

MARQUES, Gilmar de Araújo — *Protestantismo de exílio: Kalley e os exilados da ilha da Madeira em Illinois*, dissertação de mestrado, São Paulo, 2006.

MYRDAL, Gunnar — *A objectividade nas ciências sociais*, Lisboa, Assírio & Alvim, 1979.

OLIVEIRA, Eduardo de Arantes e — «António Pusich, Chefe de Esquadra da Armada Real e governador de Cabo Verde», em Academia de Marinha, *Memórias*, vol. 34, 2004, pp. 357–380.

PEREIRA, Gustavo — «Passado em papel-jornal: Pombal, "A Folha Nova" e "A Palavra" — impressões em disputa no centenário do marquês (Porto, 1882)», *Temporalidades — Revista de História*, vol. 11, n.º 2, Maio–Agosto de 2019, pp. 790–818. Disponível em: https://run.unl.pt/bitstream/10362/111904/1/12726_Texto_do_artigo_42565_1_10_20190930_1_.pdf (consult. 25.03.21)

POMBO, Dulce — «O Livro D'Ouro do Povo — O Sistema Médico de Raspail em Portugal no Século XIX», *RECIIS — R. Eletr. de Com. Inf. Inov. Saúde*. Rio de Janeiro, vol. 5, n.º 4, Dezembro de 2011, pp. 32–44. Disponível em: https://www.arca.fiocruz.br/bitstream/icict/17379/2/5.pdf (consult. 12.12.20)

SALVADOR, Teresa — «Em torno dos periódicos femininos», *Cultura — Revista de História e Teoria das Ideias*, vol. 26, 2009, pp. 94–117.

SANTA RITA, José Gonçalo — «As disposições coloniais em um projecto para a Constituição de 1838», *Boletim Geral das Colónias*, n.º 214, Abril de 1943, pp. 27–37.

SEPÚLVEDA, José Luís — *Família Dine. Monografia*, 2008, s.p. Disponível em: https://issuu.com/correiasepulveda/docs/familia_dine_-_monografia (consult. 18.05.21)

SOUSA, Maria Leonor Machado de — *O «horror» na Literatura Portuguesa*, Lisboa, Instituto de Cultura Portuguesa, 1979.

SUBTIL, José — «Os desembargadores na transição para o liberalismo (1820–1834)», em *Dicionário dos Desembargadores (1640–1834)*, Lisboa, EDIUAL, 2010.

TALAN, Nikica — *Antónia Pusich: vida e obra*, Zagreb/Dubrovnik, HAZU, Zavod za povijesne znanosti u Dubrovniku, 2006.

— «*In memoriam* à esquecida Antónia Gertrudes Pusich», *Studia Romanica et Anglica Zagrabiensia* (*SRAZ*), n.º 50, 2005, pp. 145–192. Disponível em: http://hrcak.srce.hr/17393 (consult. 05.08.20)

TEIXEIRA, André Pinto de Sousa Dias — *A ilha de São Nicolau de Cabo Verde nos séculos* XV *a* XVIII, Lisboa, Universidade Nova de Lisboa, 2004.

VENTURA, António — *Uma História da Maçonaria em Portugal (1727–1986)*, Lisboa, Temas e Debates/Círculo de Leitores, 2020.

Índice remissivo de antropónimos